理查·施特劳斯传
凡人·乐匠·谜题

[英]迈克尔·肯尼迪 著　韩应潮 译

上海音乐出版社
WWW.SMPH.CN

目　录

"音乐大师传记译丛"总序

前言

致谢

插图列表

第一部分　1864—1898 慕尼黑的青年时期

第一章　家庭 *3*

第二章　神童 *14*

第三章　成长 *32*

第四章　迈宁根 *44*

第五章　第三指挥 *54*

第六章　多拉与魏玛 *64*

第七章　初次失败 *75*

第八章　订婚 *89*

第九章　宝琳 *96*

第十章　音诗诗人 *117*

第二部分　1898—1918 柏林年代

第十一章　德国皇帝的宫廷 *143*

第十二章　邂逅霍夫曼施塔尔 *171*

第十三章　"阿里阿德涅"危机 *198*

第十四章　二十世纪的奥芬巴赫 *214*

第三部分　1918—1933 落伍

第十五章　维也纳 231

第十六章　《间奏曲》258

第十七章　《埃及的海伦》269

第十八章　《阿拉贝拉》280

第十九章　山雨欲来 288

第四部分　1933—1949 黑暗年代

第二十章　　接替瓦尔特 303

第二十一章　帝国文化部 314

第二十二章　离职 327

第二十三章　与格雷戈尔合作 342

第二十四章　达妮埃和马德莱娜 359

第二十五章《随想曲》之后 372

第二十六章　八十大寿 389

第二十七章《变形》397

第二十八章 "我是理查·施特劳斯……" 404

第二十九章　流亡 410

第三十章　　伦敦 418

第三十一章　最后的歌曲 425

第三十二章　回到加尔米什 432

附录 1　作为指挥家和钢琴家的施特劳斯 448
附录 2　施特劳斯与录音 453
部分参考书目 457
索引 462

"音乐大师传记译丛"总序

通常讲的音乐家传记（musical biography）主要指作曲家传记，因为西方音乐史构成的基础是作曲家的音乐创作，尤其是那些音乐大师的创作贡献直接影响了音乐发展的历史进程。从这一特定意义上讲，西方音乐的历史就是伟大作曲家的"音乐创作史"。观照作曲家的艺术人生，探寻其生平与创作的内在关系，解读源自创作者内心的"音乐之声"（作品）及其艺术意义，正是音乐家传记的写作主旨和文体要义。

作曲家传记是历史音乐学（historical musicology）领域最重要的学术文体之一。这种传记既不是"音乐史人物"的通俗性介绍，更不是用文学笔法描述音乐大师的"虚构性写作"，而是由专业领域的音乐学家在深入研究的基础上，以学术的姿态、思路、笔触对作曲家的艺术生涯（生活与创作）进行的深入论说，渗透其中的是显现音乐学品格和学问意涵的审思。

学术性的作曲家传记都可以称作"评传"，因为这类学术文体在叙述传主人生经历和"艺术故事"的同时，都在阐释、评价其音乐人生与创作贡献的"独特性"和艺术价值。无论这种"评论"是否具备当代音乐学理论所倡导的那种超越实证主义研究传统的"批评"（criticism）意识或诉求，严肃的传记作者在写作中都会展现出他（她）个人的视界和论域，其表达独立思考并呈现个人观点的"评"与"论"则承载了传记书写人的心境、思绪和立场。以评论为底蕴和显示学术洞见的作曲家传记都是作者（学者）的研究选择和学术态度的反映。因此，历史音乐学领域的学术性传记如同该领域的其他学术性文体，是一种具有作者个人审美取向和研究态度的学术展示，它所具备的学术文体特有的"主观性"成为其评论之价值体现的"基调"。可以这样说，越是有学术价值的作曲家传记，其评论的"主观性"就越明显。当然，这种"主观性"应该有充足的史料支撑、扎实的文献研读为依托，只有这样基于客观性史实解读之上的"主观性"独立评论，传记作者力图建构（或重构）的作曲家艺术人生才能显现学术性文体及文本应有的诠释效力与传记话语的"可信度"。

在西方学界，作曲家传记的写作与出版具有丰厚的传统，十八世纪奠定了这一学术样式的基础，十九世纪则迎来了大作曲家传记写作的兴旺局面：福克尔的《巴赫》(1802)[1]、温特费尔德的《加布里埃利》(1834)[2]、奥托·扬的《莫扎特》(1856—1859)[3]与泰耶的《贝多芬》(1866—1879)[4]是这一专门著述领域最早的经典之作。十九世纪之所以形成作曲家传记写作的蓬勃发展，最主要的原因是这个时代的"音乐经典"（canon）意识不断强化，具体表现为对音乐艺术"伟大性"的敬慕和推崇——对巴赫、亨德尔、海顿、莫扎特和贝多芬为代

---

1. Johann Nikolaus Forker, *Über Johann Sebastian Bachs Leben, kunst und kunstwerke* (Leipzig, 1802; facsimile reprint, Frankfurt am Main: H. L. Grahl, 1950; English trans. by Charles S. Terry, New York, 1920; reprint edition, Charleston: Biblolife, 2009).
2. Carl Winterfeld, *Johannes Gabrieli und sein Zeitalter*, 3 vols (Berlin, 1834; reprint edition, Nabu Press, 2010).
3. Otto Jahn, *W. A. Mozart* (Leipzig, 1856–1859; English trans. by Pauline D. Townsend, London, 1882; reprint edition, Nabu Press, 2010)
4. Alexander Wheelock Thayer, *Ludwig van Beethovens Leben*, ed. Hermann Deiters, 3 vols. (Berlin, 1866–1879); 2nd edition by Hugo Riemann (Berlin: Breitkopf and Härtel, 1907–1915); English version, ed. and rev. by H. E. Krehbiel from Thayer's notes, 3 vols. (New York: Beethoven Association, 1921); rev. by Elliot Forbes as *Thayer's Life of Beethoven*, (Princeton: Princeton University Press, 1964, reprint edition1992).

表的伟大作曲家及其伟大作品表达高度的认同感与敬仰之意。这种对音乐艺术"伟大性"之强烈渴望的社会文化基础正是"作曲家中心论"（composer-centredness）的确立。因此，十九世纪西方学界对作曲家音乐人生的高度关注和对"音乐经典"之传统建构的努力实践，反映了一个时代的音乐学术走向：一方面强力推进历史音乐学传统中"伟大作曲家"群像的塑造，另一方面则通过多种研究探索提升了音乐家传记的学术品质并巩固其在学术场域中的地位。

十九世纪末至二十世纪上半叶，以作曲家传记文本为典型的音乐家传记写作受到了挑战，这种挑战来自多方的"质疑"和对这一著述传统的不同认知。圭多·阿德勒在他那篇著名论文《音乐学的范围、方法及目的》中的确提到了传记写作与音乐史研究的关联，但他只是把作曲家传记看作历史音乐学领域的一个"辅助学科"，并未强调其参与历史音乐学"大学科"构建的重要性和独特意义。[1]阿德勒对传记写作的这一界定与学科归类无疑影响到之后的相关研究与写作进展。二十世纪上半叶对音乐家传记冲击更大的是主导现代主义音乐思潮及学术探究的"反叛意识"，形式主义音乐分析和实证主义音乐史论从不同的角度强调音乐作品本体的"独立性"，这种有意淡化作曲家个人生活与创作之内在关系的认知和力图遮蔽以"音乐大师"为表征的"经典"光耀的动向，实际上是自律论音乐美学观念在音乐史研究中的一种渗透，它在批判浪漫时代"艺术天才"论的同时，也在新的维度重识作曲家身份、作曲艺术建构、音乐风格样态和音乐历史书写的意义。

---

1. Guido Adler, "Umfang, Methode und Ziel der Musikwissenschaft", *Vierteljahrsschrift für Musikwissenschaft* 1, pp.5-20.这篇经典论文已有中译文，参见"《音乐学的范围、方法及目的》（1885）：英译本暨历史分析性之评论"，秦思译自艾利卡·马格尔斯通（Erica Mugglestone）的英文本，《大音》第十二卷，萧梅主编，北京：文化艺术出版社，2017年，pp.290-313。

值得指出的是，即便是在这样的严峻氛围中，二十世纪上半叶的作曲家传记写作依然在质疑声与反思中前行，并在文本内涵与书写形式上进行了新的探索。这一时期出现了引人注目的"文献实录性传记"（documentary biography），可见实证主义思潮对作曲家其人其乐探究的深刻影响。这种"实录性"传记写作特别强调作曲家生平探寻和传主形象建构的客观史实，探掘、辨析、梳理、审视、呈现与传主（及相关人物）发生关联的一切文献资料（日记、书信、评论、音乐会节目单、公文档案等各种与传主生活与创作有关的文字记录），不仅成为传记作者的探究诉求与写作基础，而且作为传记本体的重要组成部分重构了作曲家艺术人生展示的话语方式和文本样态。奥托·埃里希·多伊奇是这类传记写作的最早实践者，其代表作《舒伯特生平与创作实录》（1913—1914）可谓奠基之作，对以后的作曲家传记写作影响很大。[1] 例如，库尔特·布劳科普夫的重要著述《马勒：生平与创作研究》（1976）就是多伊奇传记写作路向的延续。[2]

耐人寻味的是，二十世纪上半至中叶出现了多部卷帙浩繁的作曲家传记，这一现象表明历史音乐学领域学术性传记研究与书写的传统之力依然强劲，反映了伟大作曲家生平与创作的再思和重识在整体性音乐史探究、论说中不可替代的重要作用。作为这一丰厚传统的学术延续，欧内斯特·纽曼的四卷本著作《理查德·瓦格纳的人生》（1933—1947）[3]、雅克·巴尔赞具有深阔文化视野的《柏辽兹与浪漫时

---

1. Otto Erich Deutsch, ed., *Franz Schubert: die Dokumente seines Lebens und Schaffens* (Munich, 1914; English trans. by Eric Bloom as *Schubert: A Documentary Biography*, London: J. M. Dent, 1946; reprint edition, Da Capo, 1977).
2. Kurt Blaukopf, ed., *Mahler: A Documentary Study* (New York: Oxford University Press, 1976).
3. Ernest Newman, *The Life of Richard Wagner*, 4 vols (London: Cassell, 1933–1947, reprint, 1976).

代》(1950)[1]、舒伯特研究的著名学者莫里斯·布朗的权威之作《舒伯特评传》(1958)[2]与音乐学大家保罗·亨利·朗独具洞见的《亨德尔传》(1966)[3]已被公认为探寻这四位音乐大师艺术人生的经典文本，并强有力地促进了二十世纪后半叶音乐家传记写作的发展。H. C.罗宾斯·兰登的五卷本大作《海顿年谱与作品》是迄今为止关于海顿生平与创作最为全面且具史论可信度的"编年体叙事"；[4]一生奉献给马勒研究的亨利-路易斯·德·拉·格兰奇的鸿篇巨著同样为世人贡献了对马勒生平与创作最为详尽的"档案式关注"——他几乎将马勒从出生到去世的人生历程按年月（日）的顺序全部呈现出来。[5]毫无疑问，兰登与格兰奇这两部丰实的传记杰作承载了西方学界探寻、言说作曲家艺术人生的实证主义传统，这种以作曲家个人生活与音乐创作为学术聚焦点的宏大叙事，让我们体悟到音乐家传记书写的厚重感和独特的音乐史学品格。

十九世纪七十年代以来，音乐家传记的写作、出版形成了多元化的发展态势和繁荣局面，这不仅体现在传记文本问世的数量与写作质量上，而且展示出当代学术思潮推动下对音乐家传记性质、样态的反思和呈现新思路、新视界、新格局的写作实践。心理学分析、社会文

---

1. Jacques Barzun, *Berlioz and the Romantic Century* (Boston: Little, Brown&Co., 1950).
2. Maurice Brown, *Schubert: A Critical Biography* (London: Macmillan, 1958; reprint, Da Capo, 1977).
3. Paul Henry Lang, *George Frideric Handel* (New York: Norton, 1966).
4. H. C. Robbins Landon, *Haydn: Chronicle and Works* (Bloomington: Indiana University Press, 1976–1980).
5. 格兰奇的四卷本马勒传记从1974年（法文版）开始相继问世，重新修订的英文版目前已出版了后三卷（第一卷待出版）：*Gustav Mahler. Vol.2. Vienna: The Years of Challenge* (1897–1904) (Oxford: Oxford University Press, 1995); *Gustav Mahler. Vol.3. Vienna: Triumph and Disillusion* (1904–1907) (Oxford: Oxford University Press, 1999); *Gustav Mahler. Vol.4. A New Life Cut Short* (1907–1911) (Oxford: Oxford University Press, 2008).

化（史）考量、批评性诠释和意识形态关注等具有当代理论意涵的学术渗透，为作曲家生平与创作的探究提供了多维度透视和论说的可能性。在深度解读与合理运用涉及传主及其"文化圈"的档案资料、历史文献的基础上，学理性建构作曲家生平与创作的关系并对两者间互动产生的"音乐创造力"（musical creativity）进行深层且有效的阐释，成为当代学术性音乐家传记书写的基本共识和理想目标。

三部在学界受到高度评价的贝多芬传记值得在此一提，因为从中不仅可以清楚地看到同为贝多芬专家的三位学者如何以不同的视角和理路来论说贝多芬其人其乐，还能通过三种个性化传记文本的比较，感知、理解当代音乐家传记写作的不同路向与发展态势。

梅纳德·所罗门的《贝多芬》（1977/1998）堪称贝多芬研究的里程碑之作，已成贝多芬传记的"经典"。[1]所罗门是一位有着深厚人文学养和宽阔视野的音乐学家，他对贝多芬生平的探索开创性地运用了心理学分析和融入审美态度的史学论辩，这种在丰富的史料、文献基础上形成的独辟蹊径的批评性诠释，为读者展示了祛魅之后作为凡人的"贝多芬形象"。正是所罗门对贝多芬身世、经历、性格、心理、情感、趣味、思想和创作力的深度体察与富于想象力并体现学术质感的"形象"重构，促使我们重读贝多芬，再思其凡人品格与"人性"所造就音乐伟大性的独特意义。

与所罗门将探究重心置于贝多芬生平考察与人生建构的评传路数不同，路易斯·洛克伍德的《贝多芬：音乐与人生》（2003）是一部以作品探析为主体并以此贯穿、带动整个"艺术人生叙事"的作曲家

---

1. Maynard Solomon, *Beethoven* (New York: Schirmer Books, 1977, 2nd ed., 1998). 这部专著已有中文译本问世：《贝多芬传》，田园译，西安：陕西师范大学出版总社有限公司，2013年。但可惜的是此中译本并不是译自英文版原著，而是从德文版译著转译而成。更令人遗憾的是由于放弃了英文版原著中极为重要的大量注释，这一中译本的出版规格和学术含量显然打了折扣。

评传。[1]这种对音乐本身的重视既有传记作者本人"在描绘作曲家肖像时的个人偏好",也隐含着对所罗门《贝多芬》一书中音乐本体论说之薄弱的不满。洛克伍德这部贝多芬传记涉及作曲家绝大部分的创作,对许多有艺术影响和音乐史意义的代表作更是重点分析、深入探讨。例如,关于《第九交响曲》的讨论就是一种显现历史音乐学之"学问力道"的整体性探究:政治背景的呈现、观念变迁的思考、创作史实的解读、作品本体的分析和音乐内涵的释义,这种全方位、多向度的音乐审思在深化作品认知的同时,也以音乐史论的能量加强了"创作承载人生"之言说的话语效力。应该特别提到的是,从洛克伍德在其晚年贡献的这部影响深远的贝多芬研究力作中可以看出,作者对贝多芬音乐所蕴含的艺术意义和人文内涵的阐释是一种既有音乐学传统底蕴又具当代学术气息的研究范式,渗透其中的是彰显开放心态的学术睿智。

严格地讲,威廉·金德曼的专著《贝多芬》(1995/2009)并不是一部传记,至少不是典型的"传记"文本,因为此书的内容明确地展现了作者的写作诉求和研究主旨:以贝多芬一生的创作发展为主要线索,探析作品的艺术特征及涵义,思考作曲家音乐风格的演变及成因,用融音乐分析和审美体验为一体的"音乐学叙事"探究贝多芬音乐创作的艺术深意和人文价值。[2]在此,关联传记文本构架和论说品格的作曲家人生轨迹只是一种便于作者叙事和讨论的"文脉",而让这一"文脉"得以贯通并形成叙事生命力动感的是体现音乐审美姿态和艺术诠释本意的批评理想及探索实践。金德曼的《贝多芬》是学

---

1. Lewis Lockwood, Beethoven: *The Music and the Life* (New York: Norton, 2003). 参见中文版译著《贝多芬:音乐与人生》,刘小龙译,北京:中央音乐学院出版社,2011年。
2. William Kinderman, Beethoven (Berkeley and Los Angeles: University of California Press, 1995, 2nd ed., 2009). 参见中文版译著《贝多芬》,刘小龙译,北京:中央音乐学院出版社,2015年。

术个性相当突出的音乐学写作，其洞见迭出的作品论说和对作曲家性格、情感、思想的深度审视展现出一位杰出学者独具的艺术判断力和美学修养。作者让人耳目一新的音乐释义全都基于详细且明畅的乐谱分析，这就使得贝多芬的创作思维及"绝对音乐"蕴意的解读有了学术的可信度。作为一位身兼钢琴家的优秀学者，金德曼可以将只有亲身投入到表演实践中才能感知的音乐细部特征融入其个性化的分析话语并形成审美观照，这无疑进一步激发了蕴含审美旨趣的诠释活力。尤其值得关注的是，金德曼对贝多芬多部经典作品的考察注重"作曲过程"（compositional process）的探讨，这种基于创作手稿辨析作曲思维体悟和音乐逻辑认知的艺术诠释展现了历史音乐学传统依旧亮眼的学术魅力。当然，我们从这部贝多芬研究专著中也能感受到"新音乐学"（new musicology）研究路向对伟大作曲家形象重构的一些影响。力图在更为宏阔的学术场域中探寻作曲家音乐创作的智识品质和精神内涵，可以视作这部特殊的贝多芬"评传"致意当代音乐学景观的"回音"。

　　鉴于音乐家传记在历史音乐学研究中的重要地位和加深对音乐家传记书写之丰厚传统的认识，策划与编辑一套"音乐大师传记译丛"实属必要。这套丛书旨在译介西方学界有影响的音乐大师传记，为中国读者深入理解西方音乐发展进程中"人"的艺术创造力与历史建构的关系提供有价值的优秀读本。由于每位大作曲家的艺术生涯和音乐创作各不相同，传记作者的写作路数也不一样（不少作曲家都已有多种传记问世），这就需要译丛主编根据具体情况进行综合考虑，优选合适的传记文本纳入译丛，并邀约合适的译者进行翻译。设想中"音乐大师传记译丛"的读者群体是多层面的，主要包括专业的音乐工作者、高等音乐院校与师范类音乐学院（系）的师生、对西方作曲家和音乐艺术感兴趣的人文学者和音乐欣赏水平日渐提升的广大乐迷。

　　对本译丛名称中所用的"音乐大师"（Master Musicians）一词需

作说明。如上文所述，西方音乐的历史从特定意义上可以理解为伟大作曲家的"音乐创作史"，因此，这里的"音乐大师"主要指对音乐艺术发展做出卓越贡献并在西方音乐史上留下深刻印记的伟大作曲家。然而，音乐也是一门需通过表演实践的"二度创作"来展示自身形态和样貌的艺术门类，从事音乐表演的大师对"音乐"及其历史构成的独特作用——对这门以听赏为本的艺术形成"音响化"与"演绎性"的贡献，理应得到一定的学术关注。鉴于此，这套以呈现伟大作曲家艺术人生为主要目的的"音乐大师传记译丛"也会适当考虑对一些音乐表演艺术大师传记的译介。

非常感谢上海音乐出版社对"音乐大师传记译丛"的高度重视和大力支持。希望这套以"音乐史人物"为学术聚焦点的丛书不仅可以促进我国学界对相关作曲家及其音乐创作的深入研究，也能对日益繁荣的当代音乐生活品质提升起到积极的推动作用。

前　言

　　撰写本书原先是为了扩充英国牛津大学出版社"音乐大师"（Master Musicians）系列丛书中我关于理查·施特劳斯那本书的内容，并解释为何我如此热爱这位作曲家的音乐，但我同时也理解为何许多人对它抱有强烈的厌恶或敌意。然而在写作中，我感到我的初衷一方面重复累赘，一方面又比较消极，是在浪费读者的时间。如果有人不喜欢施特劳斯的音乐，那就让他们自己写书解释原因吧。

　　我随后发现市面上并没有详细深入的施特劳斯英文版传记。最近的一本还是库特·威尔海姆（Kurt Wilhelm）出色的人物描绘的翻译版，发行于1989年。诺曼·戴尔·马尔（Norman Del Mar）的三卷书也包含许多传记资料，但自第三卷出版后已过去了一代人的时间；而且尽管戴尔·马尔成就斐然，但我无法认同他关于作曲家及其音乐，特别是晚年音乐的大部分观点。

　　我还希望深入处理关于施特劳斯和第三帝国的棘手问题。我相信，解释施特劳斯处境的唯一方式是以全面、不忽略背景的方式确认事实。值得注意的是，最近出版的施特劳斯长篇传记，弗朗兹佩特·梅斯梅尔（Franzpeter Messmer）的《理查·施特劳斯：音之魔法师传》（*Richard Strauss: Biographie eines Klangzauberers*）用481页涵盖了作曲家的一生，其中410页为1933年之前的生平；1933—1949年这极为关键的最后十六年却仅仅用54页就打发了。虽不至于矫枉过正，但作曲家这十六年的经历在本书中占有可观分量。我亲身经历了整个纳粹时代，尽管当希特勒上台时我还是个学童，但我对1933年到《慕尼黑协定》签订的1938年间的那段时间有着鲜活的记忆，清楚地知道希特勒开始"领土扩张"之前人们对纳粹的不同态度。我无法忍受某些人自鸣得意、假仁假义的态度，他们似乎非常确定自己如果身在1933年后的德国会做出怎样英勇高尚的行为。施特劳斯并非英雄，他在许多方面很脆弱，但又在其他方面极为坚强。他几乎完全以自己的家庭和工作为中心。他应该被放在当时的整体背景下来评判。

关于施特劳斯音乐的出色书籍和专著并不缺乏。因此，当我在讨论他的音乐作品，特别是直到最近还常被低估的晚期歌剧时，我并不做细节上的分析。我们有戴尔·马尔的著作、威廉·曼（William Mann）和查尔斯·奥斯伯恩（Charles Osborne）的歌剧书籍、关于各部歌剧的剑桥和英国国家歌剧院歌剧导赏，还有如布莱恩·吉廉（Bryan Gilliam）的《埃莱克特拉》（Elektra）这样杰出的专著。因此，我相信全面的生平传记更为急需。我希望以本书纪念作曲家逝世五十周年。当2064年6月庆祝他诞辰二百周年时，我已不在人世，但我坚信，那时的人们将会受惠于施特劳斯研究的新进展。从加尔米什档案中会有更多发现，我希望那时可以出版他的大量通信的全集（德语和英语）。另外，我们还急需他的评注版作品集，希望它能消除部分作品印刷版本中的许多文本错误，并重现一些他未发表的修订稿。

致　谢

我首先要感谢作曲家的孙子（小）理查·施特劳斯和克里斯蒂安·施特劳斯博士允许我引用施特劳斯的信件和稿件，并热诚地允许我使用加尔米什的丰富档案。我还要感谢克里斯蒂安·施特劳斯博士耐心、坦率地回答我关于他的祖父和父亲的问题。我深深感谢慕尼黑理查·施特劳斯研究中心（Richard-Strauss Institut）负责人斯蒂芬·科勒的热心帮助和建议，他与我多次讨论施特劳斯，还为我提供研究中心拥有资料的复印件，并回答了我的许多问题。真心感谢伊丽莎白·莫蒂默（Elizabeth Mortimer）和阿瑟·坦南特（Arthur Tennant）提供翻译协助，蒂利亚·屈恩（Delia Kühn）提供许多家庭回忆及其他帮助。感谢拜罗伊特万弗里德瓦格纳博物馆馆长斯文·弗里德里希（Sven Friedrich）博士提供的1933—1934年《帕西法尔》演出资料。我还要向维也纳奥地利国家图书馆音乐藏品主任君特·布罗谢（Günter Brosche）博士致谢。感谢安德鲁·波特（Andrew Porter）先生允许我引用他的《间奏曲》译文。最真挚地感谢乔伊斯·伯恩（Joyce Bourne）为本书帮我打字、提供建议，并忍受我一直全神贯注于施特劳斯。

没有哪个施特劳斯的研究者可以忽略前人的成就。我已在前言中提到了诺曼·戴尔·马尔等作者。除此之外，库特·威尔海姆的《理查·施特劳斯肖像》(*Richard Strauss persönlich*, 1984) 也是不可或缺的（很可惜，它的英文版遭受了武断的删节）。威利·舒赫（Willi

Schuh）未完成的官方传记的第一卷是关于作曲家早年经历的权威资料。弗朗兹·特伦纳（Franz Trenner）的作品和加尔米什草稿本目录同样不可或缺。《信件中的世界》（*Eine Welt in Briefen*）中收集的书信是一份宝藏（它早就该被翻译成英语了），收录施特劳斯通信的其他合集也是如此。剑桥大学出版社出版的许多施特劳斯歌剧专著有助于深入了解作品的历史和音乐结构。感谢剑桥大学出版社慨允我引用施特劳斯-霍夫曼施塔尔通信，以及威利·舒赫的《理查·施特劳斯编年：早年，1864—1898》（*Richard Strauss: a Chronicle of the Early Years, 1864—1898*）。

插图列表

扉页　理查·施特劳斯，1925年

1. 儿时的施特劳斯与妹妹约翰娜 *11*
2. 约十六岁时的施特劳斯 *26*
3. 施特劳斯与父亲，约1903年 *30*
4. 多拉·维汉 *47*
5. 宝琳·德阿纳扮演《罗恩格林》中的艾尔莎，1891年，魏玛 *77*
6. 施特劳斯与宝琳 *99*
7. 施特劳斯和三岁的儿子"布比" *104*
8. 在圣莫里茨：施特劳斯、宝琳与友人米尔赫先生 *125*
9. 施特劳斯在歌剧院乐池中排练 *150*
10. 施特劳斯与胡戈·冯·霍夫曼施塔尔在罗当，1912年 *175*
11. 银玫瑰的呈献：《玫瑰骑士》第二幕手稿中的一页 *188*
12. 《玫瑰骑士》第三幕三重唱首演歌手，（从左到右）米妮·纳斯特（索菲）、艾娃·冯·德奥斯滕（奥克塔维亚）、玛格丽特·西姆斯（玛莎琳）德累斯顿，1911年 *194*
13. 施特劳斯别墅，佐普里茨街42号，加尔米什 *223*
14. 父与子 *245*
15. 弗朗兹与爱丽丝·施特劳斯 *254*
16. 汉斯·克纳佩茨布什、施特劳斯和欧根·帕普斯特打斯卡特牌 *267*
17. 爱丽丝、宝琳与理查·施特劳斯 *283*
18. 施特劳斯与孙子小理查和克里斯蒂安 *308*

19. 海因兹·蒂津、维妮弗里德·瓦格纳、施特劳斯和埃米尔·普拉托利乌斯，拜罗伊特，1934年 *312*
20. 施特劳斯与约瑟夫·格雷戈尔 *331*
21. 在奥林匹克体育场排练《奥林匹克颂歌》，柏林，1936年 *351*
22. "家庭交响曲"：施特劳斯与儿子弗朗兹和孙子小理查与克里斯蒂安 *353*
23. 《随想曲》排练时的施特劳斯与克莱门斯·克劳斯 *366*
24. 《随想曲》首演后，施特劳斯与维奥里卡·乌尔苏利克在慕尼黑，1942年 *376*
25. 施特劳斯与爱丽丝在维也纳，1943年 *382*
26. 施特劳斯与巴尔杜·冯·施拉赫和格哈特·豪普特曼一起参加豪普特曼《伊菲姬妮在奥里斯》在布格剧院举行的首演，维也纳，1943年11月15日 *387*
27. 关于施特劳斯八十大寿的纳粹"强制命令"，1944年6月11日颁布于斯特拉斯堡：
    致巴登-阿尔萨斯州所有地方音乐专员！理查·施特劳斯的作品允许在此特别时刻无限制上演。 *391*
28. 《双簧管协奏曲》的构思，施特劳斯与约翰·德兰西谈话，加尔米什，1945年 *406*
29. "一个有趣的笑话"，约翰·德兰西抓拍，加尔米什，1945年 *408*
30. 施特劳斯与威利·舒赫和保罗·萨赫尔在苏黎世讨论《变形》，1945年 *413*
31. 在干草巷皇家剧院听托马斯·比彻姆爵士指挥皇家爱乐乐团演奏，1947年10月 *420*
32. 施特劳斯八十五岁生日时在加尔米什演讲，1949年6月11日 *436*
33. 最后的照片之一，加尔米什，1949年 *438*
34. 葬礼上的宝琳，慕尼黑，1949年9月12日。右为弗朗兹，左为弗里德里希弗里茨·伦纳博士教授，背后是孙子小理查和克里斯蒂安 *443*

第一部分

1864—1898
慕尼黑的青年时期

[第 一 章]

家 庭

表面上看，施特劳斯人生顺遂。他举世闻名、成功、富有，享受了五十四年快乐的婚姻生活。但是透过表面，我们就会看到一幅不同的画面，一位仅在音乐生涯的前期与时代保持一致的作曲家，在一生的大部分时间里，他发现自己与音乐的前进方向相左。世界将他抛在身后，他遗世独立。作曲家施特劳斯坚强、有力、独立、感情强烈。生活中的施特劳斯冷淡、冷漠、彬彬有礼却带着与其说是脆弱不如说是傲慢的漠不关心，这令他名声受损（这是不公正的，正如我希望展示出的那样）。二十多岁、三十出头时生气勃勃、强健有力、外向的施特劳斯在外表和举止上显然是一位艺术家，后来却被误认为谨慎保守的银行家。这种改变甚至反映在他的指挥风格中。以彗星般灿烂轰动开始的生活，却以长期笼罩着流亡和受辱危险的悲剧阴影的漫长日落结束。音乐正与此平行：从《唐璜》(*Don Juan*)中奔流的弦乐和响亮的小号声到在夏日消逝的花园中等待死亡来临的歌曲。理查·施特劳斯（Richard Strauss）[1]之谜，作为人与作为音乐家的反差之谜，大概永远无法解开。不过，或许可以有所解释。

---

1. 德语"Richard"应译作"理夏德"。但因中国读者已习惯"理查·施特劳斯"译名，故译者决定保留，而将其他人的德语名"Richard"均译作"理夏德"。——译者注

在加拿大音乐家格伦·古尔德看来（1962年），施特劳斯是"在本世纪生活过的最伟大的音乐人物"。[1]但杰出的英国乐评家罗德尼·米尔纳斯（Rodney Milnes）于1995年在《泰晤士报》上提出："后世仍无法对理查·施特劳斯盖棺定论。"关于施特劳斯的评价，人们总是无法达成共识。有多少人觉得他的音乐令人充实、满足、激动人心，大概就有多少人觉得它浅薄、俗丽。他在年轻时被当作现代主义的罪魁祸首，在晚年时则被当成熄灭的火山，靠自己的过去过活、不经思考作曲的极端保守主义者。而他不仅是在晚年才受到如此抨击。《家庭交响曲》（*Symphonia Domestica*）于1905年在伦敦首演时，恩斯特·纽曼（Ernest Newman）就为一位天才作曲家堕落到如此地步而惋惜。先锋派在《玫瑰骑士》（*Der Rosenkavalier*）后摒弃了他，把他当作他们认为他在《埃莱克特拉》（*Elektra*）中所支持的先锋音乐事业的背叛者。但是，无论过去还是现在，都不可能摒除掉施特劳斯。无论是否受到喜爱，他都是那个时代的音乐巨人，这一时代是从瓦格纳去世前到第二次世界大战结束后四年——从勃拉姆斯和布鲁克纳到布列兹和梅西安。在如此长的创作生涯——总计七十八年中，他一直坚信调性是音乐技艺的基石。再次引用古尔德的评论："他是一个罕见的、激烈的角色，藐视整个历史进化的进程。"[2]他被指责为背叛现代性。但这批评来自那些夸张到将现代性等同于先锋派的人。让施特劳斯用自己的话辩护吧："现代？'现代'是什么意思？给它一个新的含义吧！拥有贝多芬那样的乐思、像巴赫那样以对位法写作、像莫扎特那样配器、做自己时代的真诚、实在的孩子，那你就是现代的！"

我最钦佩施特劳斯的地方就是这样的反抗。尽管他的音乐日渐流

---

1. G. Gould, 'An Argument for Richard Strauss', *High Fidelity*, 1962年3月，重印于 *The Glenn Gould Reader*, ed. T. Page (New York, 1984; London, 1987), 84–92. 参见《古尔德读本》，庄加逊译，漓江出版社，2016。
2. 同上，86。

行，却仍然常被误解、低估；对他的肤浅判断仍未消散。我认为他在许多方面都是个悲剧角色，象征着维护西欧文化中的美和风格的斗争，他输掉了这场斗争，虽然原因并非出自他本身的缺陷。他的伟大并未被完全发现与理解，本书正是推进这样的发现和理解的一次尝试。

若是认识不到施特劳斯个性的三个基本层面，就不可能真正理解他：他是个德国人并为此自豪，深深热爱敬仰德意志文化艺术；他属于中产阶级并满足于此；他将家庭当作生活和道德规范的决定因素。而凌驾于这些因素之上的是他尼采式的对于艺术的全情投入。艺术就是他生活中的真实存在。他说，生活的唯一目的是"令艺术成为可能。在菲迪亚斯之后，基督教诞生的意义就在于令科尔玛祭坛（Colmar Altar）、[1]西斯廷圣母、《庄严弥撒》和《帕西法尔》出现"。但他从未自命不凡、装腔作势。他一直通情达理、务实谦逊，有自知之明。他的音乐几乎完全是自传性的。他告诉罗曼·罗兰，他认为作为音乐的主题，他自己和拿破仑或亚历山大大帝一样有趣。这是在1902年。1949年，在他去世前三个月时，他写道："人们为什么不能在我的作品中发现新意，不能发现在它们之中，也如贝多芬的作品中那样，人类成为这些音乐作品显而易见的一部分？"[2]当然，不仅是贝多芬，不过别太吹毛求疵。

将施特劳斯与三位同代人进行比较是中肯的。后文将进一步详细讨论他和古斯塔夫·马勒（Gustav Mahler，1860—1911）的关系，但他俩之间的主要区别在于施特劳斯对人类生活中的宗教伦理缺乏兴趣。马勒苦苦思索人类存在的意义，追寻上帝，思索死后生活的可能性，而施特劳斯对此不感兴趣。确实，他在1877年写了一部《D大

---

1. 藏于法国阿尔萨斯地区科尔马市博物馆的著名祭坛画，作于16世纪初期。——译者注
2. R. Strauss, *Betrachtungen und Erinnerungen*, ed. Willi Schuh (Zurich, 1949, 1981), *Letzte Aufzeichnung*, 1949-6-19 (p. 182). 本文未收入该书英文版: *Recollections and Reflections*, tr. L. J. Lawrence (London, 1953).

调弥撒曲》（o.Op.31）的四个乐章，但也仅仅是为一段著名的歌词配乐，以作无伴奏合唱的练习。他和马勒一样崇尚自然，但即使如此，他也不像马勒那样受精神因素驱策。施特劳斯也缺乏贾科莫·普契尼（Giacomo Puccini，1858—1924）所拥有的即刻对歌剧观众产生巨大诱惑的能力。虽然施特劳斯的某些歌剧大获成功，但是它们并不像普契尼的作品那样广受欢迎，直至今天仍然如此。他或许和爱德华·埃尔加（Edward Elgar，1857—1934）最为相似，他俩的共同点主要并非在于音乐方面，而在于生活方式，尽管两人都是音色大师且擅长将个人经历融入音乐。两人都娶了将军的女儿，似乎满足于把生活交给她们安排；两人都与同事保持距离；两人也都有意避免被当作浮夸的"艺术家"。埃尔加可能会被错认为退伍将军或乡绅，而施特劳斯则被错认为富有的银行经理人。然而埃尔加有着易怒、紧张的个性，施特劳斯则沉着冷静，至少是在表面上。在这几人中，施特劳斯所处的音乐教育环境最为适宜，用养尊处优来形容也不为过。但和埃尔加一样，他从未上过音乐学院。

施特劳斯的妹妹约翰娜（Johanna）差不多比他小了整整三岁，关于他们的童年，她留下了田园诗般的描述，[1]这些回忆的准确性毋庸置疑，即使它们可能被染上了一层理想化的色彩。他们的出身很有意思。父亲弗朗兹·施特劳斯（Franz Strauss）生于1822年，是一名私生子，父母是时年二十二岁的宫廷引宾员助手约翰·乌尔班·施特劳斯（Johann Urban Strauss）与东巴伐利亚帕克施泰因（Parkstein）的总巡夜人（市镇音乐家）的女儿（他们从未结婚）。弗朗兹由叔伯抚养成人。他的母亲玛丽亚·库尼根达·瓦尔特（Maria Kunigunda Walter）会演奏一些乐器，弗朗兹五岁时开始学小提琴，后来又学了单簧管、吉他

---

1. Johanna von Rauchenberger-Strauss, *fugenderinnerungen, in Richard-Strauss-Jahrbuch* 1959—1960 (Bonn, 1960).

和所有低音乐器，歌唱得也很好。他十五岁时的第一份工作是在慕尼黑担任路德维希一世国王的弟弟，[1]后来的奥地利皇后伊丽莎白（"茜茜公主"）的父亲马克斯大公的吉他手。在波森霍芬（Possenhofen）的大公宫廷任职时，他成为一位技艺高超的圆号（无阀键的"猎号"）手，并为这件乐器写了一些作品，包括一首协奏曲。十年后的1847年，他加入巴伐利亚宫廷乐队（即慕尼黑宫廷歌剧院乐队）任首席圆号手。四年后，他娶了爱丽丝·塞弗（Elise Seiff），一位军乐指挥的女儿。他们的头生子在十个月时因肺结核夭折。1854年，霍乱暴发夺走了爱丽丝和幼女的生命，后者当时同样只有十个月大。和威尔第一样，弗朗兹·施特劳斯在三十二岁时失去了所有家人。实质上被父母抛弃的艰难童年之后的这些经历令他变得充满怨愤、不屈不挠。两年后，他结识了十八岁的约瑟法（约瑟芬妮）·普肖尔（Josepha [Josephine] Pschorr），她是当时位于城里纽豪瑟街11号的普肖尔啤酒厂富裕厂主的五个女儿之一。啤酒厂由约瑟芬妮的祖父，于1841年逝世的约瑟夫·普肖尔（Joseph Pschorr）创办，他的妻子是另一个啤酒厂家族哈克尔斯（Hackers）的继承人。他们的儿子格奥尔格（Georg）继承家业，之后又在1867年将其交给独子，理查·施特劳斯的舅舅格奥尔格。弗朗兹·施特劳斯当乐手的薪水远远不够他求娶富家女，以至于过了七年才求婚。当时他已四十一岁，她二十五岁。他们在1863年8月29日成婚，居住在离啤酒厂不远的阿尔泰默角2号的一栋公寓中；1864年6月11日，他们的头生子理查·格奥尔格出生。

理查写道，[2]母亲曾告诉他，他出生后听到圆号声就发笑，听到小提琴声就大哭。父亲在家勤奋练习，他的圆号声贯穿了儿子一生的音

---

1. 此处有误，马克斯大公（全名Maximilian Joseph, 1808—1888）并非路德维希一世国王的亲弟。——译者注
2. Strauss, 'Recollections of My Youth and Years of Apprenticeship'（日期不明）in *Recollections and Reflections*, 134.

乐作品。施特劳斯几乎每部作品都含有令人印象深刻的圆号段落。在回忆父亲时，施特劳斯中肯地评价了弗朗兹的音乐品位和信条：

> 他甚至认为，只要他接受了一种艺术判断，改变它就是可耻的，他即使在晚年也无法接受我的任何理念。他的音乐"三位一体"是莫扎特（居于首位）、海顿和贝多芬，还可以加上作为歌曲作者的舒伯特、韦伯以及稍逊一筹的门德尔松和施波尔。对他来说，《第七交响曲》终曲以后的贝多芬晚期作品不再是"纯粹"的音乐（可以从中察觉到魔鬼般的理夏德·瓦格纳的痕迹）。他认可舒曼到 Op. 20 为止的钢琴作品，但他也认为舒曼的晚期作品因受门德尔松影响，节奏单调、乐句重复，因而被他贴上"莱比锡音乐"的标签，故不大受他看重……当音乐不再是音响的集合，而是有意识地成为一种表现形式时，我的父亲心中一定无法接受。他认可《汤豪舍》(*Tannhäuser*)，但《罗恩格林》(*Lohengin*) 对他的口味来说太过甜腻，他无法欣赏晚年的瓦格纳。[1]

他确实如此。弗朗兹·施特劳斯厌恶瓦格纳，他们之间多次爆发冲突。施特劳斯并非普通的圆号手。因他的权威气质，他成了如今人们口中的乐队"工会代表""发言人"。此外，他的技艺如此高超，尽管有哮喘病，即使他闹腾得再激烈也不至于被解职。瓦格纳在理查·施特劳斯出生的 1864 年抵达慕尼黑。当时的宫廷指挥是弗朗兹·拉赫纳（Franz Lachner），但在三年后就被瓦格纳的门徒汉斯·冯·彪罗（Hans von Bülow）代替，后者分别在 1865 和 1868 年指

---

1. Strauss, 'Reminiscences of My Father'（日期不明）in *Recollections and Reflections*, 127–133.

挥了《特里斯坦与伊索尔德》(*Tristan und Isolde*)和《纽伦堡的名歌手》(*Die Meistersinger*)的首演。在排练这些歌剧时,弗朗兹·施特劳斯与彪罗和瓦格纳发生了争吵——他说瓦格纳的圆号声部根本就是单簧管声部——但他的演奏又是如此一丝不苟、美妙动人,以至于被彪罗赞为"猎号手中的约阿希姆",瓦格纳也称他是"难以忍受的家伙,但他一吹起圆号,没人会有怨言"。

不管是瓦格纳还是弗朗兹,在理查·施特劳斯叙述的一些轶事中形象都不太好。赫尔曼·莱维(Hermann Levi)于1872年接任慕尼黑宫廷指挥,看在莱维的面子上,弗朗兹同意在1882年参加拜罗伊特管弦乐队的《帕西法尔》世界首演(这是为了感谢莱维在前一年指挥了理查的《第一交响曲》首演)。在一次排练时,弗朗兹·施特劳斯通知乐队成员说他在市民协会安排了一次聚餐,每人应付一马克;瓦格纳打断了他,说自己在节日饭店安排了聚餐。施特劳斯说乐手们并不喜欢这样的安排,他们更愿意在排练后回家,在城里吃饭。"爱上哪上哪,吃你的酸黄瓜去吧。"作曲家骂道。施特劳斯从拜罗伊特致信给妻子:"你无法想象这个喝得烂醉的恶棍受到的盲目崇拜。我现在完全相信,此人的妄自尊大和疯狂已不可估量,因为喝了太多烈酒,他从早到晚烂醉如泥。在最近一次排练上他醉得几乎要掉进乐池。"真的如此吗?——并无其他人提及瓦格纳的饮酒习惯。当莱维在1883年2月通知慕尼黑乐团瓦格纳的死讯时,除了弗朗兹·施特劳斯,所有人都起身致敬。

指挥家汉斯·里希特(Hans Richter)曾说:"弗朗兹·施特劳斯的儿子应为他的乐队里没有自己的父亲而庆幸。"[1]但父亲就在他的家中,这可并不轻松。儿子曾简洁地说:"我父亲非常易怒;和他一起

---

1. C. Fifield, *True Artist and True Friend: a Biography of Hans Richter* (Oxford, 1993), 27.

演奏音乐一直是一种令人紧张的享受……但我通过一次又一次为他伴奏莫扎特优美的圆号协奏曲和贝多芬的圆号奏鸣曲学会了如何好好演奏。"[1]理查唯一一次稍微详细地透露他与弗朗兹的关系是在和罗曼·罗兰的谈话中，那是在1900年3月的巴黎，罗兰在他3月9日的日记中写道：

> 我问他说，他的小宝贝（现在三岁）会不会成为音乐家。他希望不会，因为他记得自己曾激起父亲的不快，他相信如果儿子成为音乐家，到二十岁时一定会把他看成庸人。他确实和家人——他那深谙音乐但作风老派……且完全不理解儿子的创新的父亲有过冲突。事实上，即使在他获得成功之后，父亲也总是站在批评他的那一边，不断和他说："你看不出吗？这一切都是荒谬的，这不是音乐。"因为他害怕自己会这样对待儿子，所以他希望儿子能成为画家或雕塑家。[2]

在理查笔下，弗朗兹在家中时"脾气暴躁、动辄发怒、残暴专横"。他唯一一次公开谈论婚姻对母亲的影响时这么说：

> 我那柔弱的母亲需要用全部的温顺善良以令父母之间一直以真挚爱情和高度尊敬维持的和谐关系延续下去。我母亲非常敏感的神经在此间忍受了多少痛苦，现在我已无法知晓。我母亲必须时刻小心自己的神经，尽管她有着艺术家的气质，却无法读太多书，常常在去剧院和音乐会后无法入

---

1. Strauss, 'Reminiscences of My Father', 129–130.
2. R. Rolland, *Richard Strauss et Romain Rolland, Correspondance, Fragments de Journal* (Paris, 1951); 英文版：*Richard Strauss & Romain Rolland, Correspondence, Diary & Essays*, ed. Rollo H. Myers (London, 1968), 134.

图1 儿时的施特劳斯与妹妹约翰娜

睡。她从不口出怨言。最能令她感到快乐的事，无非是独自安静地度过夏日午后，在我舅舅（格奥尔格）普肖尔别墅那美丽的花园中专心刺绣。[1]

这里需要考虑字里行间的言下之意。施特劳斯的妹妹约翰娜称母亲为"仁慈的具象化"，并谈到约瑟芬妮如何试图调停、斡旋父子之间关于音乐的冲突。这种冲突显然常常发生，特别是在理查变成瓦格纳的追随者以后。崩溃的最初征兆出现在1885年4月理查二十一岁生日之前不久，约瑟芬妮被送到一家疗养院治疗"神经紊乱"。她当时才四十七岁，可以推断病因与更年期有关。她显然患有躁郁症，认为家人在迫害她。服用过量的镇定剂吗啡后，她疯狂地胡言乱语。她在疗养院里住了两个月。五个月后，她又去待了五周。病情在之后八年间有所好转，但在1894—1909年间，她屡次进出"机构"，时长从一个月到近一年不等。1899年，她告诉约翰娜自己已经成为阻碍，并要"离开以不损害奥托的事业"。她指的是奥托·劳亨贝格尔（Otto Rauchenberger）上尉，约翰娜于1895年7月8日与之结婚的陆军军官。

从1885年母亲第一次发病时，施特劳斯写给约翰娜的一封信中可以看出母亲的疾病对他的影响。他在信中表示，试图安慰"越来越孤僻的父亲"是在浪费时间："我想，如果他允许自己分心，而非整天坐着为我们的不幸忧思，他就会觉得在道德上有负于亲爱的妈妈。虽然我一直劝他说，相反，他的责任是为妈妈、汉娜（Hanna，约翰娜[Johanna]的昵称）和我，通过转移注意力驱散阴暗思想以保持健康，但劝告毫无成效。我常常完全无法理解男人应比女人拥有更多的道德

---

1. Strauss, 'Reminiscences of My Father', 131.

力量是怎么回事……我希望我能坚持下去，直到你回家。"[1]

很明显，在约瑟芬妮·施特劳斯于1894年再次发病后不久，施特劳斯就开始起草他包含着对妄想最为同情、音乐描绘最为生动的音诗《堂吉诃德》(*Don Quixote*)。因母亲的遭遇，施特劳斯有意培养自己沉默寡言、"懒散"、温和的气质，以克制遗传自父亲的易怒倾向。他选择了一位性格特别暴躁的妻子，通过妻子，他能够间接体验到自己并非一直成功，却努力克制着性格的另一面。或许同样重要的是，在《堂吉诃德》中，父亲的乐器圆号不如在其他主要作品中那样显眼。这部在他的管弦乐杰作中最为深刻、富于启发的作品被他母亲的命运所笼罩。

施特劳斯写给妹妹的信比我们最初想象的更能显示出他晚年的人生哲学。显然，母亲初次爆发的严重抑郁是多年家庭紧张关系所致，施特劳斯一定也已敏感地注意到了。"驱散阴暗思想"是一句非常有说服力的箴言，他也将其用在了自己身上。对于自己的婚姻，他的首要目标是舒适、安稳地生活，尽管他选择了一个虽然不是精神病患者，但极端暴躁易怒的妻子。他向世人展现出的自我形象随和而可亲。这并非虚假的形象，但它掩盖了在音乐中得到显现的火爆性格。正如我们将要看到的那样，它还掩盖了内心对困扰着他的"阴暗思想"的恐惧。

如果说紧张的家庭关系对施特劳斯的性格塑造有着重大影响，那么它也影响了他的音乐发展和教育。下一章将追溯这一发展。

---

1. 引用于 W. Schuh, *Richard Strauss: Jugend und frühe Meisterjahre. Lebenschronik 1364–1898* (Zurich, 1976); 英文版：*Richard Strauss: a Chronicle of the Early Years, 1864–1898*, tr. Mary Whittall, (Cambridge, 1982), 84–85.

[第二章]

神　童

施特劳斯一家在阿尔泰默角住了约一年，之后他们搬到日光街和施万塔勒街口的一处更大的公寓（无巧不成书，这座建筑多年后成为理查·施特劳斯学会的第一处总部）。1867年6月9日，约翰娜在此出生。1869年，他们又搬进纽豪瑟街3号普肖尔住宅中的一个套间。据约翰娜回忆，她哥哥最初的音乐体验之一是被父亲带去听玛丽亚广场中午卫兵换岗时的军乐队演奏。他记下了进行曲的旋律，让弗朗兹用圆号吹奏。

1864年时慕尼黑只有十五万人口，但它有十七座剧院，位于格特纳广场的新剧院还在建造中。巴伐利亚人以务农为主业，秉性保守。民间艺术繁荣，教堂内有美丽的雕刻和装饰，但人们对当地人的艺术天才抱持正常的怀疑态度。慕尼黑的新建筑多以希腊为模板，因为热爱希腊古典艺术的路德维希一世国王在1848年驾崩前把城市建成了现代雅典。施特劳斯的童年和少年时期在路德维希二世国王治下度过，后者更喜欢建造城堡、听瓦格纳的音乐而非玩弄权术、发动战争。作为宫廷乐队成员，弗朗兹·施特劳斯受雇于路德维希，获得了宫廷音乐家（Kammermusiker）的头衔和路德维希学艺奖章。他参与只有路德维希一个听众的不公开演出。在路德维希统治期间，巴伐利亚于1871年加入了俾斯麦的德意志诸国联邦。施特劳斯一家对这类事情缺乏兴趣——音乐更加重要。

理查在1868年秋天开始上钢琴课，这时他四岁。老师是他父亲的同事竖琴手奥古斯特·汤博（August Tombo），孩子进步飞快。两年后，他进入大教堂的学校，并过得很愉快，1872年，他开始随弗朗兹的表弟，宫廷乐队首席本诺·瓦尔特（Benno Walter）学小提琴。"我一直是个坏学生，因为尽管必要，我仍不爱练琴。"[1]1874年他进了森德林街上的路德维希文理中学（皇家语法学校）。他的班主任记录了他对学习的喜爱——"非常出色的成绩"——以及他讨人喜欢的性格："正直而温厚"，"无忧无虑的快乐、兴高采烈"。次年，施特劳斯的母亲获得了娘家祖母五千古尔登（gulden）的遗产。她买了一台布吕特纳（Blüthner）大钢琴，和弗朗兹一起去意大利度假。这份遗产还为之后几年一家人在蒂罗尔的西里安（Sillian）度假提供了经济支持，那里的山间空气有助于治疗弗朗兹的哮喘病，而理查在那里可以演奏村里的管风琴。他们喜爱的另一个度假地是约瑟芬妮·施特劳斯的妹妹贝尔塔居住的明德尔海姆（Mindelheim），她嫁给了当地的官员卡尔·霍尔布格（Carl Hörburger）。理查的一些儿时作品就是题献给在城里组织音乐活动的姨父卡尔。

理查在1870年开始作曲，这时他六岁。他的第一部作品是钢琴曲的引子和三声中部，《裁缝波尔卡》（Schneider-Polka），他一边弹奏，父亲一边记谱。然后是一首圣诞歌曲《圣诞颂歌》（Weihnachtslied），其歌词（由舒巴特创作）由母亲写在音符下方。钢琴曲《大肚子城堡波尔卡》（Panzenburg-Polka）——"大肚子城堡"是指一堆空啤酒桶——作于1872年，由弗朗兹为他担任指挥的业余乐队"哈布尼"（Harbni）配器。它于5月31日在拜耳街格奥尔格·普肖尔住宅举行的

---

1. Strauss, 'Recollections of My Youth and Years of Apprenticeship', 134.

排练上表演。弗朗兹说它听上去"挺不错的"。理查还听了韦伯的《自由射手》,那是他第一次听歌剧,"他在等待幕启的伟大时刻激动得发抖"[1]。他已经能在钢琴上弹奏序曲了,在演出前数周就经常听到父亲练习圆号独奏的段落。他听的第二部歌剧是莫扎特的《魔笛》,也是在1871年。施特劳斯第一次指挥应该是在1873年2月23日,弗朗兹配器的《裁缝波尔卡》在慕尼黑爱乐协会筹办的一场音乐会上演出。

施特劳斯的第一首歌曲作于1871年。8月21日,他完成了乌兰德(Uhland)《沉思》(*Einkehr*)的谱曲,然后是同一位诗人的《冬之旅》(*Winterreise*)。它们都被题献给他"亲爱的约翰娜舅妈",格奥尔格·普肖尔之妻。据说,她是一位足以成为职业歌手的女中音。她为外甥演唱了他的初次试笔。施特劳斯最初为父亲的主业乐器——因为弗朗兹还演奏小提琴和中提琴——创作的作品是两首圆号练习曲,大概是在1873年。

施特劳斯直到1875年才开始正式上作曲课。从此开始到1880年,他随慕尼黑宫廷乐队的指挥弗里德里希·威尔海姆·梅耶(Friedrich Wilhelm Meyer)学习和声、对位法和配器法。1893年梅耶去世时,施特劳斯告诉父母:"他对我的发展提供的帮助可能比他所认为的更多。"他将他的老师描述为"一个单纯而思想高尚的人"[2]。创作于1875年,为双小提琴、大提琴和钢琴而作的《C大调协奏曲》(AV 157)的乐谱直到1995年才在根西岛被人们发现。在梅耶的指导下,1877年施特劳斯写了一首为管弦乐而作的《G大调小夜曲》,次年它由业余乐队"野冈勒"(Wilde Gung'l)在慕尼黑音乐会上演出。弗朗兹·施特劳斯在1875—1896年的二十一年间担任这支乐队的指挥,它得名于冈

---

1. von Rauchenberger-Strauss, *ugenderi11neningen*, 7-30.
2. 1893年6月10日自佛罗伦萨寄出的信, R. trauss, *Briefe an die Efrern 1882-1906,* ed. W. Schuh (Zürich, 1954), 181.

勒乐队，一支由约瑟夫·冈勒（Joseph Gung'l）在慕尼黑建立的职业乐队，举行公开和非公开演出，在一家名为"三朵玫瑰"的酒馆排练。《小夜曲》是第一部由施特劳斯本人配器的作品，听上去很像海顿和莫扎特的风格，只是配器更加厚重。虽然不可能从中听出后来的施特劳斯，但如果说它是新发现的韦伯那一类作曲家的交响曲，多数人都会被骗。

梅耶并未尝试将施特劳斯的音乐品位带离弗朗兹指引的道路。这意味着理查在成长中主要受到莫扎特、贝多芬、舒伯特、门德尔松、韦伯和施波尔的影响。从他1878年夏听了音乐学院学生作为考试上演的音乐会后写给父亲的信中，可以看出他少年时的观念：

> 在贝多芬《第一交响曲》的末乐章中，一位小提琴手在中间拉了降B音而非还原B音，这令我如坐针毡。然后某位K小姐演奏了舒曼《A小调协奏曲》的第一乐章，我不太喜欢，因为它完全不清晰、配器非常沉重……然后是一位Ch小姐演奏鲁宾斯坦又臭又长的《降B小调钢琴协奏曲》第一乐章。[1]它的开头和结尾都颇具戏剧性，但中间很长，非常烦人……施波尔的《第八小提琴协奏曲》（"场景"）被S先生演奏得非常好。这首宏伟的作品非常打动我，就像我初听它时一样，特别是当我听到最喜欢的段落时。协奏曲有一种相当罕见但非常新颖的特质，特别是源自其宣叙调和末乐章的主要主题。[2]

然而，几天后令他痴迷的是另一首贝多芬的小提琴协奏曲："在我

---

1. 施特劳斯记错了，鲁宾斯坦并未创作《降B小调钢琴协奏曲》。——译者注
2. Schuh, *Richard Strauss: a Chronicle,* 26.

看来，"十四岁的他写道，"这首作品是世界上最美妙的作品之一。简洁高贵的旋律、宏伟的转调、何等完美的配器。我完全沉醉其中……说真的，当我第一次听时完全不理解他，但昨天我完全明白了。"[1]魔力并未消失。罗曼·罗兰在1906年3月26日的日记中讲述了他和施特劳斯去夏特尔剧院参加《家庭交响曲》排练一事。他们听到米沙·埃尔曼（Mischa Elman）演奏贝多芬协奏曲的慢乐章。"施特劳斯低声抱怨。我问他'怎么了？'——'啊，没什么！我只是想，要是这首曲子是我自己写的就好了'。"[2]

施特劳斯年轻时对所听音乐的看法在他写给儿时好友路德维希·图伊勒（Ludwig Thuille）的信中体现得最为清晰。图伊勒比施特劳斯大三岁，在修道院办的孤儿院里长大。约瑟芬妮·施特劳斯从一位朋友处听说了这个孩子的音乐天赋，认为他能成为理查的好伙伴。她邀请他来慕尼黑，弗朗兹帮他在音乐学院注册。1877年，图伊勒去因斯布鲁克学习，之后两个孩子开始通信。施特劳斯在1877年10月5日从慕尼黑寄出的信中提到"钢琴课、和声课、小提琴课"，[3]并说他正在弹车尔尼的《手指灵巧练习曲》（*Schule der Fingerfertigkeit*）[4]、菲尔德的《夜曲》、门德尔松的《D小调协奏曲》和J. S. 巴赫的《平均律键盘曲集》。当时他还听了海顿的《创世纪》，"它令我心潮澎湃"，又去了一次四重奏晚会——海顿的"C大调"、莫扎特的"降E大调"和贝多芬的"Op. 135"——他难以决定哪一首最值得赞美——"海顿怡人、莫扎特严肃而又如此可爱新鲜、贝多芬深沉严肃又阴郁"。1877

---

1. Schuh, *Richard Strauss: a Chronicle,* 26–27。
2. Rolland, *Richard Strauss & Romain Rolland* (1906年3月25日日记), 140.
3. F. Trenner (ed.), *Richard Strauss-Ludwig Thuille: ein Briefwechsel* (Tutzing, 1980). 第一段引文英文版由苏珊·吉莱斯皮（Susan Gillespie）翻译，见B. Gilliam (ed.), *Richard Strauss and his World* (Princeton, 1992), 193-236。
4. 即Op. 740。——译者注

年新年前夕，他指责图伊勒声称舒伯特当时比莫扎特更受认可。"莫扎特在他那个时代，比现在更受认可，因为现在多数人已不再能理解他。只要你知道他在三十五年里都写了什么，你就会完全感到震撼，惊呼，这是不可能的……在器乐学习方面，我只能给你提供一条建议——不要从书上学，因为正如我父亲所说，这是下下策。因此我建议你不用买书，因为即使我爸也只知道埃克托·柏辽兹的一本书，而他只是个三流写手；你应寻找一份包括各种乐器的音域和最佳音区的表格，而剩下的学习……来自过去的大师们的乐谱。"一个月后（1878年1月26日）："我非常期盼能听到你关于大师中的大师那美妙的《'朱庇特'交响曲》的意见。它是我听过的最不可思议的作品，我听到它时犹如身处天堂。'所有艺术中最美妙的音乐万岁！'（Musica, omnium atrium pulcherrima, vivat!）"图伊勒的回信已佚失，但他显然提出了自己的所爱，并给出了这样的回复（1878年2月6日）："《莱奥诺拉》序曲（应为第三）虽然美妙动听，但绝不会比'朱庇特'更伟大。我也不认为贝多芬绝对会比莫扎特更伟大，他们在各自的道路上处于同样的位置，只是莫扎特比贝多芬更加多才多艺。"

1878年3月底，施特劳斯写道："你不能把圣-桑（Saint-Saëns）说成傻瓜笨蛋，相反，他是个天才。尽管《英雄进行曲》(*Marche héroïque*)不合你胃口——我完全可以想象，因为他必须为'他的巴黎人'写些符合他们胃口的东西！——我听过他的一些非常好的作品，例如一首很美的钢琴四重奏，以及他自己演奏的一首G小调钢琴协奏曲。我父亲非常推崇这位作曲家，对于一位新作曲家来说，这已经很能说明问题了。"

大约一个月后，施特劳斯给图伊勒写了那封著名的信，描述了他第一次听瓦格纳《齐格弗里德》(*Siegfried*)的感受："我完全无法忍受，我觉得无聊至极，太可怕了，都没法和你说清楚……最后一幕烦得要命。齐格弗里德和布伦希尔德的场景全是柔板。我想，就不能有一段快板吗？但没有。这种骇人的号叫和哭泣从七和弦到九和弦，再返回来。"相反，他认为奥伯（Auber）的《波尔蒂契的哑女》(*La muette de Portici*)"是一部颇具戏剧性、极为迷人的歌剧……我逐渐开始欣赏奥伯这个非凡之才。"他还喜爱布瓦尔迪埃（Boieldieu）的《白衣女郎》(*La dame blanche*)——"这样高贵的旋律，这样的宏伟、戏剧性、这样美丽的配器！"1878年秋，他再次尖刻地抨击了《女武神》，而另一场上演了舒曼《第二交响曲》的音乐会则令他满足："相当漂亮"，但伴随着舒曼"无可避免地任其形象走向死亡的趋向……我说自己认为配器还能忍受，而爸爸表示它非常繁杂，总是同时又吹又拉"。

同一场音乐会上，他还听了克拉拉·舒曼演奏的贝多芬《G大调钢琴协奏曲》："她的技术、触键和艺术的诠释我都闻所未闻。她弹奏的每个音符都是纯净的，每个乐句都遵循作品的整体艺术特征，因此，大概没有人能够像舒曼夫人一样弹奏这首协奏曲。"关于他自己的钢琴演奏，他告诉图伊勒，他在练习"胡梅尔的《B小调协奏曲》（很美也很难），而我的老师（自1875年起是卡尔·尼斯特[Carl Niest]）主要关注的是'手指位置'的另一个意思，不是说我的手指姿势怪异或弯曲，而是遵照'大拇指绝不弹最高音'（自然有所例外）和'改正持续使用踏板的习惯'的原则。我还背熟了贝多芬的《C小调三十二首变奏曲》"。

从这些信件中，偶尔还能窥见施特劳斯一家的私生活片段。1879年春，他写道："爸爸身体还没恢复，妈妈不幸也得躺在沙发里，尽管她很不耐烦，因为她一直想操持家务。"施特劳斯一生中对宗教的反感自幼就已开始：显然，他的父母都从未对他灌输过宗教教义或情感。他在1878年12月回复图伊勒的信中写道："关于念十二遍玫瑰经一事，我无法满足你的要求。因为首先，我不知道玫瑰经；其次，我并不太想学习不理智的废话。"从这些信中还可以看出，直到1879年，施特劳斯的健康状况始终不佳，尽管他仍然上学，听歌剧和音乐会。

他在1877年12月因"肠道感冒"而卧床十七天。一年后他告知图伊勒："我的身体还不太好，我去上课，但仍需非常注意饮食。说到我可恶的疾病，我真希望它在世界的另一头，它令我长时间无法上课，这自然令我非常惭愧，但我的父母也宁愿把钱花在课程而非医生和药品上。"

　　通信的另一主要主题是施特劳斯的作曲进展。他作品目录中正式的Op.1是一首1876年为乐队而作的E大调《节日进行曲》（*Festmarsch*），题献给格奥尔格·普肖尔舅舅，并于1881年3月26日由弗朗兹的"野冈勒"乐队在慕尼黑中央大厅首演。布赖特科普夫和黑泰尔（Breitkopf & Härtel）出版社一开始拒绝，但又在格奥尔格舅舅答应支付印刷费用后同意出版作品。不过，最初付印的施特劳斯作品是钢琴曲《F大调小加沃特舞曲》（o.Op.57），作于1879年上半年，同年在慕尼黑被收入洛塔尔·梅根多菲尔（Lothar Meggendorfer）编辑的音乐图册中以《来自过去》（*Aus alter Zeit*）为题出版[1]（施特劳斯作品的编号有时会产生混淆。他自己只使用了八十六个作品编号。还有一百五十首无"Op"编号的作品在"阿索"（Asow）目录中被加上以"o.Op."开头的编号。之后，还有一种从AV151到AV323的额外编号，包括施特劳斯改编的其他作曲家的作品）。到1882年，十八岁的施特劳斯从学校毕业时已创作了近一百五十部作品，包括一首交响曲、五首管弦乐曲、四十五首钢琴曲、不少室内乐、五十九首钢琴伴奏的歌曲和三首管弦乐伴奏的歌曲。其中许多作品是为在家庭圈子中演奏而创作的，当然，弗朗兹是绝对的中心角色。"他对正确速度的感觉完美无瑕"，他的儿子多年后回忆道。[2]"他指责上司赫尔曼·莱维，

---

1. 原版在1985年由汉斯·施耐德（Hans Schneider）在图青（Tutzing）重印出版，编辑为慕尼黑理查·施特劳斯学会负责人斯蒂芬·科勒。
2. Strauss, 'Reminiscences of My Father', 129–130, 132.

一首作品过了第二小节就搞不清楚速度。他对节奏的要求非常严格。他不知多少次责骂我'你这么着急忙慌干什么'……他培养我高贵的演奏风格，还教我彪罗对大师经典之作的诠释……在父亲严格的教导下，我在十六岁之前只听古典音乐，是这样的磨练令我对古典大师的热爱和敬仰直到今天都未曾褪色。"

但施特劳斯家中还有其他音乐家，即使不那么杰出。前文已提到过舅妈玛丽亚·约翰娜·普肖尔（原姓菲舍尔－迪克［Fischer-Dick］，1838—1918）。她的姐妹阿玛莉嫁给了时任巴伐利亚皇家总会计师的安东·冯·克诺津格（Anton von Knözinger）。他们的儿子路德维希拉小提琴，常与理查一起演奏弦乐四重奏。另一位表亲卡尔·阿申布伦纳（Carl Aschenbrenner）在四重奏中拉大提琴。晚年时，他回忆道："由施特劳斯负责钢琴声部，演奏钢琴四重奏总是一种特别的享受。他完全如鱼得水，能够在钢琴上引导所有人，他已经是艺术大师。在我们停下休息或结束演奏时，施特劳斯常常为我们演奏他的新作，或自由即兴演奏。"在1879年7月22日写给图伊勒的信中，施特劳斯提到，他写了"一首带教堂场景的喜剧性婚礼进行曲，为表姐琳达·莫拉尔特（Linda Moralt）的婚礼而作，由钢琴和玩具乐器（布谷、玩具小号、钹、三角铁、鼓、摇振器、玩具夜莺）演奏，我会在婚礼时指挥我的乐队演出，乐队成员包括汉娜（他的妹妹）和四个普肖尔家的孩子。这一切不过是个玩笑"。约瑟法的另一位姐妹嫁到了莫拉尔特家，[1]琳达是她的女儿。这首婚礼音乐作品在1879年8月11日琳达和让·马耶尔（Jean Mayer）结婚时于慕尼黑上演。乐谱手稿已佚失。他的"家庭"作品之一，为弦乐三重奏而作的变奏曲《啤酒女生我的气了》（Das Dirndl is harb auf mi）直到1996年才出版。它作于

---

1. 指挥家鲁道夫·莫拉尔特（Rudolf Moralt）因此与施特劳斯有亲戚关系。

1882年3月，并于当月18日在慕尼黑上演。标题可说是一种"圈内人的幽默"。弗朗兹·施特劳斯指挥、由亲友组成的乐队名叫"哈伯尼"（Harbni）。这首作品的引子、七段变奏和终曲引用了瓦格纳的《尼伯龙根的指环》，是施特劳斯最初使用了他最爱的引用技法的作品之一。

下面两段引自施特劳斯1879年致图伊勒的信，生动地展现了这孩子的活力：

> 5月8日：我忙于作曲。1. 开始为我的《A小调序曲》配器。[1] 2. 我重写了全部三首歌曲，[2] 这次没有任何特别的转调，因此令爸爸满意。3. 我写了四首新的钢琴曲，[3] 包括两首加沃特舞曲，其中第二首相当美好、独特。4. 我写了——期待吧——一些长笛和钢琴变奏曲，[4] 应某位朋友的要求。5. 我现在正在创作奏鸣曲的末乐章，[5] 三页长的展开部进展顺利，因此剩下的部分不会花太长时间。另外，我还要为它写一段短小、优美的降A大调柔板，然后直接引入一段谐谑曲。这样你就知道我之前任务有多繁重，之后也是如此。另外，我

---

1. 《A小调序曲》（o.Op.62）完成于1879年7月16日，题献给施特劳斯的老师梅耶，纪念他担任指挥二十五周年。
2. 为埃曼纽尔·盖贝尔（Emanuel Geibel）三首诗的谱曲（o.Op.55/AV159/AV160）：《爱情就像夜莺》（Die Liebe sass als Nachtigall）、《啊，我的马儿快快跑》（O schneller mein Ross）、《百合花散发香气》（Die Lilien glühn in Düfen），完成于1879年4月9日、10日、12日，由科内莉亚·迈森海姆（Cornelia Meysenheim）1881年3月16日在慕尼黑博物馆大厅上演。
3. 《素描：五首钢琴小品》（Skizzen: fünf kleine Klavierstücke, o.Op.56）: 1. 快板、2. 行板、3. 加沃特舞曲II、4. 加沃特舞曲III、5. 加沃特舞曲IV（加沃特舞曲I是《来自过去》[o.Op.57]）分别完成于1879年4月20、21、22/23日、5月1日、7月16日。施特劳斯在7月16日为第五首配器，1880年5月29日由父亲的"野冈勒"乐队上演。
4. 《引子、主题与变奏》（Introduktion, Thema und Variationen, o.Op.56）完成于1879年4月28至30日。
5. 《C小调第二奏鸣曲》（o.Op.60），完成于1879年6月，题献给他的姨父卡尔·霍尔布格。

还忙于对位练习，我现在已经学到四声部赋格了，它是一切对位的顶点。

7月22日：我非常忙碌地作曲。1.我已经告诉过你，我写了一首为单簧管和乐队而作的《降E大调浪漫曲》，[1] 我对它很满意……2.另一首新的加沃特舞曲，D大调的No. IV，[2] 其三声中部为风笛曲调（穆塞特舞曲）；我认为加沃特的形式特别适合短小的钢琴小品……4.我终于完成了《A小调序曲》，我跟你说，它像地狱一样嘈杂，但我想音乐会应该很有效果。另外，我构思了一首四重奏，[3] 很快它就能跳出我的脑海，登上草稿纸。但我首先要修改降E大调的圆号变奏曲[4]，我在去年秋天创作了它，是为人类的肺部和嘴唇而作的，因为它几乎没法演奏。

施特劳斯欣赏图伊勒，尊重他的观点。他在1878年12月回应对他的《E大调钢琴奏鸣曲》（o.Op.38，作于1877年秋）的一些批评时写道："我非常感谢你引起我对它的关注，如果我能早些注意到这显眼的错误，我一定不敢让你看到这样拙劣的作品，更不用说把它当作和你的奏鸣曲相匹敌的东西题献给你，而你的作品，明显比我的强多了。"图伊勒1879年回到慕尼黑皇家音乐学院后师从约瑟夫·赖因贝格尔（Joseph Rheinberger）和卡尔·贝尔曼（Carl Bärmann）。1883年10月他毕业后留校任教，最终接替赖因贝格尔任对位法教授。多年

1.《降E大调浪漫曲》（o.Op.61），完成于1879年6月25日。1879年夏在慕尼黑的路德维希文理中学首演。已知的第二次演出是由萨宾娜·梅耶（Sabine）和米夏埃尔·海尔姆拉特（Michael Helmrath）于1991年7月14日在加尔米什举行的。
2.它是《素描》的第五乐章。
3.《降E大调四重奏》乐章"中速的快板"（AV211）。
4.《引子、主题与变奏》（*Introduktion, Thema und Variationen*, o.Op.52）完成于1878年10月4日。为"亲爱的爸爸在生日当天"创作。

后在致信给友人时，施特劳斯提到了一首"比我自己同时期的作品更成熟"的小提琴奏鸣曲，它"特别激起了我的嫉妒和竞争意识"。施特劳斯认为是赖因贝格尔的影响令图伊勒"开始走上严格保守主义的道路……即使是我的《意大利》(Aus Italien)也令这位严格的对位主义者摇头，后来他常常问我怎样解释某个和弦的结构，或如何解释某段复调线条，而我只能简单地回答：'我做不到，我心里想到什么，就写下什么。'因此到世纪末，我们就不如以前亲近了——我只知道图伊勒无法接受《泰勒菲尔》(Taillefer)的战斗音乐。我在柏林指挥了他的《浪漫序曲》，但我也在关注他美妙的交响曲和钢琴协奏曲（未出版）的创作。他的歌剧《洛伯坦茨》(Lobetanz)由比尔鲍姆(Bierbaum)创作脚本，在一些德国剧院获得了成功"。

施特劳斯于1886年在迈宁根指挥了图伊勒的一首交响曲，1897年在慕尼黑指挥了其歌剧《提尔丹克》(Theuerdank)，几年后又在柏林指挥了其歌剧《古格丽娜》(Gugeline)的音乐会演出。施特劳斯没有提到《洛伯坦茨》和《古格丽娜》的脚本原先都是为他所作。

施特劳斯年老时对他与图伊勒的书信被出版不太高兴。他指责所有引用它们的作者（关于施特劳斯的著作总是会提到它们）："不幸的是，当时我们之间稚嫩的通信（空洞无物、关于当时还不太知名，或至少未被理解的理夏德·瓦格纳的无礼观念）虽不必要却仍然出现在各种传记写作之中。"他不愿年少时因受父亲影响而对瓦格纳表现出的敌意再被提起！

当施特劳斯家中的情况高度紧张时，图伊勒不啻为他的"安全阀"。尽管路德维希文理中学清楚施特劳斯的音乐天赋，给他提供了为学校音乐会撰写并上演作品的机会——例如，索福克勒斯的《埃莱克特拉》合唱段落的谱曲——但它本身并不提供音乐教育。理查想退学和图伊勒一起上音乐学院，但弗朗兹不同意。他们之间爆发了激烈的冲突，最终父亲胜利了。施特劳斯后来承认父亲是正确的：1945年

图2 约十六岁时的施特劳斯

他和一位朋友说，他对古希腊的热情是在文理学校中萌发、滋养的。

在1880年，也就是作曲家十六岁之前创作的器乐和管弦乐作品中，几乎找不到成熟的施特劳斯的痕迹。但在歌曲中很容易看出伟大的先兆，特别是旋律天赋的表露和对歌词戏剧性暗示的回应。《鸫》（*Die Drossel*, 1877, o.Op.34）是基于乌兰德的诗而作，构思简单，但以即兴风的钢琴华彩开头，其琶音动机代表鸫鸟的歌唱。同年的《让死亡停下》（*Lass ruhn die Toten*, 1877, o.Op.35）是施特劳斯唯一一首基于夏米索（Chamisso）作品的歌曲，立即以不加修饰的钢琴引子和休止的运用引人注目。在葬礼般的c小调中，歌曲用预示了十七年后的《安息吧，我的灵魂》（*Ruhe, meine Seele*）的浓密半音唤起诗歌的阴郁思绪。可从《鸫》中听出的音乐诗意和模仿自然音响的天赋在基于歌德作品的《渔夫》（*Der Fischer*, 1877, o.Op.33）和基于科尔纳作品（Körner）的《游吟诗人与齐特琴》（*Spielmann und Zither*, 1878, o.Op.40）中非常明显。又如，他对在《埃莱克特拉》中展现出的使用极端调性塑造气氛的偏好已在基于莱瑙作品的《雾》（*Nebel*, 1878, o.Op.47）中有所萌芽，曲中的降e小调象征灵魂的阴暗。从早期歌曲创作中，也可以看出他对歌词的选择和对寻找正确的"旋律形式"以凸显词义的关注。据他妹妹回忆，他一开始对歌词来者不拒；成长后开始变得挑剔（"我看不懂，我欣赏不了它！"）。他在年少时选择的诗歌基本上反映了慕尼黑流行的比德迈时尚——例如，法勒斯莱本（Fallersleben）、基尔姆（Gilm）和戴默尔（Dehmel）。但他早年也对歌德、莱瑙和海涅充满热情。"最近，在海涅的《歌集》（*Buch der Lieder*）中"，他致信给图伊勒，"我找到了一种'补品'，一首美妙而又非常悲哀的歌曲。我还要认真地读读莱瑙，我非常欣赏他！"基于海涅诗作的谱曲是《父亲的花园里有一朵小花》（*Im Vaters Garten heimlich steht ein Blümlein*），完成于1879年12月（o.Op.64）。关于"旋律形式"，施特劳斯多年后对马克斯·马尔沙尔克（Max Marschalk）

阐述了他的态度："我用很长时间处理旋律。从产生最初构思到最终完成旋律轮廓是一段漫长的旅程。旋律的开头并不重要，重要的是继续，是到完整旋律形式的发展。表面上浑然天成的旋律几乎总是艰辛努力的成果。顺便说一下，努力也是一种才能！"

施特劳斯少年时期的歌曲创作终止于1879年。1879至1884年间创作的约二十首歌曲原由约翰娜舅妈收藏，但业已遗失（它们的开头和歌词被保留了下来，因为施特劳斯的第一位重要传记作者马克斯·施泰尼策尔［Max Steinitzer］看到过它们）。不过最后一首大概是《红玫瑰》(*Rote Rosen*, 1883, o.Op.76)，题献给后文将会提到的年轻时的爱人。这是一首本质上有着施特劳斯之美的歌曲，并为《明晨！》(*Morgen!*)指出了方向。它标志着长达十三年的创作力迸发的开始，我们完全可以据此称施特劳斯为神童。

1881年，施特劳斯开始在公众间声名鹊起。3月，他的四部作品在慕尼黑上演。14日，他的《A大调弦乐四重奏》(Op. 2, 1880年11月)在博物馆大厅（Museumssaal）由他的老师本诺·瓦尔特带领的四重奏演出，其中的大提琴手是慕尼黑宫廷乐团大提琴首席哈努什·维汉（Hanuš Wihan）。这是典型的深受海顿、莫扎特和门德尔松滋养的年轻人的作品，其中最具前瞻性的是《谐谑曲》，严格的奏鸣曲式的束缚并没有限制住这孩子的想象力。两天后在同一个音乐厅，科内莉亚·迈森海姆（Cornelia Meysenheim）演唱了施特劳斯的三首歌曲——均是基于埃曼纽尔·盖贝尔（Emanuel Geibel）的诗而作：《森林之歌：爱情就像夜莺》(*Waldgesang: Die Liebe saß als Nachtigall*, o.Op.55)、《啊，我的马儿快快跑》(*O schneller mein Roß*, AV159)和《百合花散发香气》(*Die Lilien glühn in Düfen*, AV160)（仅有《森林之歌》留存至今）。在这次演唱会后，施特劳斯的亲友们送给他一枚金图章指环，镶嵌的黑石上刻有他的姓名缩写"RS"，还有一顶桂冠，刻着一行金字："献于你生命中最难忘的一天。"施特劳斯一直戴着这枚指环，直到1945年11月1日把它交给长孙理查作为后者十八岁的生日礼物。

3月26日，《节日进行曲》（Op. 1）由弗朗兹·施特劳斯指挥"野冈勒"演出。四天后的3月30日，施特劳斯作于1880年4月8日到6月12日期间的《D小调第一交响曲》（o.Op.69）由赫尔曼·莱维指挥宫廷乐队在音乐大厅（Odeonssaal，在第二次世界大战期间被毁）的一场音乐学会音乐会上演出。抄写了所有分谱的弗朗兹演奏第一圆号声部。"父亲自然非常紧张和激动，"约翰娜在回忆录中写道，[1]"而理查仍非常冷静，没做准备……理查穿着他最好的衣服，和往常一样站在大厅左侧第一根柱子后面，艺术家们从那里登台。"第二天他就回校上课，好像什么也没发生一样。他的同学马克斯·施泰尼策尔在1911年的传记中回忆道，理查在学校课堂上表现得"和往常一模一样"。约翰娜说家中并未大肆庆祝——"我的父母明智地克制自己赞扬他"。《慕尼黑最新新闻》（*Münchner Neueste Nachrichten*）1881年4月3日的评论完全不出所料：《交响曲》"不能说是真正独创，但它从头到尾都展现出丰富的音乐想象力，创作显得轻松自如"。这话没什么问题，但可说的不止于此。自1986年以来，和过去的作者相比，公众拥有能够聆听这部作品录音的优势。这位慕尼黑评论家还提到了有目共睹的"卓越的管弦乐技巧"。这部作品深受门德尔松和韦伯的影响，但绝非抄袭。它优美动听。如果它被误认为是这两位作曲家中任何一位最近被发现的交响曲，应该都会得到珍视。那么作为施特劳斯少年时期的作品为何不行呢？

人们不可避免地将利奥波德·莫扎特父子的关系和弗朗兹·施特劳斯父子的关系相提并论。但也别太过分强调。虽然利奥波德和弗朗兹都是内心充满怨愤之人，但利奥波德可以利用沃尔夫冈及其姐姐的

---

1. Johanna von Rauchenberger-Strauss, *Jugenderinnerungen*, 7–30.

图3　施特劳斯与父亲，约1903年

高超技艺。理查·施特劳斯不可能成为钢琴家，尽管他弹得不错。但是显然作曲才是他的领域。弗朗兹试图让儿子远离他眼中瓦格纳的恶劣影响，为此他们之间发生过激烈的争吵，但最终他屈服了。而弗朗兹和利奥波德的不同在于前者对儿子并不嫉妒。看得出来，他常常对理查的音乐和指挥严厉批判，但这种批评是出自好意，常常伴随几乎并不恼怒的劝告。

1881年，除了音乐作品的上演，施特劳斯对瓦格纳音乐的态度也开始改变。大概于1877年听到的《汤豪舍》第一次动摇了他的敌意。从维纳斯堡到瓦尔特堡山谷的转化令他深受感动。在1880—1881年冬，他偷偷研究了《特里斯坦与伊索尔德》的总谱，但他犯了一个错误：他给一位朋友（大概是图伊勒）弹奏了其中一段。弗朗兹听到了，大发雷霆并禁止他继续。但理查这次并未胆怯,而是告诉弗朗兹:"别忘了,您坐在乐队中间。整体效果是不同的。"施特劳斯在回忆录中写道:

> 十七岁时,我如饥似渴地研读《特里斯坦与伊索尔德》的乐谱直到我的热情到达疯狂般的顶点,到我希望加强眼睛和内心听觉从乐谱中获得的印象而再次去听现场演出时才冷却下来。再次失望和怀疑、再次回到乐谱——直到我认识到,是平庸的演出和我能够从未受玷污的乐谱中直接读出的伟大作曲家的意图之间的分歧,令作品在剧院中的印象和我内心所听到的不同。之后(尽管我的舅舅[格奥尔格·普肖尔]提醒我注意"拜罗伊特的骗子"),我还是成了彻头彻尾的瓦格纳主义者。[1]

1933年,他致信给指挥家弗里茨·布施(Fritz Busch):"即使只有一个人付钱去听《特里斯坦与伊索尔德》,也必须为他演出,因为他一定是最后一个德国人。"

赫尔曼·莱维请弗朗兹参加拜罗伊特乐团的《帕西法尔》首演,弗朗兹带理查去听了正式彩排。这是理查离校毕业的"礼物",但他对此没有留下只言片语。在路德维希文理中学的最后一年,理查创作了他的《小提琴协奏曲》(Op. 8)、钢琴曲《氛围音画》(*Stimmungsbilder* Op. 9)和《第一圆号协奏曲》(Op. 11)。而在他的毕业成绩中,只有历史是"最优",拉丁文和希腊文是"优",德文和法文是"良",数学和物理是"中"。但"他的操行一直无懈可击"。

---

1. Strauss, 'Reminiscences of My Father', 132.

[第 三 章]

成　长

1882—1883年冬，施特劳斯遵父命去慕尼黑大学上课。他学习的科目包括哲学、美学、艺术史和莎士比亚。但这些课程——或者教师——令他厌烦。他宁愿自己阅读、自己选择导师。因此，他继续探索一生挚爱的歌德和希腊古典文学。他加入了父亲的"野冈勒"乐队，任第一小提琴手，直到三年后的1885年9月。卡尔·阿申布伦纳记得施特劳斯在弗朗兹举起指挥棒示意开始后"仍然在扒拉他那几乎从来不准的E弦"，激怒了父亲。"施特劳斯无法控制他的笑声，令我们全都大笑，最后让他严厉的父亲也平静下来。"

离开中学后，他的第一件音乐大事是他前一年为十三件管乐器创作的《降E大调小夜曲》（Op. 7）于1882年11月27日举行了首演。它由弗朗兹·乌尔纳（Franz Wüllner）指挥德累斯顿音乐家协会（Tonkünstlerverein）上演，乌尔纳曾在慕尼黑指挥过《莱茵的黄金》（1869年）与《女武神》（1870年）的世界首演。这是施特劳斯第一首在慕尼黑之外演出的作品。其他作品的外地首演也很快到来。几天后，他第一次前往维也纳。在弗朗兹的鼓励下，他事先前去打点好了相关事宜。此行的目的是举行《小提琴协奏曲》（完成于3月22日）的首演，他预先请《维也纳大众日报》（Wiener Allgemeine Zeitung）的马克斯·卡尔贝克（Max Kalbeck）撰写了一篇作曲家和作品的介绍。他致信给维也纳歌剧院和音乐之友协会（Gesellschaft der Musikfreunde）的指挥威尔海姆·雅恩（Wilhelm Jahn），后者邀请施特劳斯去他在歌剧院里的包厢听《茶花女》。他还联系了当时歌剧院和爱乐乐团的首席指挥汉斯·里希特，然后又去听了一场爱乐乐团的音乐会。

12月5日，《小提琴协奏曲》在赫伦街的波森多菲尔（Bösendorfer）音乐厅上演，由本诺·瓦尔特演奏，施特劳斯伴奏。"音乐厅因赠票而基本满座"，他次日在写给家人的信中说。"我的《协奏曲》反响很好：第一次F大调颤音后就有掌声，每个乐章后都有掌声，最后我谢幕两次……至少我在伴奏时没出大错。"两个月后（1883年2月8日），这首《协奏曲》由瓦尔特和施特劳斯在慕尼黑的一次演奏会中再次上演。1890年3月4日，瓦尔特还在科隆举行了第一次乐队伴奏演出，由乌尔纳指挥。1896年2月17日，施特劳斯在莱比锡也指挥了一次演出，独奏的是阿尔弗雷德·克拉塞尔特（Alfred Krasselt）。

1883年，施特劳斯第一次能够全身心地投入作曲。他完成了为父亲创作的《圆号协奏曲》。施特劳斯的妹妹后来告诉丹尼斯·布莱恩（Dannis Brain），她记得父亲在对付儿子制造的困难时使用了高音降B定调管；他认为太多的高音降B音对公开演出来说太危险了。《协奏曲》于1888年在慕尼黑音乐家协会以钢琴伴奏的形式首演时，是由弗朗兹的一位学生布鲁诺·霍耶尔（Bruno Hoyer）演奏圆号，理查钢琴伴奏。这首协奏曲是为猎号，即无活塞阀键的自然圆号创作的，但演奏圆号的诺曼·戴尔·马尔指出，乐队中的圆号部分使用降E大调定调管，而独奏声部由F大调圆号演奏，这种做法在1883年已形成惯例。独奏声部的某些主题用猎号无法演奏。6月，施特劳斯开始写第二首交响曲，最先写的是慢乐章，但它反而是最后完成的。当月他还完成了曾经流行过一段时间，但之后销声匿迹了近一个世纪的《F大调大提琴浪漫曲》（o.Op.75）。后者题献给施特劳斯的表舅安东·冯·克诺津格，1884年2月15日由哈努什·维汉首演（可能是在巴登-巴登）。施特劳斯还为维汉写了一个钢琴伴奏版，将时长十分钟的原曲缩短了近三分之一，题献给德累斯顿宫廷乐队的大提琴首席费迪南德·博克曼（Ferdinand Böckmann）。这是一首极具吸引力的作品，旋律丰富、乐章流畅（如歌的行板）。1985年10月，删节版由彼得·沃普科（Peter Wöpke）和沃尔夫冈·萨瓦利什（Wolfgang Sawallisch）在慕尼黑重新上演，管弦乐版于1986年5月21日在德累斯顿森珀歌剧院重演。未删节的钢琴版已出版，管弦乐版也已被录制。

在完成《F大调大提琴浪漫曲》不久前，施特劳斯还完成了在许多方面都是他学徒期作品中最成熟、最惊人的《大提琴奏鸣曲》（Op.6），后者于1883年12月8日由维汉和希尔德加德·冯·柯尼希斯塔尔（Hildegard von Königsthal）在纽伦堡首演。十天前的11月28日，莱维在音乐大厅指挥了施特劳斯的另一首作品，题献给莱维本人的《C小调音乐会序曲》（o.Op.80）。虽然从未出版，但1884年间它在奥格斯堡、因斯布鲁克、柏林和德累斯顿上演，德累斯顿的演出可能是恩斯特·冯·舒赫（Ernst von Schuch）首次指挥施特劳斯的作品。

施特劳斯人生中首次显现出浪漫关系的迹象是在1883年暑假期间上巴伐利亚的海尔布伦（Heilbrunn）。来自法兰克福的斯佩耶尔（Speyer）一家也在当地，父亲是律师，儿子是作曲家；同行的还有两个女儿，其中的洛蒂（Lotti）吸引了施特劳斯的注意。回到慕尼黑后，他于9月11日基于卡尔·施蒂勒（Karl Stieler）的诗创作了歌曲《红玫瑰》，并在10月19日和另两首歌曲（大概是《苏醒的玫瑰》[*Die erwachte Rose*]和《邂逅》[*Begegnung*]）一同寄给她。献辞是"带着最深的仰慕"。他写道，这首歌曲是"专门为您一人写的，我亲爱的小姐，供您收入纪念册的一首小诗，只是在诗行下加上了我的音乐，绝不是为其他听众而作……我恳求您不要因《红玫瑰》而生我的气，因为它为我留下了美妙的回忆，我无法抗拒为您创作它的冲动，尽管我担心歌词可能并不适合谱曲，因而成果不会特别喜人。在某种程度上来说，它实在太适合您，它的结尾，我初次读时完全慌了"。[1]

诗的最后一节是："夜晚笼罩着我，如此寒冷无云的夜晚，但日与夜已融为一体。我梦着你，红玫瑰，梦着那个我在那里得到她的花园。"洛蒂·斯佩耶尔的回信（直到11月11日才写）承认，"我心中确实有着非常隐秘的愿望，想要您献给我一首小歌曲，现在我的梦想多么美妙地实现了。《红玫瑰》非常美，我绝不会'对您生气'。但您用歌词所做的对比实在是太抬举我了……（而且）它激发了您的艺术想象力，召唤出一些不同的东西……自9月以来我常常跑去信箱，看有没有从慕尼黑寄给我的信"。这首歌曲于1958年11月30日在卡内基音乐厅的演唱会上由伊丽莎白·施瓦茨科普夫（Elisabeth Schwarzkoph）公开首演。

《音乐会序曲》上演后，施特劳斯受父亲鼓励前往德累斯顿和柏林进行了一次长期旅行，随身带着给指挥家和作曲家们的介绍信。但他首先去了"破烂、无聊"的莱比锡，住在维汉的岳父母魏斯（Weis）家中。他为布商大厦（Gewandhaus）音乐会指挥卡尔·赖内克（Karl Reinicke）弹奏了他的《音乐会序曲》，为勃拉姆斯的朋友、作曲家海因里希·冯·赫尔佐根伯格（Heinrich von Herzogenberg）弹奏了他的《第二交响曲》第一乐章。而他在前一天晚上（12月5日）才刚刚完成了交响曲的终曲。德累斯顿的画廊（Gemäldegalerie）给他留下了深刻的印象。施特劳斯热爱艺术展，走到哪儿看到哪儿。他对每个画廊的情况都烂熟于心，绘画知识也极为渊博。在写给母亲的一封信中（12月12日），他列举了画廊展出的作品，并描述了拉斐尔的《西斯廷圣母》："白色的光晕逐渐在蓝天中消逝，直到成为小天使头上的一抹淡

---

1. A. Holde, 'Unbekannte Briefe und Lieder von Richard Strauss' in *Internationale Richard-Strauss-Gesellschaft*, 1958−11−19, 2−6.

影，我需要用剧院眼镜才能看清——这可真是绝妙。这幅画，以及它带给我的整体印象，令我清楚地想起《剧院落成序曲》引子中'极弱'的G大调段落，温和、轻柔、抚慰，伴随着精妙的设计和构思。"[1]

因魏斯家中有人得了麻疹，施特劳斯搬到了费迪南德·博克曼和妻子海伦娜家里。博克曼和施特劳斯于12月19日在音乐家协会的一个"练习晚会"上演奏了《大提琴奏鸣曲》。"掌声雷动，"他写道，"博克曼为此心花怒放。"在家中排练时，施特劳斯用海伦娜·博克曼的一根木制针织棒模仿恩斯特·冯·舒赫指挥。在多年后的回忆录中，博克曼夫人说："我的丈夫当时正处于漫长、艰难的瓦格纳排练时期——他从他手中拿走针织棒，说道：'我亲爱的理查，请停下吧！今天舒赫已经在我眼皮子底下笨手笨脚了三个小时，我已经受够了！'"[2] 巧合的是，博克曼夫妇是施特劳斯的传记作者、学者兼歌剧制作人库特·威尔海姆的曾外祖父母。德累斯顿宫廷乐队的首席圆号手奥斯卡·弗朗兹（Oscar Franz）致信给弗朗兹·施特劳斯，确认"美妙的《奏鸣曲》"获得了"圆满的成功"。他还说："它确实是一首大作……您的儿子完全是天纵奇才，我希望他的乐思取之不尽用之不竭。我……非常乐于见到您的儿子成功。"无论指挥家们对他怎么想，弗朗兹的乐队同事们显然对他又敬又爱。在德累斯顿，施特劳斯见到了令他感到"非常温和"且受他"真心喜欢"的弗朗兹·乌尔纳与更风流潇洒的舒赫。这两位指挥家都在施特劳斯的一生中扮演了重要角色。

他于12月21日启程前往柏林。莱维的介绍信打开了许多门路。通过普鲁士宫廷剧院主管博托·冯·许尔森（Botho von Hülsen），他获准免票观看歌剧和戏剧演出。他深为萨尔杜（Sardou）的《费多拉》（Fedora）激动，称这位剧作家是"莎士比亚以来最伟大的戏剧

---

1. Strauss, *Briefe an die Eltern*, 242–245. 1883年12月12日信。
2. Schuh, *Richard Strauss: a Chronicle*, 65.

家。"同往常一样，令人振奋的戏剧体验通过作品让情感得到发泄。"我通过马上为我的新作品《A小调钢琴变奏曲与赋格》（o.Op.81/AV177）写下精彩的引子而得到缓解。"他告诉妹妹（在回到慕尼黑后，他完成了《为钢琴双手而作的原创主题十四段即兴与赋格》（*14 Improvisationen und Fuge über ein Originalthema für pianofore zu zwei Händen*)，题献给汉斯·冯·彪罗，但后者从未演奏过它，这首作品也并未出版）。年少时对萨尔杜的回应可以被赦免，但与《费多拉》的邂逅还是留下了印记。《费多拉》的故事讲述了一位大公夫人追踪杀害了她未婚夫的凶手，却又与他坠入爱河。故事发生在圣彼得堡和巴黎的上流社会，背景与革命和间谍有关。1916年，施特劳斯致信给他的脚本作家胡戈·冯·霍夫曼施塔尔（Hugo von Hofmannsthal）："关于新的歌剧……比如说，在维也纳会议背景下的一个外交阴谋，用真正的上层贵族女间谍作为主角——一位大使的美丽妻子，为爱情而叛国，被秘密特工或其他类似有趣的人物利用，然后把它加到会议中人们得知拿破仑回归的著名场景——你可能会说：垃圾。但我们音乐家以拙劣的美学品位闻名；如果这样的东西是你写的，它就不会变成垃圾。"[1]1928年，施特劳斯要求霍夫曼施塔尔："外表下至少有一点儿斯克里布、萨尔杜，甚至洛尔青！"[2]诗人巧妙地回绝了："完全没错，我有时能写好类似斯克里布和萨尔杜的东西。但相反，我拥有的天赋——这两位从来没有——是令角色们获得生命。"[3]

一个新的音乐世界在柏林等待着施特劳斯的发现。他听了彪罗演奏的拉夫（Raff）的一首协奏曲："音乐蠢得不可救药，但演奏是'现象级的'。"约阿希姆四重奏犹如天启——"我从四重奏演奏中获得了

---

1. Schuh, *Richard Strauss: a Chronicle*, 26.
2. 同上，26-27。
3. Rolland, *Richard Strauss & Romain Rolland* (1906年3月25日日记), 140.

最高的艺术享受"，他如此告诉约翰娜。"这个组合太动人了，纯净的音准和指法，清晰、美妙的诠释，柔板演奏中宏大的宁静，约阿希姆在没有特别内容时甘于退居二线，他只是高音线条，并非主宰，还有极高的技术，一种完全不含任何不恰当之处的演奏风格，宏伟、高贵的音调，我如同身居七重天上。"引发这一堆形容词的是贝多芬的作品，（Op. 18, no. 6，降B大调）、赫尔佐根伯格的一首四重奏和舒伯特的《C大调五重奏》。他听了三场勃拉姆斯《第三交响曲》（里希特指挥于12月2日在维也纳首演）的演出。他在写给图伊勒的信中说，他最初无法理解它（"我的头脑还是一团乱麻"），认为它的配器很"糟糕"。但又去听了几次后，它变成了"勃拉姆斯创作过的最美妙、最独创、最新鲜的东西之一……我开始深受勃拉姆斯的全部作品吸引，他总是非常有趣、通常也实在美丽"。在其中一场音乐会上，他听了勃拉姆斯独奏的《D小调钢琴协奏曲》，"另一首非常有趣的作品。他的演奏富于美和动力"。他还听了一首沙尔文卡（Scharwenka）的交响曲。他为欧根·达尔伯特（Eugen d'Albert）的演奏所折服，认为柏林爱乐乐团不如德累斯顿乐团。在歌剧方面，他听了《魔笛》和奥伯的《黑面具》（*Le domino noir*）。他常去美术展，因国家画廊（Nationalgalerie）中众多的战争场景画而沮丧——真是讽刺，这反应居然来自未来创作出音乐中最为嘈杂、生动的两幅战争场景的作曲家！他与一些艺术家会面，去他们家做客。在埃米尔·特申多夫（Emil Teschendorff）家和卡尔·贝克（Carl Becker）与安东·冯·维尔纳（Anton von Werner）拉四重奏。和他交游的艺术家还有路德维希·克瑙斯（Ludwig Knaus）与保罗·图曼（Paul Thumann），以及雕塑家古斯塔夫·埃贝莱因（Gustav Eberlein）。他与《大众音乐》杂志（*Allgemeine Musikzeitung*）的编辑奥托·莱斯曼（Otto Lessmann）会面，还见了出版商博特与博克（Bote & Bock）。在从慕尼黑移居柏林的咖啡商赫尔曼·克洛瑟（Kermann Klose）家中，他学会了玩斯卡特（Skat）牌，这成为他一生的爱好。

他没有忘记随身携带的自己的作品。他在 1 月 25 日完成了《第二交响曲》(Op. 12),将第三乐章(慢乐章)留到了最后,又在 2 月间完成了五首双手的钢琴小品《氛围音画》(Op. 9)。[1] 弗朗兹·施特劳斯通过信件了解到了这些消息,他告诉理查:"当你写新作品时一定要注意旋律,不要太沉重、要符合钢琴的性能。我越来越觉得只有旋律优美的音乐才能令专业的音乐家和业余的听众都留下长久的印象,旋律是最切实的音乐要素。"[2] 理查在柏林逗留期间,为《大提琴奏鸣曲》举行了一次公开和几次非公开演出,但对他来说,最重要的是为十三件管乐器而作的《降 E 大调小夜曲》的那几次演出。部分演出由音乐厅(Konzerthaus)乐团演奏,本杰明·比尔瑟(Benjamin Bilse)指挥——"太慢了,我想人们要睡着了。"作曲家说。2 月 27 日它由拜访普鲁士首都的迈宁根(Meiningen)乐团演出。乐团指挥汉斯·冯·彪罗出席了排练,但在音乐会上却没有登台,反而是由弗朗兹·曼斯泰特(Franz Mannstädt)指挥。施特劳斯害怕和彪罗会面,因为他知道这位大人物和他父亲的冲突。但他在家书中写道:"他非常和蔼、非常温和、非常智慧……另外,他带着最崇高的敬意提到您,说您是最有教养的音乐家,有着最美妙的音色,绝妙的分句和处理。'我从他那里学到了许多,'他告诉我,'一定要在信中告诉他。'"[3] 3 月 21 日,宫廷指挥家之一罗伯特·拉戴克(Robert Radecke)指挥了《C 小调音乐会序曲》。

但他并非一意工作不顾娱乐。"这里的社交生活太棒了,我们在家里完全无法想象。"他告诉父母,又致信给洛蒂·斯佩耶尔:"柏林人的

---

1. 1884 年 2 月 7 日,施特劳斯告诉父亲他在三首已写完的钢琴小品《在安静的林荫道上》(*Auf stillem Waldespfad*)、《在孤独的泉边》(*An einsamer Quelle*)和《白日梦》(*Träumerei*)的基础上又添加了两首:《荒原画》(*Heidebild*)和《夜曲》(*Nocturno*)。在出版时,《间奏曲》(*Intermezzo*)取代了《夜曲》。
2. Strauss, *Briefe an die Eltern*, 42. 1884 年 2 月 11 日信。
3. 同上,46-49。1884 年 2 月 29 日信。

招待棒极了，结果我几乎每晚都会收到邀请。"他去了几次舞会，"跳到双腿发软"。他告诉图伊勒："我从未在11点前起床过（我几乎没在1:30之前上床过，经常得到3点或4点，而在艺术家舞会后则是7点），每个晚上都在协会、剧院或音乐会中度过，每天几乎都去串门或写信，我从来没闲下来过。"他对美女的多情也显而易见。作家弗里德里希·施皮尔哈根（Friedrich Spielhagen）十八岁的女儿"美丽动人……有着绰约的风姿、完美的脖子和脸庞、闪亮的灰眼睛"，"和她在一起你可以聊上整晚都不会无话可说……我们谈论法国戏剧、斯宾诺莎、至高存在是否存在，然后我们拿在场的其他人开玩笑"。还有一位"美丽动人"的匈牙利女高音波拉克（Pollak）小姐，他听了由她扮演苏珊娜的《费加罗的婚礼》。和波拉克小姐同住的施瓦茨（Schwarz）小姐想见识一下他的几首歌曲。但最令他心动的是格蕾特·贝加斯（Grethe Begas），一位雕塑家的年轻妻子。他花了"许多怡人的夜晚与这位亲切的女士交谈"，并告诉约翰娜，她是"一个美丽动人的女子，非常喜欢调情，真的希望你也如此，而且享受别人的恭维，尽管它不一定足够优雅"。写信给图伊勒时，他说她"将我锁入了她的内心深处"，据说他还为她写了几首歌曲。在他离开柏林后写给他的信中，格蕾特（Grethe，简称Gret）署名为"你的养母"。他于1884年3月29日动身回家。

彪罗为何会把《小夜曲》纳入迈宁根乐团的曲目单呢？施特劳斯的《A大调弦乐四重奏》（Op. 2）已由埃德蒙·施皮茨维格（Edmund Spitzweg）的儿子欧根·施皮茨维格（Eugen Spitzweg）于1881年出版，[1]后者从约瑟夫·埃布尔（Joseph Aibl）处收购了音乐出版社。同年，埃布尔出版了施特劳斯的《五首钢琴小品》（Op. 3），欧根把它寄给了友人彪罗。"完全……不关心（它们），"这位大人物回复道，"从他的创作中找不

---

[1] 埃德蒙·施皮茨维格于1884年去世，欧根和兄弟奥托经营出版社直到1904年被维也纳环球出版公司收购为止。

出一点青春气息。我完全相信他并非天才，最多有点才能，有60%的几率可能成功。"但他非常喜欢《小夜曲》，以至于委约施特劳斯再为管乐组写一首作品；成果是1884年9月完成于慕尼黑，题献给图伊勒的《降B大调组曲》（Op. 4）。彪罗后来在10月告诉施特劳斯，迈宁根乐团将于11月18日在慕尼黑音乐大厅演奏它，并邀请施特劳斯指挥。乐团需要在巡回演出之前花些时间熟悉它，但同时又没时间排练。而施特劳斯也从未在公众面前指挥过。关于他的初次亮相，留下了一段著名的记述：

> 我去彪罗住的旅店找他，他情绪糟透了。我们走上音乐大厅的台阶时，他大声诅咒把他和瓦格纳赶走的慕尼黑和老珀法尔（Perfall，歌剧院经理），称音乐大厅是教堂和证券交易所的合体。总之，他令人又爱又恨，他总是如此……我指挥时头脑几乎一片混沌，现在能记得的只是我没有完全搞砸，但我不能确定情况是否完全相反。彪罗没有听我的处子秀，他在乐器室里怒气冲天地转来转去，一支接一支地抽烟。我一回到那里，我的父亲就从另一扇门走了进来，他深受感动，来表达谢意。彪罗要等的就是这个。他就像一头掠食的狮子一样突然扑向我的父亲。"你不用谢我什么，"他吼道，"我没有忘记你在这个堕落的城市里是怎么对待我的。我今天之所以这么做，是因为你儿子有才能，而不是为了奉承你。"我父亲一言未发离开了房间……当然，这次会面对我来说的后果是完全毁掉了我的处子秀，但突然，彪罗的情绪转到了另一个极端。他后来试图与我父亲和好，我父亲也没有再对儿子的恩人心怀怨怼。[1]

---

1. R. Strauss, "Reminiscences of Hans von Bülow" (1909) in *Recollections and Reflections*, 119–120.

次日，彪罗建议施特劳斯把组曲寄给勃拉姆斯征求意见。他通过在柏林结识的迈宁根乐团首席圆号手古斯塔夫·莱因霍斯（Gustav Leinhos）将谱子寄给了勃拉姆斯。莱因霍斯在12月15日的信中写道："勃拉姆斯博士先生在把乐谱交还给我时，高度评价了你的作品，尽管他一直徒劳地寻找在你这个年纪应该喷涌而出的旋律之泉。"

施特劳斯从柏林回家后创作的其他作品包括以歌德的诗为背景，为合唱与乐队而作的《流浪者风雨歌》（*Wandrers Sturmlied*，Op. 14）和《C小调钢琴四重奏》（Op. 13）。两者都深受勃拉姆斯的影响。《钢琴四重奏》在柏林音乐家协会举办的这一体裁作品的创作比赛中获得一等奖（三百马克）。（它于1885年12月8日由施特劳斯和哈利日［Halíř］四重奏成员在魏玛首演。）1885年1月8日，弗朗兹·施特劳斯的"野冈勒"乐队演奏了一首D大调《节日进行曲》（o.Op.84）。但此时施特劳斯最重要的作品《第二交响曲》于1884年12月13日，由提奥多·托马斯（Theodor Thomas）在一场纽约爱乐协会的音乐会上指挥了首演。托马斯1835年生于汉诺威，十岁时移居美国。最初身为小提琴家和圆号手的他在1858年开始担任指挥，1862年组建了自己的乐团，1877任纽约爱乐乐团指挥，1891年成为芝加哥交响乐团首任指挥。他是弗朗兹·施特劳斯的朋友，在1884年夏天前来拜访，并欣赏了理查的新交响曲。这首作品已由弗朗兹·乌尔纳指挥在科隆的古尔泽尼希（Gürzenich）音乐会上进行了德国首演。施特劳斯参加了排练，和往常一样，他由衷地表示对自己的音乐很是欣赏："它非常困难，但听上去很庞大（这是个褒义词），"他在写给父母的信中说道[1]，"我几乎被第一乐章感动了。你们应该看看他们在谐谑曲中的表现，一波接一波，真是兴高采烈。柔板犹如魔法，终曲同样精彩……爸爸听到这

---

1. Strauss, *Briefe an die Eltern*, 54. 1885年1月12日信。

首交响曲如此现代时一定会睁大眼睛,曲中的对位可能有点太多了,但一切生机勃勃,足以补偿这一点,因此听它真是一种享受"。除了柏林之外,多数地方的乐评家都与他意见一致。另一次重要演出于3月4日举行。这次上演的是1884年出版的《圆号协奏曲》。前文提过,施特劳斯的圆号与钢琴改编版已在慕尼黑演出,题献给显然是其灵感来源的父亲,但出版的乐谱则是题献给德累斯顿乐团的奥斯卡·弗朗兹。不过,进行首演的是古斯塔夫·莱因霍斯,在迈宁根。一个月后,约瑟芬妮·施特劳斯首次精神崩溃。当时,施特劳斯的生活中出现了另一层阴影。他第一次深深地坠入爱河——与一名有夫之妇。

[第四章]

迈宁根

理查·施特劳斯第一次见到多拉·维汉（Dora Wihan）是在1883年。友情何时变为爱情无从考证，但可能是在1884年。多拉是施特劳斯父亲的同事、大提琴家哈努什·维汉的妻子，比施特劳斯大四岁，比她丈夫小五岁。她颇有钢琴天赋，能够和丈夫一起演奏施特劳斯的《大提琴奏鸣曲》。她与约翰娜·施特劳斯很要好，前文提到过，施特劳斯在莱比锡时曾在魏斯家里住过一段时间，那是她的娘家。正是在母亲被送进疗养院的1885年4月14日，施特劳斯致信给妹妹："我昨天见到了你的朋友多拉，向她转达了你的问候，但我觉得她的情况像妈妈的情况那样乐观。在我们家中病人能得到很好的照顾（爸爸和我无可指责），但在维汉家里，情况一如既往地糟糕。维汉夫人大概必须去巴特赖兴哈尔（Bad Reichenhall），[1]而她的丈夫因嫉妒不让她独自前往。"显然，维汉夫妇的婚姻已经出现问题。在多年后的回忆录中，约翰娜·施特劳斯描述多拉和施特劳斯一家的关系"亲如一家"。"维汉先生因他那美丽、喜爱卖弄风情的妻子疯狂地吃醋。我常常目睹这样的情景。例如，她经常让我在她丈夫从歌剧院晚归、有

---

1. 温泉疗养地。——译者注

时还要去喝一杯的夜晚陪她,这样她就不至于孤身一人。理查和我们在一起时,我们经常演奏音乐。"

施特劳斯在1885年4月26日写给妹妹的信中说:"现在我的心情并不太好,希望过几天能够重新开心起来。你的朋友多拉下周六会和她的母亲一起去赖兴哈尔,为期四周……汉斯要在5月初去俄国。"约翰娜说她要回家,但理查三天后回复:"我恐怕你不能理解令我沮丧的事,哪怕你提早回家。"言下之意是,这种沮丧的情绪是由多拉即将离开而引发的。维汉的嫉妒是否由施特劳斯引发无法确定,但显然慕尼黑出现了闲言碎语,因为次年1月在写给理查的一封信中,弗朗兹·施特劳斯提到:"别忘了这里的人们口中你和多拉·W.的关系。"维汉从俄国回来时理查在法兰克福。他从家信中得知哈努什和多拉即将离婚。弗朗兹在1885年6月写道:"汉娜收到多拉从德累斯顿寄来的信。她很好。她亲爱的?丈夫[1]到德累斯顿和她呆了一周,这让她很害怕。"理查回复:"多拉·维汉的消息令我非常惊讶,但并不感到诧异。我很早就有所察觉。"确实,但这消息真的令他惊讶吗?他们都销毁了对方的全部通信(除了下文会提到的三封他给她的信),但他绝不可能完全不知晓她的任何消息。可以猜测,约翰娜会为朋友成为嫂子而高兴;在离婚听证会进行期间,同样非常喜欢多拉的施特劳斯的母亲借给她帽子和面纱,让她在法庭上戴。

和这一情感风波同时来临的是通过施皮茨维格转交的来自彪罗的邀请。询问施特劳斯是否愿意代替去柏林任职的弗朗兹·曼斯塔特,担任迈宁根公爵宫廷乐团的助理指挥?施特劳斯简直喜出望外。二十一岁就能从这样一位音乐家处接到这样的邀请!部分交涉通过莱因霍斯进行,他向理查保证,年长的乐手们喜欢他,会"享受地"在

---

[1]. 此处原文为"Her dear? husband",问号带有讽刺意味。——译者注

他手下工作。他还受邀指挥合唱协会。从10月1日至（次年）4月15日的六个半月，薪水为一千五百马克（约七十五英镑）。作为初步准备，施特劳斯去法兰克福找到彪罗，并与迈宁根公主玛丽见面，她是即将成为施特劳斯雇主的格奥尔格二世公爵的妹妹；施特劳斯还去上了彪罗在拉夫音乐学院开设的钢琴课。6月10日，他在公主和受赠人面前演奏了题献给彪罗的《十四段即兴与赋格》。他与指挥弗里茨·施泰因巴赫（Fritz Steinbach）会面，去歌剧院听了《女武神》和"马斯内的一部新歌剧《埃罗底亚德》(*Hérodiade*)，它有些地方非常迷人，特别是芭蕾音乐，但整体并无价值，且歌词糟糕"。我们可以猜测，这是施特劳斯第一次接触到《莎乐美》(*Salomé*)故事的其中一个版本。

他去剧院看了"海泽（Heyse）的最新的悲剧作品《唐璜的末日》(*Don Juans Ende*)，它真是妙极了"。这也在音乐上对他产生了影响。大公在6月18日签署了施特劳斯的迈宁根雇佣合同。就这样，他进入了一个规模较小，却最有文化和进取心的德意志宫廷之一，但那里没有歌剧院。格奥尔格公爵热爱戏剧和音乐。在他统治期间，公国剧院和乐团到许多地方巡演。他亲自负责选曲和邀请艺术家，并密切参与剧院的经营管理。他娶了一位女演员（海伦娜·冯·赫尔德堡[Helene von Heldburg]，艺名艾伦·弗朗兹[Ellen Franz]），热衷于今天所谓的戏剧演出中的"原真性"。施特劳斯在关于青年时期的回忆录中写道：

> 在迈宁根的工作对我极为重要，因为当年冬天剧团没有巡回演出，我有机会欣赏格奥尔格公爵制作的经典作品的美妙演出，它们对群演场面的认真处理以及制作的逼真风格都特别精彩……举个公爵工作方式的例子：新年前夜，排练一直持续到9点、10点，最后时钟敲响了12下。公爵站起来，所有人长吁一口气。公爵："祝剧团的所有成员新年快乐。

第一部分 1864—1898 慕尼黑的青年时期 47

图4 多拉·维汉

排练要继续下去。"那时可没有八小时工作日。[1]

9月30日，施特劳斯欣喜若狂地写信给他的父亲，描述了他抵达车站时的情况，莱因霍斯、理夏德·缪菲尔德（Richard Mühlfeld，首席单簧管）和安东·基尔赫霍夫（Anton Kirchhoff）已经等着迎接他。他在那里听的第一场音乐会是由彪罗指挥的贝多芬专场：《艾格蒙特序曲》《第一交响曲》和《第七交响曲》，以及彪罗在法兰克福的学生安娜·哈斯特尔斯（Anna Haasters）演奏的《"皇帝"协奏曲》。

施特劳斯的第一次重要亮相是在10月18日，作为独奏、指挥和作曲家登台的音乐会。他演奏了莫扎特的《C小调钢琴协奏曲》（K. 491），带有他自己的华彩段，并指挥了自己的《第二交响曲》。他的朋友图伊勒也在观众席上。彪罗在写给施皮茨维格的报告中称："施特劳斯：人才。交响曲妙极了。他的演奏——就像他的指挥处子秀一样——令人屏息凝神。如果他愿意，他明天就能接替我的位置，只要殿下同意。"彪罗还致信给施特劳斯本人："你是不需要从零开始，而早就有能力站上更高舞台的杰出音乐家之一。"彪罗称这首交响曲"非常重要、独创、形式成熟"。它符合他的保守口味，但即使在今天，听上去也是一部不错的作品，它并不太依赖古典范例，也只有一些关于未来几年的风格的暗示。勃拉姆斯的评论"挺好听的（ganz hübsch）"当然有些委屈它。但勃拉姆斯还提出了一些建议："你应该认真研究一下舒伯特的舞曲，练习写作一些简单的八小节旋律。你的交响曲中有太多的琐碎主题：大量的主题堆积在同一个三和弦上，其间只有节奏上的区别，这是没有价值的。"施特劳斯说，正是因为这些评论（弗朗兹·施特劳斯真心支持），令他"从未不屑于在作品中

---

1. Strauss, 'Recollections of My Youth and Years of Apprenticeship', 138.

融入流行的旋律",而且认识到"只有当诗意要求两个以上的主题暂时融合时,使用对位才是合理的"。1887年,他提醒莱比锡布商大厦乐团的指挥,"因为它非常困难、有时太厚重的配器,以及丰富、但有时过于丰富的对位,这首交响曲在最初几次排练时会给人留下完全不清晰、混乱,甚至可能是丑陋的印象"。

勃拉姆斯之所以听了施特劳斯的交响曲,是因为他在前一天为排练自己的《第四交响曲》、准备首演而抵达了迈宁根。施特劳斯告诉弗朗兹,它"毫无疑问是一首大作,有着宏伟的理念和构思,天才的曲式处理";他向自己的支持者——指挥家乌尔纳将它描述为"整个管弦乐领域中最宏伟的创作之一"。勃拉姆斯在访问期间还指挥了《学院节庆序曲》,彪罗和施特劳斯演奏打击乐。两人都不知道怎样计算休止时间。"在排练中,"施特劳斯写道,"我在第四小节就脱节了,并把总谱放到我的谱架上。彪罗努力地数了八小节,也放弃了……我想当两位指挥参与演奏时,打击乐声部的错误多得前所未有。"

施特劳斯获准进行排练,因而在迈宁根学会了指挥艺术。他排练了莫扎特的《安魂曲》、勃拉姆斯的《小提琴协奏曲》和《A大调小夜曲》以及舒伯特的《"未完成"交响曲》。有时公爵的家庭成员们也会到场。有一次,他们想听瓦格纳的《漂泊的荷兰人》序曲。"我从未如此轻率过,没有看过总谱,就读谱指挥了一次轻松活泼的演奏,"他告诉赫尔曼·莱维,"效果很不错。"迈宁根的社交生活也很忙碌,施特劳斯花了不少时间和公主们与"一些可爱出色的女演员"跳舞。据说,玛丽公主说,"他显然和曼斯塔特那家伙完全不同"。弗朗兹从信中读到这些之后,提醒儿子:"当然,和有教养、值得尊敬、机智聪明的女人交流很惬意,但作为一个毕竟属于公众的年轻艺术家,首先需要考虑的是他的名誉不至于因此受损。"施特劳斯的回复则显得毫不在乎:"您不能指责我在迈宁根市获得欢乐,这里被爱神施了魔法,有几个可爱的女演员。您显然不希望您从前了解的快乐的小伙子、您的儿子理查回到慕尼黑时变成一个庸人。"另外，多拉也在那里。

1885年11月底，彪罗因勃拉姆斯在带领迈宁根乐团巡演的同时又指挥其他乐团演奏《第四交响曲》而与他发生了口角，其后辞去了迈宁根的职位。彪罗的离开令施特劳斯承担起全部职责。但彪罗在1886年1月底作为客座指挥回归，指挥了贝多芬的《"英雄"交响曲》。"我可能再也听不到这样的演奏了，"他在写给父亲的信中说，[1] "我极为感动，以至于末乐章之后，在乐器室里哭得像个孩子；那里只有我和彪罗两人，他抱住我吻了一下，我将永生难忘。"他对莱维说，这场音乐会是"彪罗的至高胜利"，并补充道："但殿下没有因此再次请我们的大师监督乐队，而我想彪罗并不会对此过于抗拒。"彪罗的离开对于迈宁根来说是一个打击，有传言说大公想将乐团从四十九人削减到三十九人。施特劳斯向慕尼黑方面作出表示，他知道1886年8月那里将有一个指挥职位空缺，他还获得了当地负责人卡尔·冯·珀法尔的鼓励。施特劳斯告诉他，如果迈宁根乐团保持全员，"那么我就必须留在这里，为了我必须深深感谢、如此信任我的冯·彪罗先生"。彪罗1月的音乐会后，施特劳斯听说裁员到三十九人一事已成定局；他拿到一份三年合同，每年薪水两千马克。彪罗建议他接受慕尼黑的职位。施特劳斯更愿意去其他地方，因为他希望"能了解慕尼黑之外的世界"，但2月1日，他接受了珀法尔的邀请。路德维希二世在4月批准了这项任命——从1886年8月1日到1889年7月31日为期三年的合同，第一年年薪两千马克，第二和第三年每年两千四百马克。

与此同时，他在迈宁根还有指挥任务。他指挥了拉赫纳、赖因贝格尔、李斯特和柴科夫斯基的作品，1886年2月23日指挥了友人图伊勒的《F大调交响曲》。作曲家无法出席，但施特劳斯告诉他反

---

1. Strauss, *Briefe an die Eltern*, 84–6. 1886年1月31日信。

响良好，乐团喜爱这首作品。施特劳斯还组织了一系列室内乐演奏会。这些活动没有给他留下多少时间来作曲。但在1885年10月和11月，他将8月在施泰纳赫度假和回到慕尼黑后创作的五首基于赫尔曼·冯·基尔姆诗歌的作品扩充到了九首。这些歌曲是他的Op. 10，其中包括他最受欢迎的三首歌曲：《献辞》（Zueignung）、《夜》（Die Nacht）和《万灵节》（Allerseelen）。其中的爱情歌曲灵感来自于多拉。他给彪罗的妻子玛丽展示了其中六首歌曲，当时她的丈夫正在旅行演出。她在11月11日致信给彪罗："昨天施特劳斯给我带来了他写的一组歌曲，想要唱给我听，但他只能弹钢琴部分，而我跟着乐谱哼唱时，他注意到了我的喉咙有问题。然后我变得'严格'，也就是说，我不只是夸奖它，同时还提出哪些部分不能感动我、哪些部分因无法动人而令我不快。年轻人离开时非常愉快。"他愉快得又写了（或完成了）三首歌曲。在他11月10日为玛丽·冯·彪罗弹奏的六首作品中，最新的一首是10月31日在迈宁根创作的《万灵节》。次日，他写了《缄默者》（Die Verschwiegenen），11月12日写了《藏红花》（Die Zeitlose）。第九首歌曲《谁这么做？》（Wer hat's getan?）写于11月13日，但没有和另外八首放在一起，直到1974年才被出版、演出。其中四首歌曲（《献辞》、《一无所有》[Nichts]、《大丽花》[Die Georgine]和《万灵节》）于1886年3月5日在施特劳斯的第二场迈宁根室内乐演奏会上演出（应为首演）。顺便一提，当弗朗兹写信催他为约翰娜舅妈再写几首歌曲时，施特劳斯回复说他首先需要找到"一些好歌词——我无法再像过去一样坐下来毫无感情地写歌了"。1885年11月到1886年2月24日间，他创作了钢琴与乐队的《D小调滑稽曲》（Burleske）。它是为彪罗而写的，但彪罗拒绝接受，因为它"不适合钢琴，对他来说跨度太大"。他告诫施特劳斯："每小节双手都要移动？你认为我会坐下来花四周学这么难啃的作品吗？"离开迈宁根前，他和乐团试奏了《滑稽曲》，并告诉彪罗（1886年4月7日）："我想，伴奏部分有些沉重，钢琴部分太琐碎了。我需要删除一些乐队的部分，然后把它交给一个杰出的（！）钢琴家和一个第一流的（！）指挥家，或许整个作品不至于像我在第一次排练后认为的那样毫无意义。第一次试奏后我完全灰心了，马上就开始重写我刚开始创作的《C小调钢琴与乐队（带竖琴）狂想曲》。"这首《狂想曲》（AV213）最终还是被放弃了，而《滑稽曲》也被束之高阁。经公爵提议，施特劳斯为男声合唱和管弦乐队谱写了克莱斯特的《赫尔曼战役》（*Die Hermann-Schlacht*）中的《游吟诗人之歌》（*Bardengesang*，AV181）。它于1886年2月下旬在宫廷剧院首演。作品已佚失，但不应与1906年编号Op. 55的同名作品（克洛普斯托克[Klopstock]词）混淆。

为纪念离开迈宁根，施特劳斯将他的《钢琴四重奏》献给格奥尔格公爵，以表示"尊敬和感激"。公爵在感谢信中说，他非常惋惜施特劳斯的离开，并表示："您在这里的成就彻底打消了我之前的错误观念——您如此年轻恐怕无法承担作为我的乐队里唯一总监的职责。"公爵夫人在施特劳斯工作期间了解到他对戏剧的热情，并告诉公爵，施特劳斯是"长时间以来我们剧院中最好的支持者"。施特劳斯被授予艺术和学术成就勋章。弗朗兹·施特劳斯为此而担心："别忘了，我亲爱的儿子，要保持简朴、真诚、谦虚，我心怀不安地请求你。我并非怀疑你的理智……只是认为几句提醒的话不会有害。"[1]

施特劳斯在1909年写下的这段话中透露了他对彪罗的感激：

> 他排练过的（全部背谱）作品牢牢地萦绕在我的灵魂里……绝无造作的迹象，一切都是绝对必要的存在，由作品本身的形式和内容决定……我绝不能忘记他挥动指挥棒时的

---

1. Strauss, *Briefe an die Eltern*, 90–91. 1886年4月4日信。

优雅、他排练时的怡人风度——他的指导常常有如警句……他是最出色的主持人,暗藏在学校教师的外表之下……他急切的话语"你只需要学会一丝不苟地读懂贝多芬交响曲的乐谱,就会知道如何诠释"直到今天仍能指引后辈……任何听过他演奏贝多芬或指挥瓦格纳、上过他的钢琴课或看过他排练的人都会把他当作音乐诠释者一切美好品性的代表……除了对父亲的感激……我将自己对诠释艺术的理解都归功于与我父亲势不两立的敌人,汉斯·冯·彪罗。[1]

---

1. Strauss, 'Reminiscences of Hans von Bülow,' 120.

[第五章]

第三指挥

施特劳斯对彪罗的敬意是发自内心的,但他在迈宁根还邂逅了一位将改变他的作曲生涯的人物,就是亚历山大·里特尔(Alexander Ritter)。这是一位"非常讨人喜欢、有教养的人,他的女儿们是合唱协会的支柱",施特劳斯在1885年10月12日写给父亲的信中如此说道。里特尔1833年生于爱沙尼亚的纳尔瓦,1854年娶了瓦格纳的侄女弗兰齐斯卡(Franziska)。彪罗和他曾是同学。1856年,里特尔去魏玛和李斯特一起工作。他曾在斯德丁[1]做过一段时间的音乐指导,在维尔茨堡参与经营一家乐谱商店,后来在1882年作为小提琴手加入迈宁根乐团。他也是一位作曲家,他的歌剧《懒汉斯》(*Der faule Hans*)于1885年10月在施特劳斯刚抵达迈宁根后在慕尼黑首演。

里特尔马上就喜欢上了这位比他小三十一岁的年轻指挥。他邀请施特劳斯到家里共度圣诞夜,开始和他谈论被自己奉为神明的李斯特和瓦格纳的美学观念,以及叔本华的哲学。("一定要读叔本华!"施特劳斯在写给图伊勒的信中说:"他棒极了,在改善人们可怜的智力方面太有效了。")迈宁根乐团裁员时,里特尔决定申请慕尼黑宫廷乐队

---

1. 今波兰什切青。——译者注

的工作，并获得了中提琴手的职位。因此，施特劳斯移居慕尼黑时，他的精神导师也在那里。施特劳斯这样描述里特尔对他的影响：

> 我的成长经历令我对瓦格纳，特别是李斯特的作品存有一些偏见，我几乎对瓦格纳的作品一无所知。里特尔耐心地将它们和叔本华介绍给我，直到我认识并理解了它们。他向我展示从贝多芬开始的"表现的音乐"道路（弗里德里希·冯·豪瑟格尔（Friedrich von Hausegger）的《作为表现的音乐》(Musik als Ausdruck)与汉斯利克的《论音乐的美》[Vom musikalisch Schönen] 截然相反）由李斯特进一步发展，而他和瓦格纳一样，正确地认识到奏鸣曲式在贝多芬手中已发展到极限……新思想需要为自己寻求新形式：李斯特在他的交响作品中所采纳的基本原则，即诗意构思确实同时也是结构要素，自此也成为我自己的交响作品的指导原则。[1]

施特劳斯于1886年4月离开迈宁根。在8月1日开始新的工作之前的空余时间里，他听从了勃拉姆斯的建议前往意大利，游览了博洛尼亚、佛罗伦萨、罗马、那不勒斯、卡普里、阿玛尔菲和索伦托。因霍乱流行，他放弃了去威尼斯的计划。他在博洛尼亚被拉斐尔的圣塞西莉亚感动到掉泪，并说他对米开朗基罗理解得还不够。他攀登了维苏威火山。他的外套被偷了（"情况可能会更糟，但没必要为此而不开心。"）。他赞赏罗马女性的优雅（"我从来没有在一个地方看过如此多的美女"）。妹妹写信告诉他多拉·维汉也在罗马。"我没

---

1. Strauss, 'Recollections of My Youth and Years of Apprenticeship', 138-139.

听到任何关于她的消息,"他回复,"我不知道她在这儿。"或许他没说谎,或许他只是保持谨慎。他和"谈话非常风趣,是个亲切伙伴"的画家弗朗兹·冯·伦巴赫(Franz von Lenbach)结为好友,并称他绝不会加入意大利音乐,"完全是垃圾"。威尔第的《阿伊达》是"可怕的印第安人音乐",罗西尼的《塞维利亚理发师》只有在表演极好时才值得欣赏,但威尔第的《安魂曲》有些"非常吸引人的、独创的东西。我真的等到全曲结束才走。"他对意大利自然风光的壮丽印象最为深刻,并开始起草一首关于它的交响幻想曲,并在回到慕尼黑后完成了这首作品。他告诉彪罗自己对重新坐到工作桌前"非常满意",因为"我永远不会厌倦的享受,就是全身心投入的工作"。他又说:"我从未完全相信自然之美有启发之功,但在罗马的废墟间我了解了,乐思如潮水般涌来。"在开始新工作之前,他去了拜罗伊特,被菲利克斯·莫特尔(Felix Mottl)指挥的《特里斯坦与伊索尔德》(在节日剧院的首演)所打动,却认为莱维指挥的《帕西法尔》难以理解。

1886年10月1日,他初次登台指挥歌剧,剧目是布瓦尔迪埃的《巴黎的让》(*Jean de Paris*)。他在11月12日指挥的第二部歌剧是莫扎特的《女人心》(*Così fan tutte*),它在当时完全不受赏识,因而自然被分配给了第三指挥。扮演费兰多的男高音海因里希·沃格尔(Heinrich Vogl)建议施特劳斯指挥时不要"把手伸得太长"。施特劳斯回忆,沃格尔"喜欢节制使用嗓音,喜欢流动的速度,并且理所当然地认为指挥家手臂的大幅度动作会对他构成妨碍"。[1] 他在前两个乐季指挥的歌剧包括赖因贝格尔的《守望者的女儿们》(*Türmers Töchterlein*)、奥伯的《黑面具》(*Le domino Noir*)和《魔鬼的份额》(*La part du*

---

1. Strauss, 'Recollections of My Youth and Years of Apprenticeship', 140。

diable）、德利布（Delibes）的《国王如是说》（*Le roi l'a dit*）、尼古拉（Nicolai）的《温莎的风流娘儿们》（*Die lustigen Weiber von Windsor*）、戈德马克（Goldmark）的《示巴女王》（*Die Königen von Saba*）、凯鲁比尼（Cherubini）的《两天》（*Les deux journées*）、洛尔青（Lortzing）的《两个射手》（*Die beiden Schützen*）和《沙皇与木匠》（*Zar und Zimmermann*）、威尔第的《游吟诗人》（*Il trovatore*）和《假面舞会》（*Un ballo in maschera*）、韦伯的《自由射手》（*Der Freischütz*）、科内利乌斯（Cornelius）的《巴格达的理发师》（*Der Barber von Bagdad*）、多尼采蒂（Donizetti）的《宠姬》（*La favorite*）、克鲁采（Kreutzer）的《营地》（*Das Nachtlager*）和弗洛托的《玛尔塔》（*Martha*）。

施特劳斯很快就意识到来慕尼黑上任是个错误的决定。他在回忆录中坦率地承认，他"并非一个特别称职的第三指挥。虽然我能够仓促上马……但我不按常规做事，而许多不那么有天分的同事在这方面比我强得多，我还固执己见地坚持'我自己的速度'，这有时会阻碍歌剧按人们普遍接受的方式顺畅展开……我当时需要指挥的那些歌剧不足以引起我认真研究它们的兴趣"。在《沙皇与木匠》中，他按一小节两拍指挥，而乐团习惯了四拍。音乐变得混乱，他只能停下重新开始。这一事故令他多年难以忘怀。还有一次，一位坐在前排的朋友发现他在低头数拍子，然后突然抬头继续，就好像什么也没发生过。她后来问他是否感到不舒服。"不，"他解释，"我在作曲。我突然想到一个曲调。没有我，乐团也能自己继续应付一会儿。"他在指挥时还要想着，当严厉的父亲在演奏第一圆号时，"并不太为'为了虔诚'（'Per pietà'，出自《女人心》）的困难独奏担心，而更害怕儿子会选择过于现代（也就是特别快）的速度"。

在慕尼黑的这一段时期中，光明的一面是和里特尔的关系。施特劳斯和他几乎每晚都在莱本弗罗斯特（Leibenfrost）酒店见面。图伊勒也常来参加聚会，他也转向了"新音乐"，另外还有后来成为里特尔女婿的作曲家西格蒙德·冯·豪瑟格尔（Siegmund von Hausegger）。弗朗兹·施特劳斯偶尔也会加入他们的行列，他显然不是前来吹捧李斯特和瓦格纳的，他和里特尔一样讨厌莱维。里特尔和老施特劳斯的反犹情绪很大程度上是因为莱维，他们影响了理查对一些人的态度，而这些人曾指挥过他少时的一些作品。例如，施特劳斯于1887年12月致信给彪罗说，莱维对贝多芬《第九交响曲》的诠释是"我听过的最耻辱、最恶劣的音乐演出"。施特劳斯年轻时见风使舵倾向的另一个反例出现在1887年，他前往莱比锡，在10月13日指挥他的《F小调交响曲》。他在那里可能通过马克斯·施泰尼策尔结识了当时在国立剧院任第二指挥的古斯塔夫·马勒。马勒为他弹奏了自己改编的韦伯未完成歌剧《三个平托斯》（*Die drei Pintos*）的第一幕。在写给彪罗的信中，施特劳斯（将马勒描述为"一个非常令人喜爱的新朋友……非常有想法的音乐家和指挥家"）称改编是"一部大作"。基于他的大力推荐，彪罗研读了钢琴伴奏谱，情绪激烈地回复了施特劳斯。他在回复中提到施特劳斯"完全缺乏判断"，作品是"无耻、过时的垃圾"。施特劳斯撤回了自己的说法。为了不自取其辱，他指出自己只听了第一幕（"它在构思上几乎完全遵照韦伯的风格，我觉得它还不太坏，因此一定是我缺乏判断力的老毛病犯了。"），其实他已经在慕尼黑看过第二幕和第三幕的排练："完全理解了您的震惊，它们确实极为平庸冗长……我深深地后悔，令您，可敬的大师成为我年少无知的冲动的无辜受害者。"

与许多狂热分子一样，里特尔对所有意见不合者说不出一句好话。勃拉姆斯是他厌恶的对象之一，他令施特劳斯丧失了对勃拉姆斯的热情。马克斯·施泰尼策尔说，里特尔常常"更像一个大吹大擂的政客而非权衡作曲家优劣的音乐家"。他令易受影响的青年施特劳斯改弦易辙，而理查也因此致信给德累斯顿的作曲家让·路易·尼古德（Jean Louis Nicodé）说勃拉姆斯的《第二交响曲》"配器确实枯燥拙劣"，到1889年时他已将勃拉姆斯称为"伪善、禁欲的禁酒会成员"。[1]终其一生，施特劳斯都不再欣赏勃拉姆斯，但在1884和1885年，他确实深受勃拉姆斯影响。在门德尔松和舒曼的传统中成长起来的他转向勃拉姆斯，将其当作以交响曲、奏鸣曲和协奏曲为基础的同一个古典德意志传统的代表。《滑稽曲》的天才之处就在于施特劳斯运用夸张的模仿作为致敬的方式。勃拉姆斯《降B大调钢琴协奏曲》的"谐谑曲"显然是滑稽曲某些段落的模板，正如《命运女神之歌》(*Gesang der Parzen*) 和《葬歌》(*Nänie*) 是《流浪者风雨歌》的模板。对于勃拉姆斯的崇拜是施特劳斯成长中的必经阶段，尽管他后来心目中的作曲家是"坚韧如皮革般的约翰内斯"。

施特劳斯收到了更多指挥自己作品的邀请，这让他对慕尼黑的幻灭之感得到了补偿。他于1887年1月7日在法兰克福、1887年10月17日在莱比锡、1888年1月10日在曼海姆、1889年6月在科隆指挥了《第二交响曲》(非常欣赏这部作品的彪罗在汉堡和不莱梅担任了它的指挥)。但最令他兴奋的是1887年12月8日和11日在米兰指挥这首交响曲的邀请，这是他首次在德国之外获得成功。他得到了六次排练机会，并对它们善加利用。"我是当时的主宰，"他致信给家人，"所有人欣喜若狂。"乐团赠给他一支刻有题词的银指挥棒。他讽刺地写道，自己因奉承而高兴，因为他"还远不至于被在我心爱的家乡获得的认可和善意宠坏"。不过，正是在1887年3月2日的慕尼黑，他指挥宫廷乐团首演了他的幻想交响曲《自意大利》(*Aus Italien*)。他的父亲花了许多时间练习圆号独奏，演出之前音乐厅内气氛紧张——乐团在排练时对末乐章报以笑声。前三个乐章赢得了掌声，但**末乐章**《那不勒斯人民的生活》(*Neapolitanisches Volksleben*) 引发了嘘声和哄笑。施特

---

1. F. Trenner (ed.), *Cosima Wagner – Richard Strauss: Ein Briefwechsel* (Tutzing, 1978), 11. 1889年11月26日信。

劳斯很高兴。他致信给洛蒂·斯佩耶尔："当然,我觉得太好笑了……反对者认为我快疯了,说我走上邪路等等一类废话。我极为自豪:第一首遭到多数人反对的作品——这证明了它是有意义的。"

施特劳斯写道,《自意大利》"由目睹罗马和那不勒斯美妙的自然景色而**激发**的情感构成,而非对它们的**描绘**……我们的艺术是**表现**"。在今天看来,令人难以置信的是,这首引人入胜的、介于他年轻时的古典主义和原创的音诗之间的作品会引发争议。晚年时,他准确地称它为"一个胆怯的试验"。1888—1889年,它由威尔海姆·格里克(Wilhelm Gericke)指挥在波士顿首演时,一位批评家称,"听众们在乐章间结伙离开,有些大胆的还在演出期间用力甩门"。[1]《自意大利》最大胆之处是嘈杂、丰富多彩的终曲,它唤起对五光十色的那不勒斯的回忆。施特劳斯认为它的主题是"一首著名的那不勒斯民歌",实际上是一首流行歌曲《缆车》(*Funiculì, funiculà*),由那不勒斯人路易吉·邓扎(Luigi Denza)于1880年创作,以纪念那不勒斯缆索铁路开始运营。施特劳斯对它的处理很聪明诙谐,毫不粗俗。《自意大利》题献给彪罗,他在1887年12月30日致信给里特尔:"是年龄令我落后于时代吗?作者是个天才,但我认为他已经濒临音乐可能性(指美的界限)的边缘,且确实常常在并非亟须的情况下超出界限。美妙、令人羡慕的错误、乐思的挥霍、联想的过度,仅此而已。"施特劳斯还在科隆和法兰克福指挥了演出。

在写给洛蒂的信中,他提到自己正在创作一首题为《麦克白》(*Macbeth*)的管弦乐曲和一首小提琴奏鸣曲。降E大调的后者,Op. 18完成于1887年11月1日,题献给表弟罗伯特·普肖尔(Robert Pschorr)。它于1888年10月3日由罗伯特·海克曼(Robert Heckmann)

---

1. M. A. DeWolfe Howe, *The Boston Symphony Orchestra 1881—1931* (Cambridge, Mass., 1931), 73.

和尤利乌斯·布茨（Julius Buths）在埃尔伯菲尔德（Elberfeld）首演。十天后它在慕尼黑上演，由施特劳斯演奏钢琴。施特劳斯在这一时期还写了一些歌曲。他的Op. 15作于1886年11—12月，包括四首基于冯·沙克（von Schack）伯爵的诗和一首基于米开朗琪罗的诗创作的歌曲。Op. 17（六首基于沙克诗的谱曲）作于1886年12月和1887年4月间，Op. 19（另六首基于沙克诗的谱曲）作于1888年1—2月。1888年3月，他创作了四首基于菲利克斯·丹恩（Felix Dahn）诗的歌曲《少女花》（Mädchenblumen），将少女们比作鲜花来赞美。交给施皮茨维格出版时，他称它们"复杂而具有实验性质"，不太可能成功——再正确不过了。然后，他又把"这些非常不受欢迎的歌曲"寄给柏林的出版商阿道夫·费尔斯特纳（Adolph Fürstner），后者同意以八百马克购买，这笔钱比施皮茨维格为《自意大利》所付的要多三百马克。

施特劳斯在慕尼黑遇到的困难部分源于宫廷歌剧院的经理卡尔·冯·珀法尔男爵。他是一位极为保守的作曲家，对任何彪罗的门徒都抱有怀疑态度。他批评施特劳斯的指挥能力，特别是他的速度和不同寻常的精细分句。1888年夏天，施特劳斯被激怒了，当时他刚从博洛尼亚返回，在那里听了马尔图齐（Martucci）指挥的《特里斯坦与伊索尔德》（"我从未如此敏锐地注意到《特里斯坦与伊索尔德》中有这么多绝妙的美声"）。因莱维生病，珀法尔在3月请施特劳斯负责瓦格纳《仙女》（Die Feen）世界首演的排练，他对此事持怀疑态度，正如他对彪罗所说："《仙女》中确实有瓦格纳，但他还穿着孩子的软鞋，尽管是大力神般的！"[1]尽管如此，这也是一个重要时刻。他在6

---

1. 在排练中，施特劳斯变得更加热情。1888年5月，他告诉奥托·莱斯曼（Otto Lessmann），它"极为有趣，充满第一流的东西。歌剧非常有力，有着巨大的动力，瓦格纳在《荷兰人》和《黎恩济》中已经很大程度上表现出了自己"。他在6月11日致信给卡尔·霍尔布格姨父："终场缭绕着贝多芬的幽灵，其他地方还能听出韦伯和马施纳，瓦格纳的印迹已经非常明显。"引自 Schuh, *Richard Strauss: a Chronicle*, 127。

月17日愤怒地致信彪罗，描述了后续的发展：

> 我从来没有听说过即使莱维**不能**按时回归，我也不能指挥这部作品。我非常尽责、排练得确实很好。现在莱维必须到8月15日才能回来，今天珀法尔告诉我，他把《仙女》的指挥权转交给等级（正宫廷乐长［Hofkapellmeister］）和资历（艺术上的！！！）高于我的费舍尔。想想看！最后一次排练明天开始，演出定为（8月）29日……他说，按剧院中最重要的日常规程，费舍尔优先于我。你相信吗？但几周前我指挥祖尔纳（Zöllner）的《浮士德》（*Faust*，它非常难，莱维排练时特别随便）只稍微排练了一次，而《自由射手》（我从未指挥过）甚至没有排练都毫无差错……然后他教育我年纪轻轻不可如此无礼。我忍受不了了……我终于意识到，这不是能给我带来快乐的音乐生活的土壤。我本人无法把装着这里的一切的大车拉出泥潭。这整个地方都是荒原、泥潭、啤酒味的沼泽。

在多年后撰写的回忆录中，施特劳斯将弗朗兹·费舍尔（Franz Fischer）描述为"我所见过的最不学无术的音乐家之一……真是乐池中的罪犯"。他又写道，他"递交了辞职申请"，但事情进展不顺。"我必须承认，"他在同一封信中告诉彪罗，"我如果找不到人代替，就没办法离开这收入微薄的职位。"彪罗和施皮茨维格都建议他等到1889年7月31日合同期满。同时，彪罗开始行动。他是1887年开始任魏玛歌剧院经理的汉斯·布隆萨特·冯·谢伦多夫（Hans Bronsart von Schellendorf）的朋友和前同事。当时那里的乐团指挥是自1858年起任正宫廷乐长的爱德华·拉森（Edward Lassen）。布隆萨特于1886年8月25日就致信给施特劳斯提议见面，但直到1889年1—3月双方才正式开始商议。施特

劳斯向布隆萨特诉说了对慕尼黑的不满和对魏玛的希望:

> 刚脱离彪罗指导的我,新官上任,想要带来一些**有表现力的**出色的乐团演奏,但我在此并未完全成功,每一点进步都遭到阻力,原因就在于我的**第三指挥**的位置,它意味着我完全没有权威,不仅**不能**依靠雇主的支持,而且还要面对两个顽固不化的同事的反对,他们完全不顾音乐,只是想轻松行事……这些经历令我确信……我需要坚持在魏玛能够彻底、多方面地参与工作……与拉森合作、拥有正宫廷乐长的头衔和地位。

正式合同规定他只是宫廷乐长（Kapellmeister）,两千一百马克的薪水也比在慕尼黑时少（1890年1月升为三千马克）。尽管如此,他实在急于离开慕尼黑,因而接受了这些条款。他的父亲在6月突然被退职,这让他在那里的最后几周更为难受。弗朗兹从乐团公告栏上贴着的一封信上得知这个消息。这一卑鄙行为的副作用之一是令父子两人的反犹情绪加剧,他们不仅指责珀法尔（他是主要负责人）,还归咎于莱维。施特劳斯当时在威斯巴登指挥《自意大利》。他致信给弗朗兹:"现在,亲爱的爸爸,退休了就好好休息吧,注意您的身体健康,这样我们就能够和老当益壮的亲爱父亲继续享受许多时光。这是我全心全意的希望！……请和过去一样爱我。"

离开魏玛、父亲职业生涯的结束标志着施特劳斯学徒期的真正终结。上文中叙述了一些细节,因为这些事为他之后的人生定下了基调。

[第 六 章]

多拉与魏玛

这段时间内，多拉·维汉又在哪里呢？她在1887年甚至更早就永远离开了慕尼黑。她先是前往美国，回国后在希腊凯法利尼亚岛上的利克索里市担任一位女士的陪护和钢琴教师，直到1891年。施特劳斯和她持续定期通信。与平常的习惯不同，施特劳斯毁掉了她的全部来信。她却将他的信一直保留，直到1938年1月31日去世前让妹妹烧掉。她一直到去世都在钢琴上放着他的照片，上面写有"致心爱的唯一，R."。他于1889年4月9日从慕尼黑给她寄去一封长信，作为一封令他伤心的信的回应。"事实是，您的信打消了我在可预见的将来再见到您的希望，亲爱的多拉，这令我深感悲哀沮丧。上帝啊，我笨拙的词句无法表达出我的真情实感。您希望我安慰您吗？怎能呢？我无法对您引用'先生，这不那么危险'[1]，或者说时间会抚平一切伤痕，因为正是'时间'在导致伤痕。天啊，我还在拿它开玩笑——一句话，太可恶了！！！"然后他告诉她，自己因辞去慕尼黑职位而快乐，以及对里特尔的感激。"想想吧，我现在甚至加入了李斯特派；简单来说，很难想象比我现在更进步的立场了。另外，前途的清晰令

---

1. 引自《纽伦堡的名歌手》，第三幕第四场，萨克斯称赞她的美貌时爱娃回答的话。

我非常惬意——但现在不可能继续谈论这些。这毫无意义——您会来看我的,您见到我时能认出我吗?……我要去拜罗伊特做助理指挥、钢琴伴奏等工作。最近我认识了瓦格纳夫人。她对我很感兴趣,我甚至有幸和她一同去听《自由射手》……我的上帝啊,我有太多话要和您说了!您却不能来!!!您来时,我大概已经把一切全忘光了。"

他接下来告诉她——"绝对秘密"——自己要去魏玛了。"我有着最光明的希望!布隆萨特是个大好人,从头到脚都体面(正如珀法尔),非常进步(正如珀法尔),拉森年老疲倦,期待着能减轻一些负担(正如费舍尔)。"当然,括号里的言辞带有浓重的讽刺意味,说明施特劳斯在他们的通信中毫无保留地向她透露了他对雇主和上级的感受。"啊,对的,"他继续写道,"艺术家施特劳斯一切顺利!但他大概毫不快乐?!从柏林回家途中我在迈宁根停留。施泰因巴赫已排练了我的《麦克白》,因此我让他们为我演奏了四次。它听上去很可怕,但我认为它即使在现在的状况下也能打动有思想的人……在我已完成的歌剧的台词中(无论如何,至少在下次修改之前)第一幕和第二幕,直到大型爱情场景的结尾部分……我还完成了一首新交响诗的草稿(可能标题为《死与净化》[*Tod und Verklärung*]),应该在复活节后就能开始配器……您真的不能让我孤单这么久——我的上帝,我已经期盼了两年,最后只能用'这完全不可能'来打消我的希望。啊,亲爱的,我不想多愁善感,但即使我的新管弦乐曲包含太多不协和音,超出了您的忍受范围,您也无权抱怨!别了,勿忘我。"

这封信毫无疑问地表明,他对她被迫离开慕尼黑而感到不满。他提到的与科西玛·瓦格纳(Cosima Wagner)的会面发生在1889年3月。1888年夏天他去了拜罗伊特,听了里希特指挥的《纽伦堡的名歌手》(*Meistersinger*)和菲利克斯·莫特尔指挥的《帕西法尔》(*Parsifal*)。因彪罗向科西玛的音乐顾问尤利乌斯·科尼瑟(Julius Kniese)的推荐,他受邀作为音乐助理参加1889年拜罗伊特音乐节,为圣杯场景排练合唱。科西玛邀请他到万弗里德别墅进餐，在音乐节后和他一起试奏《汤豪舍》和《罗恩格林》，因为这是他将在魏玛首次指挥的瓦格纳歌剧。与此同时，他本人的创作生活也并非停滞不前。1888年春，他第二次前往意大利，在博洛尼亚听了《特里斯坦与伊索尔德》，还在帕多瓦的圣安东尼奥（Sant'Antonio）修道院前获得了灵感。他在草稿本上写下了音诗《唐璜》（*Don Juan*）的主要主题，显然是想到了多拉。他此时已完成了一首音诗。《麦克白》的创作可能始自1887年春。他显然在1888年1月已将其完成，并在写给卡尔·霍尔布格的信中称它"完全是一条新路"。他把它寄给彪罗，后者批评了它以麦克达夫的胜利进行曲结尾的方式。施特劳斯进行了修改，但彪罗和弗朗兹·施特劳斯都被其中的不协和音所震惊。"最伟大的音乐不需要试验就能写出来，"弗朗兹写道，"只要有伟大而高贵的乐思，不需要恢弘的器乐效果，它就能在所有时代被所有人理解。"他请求儿子除去《麦克白》中"过多的器乐赘肉"。他的话产生了效果，施特劳斯在1890—1891年冬修改了配器，告诉妹妹他完全以此为乐："因为曲中的铜管不够，我正在添加一个低音小号声部，它会起到巨大的作用。"《麦克白》于1890年10月13日在魏玛首演时，他就对这部作品不甚满意。"在许多地方，过多的内声部令各主要主题不能依我所想地清晰浮现。"修订版于1892年2月29日在柏林上演，大受欢迎。彪罗此时为它折服，"无论音乐有多尖刻、素材有多丑陋"。虽然是他创作的第一首音诗，《麦克白》首演时间的顺序却排在第三：《唐璜》于1889年11月11日在魏玛首演，《死与净化》于1890年6月21日在埃森纳赫首演。它们都由施特劳斯指挥。在埃森纳赫的音乐会上，欧根·达尔伯特还首演了施特劳斯四年前在迈宁根创作的《滑稽曲》。施特劳斯对多拉提到的歌剧是哪部呢？里特尔鼓励他构思一部歌剧，施特劳斯在维也纳《新自由报》（*Neue freie Presse*）的一篇专栏文章上找到了一个关于"为对抗恋歌（Minnesang）的世俗而在奥地利秘密创建的艺术家宗教修会"的主题。里特尔指出，任何真正的瓦格纳主义者都应该自己创作脚本，所以施特劳斯在1888年初开始写作他的脚本。经过几次中断和修改，脚本终于在1890年10月完成。他赋予它极具瓦格纳风格的标题：《贡特拉姆》(*Guntram*)。

现存的多拉寄给施特劳斯的第一封信是1889年10月寄到魏玛的。他之前去信祝贺她的生日，她从他妹妹处问到了他的新地址。"你想知道是几岁生日吗？啊，不要问，我在这里（利克索里）徒增年齿多么可怕：二十九岁！不可怕吗？但在这个不缺少长寿之人的国家，它被认为还是青春盛年……啊，善意的命运会让我们在某地相会的，特别是如果我们'利用'机会助其实现的话，不是么？如果你春天再去米兰，我也不是不可能在那里遇见你，然后和你一同上路。我实在太想去威尼斯玩几天了，告诉我，理查，你愿意和我去那里吗？我用这一小段旅行作为几乎三年孤身在外的补偿！……别了，我亲爱的老朋友，请接受你的多拉一千次的深深致意。"

在意大利的会面未能实现。现存的两人第二封通信（日期为1890年4月25日）更为正式。她用正式的"您"取代了亲切的"你"。结尾处"深深的"(innig)致意变成了"真诚的"(herzlich)致意。她在结尾写道："据汉娜对我所说，您到7月才会回慕尼黑，可是在这之前很久，我就得再次离开欧洲，因此只能等待来年了！"1891年，当施特劳斯再次去拜罗伊特音乐节工作时，致信给妹妹说："我还未能为多拉搞到一张8月27日或30日的票，现在我只能留下一张第一场演出的票。所以如果你没有进一步消息的话，多拉就必须在19日之前抵达。"我们不清楚她是否确实如此。1893年3月，在听说理查生病又读了他过去的信后，她"一时冲动"，从德累斯顿致信给他："我亲爱的朋友，您会因为在很久之后再次听到我的消息而非常、非常惊讶吗？……我的心境：认识到'人最大的快乐是记忆的力量'这句老话确实是真理。别害怕，亲爱的朋友，我一定不会变得多愁善感，但结果是我需要给您写几句话，尽管这只是从遥远的南方（埃及）寄去的友好问候，告知您我**多么欣喜**地听说您已完全康复。您现在是否很生气，埋怨我突然打搅了您的隐逸生活？那就惩罚我吧，别回复您的老朋友（现在是真**老了**）多拉"。

两次提到"老"大概说明她知道他们的关系已成为过去——正如元帅夫人和屋大维！[1]他们最后一次见面是在《玫瑰骑士》首演前的1911年1月的德累斯顿。约翰娜安排了一次和施特劳斯同他妻子宝琳的会面。哥哥后来致信给妹妹："（宝琳）在德累斯顿非常恼火，因为你一直和你的朋友 D.W. 在一起，她甚至在最私密的家人圈子中不断出现，这令宝琳无法释怀。既然你对她毫不关心，你就没有理由为对这类事情非常敏感的宝琳显得有些孤僻而惊讶。"约翰娜不太喜欢宝琳，宝琳也一定清楚地认识到多拉在丈夫过去生活中的地位。

因此我们需要把宝琳加入叙事。自1887年夏，理查去约翰娜·普肖尔阿姨位于施坦贝尔格湖畔费尔达芬格（Feldafing）的别墅度假时，她就已进入了他的生活，尽管当时还没有扮演主要角色。那时他的邻居是阿道夫·德阿纳（Adolf de Ahna）少将与他的妻子玛丽亚。将军在巴伐利亚军部任职，是一位对音乐相当热衷的业余男中音，能够演唱《纽伦堡的名歌手》中萨克斯的几首咏叹调。他们有个女儿名叫宝琳·玛丽亚（Pauline Maria），1863年2月4日生于因戈尔施塔特。她在慕尼黑音乐学校学习声乐，和施特劳斯的同学兼传记作者马克斯·施泰尼策尔上过课。施特劳斯在费尔达芬格时，施泰尼策尔告诉他，自己在教这位学生时碰到了音乐上的困难，请他偶尔替自己为她辅导。"我向他保证，那家人极欣赏他的作品，一定会很高兴接待他。施特劳斯同意了，所有人都非常兴奋，在给宝琳上完第一堂课后，施

---

1. 见《玫瑰骑士》。——译者注

特劳斯告诉我：'她比你所设想的要有才能得多，我们只需要让她的天赋得以发挥。'施特劳斯让她去和里特尔的妻子弗兰齐斯卡学表演，并教她扮演阿加特（《自由射手》）、艾尔莎（《罗恩格林》）和古诺的玛格丽特（《浮士德》）的角色。"

此时施特劳斯对宝琳的兴趣仅限于声乐技术方面。多拉还是他心中的挚爱。下一个令他着迷，尽管无关情爱的女人是科西玛·瓦格纳。1889年9月8日，他前往魏玛履职，第一件重要工作就是10月5日重演《罗恩格林》。剧院狭小、用油灯照明、设备老旧。乐团规模也很小——例如，只有六把第一小提琴。但施特劳斯充满激情地投入了《罗恩格林》的排练，如他所说，把"半个剧院都翻了过来"。他向科西玛报告，"排练达到在此地史无前例的程度，两次五小时的乐团排练、一次舞台排练、一系列独唱和合唱在舞台上的钢琴排练。正式彩排大获成功，至于演出本身我只是部分满意……没有一首开场曲进行顺利，他们直接对着观众演唱，忽略了大师的舞台要求！导演是个完全无能、老迈、唱男低音的平庸演员"。科西玛后来参加了一次演出，之后施特劳斯致信给妹妹："**辉煌**的成功。W.夫人大为赞赏，她深深陶醉，并说（在所有歌剧院中）只有在卡尔斯鲁厄[1]她才能如此深受感动……所有速度都棒极了，它们的转折敏锐而不突兀，演出宽广宏大，乐团音色微妙、忠实于原谱……简而言之，她满心欢喜，深受感动，还吻了我。"

可以原谅年轻的施特劳斯对他这位作曲家遗孀如此滔滔不绝的奉承，他当时可是这位作曲家作品的狂热信徒。他为她弹奏了自己的《唐璜》和歌曲，并应她要求弹了彪罗的《涅槃》（*Nirwana*）。施特劳斯经常指挥这部作品，科西玛对其评价很高，她自然如此，因为它包

---

1. 卡尔斯鲁厄的指挥是菲利克斯·莫特尔。

含了对《特里斯坦与伊索尔德》的非凡预测。"我对她对彪罗无比正确的判断极为感兴趣，关于他，我们谈了许多。"施特劳斯告诉妹妹（科西玛确实对被她背叛的第一任丈夫的音乐很感兴趣）。"她以最为和蔼可亲的态度提到爸爸好几次，说他的演奏多么美妙。她以最为公正的方式看待他的反对意见。她说，她非常理解，在那个时代慕尼黑管弦乐队的成员们要公正地对待这样完全新鲜的事物是多么困难……她令我拜倒在她脚下。"不幸的是，即使约翰娜曾把这封信给弗朗兹·施特劳斯看过，他的回复也没有被保存下来。尽管拜罗伊特女主人的青睐让施特劳斯心满意足，但他在上演瓦格纳的作品时完全表现出了艺术上的真诚。他终其一生都热爱《罗恩格林》：它是由李斯特在魏玛首演的，而在1891年5月11日当地的第一百次演出时，施特劳斯要求使用新的布景和服装。被告知此事花费过大时，他表示自己愿意出一千马克（其实他自己负担不起这笔巨款，打算向父亲借）。假如要求不被接受，他将拒绝指挥并辞职。他的威胁见效了，萨克森－魏玛－埃森纳赫大公支付了花费。

施特劳斯对瓦格纳的狂热导致了他和魏玛剧院经理布隆萨特的第一次冲突。这次冲突自1890年3月的《汤豪舍》开始。他指挥时几乎完全没有删节，并就歌手应如何表演向科西玛咨询了许多细节。他告诉她，演出比排练也比他预期的更好，"除了愚蠢的布景和伊丽莎白吓人的演出之外"。但他的学生，男高音海因里希·泽勒（Heinrich Zeller）"令人震惊"。施特劳斯告知布隆萨特，他希望完全掌控瓦格纳作品的制作。经理回答，制作人完全不可能听命于指挥——即使一百多年前也是制作人掌权！指挥可以提供建议，而不能发号施令。他不想让魏玛变成拜罗伊特的附庸。"您过于激进的观念最好能够收敛一些。"他告诉施特劳斯。

每位和瓦格纳关系密切的优秀音乐家都比大师那不懂音

乐的寡妇对他的歌剧演出有更深入、更可靠的知识……您，我亲爱的施特劳斯，有时选择的速度（让我提醒您，其中一例是《汤豪舍》序曲的结尾）与众所周知的瓦格纳的意图南辕北辙……您至少需要学会合适地控制自己，即使在激动的情况下也不要一直不停地改变分句，这会招来其他人的严厉批评。您至少**必须**学会在和**您的**艺术家交流时适当地尊敬他们，尽管他们整体上受您监督，您也应承认他们在某种程度上有权做出独立的艺术判断，您不能在有人和您意见不一时一概称他们"毫无格调"……如果您的脾气……如此火爆，又无法加以控制，您就无法在必须妥协的情况下取得成功。

布隆萨特后来强调说，他并非完全反对施特劳斯。相反，在他们的合作中，他的善意和理解在逐渐增加。施特劳斯拥有"比我能够梦想的更优秀的艺术才能"，但他有些担心，因为他认识到"您自己持有的极端艺术观念，尽管来自外界，比我在与您结识之前所想的更根深蒂固"。

布隆萨特后来又提出这些告诫："您经常以我无法理解的方式指挥瓦格纳的作品，我不明白，您为何不引入其他乐器、其他和声等方式？"他警告施特劳斯，必须使其艺术事业适应布隆萨特的观念——"如果您希望保住职位，这是根本"。但他又补充说，他认为施特劳斯的"极端倾向"是"某种天才常常必须经历的'狂飙突进'阶段的征兆，以消磨过多的精力"。为瓦格纳进行的战斗已经胜利了，布隆萨特提醒他。狂热属于过去。施特劳斯似乎并不讨厌这些明智的批评，大概还能从中受教。"对我来说，"他告诉弗朗兹，"我要尽一切努力令我们合作顺利。"

可以说，就施特劳斯而言，虽然他的职位在年迈的拉森之下，但他坚信魏玛应成为重要的歌剧中心。他在慕尼黑没有艺术控制权，而此时他想掌控一切。艺术事务上的无能和幕后阴谋令他愤怒。他威胁合唱团在错误进入时要把指挥棒扔向他们，还威胁沃尔夫拉姆，如果在《汤豪舍》中伊丽莎白祈祷时离开舞台就把幕布拉下。他工作时毫不停歇，四处旅行演出，有时要在火车上过夜以回魏玛进行早间排练。很快，他就为此付出了代价。

他为与拜罗伊特的良好关系而陶醉自得。瓦格纳的儿子齐格弗里德去魏玛看了《汤豪舍》。他把自己的作品带给施特劳斯看，征求他的意见。施特劳斯和图伊勒说起一次与齐格弗里德关于柏辽兹的对话。齐格弗里德似乎不太感冒，而施特劳斯充满热情。他告诉科西玛（1889年11月26日信），《安魂曲》是"这位独特的天才最丰富有趣的创作"，但她还是浇了一点冷水。她被《安魂曲》吓到了，但《比亚特丽斯和本尼迪克特》(*Béatrice et Bénédict*) 令她重获信心。施特劳斯也喜爱柏辽兹最后的歌剧，科西玛向他推荐了《夏夜》(*Les nuits d'été*)。1890年12月，他去卡尔斯鲁厄听莫特尔演出的《特洛伊人》(*Les Troyens*)——"混合了令人头昏脑胀的废话和令人毛发直竖的天才"，他对父亲这样透露。狄多的爱情场景是"令我忘记舞台上全部无聊东西的极为美丽、魔法般的"音乐。[1]他特别注意到"绝妙的精致配器"。

在创作《麦克白》时，施特劳斯在1888年1月11日的一封信中告诉卡尔·霍尔布格姨父，它是"一种'交响诗'，但并非沿袭自李斯特"。尽管李斯特的交响诗对诗意内涵和音乐结构的混合启发了施特劳斯，但他自己的对位手法则完全相反。尽管如此，在音乐诠释方面他还是极为忠于李斯特的。1890年夏，他在魏玛指挥了一场李斯特专场音乐会，并在1890年8月15日给科西玛的一封信中将她的父亲描

---

1. Strauss, *Briefe an die Eltern*, 135–6. 1890年12月9日信。

述为"从音乐表现的角度来看，无疑是所有交响作曲家中最丰富多彩的"。[1]几周后，他指挥了《浮士德交响曲》(*Faust Symphony*)，并告诉图伊勒，它令他确信李斯特是"在贝多芬之后唯一令他学到很多东西的交响作曲家。其他一切都是废话，完全是废话"。他爽快地在信中补充道："啊，或许热忱令我说了一些全无意义的话，无论如何，它太棒了！……我被激起了如此的活力、激情和韵律，整个剧院都震撼了，然后我在'梅菲斯托'中大加摇摆、横冲直撞，几乎都要喘不过气来"。《曼彻斯特卫报》(*Manchester Guardian*)的乐评家亚瑟·约翰斯通 (Arthur Johnstone) 1902年5月对于施特劳斯在杜塞尔多夫指挥的同一部作品的评论，证实了这段关于他年轻时指挥风格的描述。约翰斯通提到"梦幻般的姿势"引发了听众"一种鬼火般的狂热"。言简意赅、动作俭省的施特劳斯是后来的事。能够更冷静地评价李斯特的重要性的施特劳斯也是如此。李斯特诞辰一百周年的1911年，《大众音乐》杂志采访他时问起李斯特对德国音乐发展的决定性意义何在，他回答："弗朗兹·李斯特是理夏德·瓦格纳之前十九世纪第一位**正确理解贝多芬**的创作天才"。

或许是受父亲教养的结果，施特劳斯在人生中的这一阶段很容易受他人影响而改变观念。虽然对自己的音乐信心满满——即使失败也不会自怨自艾——但他对外物的观念就不那么确信了，这可以从他对马勒《三个平托斯》态度的彻底转变看出来。科西玛和里特尔鼓励他相信德意志艺术毫无疑问高于其他一切艺术，因而古诺的《浮士德》在德国的成功是"最可耻不过的事"，马斯卡尼的《乡村骑士》(*Cavalleria rusticana*) 是"极坏、粗俗的歌剧效果的混杂"。即使是像

---

1. 该信（1890年8月15日）引用于 Schuh, *Richard Strauss: a Chronicle*, 208，但 Trenner (ed.), *Cosima Wagner – Richard Strauss: Ein Briefwechsel* 中并未收录当日科西玛写给施特劳斯的信。

夏布里埃这样虔诚的瓦格纳信徒，科西玛对他的轻蔑态度大概也影响到了施特劳斯，使他的音乐判断力有所下降。当他于1898年前往柏林宫廷担任指挥时已不再受他们影响，他在那里最初举行的首演之一就是1899年1月的夏布里埃最后一部歌剧《布里塞伊斯》（*Briséis*）的片段（只有一幕）。"非常自由、极有味道的法国音乐，"他在1898年12月29日写给父母的信中说道，"它美妙动听，但不会太成功。"《布里塞伊斯》音乐中感官和情色的炽热预示了《莎乐美》，施特劳斯或许在创作他的第一部伟大歌剧时在潜意识中就惦记着这部法国作品。

[第七章]

初次失败

1895年1月15日，汉斯·里希特指挥了《死与净化》在维也纳的首演，乐评家爱德华·汉斯利克写道，施特劳斯的才能"确实为他指明了音乐戏剧的方向"。这一评论是在施特劳斯的第一部歌剧《贡特拉姆》上演之后发表的，但它仍深具洞察力。施特劳斯直到1892年才开始创作《贡特拉姆》。他最初开始尝试歌剧创作是在两年前的1890年9月，当时他以瓦格纳改编的《伊菲姬尼在奥里德》（*Iphigénie en Aulide*）为模板，完成了格鲁克（Gluck）《伊菲姬尼在陶里德》（*Iphigénie en Tauride*）的新版。"我的改编，"他在1891年4月告诉出版商阿道夫·费尔斯特纳，"包含全新的译文，事实上部分歌词为新作（部分取自歌德的戏剧），特别是第一幕，场景顺序已经完全改变，而最后一幕，我创作了新的结尾且改编配器，以令其至少在一定程度上适应现代需求。"他声称，他"赋予美丽的作品新的生命"并希望它能在1891—1892乐季搬上魏玛的舞台。但直到1900年6月9日，施特劳斯离开六年以后，这部作品才由鲁道夫·克日扎诺夫斯基（Rudolf Krzyzanowski）指挥搬上舞台。无论是当时还是之后，它都未能引起大众的兴趣，但作为施特劳斯的第一部舞台音乐，它在文献纪实方面又极为重要。

1890年春，施特劳斯的声乐学生宝琳·德阿纳回到了他在魏玛的生活中。他说服魏玛剧院经理布隆萨特让她在5月22日首次登台，扮演《魔笛》中的帕米娜。"她的成功出乎所有人意料。"他告诉妹妹。她获得了自7月1日起为期五年的合同。她在和施特劳斯上课的同时还师从里特尔的妻子弗兰齐斯卡，后来转随埃米莉·梅里安-格纳斯特（Emilie Merian-Genast）学习。施特劳斯教她音乐诠释。她在魏玛演唱的角色表现出她有多么努力——以及多么有成效。1890—1891乐季，她扮演了帕米娜、马施纳（Marschner）《汉斯·海林》（Hans Heiling）里的安娜、《纽伦堡的名歌手》里的爱娃、《唐璜》里的埃尔维拉、《罗恩格林》里的艾尔莎——她的最爱，以及《汤豪舍》里的伊丽莎白。她还在音乐会上演唱，有一回唱了伊索尔德的《爱之死》（Liebestod）。1891年2月14日，施特劳斯告诉父母，她的艾尔莎"美妙极了，表演尤其华丽"。三个月后她受邀前往卡尔斯鲁厄演唱这首歌，指挥是莫特尔。1891—1892乐季她的角色包括托马斯的迷娘、里特尔《懒汉斯》里的女王、《自由射手》里的阿加特、《费岱里奥》里的莱奥诺拉、凯鲁比尼《两天》里的康斯坦策、《费加罗的婚礼》里的伯爵夫人、《女武神》里的弗丽卡、马斯内《维特》里的绿蒂和《汤豪舍》里的维纳斯。在上演《唐璜》时，她扮演过唐娜·安娜（"唱得很好但太甜腻了。"她自评道）和埃尔维拉（"太过精致、太过悦耳、太过可爱，表现和表演都太德国化——而并非渴望复仇的西班牙女人"）。

1890年听了宝琳在李斯特的清唱剧中扮演的圣伊丽莎白后，科西玛请她于1891年去拜罗伊特在《帕西法尔》中扮演一位花仙子并在《汤豪舍》里扮演牧童。但她在后者的演出中还和艾丽莎·韦伯格（Elisa Wiborg）交替扮演伊丽莎白。施特劳斯也在拜罗伊特当排练指导和"音乐助理"。1891年5月，他突发肺炎，有六天生命垂危，他登台指挥的希望也因此而破灭。他在费尔达芬格康复期间，科西玛去探望他，并和弗朗兹·施特劳斯一起在花园里散步。7月1日他去了

图5 宝琳·德阿纳扮演《罗恩格林》中的艾尔莎，1891年，魏玛

拜罗伊特，住在万弗里德，与罗曼·罗兰初次见面。当时他和宝琳的师生关系，在他生病前刚因她在拉森指挥的自己作品中犯了错而出了一点动荡。"您现在太习惯自行其是了，以至于我的存在及其不可避免的影响对您来说只是一种负担。"施特劳斯写道，"因此我很抱歉，今天和以后我都将礼貌地谢绝您的邀请。"但两人后来还是重归于好。1892年1月，布隆萨特因担心另一位女高音会离开剧团而拒绝让宝琳在《汤豪舍》重演时扮演伊丽莎白，但施特劳斯站在她那一边。施特劳斯建议宝琳辞职，她奉命行事，而施特劳斯发现，正如他对父亲所说："我高估了大公对德阿纳小姐的欣赏。上周日我们惨遭打脸，布隆萨特毫无预兆地聘来了一位第一流、极具戏剧性的歌手。"宝琳撤回了辞呈，弗朗兹·施特劳斯告诫儿子："你为何每次都一开始就直接碰壁呢？"弗朗兹在另一次争吵中也支持宝琳。"把事情说清楚，"他建议理查。"德阿纳小姐似乎习惯于过分激动，一个有教养的人总是可以在不降低自己身份的同时而对这样的女士有所容让。另外，我确信她能够成为离实现你的意图最接近的歌手。"这似乎意味着施特劳斯创作歌剧《贡特拉姆》时已经在考虑让她出演了。

施特劳斯在病中专注于《特里斯坦与伊索尔德》的创作，1892年1月在魏玛指挥它上演。"死亡大概没那么糟糕，"他致信给阿图尔·塞德尔（Arthur Seidl），"但我想先指挥《特里斯坦与伊索尔德》。"1891年，他在魏玛的一场音乐会上已经指挥了第一幕的序曲，赫尔曼·莱维在信中表示他"自1871年（瓦格纳指挥）以来从没听过这么美的演奏"。魏玛没有乐池，施特劳斯细心研究力度细节，以确保听众能听见歌手的演唱。他在当时很罕见地演出了全本，并至少进行了十七次乐队排练，以确保对作品"拥有某种室内乐般的亲密感"。1892年1月17日第一次演出后他告诉科西玛，在他手头资源的限制下，"这部伟大作品的出色演出……现在我第一次指挥了《特里斯坦与伊索尔德》，这是我生命中最美妙的一天！"[1]特里斯坦由施特劳斯的学生海因里希·泽勒扮演、伊索尔德由弗吉尼亚·瑙曼-冈勒（Virginia Naumann-Gungl）扮演（两个乐季后的1894年1月13日，该剧重新上演时，由宝琳扮演伊索尔德——"当然，太早了，但某种程度上因她的年轻和出色的表演，这场演出显得特别迷人。"施特劳斯在回忆录中写道）。[2]施特劳斯收到的许多贺信中，有一封来自彪罗，署名为"衷心真诚尊敬您的老支持者"。终其一生，施特劳斯对《特里斯坦与伊索尔德》和《罗恩格林》的尊敬都胜过其他音乐，且在瓦格纳的作品中比对《尼伯龙根的指环》更为重视。1935年，他在写给他的脚本作家之一约瑟夫·格雷戈尔的信中说："《特里斯坦与伊索尔德》并非如您认为的那样代表着浪漫主义'灿烂的复活'，而是一切浪漫主义的终结，因它令整个十九世纪的渴望处于焦点，而这一渴望最终在《日夜对话》（Tag-und Nachtsgespräch）与伊索尔德的《爱之死》中消解……《特里斯坦与伊索尔德》是席勒和歌德的最高总结，也是两千多年来戏剧发展的最高成就。"

尽管《特里斯坦与伊索尔德》大获成功，但施特劳斯在魏玛仍感沮丧。他希望布隆萨特令他成为正宫廷乐长，但布隆萨特不愿冒犯年高德劭的拉森。到各大城市客席指挥安抚了施特劳斯的情绪，但从未在当地指挥过的拜罗伊特才是他心中的目标。然而在1892年，他和科西玛大吵一架，因为她没有邀请他的两位学生——宝琳和泽勒参加当年的音乐节。马克斯·阿尔瓦里（Max Alvary）代替泽勒扮演汤豪舍，施特劳斯将他描述为"可怜的业余演员"。和韦伯格交替扮演伊丽莎白的是另一位女高音，代替"无论如何，我越来越确信她天赋异禀"的宝琳。但科西玛不肯让步。在指挥方面，她请他为汉斯·里希特排

---

1. Trenner (ed.), *Cosima Wagner – Richard Strauss: Ein Briefwechsel*, 66. 1892年1月23日信。
2. Strauss, 'Recollections of My Youth and Years of Apprenticeship', 141.

练《纽伦堡的名歌手》并负责最后两场演出。施特劳斯火冒三丈——"在伟大的汉斯·里希特享受地毁掉我在排练中构建的一切后"的两场演出！他在给妹妹的一封信中更加直言不讳："我不想仅仅为里希特那个懒鬼排练《纽伦堡的名歌手》而动身。"[1] 他向科西玛保证他并非虚荣心受损（"这对我是陌生的"），而是因为他知道自己不过是临时补缺。最终，施特劳斯接受了邀请，因为她向他保证如果赫尔曼·莱维因病被迫放弃《帕西法尔》，就把莫特尔的《特里斯坦与伊索尔德》交给他。然而，施特劳斯6月得了胸膜炎，7月时又得了支气管炎。医生们告诉他必须在阳光充足的地方度过冬天。拜罗伊特之行泡汤了。

在这个当口，应该从整体上而不是局限于魏玛来考虑施特劳斯的声望。在他的作曲生涯中，魏玛时代的创作最少——"剧院和斯卡特牌以及我的未婚妻占据了我几乎全部的注意力。"他在回忆录中写道。[2] 1889年12月，他为一次慈善活动创作了一首瑞典语歌词的四声部男声合唱曲《没有硫和磷》(*Utan svafvel och fosfor*, o.Op.88)；1890年1月，他创作了题献给妹妹的基于丹恩的诗谱曲的《简单的方式》(*Schlichte Weisen, Op. 21*)，其中第五首为《女人常常虔敬而安静》(*Die Frauen sind oft fromm und still*)；同年晚些时候，他改编了《伊菲姬尼在陶里德》；1891年春，他为威尔海姆·伊夫兰 (Wilhelm Iffland) 的戏剧《猎人》(*Die Jäger*) 的一次庆典演出，写了一首《鼓号曲》(o.Op.88A，其终曲引用了贝多芬《第九交响曲》终曲的主要主题)；1891年12月，他为泽勒写了两首基于莱瑙的词而创作的歌曲（Op. 26）；1892年10月，为大公夫妇的金婚写了四个管弦乐章（o.Op.89）用作历史事件生动场景（tableaux vivants）的配乐，其中第三首于1930年以《战斗与胜利》(*Kampf und Sieg*) 为题

---

1. 1892年2月11日致约翰娜的信。勃拉姆斯也认为里希特懒惰。
2. Strauss, 'Recollections of My Youth and Years of Apprenticeship', 142.

出版。1894年，为宝琳而作了歌曲（Op. 27）。但不应忽略的是，他在1889—1892年间创作了《贡特拉姆》的脚本，并在1892—1893年间为其谱曲。

除了在魏玛指挥歌剧和音乐会，施特劳斯还定期去莱比锡、柏林、法兰克福、科隆和德累斯顿指挥。1890年1月，他在德累斯顿参加了（但并未指挥）他的《唐璜》的第二次演出。他告诉父亲，乐团"毋庸置疑是现今最好的"。他与它的合作令他享受终生。他曾七次以客席指挥的身份回到慕尼黑，并于1891年1月拒绝了纽约交响乐团为期两年的指挥合同。他时常旅途劳顿，这是他健康受损的原因。他在柏林指挥了《麦克白》和《死与净化》，还在另外几座城市指挥了《唐璜》。一位科隆乐评家称他"首屈一指的在世指挥家"令他欣喜，1892年3月他骄傲地告诉母亲："年轻的支持者们陪我到火车站，车离开时用欢呼向我道别，有一位还吻了我的手。简单来说，我的名声突飞猛进。"[1]

1892年3月，施特劳斯在柏林遇到了社会主义者、作家约翰·亨利·麦凯（John Henry Mackay, 1864—1933）。这位苏格兰人在德国度过了大半辈子。施特劳斯后来为他的四首诗谱曲。麦凯的小说《无政府主义者》（*Die Anarchisten*, 1891）风行一时，施特劳斯也是一位热切的读者。麦凯还为柏林的哲学家麦克斯·施蒂纳（Max Stirner）写了传记，他的作品《唯一者及其所有物》（*Der Einzige und sein Eigentum*）阐述了无节制的利己主义。尽管施特劳斯并未读完这本书——他称它为"稀奇的东西"——但它启发他草拟了歌剧《唐璜》的两个场景，乱伦就出现在第一个场景中。二十八岁时，他在给作曲家欧根·林德纳（Eugen Lindner）的一封信中审视了自己的性格。他

---

1. Strauss, *Briefe an die Eltern*, 152. 1892年3月18日信。

表示，他经常在运用道德原则时遇到危机，"即使是在我心中也有最显著的障碍"，"加上我特别紧张的神经，常常导致最严重的混乱出现，或者，我简单来说，就是**愚蠢**。障碍之一是一种可怕的反抗力量，它本为好意，但在世上有三个强大的敌人，它一看到它们就要发疯，这三个敌人就是伪善、半吊子的放肆和平庸。我相信没有多少人比我更真心实意地尽量公平对待所有美丽之物，或至少是**由严肃的艺术努力制造出的东西**，并**实践、表达**这一判断，只要我认为自己周围的人能够**真诚、真正地理解艺术**。"[1]

此时，施特劳斯的音乐青春期已接近尾声。它的高潮是他第一部歌剧《贡特拉姆》的完成、演出和失败。脚本的第一版写于1887年8月至1892年3月17日间。他将歌剧的背景放在十三世纪的德国：贡特拉姆和他的导师弗里德霍尔德（Friedhold）是一个名为"爱之捍卫者"的恋诗歌手（Minnesinger）秘密会社的成员。他们被派去帮助逃离罗伯特公爵暴政的难民。贡特拉姆阻止了一个女子投水自杀，发现她是被丈夫禁止帮助穷人的公爵夫人弗莱希尔德（Freihild）。贡特拉姆爱上了她。她的父亲（前任公爵）和罗伯特公爵请他来宫中赴宴，贡特拉姆在那里唱了祝福和平的歌曲，希望能够感化罗伯特公爵。一个信使前来报告敌国入侵的消息。公爵咒骂贡特拉姆，他们打斗起来，公爵被杀。前任公爵监禁了贡特拉姆，但弗莱希尔德发誓要将他救出。在囚牢中，贡特拉姆苦思他的行为是否正当。弗莱希尔德前来救他出狱，倾诉她的爱意。贡特拉姆同意接受会社兄弟们的审判，被驱逐之后离开了弗莱希尔德。在第二版中，会社并未出现，贡特拉姆离开后遁世隐居。最终，施特劳斯令贡特拉姆通过拒绝出席审判与会社断绝关系。之后他从弗莱希尔德的生活中消失，到远方隐居赎罪。

---

1. Reinhard Gerlach, *Richard Strauss: Prinzipien seiner Kompositionstechnik* (Archiv für Musikwissenschaft, 23:4, 威斯巴登，1966年12月).

施特劳斯将脚本给里特尔、图伊勒、弗里德里希·罗什（Friedrich Rösch）等友人和父亲传阅。弗朗兹提出了许多批评意见，总结起来就是，"你必须非常小心，不要陷入《帕西法尔》或《汤豪舍》的境地"。他督促儿子创作旋律性音乐（"当然，你会对我的意见嗤之以鼻"）。施特劳斯于1892年11月4日前往希腊、埃及和西西里岛度假休息。舅舅格奥尔格·普肖尔赠给他五千马克用作旅费。他在两周内修改了《贡特拉姆》第三幕的脚本。虔诚的罗马天主教徒里特尔被新版吓坏了。1893年1月17日，他致信给施特劳斯，催他把"毁掉整部歌剧、令其丧失一切悲剧性"的第三幕烧掉。显然，施特劳斯受到许多文学方面的影响。虽然这一切在今天看来相当荒谬，但里特尔的反应源于贡特拉姆自行其是而非甘受会社兄弟们的审判："我心中坚守我的法律，我是我自己的法官。"施特劳斯拒绝修改，并拒绝承认他只是"稍微意识到"的"影响"："我都没有读完施蒂纳……我没读过尼采的《善恶的彼岸》（*Beyond Good and Evil*），四个月来我只研读了瓦格纳、歌德和叔本华……只有我们知道他是**什么样的**，但他认清自己后会做什么就是他的事……请不要将我和我的戏剧角色相混淆！我并非放弃艺术，我也不是贡特拉姆！……见鬼，我敢肯定我不会放弃美丽的弗莱希尔德。"

虽然在魏玛完成了部分配乐，但他在1892年3月才开始认真创作，并在3月24日完成了第一幕的序曲。整个第一幕在4月8日"一气呵成"。他告诉弗朗兹，它"简单而音调优美"。第二幕于10月9日在魏玛完成。然后是第三幕脚本的修改。12月1日，他在开罗时开始创作第三幕，并于圣诞夜在当地完成；他在草稿上写下"感谢上帝！以及神圣的瓦格纳"。12月29日，他开始为第一幕配器，到1893年2月27日才在卢克索完成。它"非常精美"。第二幕的总谱于6月4日完成，第三幕于9月5日在马尔库阿尔茨泰因（Marquartstein）完成。整部歌剧题献给"我亲爱的父母"。他的父亲担心管弦乐团的规模编制。

施特劳斯回答："为了完成配器，作者必须在心中设想一个特定规模的乐团，唯一正确的规模就是我特别指定的……但不要担心，亲爱的爸爸，配器会非常精致，尽管圆号手们经常需要吹高音C。圆号和小号（后者，与所有铜管乐器一样，我在使用时都会更温柔）是我的弱项。这是因为我的父亲是如此伟大的圆号演奏家。"[1]

1893年在巴勒莫时，他试奏了第三幕，并认为，虽"诚然特别'特里斯坦'，但它在表达的精确性方面最为超前、在旋律创作上最丰富动人、整体上是我创作出的最好的作品。当然，会有很多烦人的家伙大摇其头，但我真的特别满意第三幕……别从座位上跳起来，朋友们！"

1893年10月，他回到魏玛，因必须用仅有四把第二小提琴的乐团排练《自由射手》而深感沮丧。从埃及返回的途中，施特劳斯在佛罗伦萨见到了赫尔曼·莱维，并和他讨论了莱维曾对弗朗兹·施特劳斯透露的计划：理查是否愿意离开魏玛回慕尼黑担任正宫廷乐长，与莱维平起平坐。但事实显示，慕尼黑方面同时还在考虑莫特尔与魏因加特纳，施特劳斯的聘任被搁置了好几个月。另外，慕尼黑方面愿意举行《贡特拉姆》的世界首演，但不断推迟日期。卡尔斯鲁厄也提出首演的请求，但当地的首席男高音认为他无法胜任角色，马勒也无法说服汉堡雇主允许他去那里举行世界首演。因此，施特劳斯虽然明知道魏玛并不适合这部作品，但也没有别的选择。他已经发表了贡特拉姆的"和平叙事歌"供演出，它于1894年1月由埃米尔·盖尔霍伊瑟（Emil Gerhäuser）在海德堡和卡尔斯鲁厄演唱。慕尼黑准备举行世界首演的另一部歌剧是洪佩尔丁克的《亨瑟尔与格蕾泰尔》（*Hänsel und Gretel*），但一名歌手患病，令演出被迫推迟，因此只能让施特劳斯于1893年12月23日在魏玛的世界首演抢了先。宝琳·德阿纳原计划扮

---

1. Strauss, *Briefe an die Eltern*, 163. 1893年2月13日信。

演亨瑟尔，但她摔伤了脚，格蕾泰尔的演员在三天里学会了角色，代替宝琳直到她1月7日回归。施特劳斯自1880年代以来就和洪佩尔丁克关系友好，他很喜爱这部歌剧，并称其为"质量至高的大作……独创、新鲜、完全真实的德意志之作"。[1]

在过去的一年里，施特劳斯和宝琳日久生情。他们于1894年3月秘密订婚。消息在《贡特拉姆》首演的5月10日公布。而此时，施特劳斯已接受慕尼黑的职位并辞去魏玛工作的消息于4月13日刊登在报纸上。他在排练《贡特拉姆》时遇到的困难可以从以下事实看出：乐谱要求六十二位弦乐手，但魏玛只有二十一位。在回忆录中，施特劳斯写道，乐谱"完全不适合当时的状况，见证了我在当时令人震惊的幼稚……我可怜的学生海因里希·泽勒勇敢地努力克服这个对他来说极为艰难的角色——当时有人计算出他的声部比特里斯坦的多了许多小节——每次排练都令他的嗓音更加沙哑，首演时他艰难地唱完了全剧。我的未婚妻完美地掌握了她的声部，她的演出在音乐和戏剧上都非常突出。听众在第二幕后对她报以雷鸣般的掌声"。[2]

评论却很冷淡。6月1日，它作为全德意志音乐家协会大会的一部分在魏玛又上演了一场。慕尼黑的演出于1895年11月16日举行。这是一场灾难。首席女高音和男高音，米尔卡·特尔尼纳（Milka Ternina）和海因里希·沃格尔（Heinrich Vogl）拒绝演出。由施特劳斯的表亲和小提琴教师本诺·瓦尔特领导的乐团罢演并派人去找经理珀法尔，请求允许他们逃离这种"上帝的惩罚"。尽管声部已被删减，扮演贡特拉姆的男高音马克斯·米科雷（Max Mikorey）在演出中还是忘谱了，后来他表示除非加薪，否则不愿再演唱它。乐评家激

---

1. 1893年10月30日致洪佩尔丁克信，魏玛。
2. R. Strauss, 'Reminiscences of the First Performances of My Operas' (1942) in *Recollections and Reflections*, 147.

烈抨击作品，仅仅称赞宝琳扮演的弗莱希尔德。演出未再举行。《贡特拉姆》在慕尼黑仅演一场的原因并不清楚。根据施特劳斯的日记，博萨特（Possart）承诺"无论如何"每个月都会上演一次，米科雷也同意在不加薪的情况下演唱。《慕尼黑最新新闻》（*Münchner Neueste Nachrichten*）对演出的长篇评论将失败归咎于施特劳斯，最后指出"第一幕后相当稀疏的掌声在第二幕后达到高潮。第二幕和第三幕后作曲家和歌手们多次谢幕"。因此公众对作品并无敌意。这篇由奥斯卡·梅兹（Oskar Merz）撰写的乐评如今读来也颇为有趣，公正而敏锐。他的结论是"施特劳斯歌剧的各个部分在音乐厅中会很有效"，这一点无可争议，同样不容否认的还有他对这部歌剧的观点，即《贡特拉姆》是"非常复杂的**管弦乐作品**"。但是，"如果（施特劳斯）能够加深对歌剧本质和需求的理解……他将来就会正确地将这种技术用于戏剧目的，希望上帝能赐给他一个形式恰当的优秀歌剧主题"。

《贡特拉姆》经大幅度删节后于1900年在法兰克福、1910年在布拉格重演。再往后是1934年6月由汉斯·罗斯鲍德（Hans Rosbaud）指挥的在施特劳斯七十周岁生日时举行的广播演出。一个月后，施特劳斯自己做了删节——但并未做任何修改——这一版本于1940年10月29日由保罗·西克斯特（Paul Sixt）指挥在魏玛首演，1942年6月13日由罗伯特·赫格尔（Robert Heger）指挥在柏林上演。施特劳斯称1940年的演出"极好"，他说："第二幕的第二部分及整个第三幕令人印象深刻，即使是我也必须承认，与我之前四十年创作的其他所有歌剧相比，这一部还是'自成一体'的。"[1]今天再听《贡特拉姆》，还是很难理解它的"困难"所引发的抗议。它的脚本是不利因素。1945年，施特劳斯致信给他的脚本作家约瑟夫·格雷戈尔说："台词并非杰

---

1. R. Strauss, 'Erinnerungen an die ersten Aufführungen meiner Opern' (1942), *in Betrachtungen und Erinnerungen*, 222. 本文仅在德文版中为修改版。

作（即使是语言也不讨人喜欢），但它为刚起步的瓦格纳主义者提供了帮助，令他在独立过程中艰难前行，有机会创作许多新鲜、优美、生气勃勃的音乐。"现在没人再对令里特尔如此心烦的第三幕中贡特拉姆的决定大惊小怪，但当时的乐评家们深受其影响。即便如此，在魏玛首演后，马克斯·哈塞（Max Hasse）在《慕尼黑最新新闻》上承认，"音乐将最后的决定场景提升到某种程度，以至于一听就完全令人折服，只有后来才可能静心细想，转向批判性的思考。理查·施特劳斯的音乐语言带有一种令人信服的力量"。它已是一种成熟的语言，《贡特拉姆》尽管是他的第一部歌剧，但并非习作。尽管瓦格纳的回声随处可见，但它完全是施特劳斯式的，可以第一幕和第三幕序曲为证。它甚至是第一个歌剧中自我引用的例子，当贡特拉姆回忆少年时代时，独奏小提琴引用了《死与净化》中的相关片段。贡特拉姆和弗莱希尔德的咏叹调是火热而抒情的，但没人会说这部歌剧能在今天的舞台上还能站稳脚跟。不过，它的音乐精华值得保留，因此录音很受欢迎。

《贡特拉姆》的失败沉重打击了施特劳斯——他从未完全释怀——也证明了他的脆弱。我们可从他的信件中发现他缺乏自我批评的能力。听到自己的音乐时，他就会像个孩子一样激动万分。除非自己动手，他从不愿接受删节，终其一生，他容忍一些薄弱的段落，而如果是一个对自己要求更为严格的作曲家，就会挑出并舍弃这些段落。《贡特拉姆》是他第一次真正的失败，这令他痛心，特别是慕尼黑乐团的行为。他于1908年6月搬进加尔米什的住宅，此时十三年已经过去、他的《莎乐美》也已大获成功。但他仍在花园里立了一块石碑，上面刻着："年轻、高尚、可敬的恋诗歌手贡特拉姆葬在此地，他父亲的交响乐团残忍地将他打倒。安息吧！"《贡特拉姆》还导致施特劳斯与齐格弗里德·瓦格纳的亲密关系破裂，因为后者说这部歌剧背叛了瓦格纳的原则。科西玛也并不热情。"很难相信，"施特劳斯说，"《贡特拉姆》令我树敌。但我的创作不能违背本心。"施特劳斯在柏林豪华的阿德隆宾馆遇见齐格弗里德时报了一箭之仇。"你的工作收入很不错啊?"齐格弗里德问。"对,"施特劳斯回答,"是我自己的收入,不是我父亲的。"

总谱出版后,施特劳斯于1895年1月给威尔第寄去了一份:"作为我对这位毫无疑问的意大利歌剧大师尊敬与仰慕的象征。我无法用言语描述《法斯塔夫》(*Falstaff*)非凡之美给我留下的深刻印象,无法表达我对它为我带来的愉悦的谢意。至少,希望您能接受这份总谱。"威尔第谨慎地回复,表示他还没时间读谱,"但匆匆浏览便令我感到《贡特拉姆》出自行家之手"。

《贡特拉姆》的上演标志着施特劳斯魏玛时期的结束。他这样总结这一段时间:"总的来说,人们对我很好(布隆萨特、拉森、宫廷);但我因年轻时充沛的精力和对夸张的偏好而轻率地浪费了他们的一些好意,因此人们对宝琳和我的离开并不惋惜。"另一方面,剧团中的一位年轻歌手玛丽·朔德尔(Marie Schoder)——她后来和魏玛乐队首席古泰尔(Gutheil)结婚,加入马勒的维也纳歌剧院,是施特劳斯歌剧的优秀诠释者——多年后写道,施特劳斯"以他炽热天赋所取得的鼓舞人心的成就,令魏玛人在知识和音乐上并不落后于时代……上帝啊,在我们心爱的魏玛歌剧院里有过多么美好的夜晚……尽管我还是个小姑娘,我敏感的心被这炽热的精神温暖,点燃了我长时间刻苦钻研的热情"。

[第八章]

订 婚

在更详细地叙述施特劳斯与宝琳的订婚之前,我们必须先谈谈他去埃及等地过冬休养一事。在这次旅途中,他在科孚岛附近的维多岛上住了几天,起草了一部新的歌剧脚本,关于古日耳曼人的《国王们崇高的受苦》(*Das erhabenes Leid der Könige*)。男主角是奥古斯都时代领导日耳曼人抵抗罗马统治的赫尔曼。施特劳斯11月16日去奥林匹亚游览,在旅行日记中写道:"自由的美感,自然的宗教,纯粹的视觉感知——奥林匹亚!哲学的超世崇高、最深刻的内在——拜罗伊特!"他真是爱得疯狂!从11月16日至25日,他都在雅典。帕台农神庙令他潸然泪下。他对希腊艺术的终生挚爱从此真正开始。抵达埃及时,他承认自己开始"对这些观光活动有些厌倦了……我正在读埃斯库罗斯、索福克勒斯、柏拉图,现正尽情享受《威廉·麦斯特》;上帝啊,这本书里有太多东西了"。在卢克索,他再次开始阅读叔本华,在日记中写满了《作为意志和表象的世界》引语——"这部思辨的伟业"。但他对哲学家本人持"一点保留意见",特别是性方面:"'生殖行为带来的狂热是物种对个体造成的错觉;在行为之后,错觉就消退了!'对禽兽,或者对那些完全不运用人类理性天赋的人来说,确实如此。但对全心全意投入爱情的人来说,这种意识过于持续有力,以至于对愉悦的意识,无论是肉体上**还是精神上**,将会持续

（男人也是如此）。"后来他写道："对欲望的肯定的**意识**是我们的终极目标——至今为止。将来怎么样，谁知道！我自觉地承认，这就是我的快乐！"[1]

当时他还写了另一部非常有趣的歌剧脚本，《美因茨议会》(*Der Reichstag zu Mainz*)。其角色以 A.、B.、P.、S. 等首字母缩写标记。S. 代表的是施特劳斯在迈宁根结识的年轻俄罗斯钢琴家索尼娅·冯·谢哈夫佐夫（Sonja von Schéhafzoff）。五十九岁的亚历山大·里特尔疯狂地爱上了她。索尼娅也被认为对施特劳斯有好感。这一场景清楚地说明了索尼娅、施特劳斯、里特尔和宝琳之间都有牵连。有趣之处在于，它表露了施特劳斯将自传成分带入作品的早期迹象。它是《英雄生涯》(*Ein Heldenleben*)、《家庭交响曲》、《火荒》(*Feuersnot*) 和《间奏曲》等作品最早的先驱。

4月初，他乘船到西西里，在他一直喜爱的度假地陶尔米纳为《贡特拉姆》配器。作为消遣，他读了歌德的《意大利游记》。他感到"身体和精神"的健康完全恢复，渴望再次听到贝多芬的四重奏、再次指挥。他去彪罗的女儿和女婿，格拉维纳（Gravina）伯爵夫妇在拉马卡的家里住了两周，和伯爵夫人弹四手联弹。他于7月15日回到慕尼黑，去马尔库阿尔茨泰因的家庭疗养地度过夏季的余下时间。然后，他在魏玛开始和莱维进行关于慕尼黑歌剧院职位，特别是关于施特劳斯非常珍视的八场学会音乐会（Academy Concert）[2]的冗长而乏味的交涉。莱维指出，没人能把音乐会交给他，因为指挥由乐团决定。"您的合同一签署，我就辞去学会的指挥职务，推荐您继任。毫无疑问乐团会选择您，但在合同上无法对您做出关于这些音乐会的保证。"1894年10月，施特劳斯成为学会的指挥。1894年夏，他履新之

---

1. 摘自施特劳斯的埃及日记。
2. 18–19世纪德语区对管弦乐音乐会的常见称呼。——译者注

前就在慕尼黑指挥了三场《特里斯坦与伊索尔德》和一场《纽伦堡的名歌手》的演出，满足了他在拜罗伊特指挥的愿望。7月22日，他在当地初次指挥《汤豪舍》，宝琳扮演伊丽莎白。已听说《贡特拉姆》困难之处的科西玛俏皮地祝贺他，"嘿，这样一个现代主义者也能把《汤豪舍》指挥得这么好"。

1894年，两位对施特劳斯的事业大有帮助的人去世了。他的舅舅格奥尔格·普肖尔，约翰娜的丈夫，逝世于6月。普肖尔承担了施特劳斯埃及之旅的花费。"我非常感谢我们好心善良的舅舅，"他在卢克索致信给妹妹，"真的，我为之潸然泪下。"1893年12月，他写了两首钢琴四重奏小品（AV 182）《阿拉伯舞曲》和《爱情小歌》，题献给舅舅以表谢意。汉斯·冯·彪罗于2月12日在开罗逝世。在施特劳斯转向瓦格纳、反感勃拉姆斯后，他和施特劳斯渐行渐远。但彪罗仍然坚信施特劳斯的创作才能，尽管他无法欣赏其部分作品。施特劳斯于1892年2月29日在一场柏林爱乐音乐会上指挥《麦克白》后，彪罗致信给妻子："你知道，《麦克白》几乎完全疯狂、骇人，但它是一部非常天才的作品。"1891年，施特劳斯从病中康复后，彪罗致信给施皮茨维格："感谢上帝，施特劳斯安全了！他前途无量，应该活下去。"施特劳斯本人在1892年向彪罗保证，尽管他的艺术哲学有所改变，但"在整个世界上，从前和将来，都不会有任何东西能令我无限的爱、尊敬和最深的谢意减少乃至消失"。施特劳斯于1894年1月去汉堡探望了已患病的彪罗。他致信给父亲："他非常沮丧和虚弱……他很好，但给我留下的只是完全被痛苦摧垮者的印象！"

彪罗去世两天后，"考虑到"这一噩耗，施特劳斯受命更改他原本已经设计好的26日上演的汉堡爱乐音乐会曲目单。施特劳斯提议上演李斯特的《英雄的葬礼》或《奥菲斯》、彪罗的《涅槃》、贝多芬的《"英雄"交响曲》，以及《特里斯坦与伊索尔德》和《纽伦堡的名歌手》的序曲。曲目单被驳回，施特劳斯拒绝指挥，不顾科西玛和彪罗的女儿达妮拉·托德（Daniela Thode）的请求。为纪念彪罗，他还拒绝在汉堡指挥勃拉姆斯的《德意志安魂曲》。据约阿希姆说，他对官方表示"我不为外行指挥"，他指的是拒绝《"英雄"交响曲》的人。施特劳斯终其一生都在通过指挥《特里斯坦与伊索尔德》第一幕序曲致敬彪罗。他在日记中写道："我演出的《特里斯坦与伊索尔德》序曲（《潮起潮落》）也要归功于彪罗对我的亲自指导。"[1] 听过施特劳斯指挥序曲的人都认为，它令人想起一次吸气和呼气的过程。

施特劳斯对魏玛职位的最后一年"完全不满"——他对洪佩尔丁克这么说——因他与两名声乐学生"小阿纳"和"小泽勒"的友谊而得到缓解。他于1894年3月和宝琳·德阿纳秘密订婚，3月22日向她的父母提亲。保密的原因只能是施特劳斯不希望魏玛剧团里有人认为他偏袒未婚妻，但妹妹4月5日致信给他说这个秘密无法保守：消息已到处"引起了震惊"。出现了很多关于他们订婚的轶事流言，有些还匪夷所思地提到施特劳斯向另一名歌手提出决斗，但唯一真实的记述大概只存在于施特劳斯的回忆录中。在《贡特拉姆》的一次排练中，施特劳斯多次指出扮演主角的泽勒的错误。而进行到宝琳完全掌握的第三幕弗莱希尔德的咏叹调时，她停下来问施特劳斯："您为什么不让我停下？""因为您了解您的角色。"施特劳斯说："她说着'我想要您让我停下'，把手里拿着的钢琴谱向我头上扔去，幸好它落到第二小提琴手古泰尔的谱架上。"[2] 这则轶事的意义在于，它表明，宝琳的许多古怪行为是在掩盖她的不安感，同时也说明，她有着首席女歌手的脾气。她在离开舞台后，成了家里的绝对首席女歌手！她在晚年时会告诉人们——例如维也纳爱乐乐团的奥托·施特拉塞尔（Otto Strasser）——她的父母反对她结婚，因为她，这个将军的女儿，"想

---

1. 施特劳斯日记，加尔米什档案。
2. Strauss, 'Reminiscences of the First Performances of My Operas', 147.

要嫁给一个圆号手的儿子"。她一定经常这么说——许多人都发现，在以他们的婚姻为基础于1916—1918年创作了脚本的《间奏曲》中，她和施特劳斯自己都让这些话从克里斯蒂娜口中说出。现实却相当不同。她的父母对婚事非常满意。反而是宝琳自己一订婚就开始担忧不已。主要是源于事业和婚姻之间的冲突，其次是她怀疑自己能否做一个好妻子。我们常会忘记宝琳是一位非常严肃的音乐家，歌唱是她的一切。令施特劳斯夫妇白头偕老的最重要因素是双方同样热情地投入音乐。

　　1894年3月24日，就在得到父母同意的两天后，她非常正式、绝望地致信给"我亲爱的施特劳斯先生"。她写道，一切突然向她倾泻下来。"看在上帝的份上，我请求您不要过于高兴，您比任何人都知道我有多少缺点，我完全诚实地告诉您，尽管我感到快乐，有时也会非常害怕。我能够成为您所希望、值得拥有的人吗？"然后她直奔主题："我是不是应该先完成在汉堡演出邀约，这样我至少能够向我尊敬的老师骄傲地炫耀一下？……您不应高估我，我的父母和汉娜都知道我的情绪；啊，上帝啊，我突然要变成模范家庭主妇了，以免你失望。亲爱的朋友，我害怕我做不到……您今年夏天的指挥安排会不会太紧张了？啊，上帝啊，我多么担心忧虑。您的父母会喜欢我吗，还有汉娜——如果她知道我带给您多少阻碍的话。我亲爱的朋友，我们真的不需要这么快结婚；我们最好各自先习惯于享受我们的事业为我们带来的快乐，您在慕（尼黑），我在汉堡。请随身带上我的合同。忘记这封信吧，但有两种情感——我的快乐和我对新生活的恐惧——攫取了我，我已经不能完全保持理性了。请至少允许我在这里再唱一些……我们的艺术是最大的快乐，亲爱的朋友，请不要忘记。我今天不能再写了。请不要再给我任何压力。"这封信的署名是"您真诚的宝琳·德阿纳"，附言是关于弗莱希尔德角色的技术问题。

　　这封信的一切内容都明确指向这样的结论：尽管父母同意施特劳

斯的提亲，宝琳却倾向于拒绝。在她致信给施特劳斯的同一天，父亲也写信给她并表示："如果你和他在未来的愿望和需求方面上心意一致，那么我们只能同意并送出'我们的祝福'，因为我们感到整个过程毫无令我们不快之处……当我感到你将要嫁给一位有着良好艺术声誉的丈夫，因而摆脱不确定的、令人担忧的将来时，我只能满心欣喜你的命运出现了这样的转变……想想吧，一方面是或多或少要在大权独揽的波利尼（Pollini，汉堡的剧院经理）的专权下生活，另一方面是成为一位尽管多年以来已经了解你的一切优缺点，但仍全心全意爱你、为你奉献的受尊敬的人的妻子。"第二天，德阿纳夫妇收到了一封信，内容和宝琳写给施特劳斯的信类似。宝琳的妹妹梅迪发起了攻势。她提醒宝琳，施特劳斯明确说过她可以自行决定继续工作或隐退。对于宝琳来说（她显然是这个意思），她太以自我为中心而不能做一个忠实的妻子是一派胡言——梅迪说，想想1892年在赖兴哈尔和马尔库阿尔茨泰因的日子，她显然已坠入爱河。"每个人的耐心都是有限的，施特劳斯也会这样，如果你一直让他等待的话；人们无法忍耐这种事，我亲爱的宝琳。"

德阿纳将军在3月25日的一封信中指出了一些实际问题。"如果你真的——如你所说——拒绝施特劳斯，他会因受辱而不可能再去找你，他一定不会这样做，从此开始你也无法再请他，或希望他教导你、帮助你……无论如何，没人会相信你会拒绝他，人们应该会认为小施离开魏玛后不会还和你保持友谊。"危机持续到4月。从父亲写给宝琳的另一封信中可以看出平时幽默而随和的施特劳斯的态度，信中重复了施特劳斯对宝琳能够继续事业的保证，并补充说："如果你在汉堡面对不熟悉的指挥，至少你会舒服得多。"宝琳给梅迪写了更多的信，后者称它们简直"疯狂"。"别再无休止地为你的未婚夫烦恼了，"她催促道，"这么长时间来，如果他发现他对你的一切爱情和尊敬什么回复也得不到，除了你**相当愚蠢的**拒绝——对我来说最重要的是演唱歌剧！他一定会非常难受的。你完全可以非常容易地将两者结合起来，全心全意地享受订婚后的生活，在台下也做个'诗歌的化身'（威德尔［Wedell］伯爵这么称呼你的伊索尔德）"。梅迪对于姐姐的充分了解，在这封睿智的信（4月9日）的其他部分中体现出来："你一说出粗鲁的话，就会马上为之后悔……偶尔有些口角完全没问题——我想施特劳斯会喜欢有些变化的——只要你不要在外人面前这么做……如果约翰娜来了，向我们保证你会冷静、温和，当然，你夸大其词是不行的，甚至不要让她知道你和施特劳斯有严重的分歧，他的家人对他评价极高，这相当正确，在其他地方我们也只能听到对他的才能以及在世界各地的艺术声誉的溢美之词。"德阿纳将军加上了一段恼怒的附言："我这么老了，已经被你烦够了。在你的年纪（三十一岁）……一个人应该知道自己想要什么，而不是今天承诺要做个忠实的好妻子，明天就突然说改变心意……如果你想自寻烦恼、给整个家庭带来麻烦，那好，我就和你一刀两断。"[1]

无论宝琳在接下来的一个月里经历过哪些自省，她都同意了在《贡特拉姆》首演的5月10日公布订婚的消息。在拜罗伊特度夏之后，他们于9月10日在马尔库阿尔茨泰因结婚。天主教仪式婚礼在格拉绍（Grassau）教区举行。蜜月去的是意大利。回到慕尼黑后，他们住进市郊施瓦宾（Schwabing）区希尔德加德街2/I的一套公寓，1896年3月搬到同一区的赫尔佐格-鲁道夫街8/III。施特劳斯给"我亲爱的宝琳"的结婚礼物是他的四首歌曲（Op. 27），每首都是杰作：《安息吧，我的灵魂！》(Ruhe, meine Seele)、《塞西莉》(Cäcilie)、《秘密的邀请》(Heimliche Aufforderung) 和《明天！》。除作于婚礼前一天的《塞西莉》之外，其他三首都在5月17日至22日间作于魏玛。

---

1. Schuh, *Richard Strauss: a Chronicle*, 353—357更完整地引用了这些信件。

[第九章]

宝 琳

施特劳斯和宝琳的婚姻是他人生中最重要的一步。这段婚姻一直持续到他去世,为期五十五年差两天。已有太多仅从她暴躁脾气角度来描写他们关系的记述,给人留下一种热闹的音乐厅效果的印象。她的这一面,以及许多(并非全部)轶事都是真实的。但他们的关系复杂得多,值得花一些篇幅来审视。这段关系坚定地建立在对音乐的共同热情上:施特劳斯从未要求她,或希望她放弃事业做家庭主妇。他们的结合带来的第一份创作成果是施特劳斯最快乐、风趣的音诗《梯尔·奥伦施皮格尔的恶作剧》(*Til Eulenspiegels lustige Streiche*)。在魏玛时,他起草了一部独幕歌剧的脚本,关于梯尔·奥伦施皮格尔和小资产阶级堡垒希尔达(Schilda)中的市侩们的冲突,后来发展成他的第二部歌剧《火荒》。施特劳斯不太可能为《梯尔·奥伦施皮格尔的恶作剧》歌剧谱过曲,但在1894年就开始了这首音诗的写作,并于1895年5月6日完成。它的草稿上有着宝琳玩笑的手写评论:"可怕的谱曲""疯狂""一团糟"。可以想象这对新婚夫妇在钢琴前互相取笑的场景。施特劳斯需要为《贡特拉姆》的慕尼黑首演排练,无法指挥音诗于11月5日在科隆的首演。他给代替他指挥、并要求清楚说明作品'情节'的弗朗兹·乌尔纳发了封电报:"分析对我来说是不可能的。一切妙处都在音符之中。"直到一年后他才提供了对这部"恶作剧"的描述,但仍未提到它微妙暗示瓦格纳《齐格弗里德牧歌》(Siegfried Idyll)迷人的结尾段落。这首作品大获成功,尽管爱德华·汉斯利克的评论很勉强。五十年后的1944年,施特劳斯"为我心爱的儿孙们:致亲爱的老梯尔,祝贺他的五十大寿"重新抄写了一份《梯尔·奥伦施皮格尔的恶作剧》。此时,他做了许多细微的订正,在梯尔接受审判前用口哨吹的"街头小调"中添加了一些可选的装饰音,指出"这些花饰是我心爱的柏林国家歌剧院的单簧管乐手们巧妙的即兴!"这份总谱并未出版,只有一两个指挥家参考了它。因此,修订一直被忽略,鲜为人知。

1895年夏,施特劳斯和宝琳在科蒂纳丹佩佐(Cortina d'Ampezzo)度假时,他起草了歌德《莉拉》(Lila)两幕的谱曲、构思了一部新的音诗,在日记里写下"思考、体验、认识、崇拜、怀疑、绝望"。这说明,《查拉图斯特拉如是说》(Also sprach Zarathustra)正在成形。施特劳斯非常喜爱这部歌德作为歌唱剧构思的《莉拉》,十四岁时就为一些段落谱过曲。专注于新工作的他就歌德剧情中令他困惑的一些方面寻求科西玛·瓦格纳的帮助。她后来提供了详细的建议,但施特劳斯此时已对这一计划不再热心,大概是因为发现音诗《查拉图斯特拉如是说》更加紧要。同时他和拜罗伊特的关系也冷却了,围绕着科西玛的阿谀奉承令他反感。科西玛曾把他当作女婿人选之一,想让他娶伊娃!我们不清楚他为何在1896年1月11日的日记中写下这样的文字:"和齐格弗里德·瓦格纳的重要谈话,并未说出,但仍不可避免地与万弗里德-拜罗伊特分离。只是我的间接错误。"齐格弗里德嫉妒施特劳斯在作曲和指挥上的成功。拜罗伊特无法接受《贡特拉姆》《梯尔·奥伦施皮格尔的恶作剧》和一首尼采题材的音诗。尽管如此,宝琳仍受邀去一场拜罗伊特的音乐会上演唱李斯特的作品,科西玛和理查与宝琳在慕尼黑一起吃饭,仍然欢迎理查作客万弗里德。

施特劳斯越来越后悔接受慕尼黑的职位,因为他不满于博萨特对宝琳合同的所作所为。1896年2月8日，施特劳斯在日记中写道："他向我妻子许诺了一份自1896年1月开始的客席合同（六千马克，四十次演出）。但他什么也没做。"这份合同最终于3月6日签订，但它只提供了二十次客席演出机会。同时，施特劳斯也申请了曼海姆的歌剧院指挥职位，1896年12月，他试图接任卡尔斯鲁厄的莫特尔。当时他已在莱维退休后于10月1日被任命为慕尼黑的首席指挥。在这之前他和试图撤销宝琳二十次演出合同的博萨特大吵了一架。"甚于《贡特拉姆》的丑行。简言之——肮脏腐败的阴谋。"家庭内部的处境也不轻松，在马尔库阿尔茨泰因度夏时，施特劳斯的父母与宝琳剑拔弩张。"避免见面"，施特劳斯建议。他指责父母不考虑宝琳性格的"独特之处"。

这些独特之处是什么呢？没人会认为宝琳是一个现今意义上的女权主义者，但她相信，作为女性并不一定意味着需要退居二线。上文提到，她对婚姻的犹豫是因为担心被迫放弃歌唱事业。当她在拜罗伊特演唱李斯特清唱剧中的圣伊丽莎白——她最喜爱的角色的唱段时，施特劳斯在祝贺信中称颂她为"我在生活和艺术中的亲爱同志！！"她有着首席女歌手的脾气，会毫无预兆地发怒，然后同样出乎意料地冷静下来。施特劳斯——除了一次例外——不受影响，并说他"需要"这种刺激。他知道怎样与她相处。在一些摩擦后，他从法兰克福致信给她，提到她"可敬的后悔"，又说"你真的不需要做这么多。因为我非常了解你，也完全确定你深爱我，像这样的'场面'绝不会动摇我对你的信任。我只是经常为你担忧，因为你的神经并没有强韧到足以令你承受这种情感的爆发……因此，冷静下来吧，我的甜心……我一直同样爱你。因此没什么好原谅的"。

她并非总是和他一同外出旅行演出，因此他几乎每天都给她写信。信中描述了他所在的城市、那里的艺术和建筑，以及关于排练和指挥的细节。还有更私密的段落，如1899年9月20日的这封信：

图6　施特劳斯与宝琳

"那么，我亲爱的宝贝，现在是晚上10点了……我想读一点特莱奇克（Treitschke）[1]，约10点半时上床睡觉。不同的环境多好啊！晚安，我亲爱，亲爱的宝贝。孩子已经很长时间自己一个人睡觉了——小小的自私自利者！上帝啊，我还要多久才能回到你们俩身边呢！你唱得多吗？唱得合适——持续时间长，用全部音量？马上给我写一封长信吧！！"她不喜欢在他离家时负责家庭事务——付账、做决定。她没

---

1. Heinrich von Treitschke (1834—1896)，德国历史学家、政治家。——译者注

有被培养成家庭主妇,她是个歌手、艺术家、讨厌做"小妇人"。但诺曼·戴尔·马尔认为她将施特劳斯的音乐当作"平庸、粗俗的东西,毫无独创性、毫不突出"是完全错误的。[1]这种完全扭曲的观念得到广泛传播,尤其是阿尔玛·马勒(Alma Mahler)在关于她丈夫的书[2]中对宝琳进行了大量的攻击。她对施特劳斯第二部歌剧《火荒》1902年维也纳首演的说法足以证明,她的记忆有多不可信。当时马勒是维也纳宫廷歌剧院的总监,阿尔玛说,马勒并未指挥它,"因为他反感这部作品"。事实上,马勒指挥了三场演出——第四场因评论界和公众讨厌这部作品而被取消——1905年又指挥了一次重演。施特劳斯曾提出自己指挥,但马勒劝阻他说:"如果您仅经过一次排练就上演这部困难的作品,我们的乐手会一团乱的。"[3]施特劳斯感谢他"无可比拟的美妙演出",并提到"乐团魔法般的音响"。在阿尔玛的描述中,宝琳"和我们(她和马勒)"坐在一个包厢里,"一直发怒:没人会喜欢这种拙劣的东西……其中没有一个独创的音符,一切都是从瓦格纳,以及许多其他地方剽窃来的"。施特劳斯在1946年读到阿尔玛的书时,驳斥了这一段:"完全难以置信!无论如何都是完全捏造的,至少很难设想这整个故事是以什么样的误解为基础的。我的妻子特别喜爱《火荒》。"大概宝琳——或施特劳斯,当然是他而非马勒坐在包厢里——试图向阿尔玛解释《火荒》中引用了瓦格纳和其他音乐的段落。针对阿尔玛书中另一个诽谤性的反施特劳斯段落,施特劳斯写道:"我不想

---

1. N. Del Mar, *Richard Strauss: a Critical Commentary on His Life and Works* (London, 1969), Vol. II, 239.
2. A. Mahler, *Gustav Mahler: Erinnerungen und Briefe* (Amsterdam, 1940);英文版:*Gustav Mahler: Memories and Letters,* ed. Donald Mitchell, tr. Basil Creighton, 3rd edn. (London, 1973).
3. H. Blaukopf (ed.), *Gustav Mahler–Richard Strauss Briefwechsel, 1888—1911* (Munich, 1980);英文版:*Gustav Mahler–Richard Strauss Correspondence 1888—1911,* tr. E. Jephcott (London, 1984), 65. 1902年1月上旬或中旬信。

理解这些东西。"

　　从宝琳与那些和她与施特劳斯更为亲近的人，而非恶毒、虚伪的阿尔玛·马勒交往，就可以看出她的真实态度。1948年，施特劳斯和出版商恩斯特·罗特（Ernst Roth）记不起施特劳斯一首歌曲的标题，只能想起它的第一行。罗特当天晚些时候跟宝琳提起此事，她说："它叫《自由了》（*Befreit*），是一首可爱的歌曲。"然后她轻轻地自己唱起来。罗特说："如果不在意，半个世纪足够令人忘记了。"[1]一天，一位密友曼弗雷德·莫特纳·马克霍夫（Manfred Mautner Markhof）受邀去加尔米什喝茶。他和宝琳讨论了《埃莱克特拉》中的相认场景。"对，"她说，"只有埃莱克特拉的常见演出方式是错的。她应该抱住弟弟的脖子，就像少女再次见到爱人一般。我做给你看。"她慢慢走向莫特纳·马克霍夫，哼唱着旋律。走到他身边时，她小心翼翼地用双手环抱住他，身体逐渐下滑，到这一场结束时抱着他的双膝。她当时已经七十九岁了。莫特纳·马克霍夫帮她站起来，看着她被丈夫的音乐感动而泪流满面。[2]

　　至少十年间，宝琳和理查在欧洲内外开了许多歌曲演唱会（Liederabende）（1897年他们的儿子弗朗兹出生后，她离开了歌剧舞台）。施特劳斯要么弹钢琴伴奏，要么指挥；他在1894至1906年间创作了八十一首歌曲，有些由管弦乐队伴奏，这并非巧合。它们并不是全部为宝琳而作——他喜欢的男性诠释者包括汉斯·吉森（Hans Giessen）和路德维希·乌尔纳（Ludwig Wüllner）——但多数都是。她偶尔会在演唱会上唱一段瓦格纳选段，但基本上只唱丈夫的作品。她是一位怎样的歌手呢？首先来看看施特劳斯的意见，他在1910年写

---

1. K. Wilhelm, *Richard Strauss persönlich* (Munich, 1984); 英文版：*Richard Strauss: an Intimate Portrait*, tr. Mary Whittall (London, 1989), 66.
2. 同上。

道："我的歌曲的模范诠释者。她的演唱以对诗意内涵的最微妙的揭示、同样无懈可击的旋律处理品位、精致和优雅而出类拔萃。"[1]1947年在卢加诺，他再次称赞她"完全诗意的诠释"，并说："她杰出的呼吸技巧令她大为受益，特别是帕米娜的咏叹调（"啊，我感到了"[*Ach, ich fühl's*]）、阿加特降A大调的卡瓦蒂纳（《自由射手》）和伊丽莎白的祈祷（在拜罗伊特），我从未听到有人像宝琳一样带着如此的诗意演唱这一段。同样还有《黄昏时的梦》（*Traum durch die Dämmerung*）、《明天！》、《友谊的幻象》（*Freundliche Vision*），完全平衡的音调和诗意的诠释……多么可惜啊，她过早地转向了出色的模范家庭主妇和母亲的美好事业！"

她于1900年1月首次在维也纳登台，爱德华·汉斯利克在把同样在维也纳首演的《英雄生涯》贬得一文不值之后写道：

> 施特劳斯－德阿纳夫人，理查优雅的妻子，她的歌唱就像一缕明亮温暖的阳光照耀在……德阿纳夫人训练有素、丰厚、甜美的女高音令我们陶醉！理查·施特劳斯也是一位无可比拟的伴奏者，他妻子的演出赢得了热烈的掌声。我们当然会称她是两人中更好、更美的那一位。

宝琳多么喜欢引用这最后一句话啊！她很高兴它被写进了《间奏曲》的脚本。她最喜欢上演的一套歌曲是《三首母亲之歌》（*Drei Mutterlieder*），包括施特劳斯的《我的孩子》（*Meinem Kinde*, Op. 37, no. 3）、《摇篮曲"》（*Wiegenlied*, Op. 41, no. 1）和《母亲的游戏"》（*Muttertändelei*, Op. 43, no. 2）。施特劳斯为她将它们精心编排，并于

---

1. J. A. Stargadt, *Autographen Auktionkatalog* 597 (Marburg, 1971).

1900年7月8日在埃尔伯斯菲尔德（Elbersfeld）举行首演。

1904年2月至4月在美国旅行演出时，他们一共开了三十五场音乐会和演唱会。在费城，宝琳感到头昏，暂时离开了舞台。有人问起她不舒服的原因时，施特劳斯回答说"饿了"，并补充道，他曾和她说过："亲爱的，就在音乐会后，维也纳炸肉排配意大利面。你知道，这是她最喜欢的菜。"在波士顿，一位乐评家抱怨她的声音在交响音乐厅里"似乎勉强而单薄"，另一位写道："无论她的歌唱方法如何，她的解读充满温暖和艺术说服力。我们必须认为施特劳斯夫人完全按照丈夫的希望演唱他的歌曲。"埃莱娜·格哈特（Elena Gerhardt）1924年写道，宝琳有着"美妙的抒情女高音音色"，亚历山大·迪尔曼（Alexander Dillmann）提到她"银铃般的声音，并富有表现力，令所有人马上为它折服、为它着迷的魔力"。可以想象，她在舞台上的举止有时很古怪。她常常在一首歌曲的钢琴尾奏时挥动围巾或扇子、深深鞠躬。她还喜欢戴特别夸张的帽子。她丈夫在钢琴上同样也有怪癖。他常常看起来像是对自己的音乐感到厌烦，会在两首歌曲中间弹奏连接段落，正如1920年代，阿尔弗雷德·奥莱尔（Alfred Orel）在伊丽莎白·舒曼（Elisabeth Schumann）的演唱会后所写："他总是用自己歌剧的片段当作连接过渡，特别是在音乐上与相对应歌曲密切联系的片段，但仅仅通过他演奏的方式展现出这种密切联系。"[1]

1905年后，宝琳停止公开演出。在此之后，她唯一经过证实的公开露面是1908年1月10日的一场施特劳斯专场音乐会，她演唱了五首乐队伴奏歌曲。她从未录过音。

对她演唱会的评论常常提到她因病取消演出。1897年4月12日，她生下了儿子。一个月前，医生还认为会产下双胞胎，当时施特劳

---

[1]. A. Orel, 'Richard Strauss als Begleiter seiner Lieder. Eine Erinnerung', *Schweizerische Musikzeitung* 92:1 (1952), 12f.

图7　施特劳斯和三岁的儿子"布比"

斯正和博萨特在斯图加特旅行演出，他为后者写了配乐朗诵《艾诺克·阿登》(*Enoch Arden*，丁尼生[Tennyson]词)，他们经常一起演出这部作品，且颇受欢迎（施特劳斯称它是"毫无价值的"作品，但又给它安排了作品编号）。他在日记中写道："哈利路亚。大胖儿子刚刚平安降生。宝琳很好。赞美上帝，感谢上帝！我亲爱的宝拉（Paula，宝琳［Pauline］的昵称）曾非常危险，但现在一切都好！"他在四天后回到了柏林家中，妹妹去火车站接他，向他描述了宝琳和孩子经历的"可怕的危险"。

孩子以"理查"一名受洗，但施特劳斯告诉父母："我宣布这场匆忙的洗礼无效，并给他起名**弗朗兹**·亚历山大，因为他是在里特尔的周年忌日出生的！"孩子的小名是"布比"（Bubi）。

施特劳斯一家于1908年6月搬进他们加尔米什的新家后，宝琳比往常更加全身心地投入到照顾丈夫的生活中。她的主要目标是让他能够专注工作，她打扫卫生、做饭、坚持——她记得他得过肺炎——两人每天外出散步。1895年（他们住在慕尼黑时）某天他在等她时，花二十分钟时间创作了《黄昏时的梦》。她不会把他当偶像崇拜，但她的一张利嘴从未使他感到冒犯。"我正有此需要。"他说。这也是她所需要的，提醒她自己是独立的个人，有权偶尔站在舞台中心。尽管常常被引述，施特劳斯1900年和罗曼·罗兰关于《英雄生涯》中英雄配偶的谈话仍然生动地表现出他们夫妻关系的本质：

> 我想描绘的是我的妻子。她非常复杂，非常有女人味，有一点不庄重，有一点轻佻，变化无常，每一分钟都和上一分钟不同。[1]

洛特·莱赫曼（Lotte Lehmann）对有次去加尔米什做客的描述也同样真实。"'相信我，洛特，'他在我离开的那天和我说，'宝琳的一次发怒比整个世界的敬仰更吸引我'。"莱赫曼又说：

---

1. Rolland, *Richard Strauss & Romain Rolland*, 133.

我常常目睹她和丈夫之间以微笑传情，其爱与快乐令人感动，我开始察觉到这两人之间的某种深厚感情，一种如此自然强大的联系，宝琳的任何蛮不讲理和暴躁都无法造成严重影响。事实上，我真的怀疑他们经常会为他们自己，也为外人故作姿态。[1]

指挥家卡尔·伯姆在1930年代和施特劳斯夫妇成为好友，他记得自己有一次因宝琳生病去看望她。"施特劳斯慢慢爬上三楼时说：'相信我，我真的需要我的妻子。事实上，我性格迟钝，如果不是宝琳，我什么也做不成。'"还有一次，伯姆记得施特劳斯在加尔米什说"我想要一瓶矿泉水"，宝琳回答"自己去拿"。"我移动桌子想站起来时，她说'别，不要动，他可以越过长凳自己去拿。'然后，当他出去时，她对我说：'你知道，动一动对他有好处。'一桩小事，但非常有助于为她辩护。"[2]

如果施特劳斯因旅行指挥，甚至出国而很晚到家，宝琳并不一定总会等到他回家才睡觉。他会找到一张字条："你的牛奶在墙边桌上。晚安。"很多人说她每天早上会这样督促他工作："理查，去作曲！"但是她难道不是更可能说"现在，理查，离开我去作曲"，隐含着"别妨碍我做家务"的暗示？邀请他们来家里吃饭的朋友们需要担心她试图引诱仆人们为她工作！她甚至会检查别人家里是否符合她的卫生标准。加尔米什的访客被要求在走上木地板前换好拖鞋。但是正如她的孙子克里斯蒂安·施特劳斯博士对我所说：

---

1. L. Lehmann, *Singing With Richard Strauss* (London, 1964), 25–27.
2. K. Böhm, *Ich erinnere mich ganz genau* (Vienna, 1970); 英文版：*A Life Remembered,* tr. J Kehoe (London, 1992), 88.

当时佐普里茨街（施特劳斯别墅所在的那条路）还是没有铺好的泥泞土路，巴伐利亚人还穿着带鞋钉的鞋子，因此她不希望木地板被鞋钉弄脏是完全可以理解的。要考虑到当时的情况。

他们的信件显示出真相。1897年9月，汉堡歌剧院经理伯恩哈德·波利尼（Bernhard Pollini）邀请施特劳斯接替马勒的职位，担任歌剧院总监。施特劳斯在马尔库阿尔茨泰因致信给生下布比后正在恢复的宝琳，说他将回绝邀请，如果波利尼"对你提供的工作比不上博萨特"的话。她恳求他：

完全**不要考虑我的工作**，但如果你在慕尼黑领一万二千马克薪水而更开心，那我们就留在慕尼黑，最亲爱的！如果你因为他们试图把你留在慕尼黑的方式而想去汉堡——亲爱的——那就去汉堡，**不要试图立即直接推动我的工作**……我今天哭了一整天，完全不知为什么，我只是难以面对一切，我的神经非常难受，最亲爱的好理查。你和布比是我所有的幸福……让我们好好地赚大钱，这样你很快就能**享受自己的生活了**。你10日就要回家了，我非常期待，我只是因想你而哭……以最深的爱爱着你。宝拉。

施特劳斯给"我心爱、可爱、迷人的妻子"的回复的结尾是："我对你的爱无法用言语表达，我想你已经知道，因此言辞总是多余的。"这是1897年。1930年，在他们结婚三十六年后，他写道："我不清楚你是否也是如此——我内心越来越属于你，我整天都想着你和孩子们（弗朗兹和他的妻子爱丽丝，还有他们的长子）。我只有和你，和我们的家人在一起时才满心欢乐！"

如今，人们感到有必要走进每位传记主角的卧室。我们对施特劳斯夫妇的性生活一无所知。只有音乐能把他们的秘密传达给我们：《英雄生涯》和《家庭交响曲》里的爱之音乐，《玫瑰骑士》第一幕和《阿拉贝拉》（Arabella）第三幕前奏曲对性交的描绘，《间奏曲》中"梦幻"间奏曲的温柔，《阿拉贝拉》第二幕爱情二重唱的狂喜，等等。施特劳斯是一个经常被认为冷漠高傲的沉默寡言者，他把私密的情感都写进了音乐。上述段落显然并非仅仅是想象的盛宴。伊丽莎白·舒曼似乎有意掩盖什么：她说宝琳曾告诉她："对一个有感觉了就开始作曲的男人要怎么办呢？"[1]但宝琳可能是有意误导舒曼：她知道她的情史和倾向，想让女高音们远离理查。但是从没有迹象也没有证据显示施特劳斯曾经不忠。有人试图暗示他和伊丽莎白·舒曼1921年去美国旅行演出时有过暧昧，但这位女高音当时深爱她的丈夫——施特劳斯的朋友、指挥家卡尔·阿尔文（Carl Alwin），且施特劳斯的儿子也陪伴父亲一同旅行。（正是在这次旅途中，施特劳斯在华盛顿和儿子与舒曼夫人谈起犹太人，他对弗朗兹说："你在基督徒中能找到像阿尔文这样的人吗？"）美丽的玛丽亚·耶里查（Maria Jeritza）也是施特劳斯的朋友——他的最后一首歌曲《锦葵》（Malven）是1948年献给她的"最后一朵玫瑰"——但也仅止于此。

有趣的是，宝琳提到当她的理查传出绯闻时表现得极为嫉妒。她在八十岁时告诉制作人鲁道夫·哈特曼（Rudolf Hartmann）的妻子："我现在还会把任何追着我的理查的荡妇的眼睛抠出来。"1930年代，一场由威尔海姆·富特文格勒（Wilhelm Furtwängler）指挥在柏林举行的《埃莱克特拉》演出后，扮演克里索忒弥斯的女高音维奥里卡·乌尔苏利克（Viorica Ursuleac）受邀去施特劳斯一家所住的旅馆

---

1. G. Puritz, *Elisabeth Schumann*, tr. J. Puritz (London, 1993), 142.

房间和他们一起吃饭。暗自恼火的宝琳开始不断谈论富特文格勒的吸引力。施特劳斯气得离开房间。"我只是想让他嫉妒。"宝琳呜咽着说。第二天施特劳斯见到乌尔苏利克，说："她总是装腔作势，我总是落入彀中。"体现宝琳嫉妒心的最佳例子出现在1902年春，当时施特劳斯正要去英国伦敦等地指挥他的作品。一天早上，她拆开一封写给施特劳斯的信，读道："亲爱的施特劳斯先生，我昨天以为能在联盟酒吧见到您，但落空了，唉。因此我写这封信问您是否会好心为我留几张这周一和周三的票。最诚挚的谢意和期望，您真诚的米泽·缪克（Mieze Mücke），吕讷堡街5号，一楼右方。"[1]算不上是情书，但宝琳大发雷霆。她生了一周的闷气，让理查去英国，然后给他发了一封电报说要离婚。她咨询了她的律师、施特劳斯的密友弗里德里希·罗什，准备放弃他们在柏林的住宅，从银行取出两千马克的金币，把施特劳斯的信原封不动地退回。理查大吃一惊，但5月26日仍在怀特岛带着动人的幽默，但同时也有些尖刻地致信给宝琳：

> 我亲爱的宝贝。这件事……太愚蠢了！你在圣灵降临节后的周一得到这份珍贵文件，整个一周心怀对你不忠丈夫的可怕怨恨，而同时我快乐地前往英国，对背后的狂风暴雨一无所知……你的报复的第一步是把我可爱的钱从银行里取出来。我想知道你要用这两千马克做什么。现在不需要付账，盖尔森（Gerson）的外衣价格不会超过一千五百马克……我从没去过联盟酒吧，甚至不知道它在哪儿，同样我也不知道缪克是谁……你应该自己想一想，而不是要我做出庄严的承诺，却又马上退回我的信……不过，因为你就是如此，你仍

---

1. F. Grasberger (ed.), *Eine Welt in Briefen* (Tutzing, 1967), 519.

不知道也**永远不可能知道**，你对我来说意味着什么，我只能让你自己在柏林寻找你想要的证据和解释，因为我在怀特岛没法这么做。

现在，要么是缪克女士把我和某人弄混了——毕竟在柏林还有埃德蒙·冯·施特劳斯（Edmund von Strauss，柏林歌剧院的指挥）、奥斯卡·施特劳斯（Oscar Straus）等人——要么是某人跟我们开了一个愚蠢而毫无必要的玩笑。我让罗什去查验所谓缪克的地址……如果确有此人，他可以问问她这封信是寄给谁的。如果它不是寄给我的，罗什就可以用它扇这个女人的耳光，三次也没问题，然后给我发一封短电报，只要几个词：缪克找到了，解释了。

现在正是一个美丽的下午，而我几乎都浪费掉了，没有外出在上帝的美妙自然中散步。昨天我已经开始写一些非常好的东西（《家庭交响曲》），却只能浪费时间在为自己澄清的信上。你真的可以不用让我为这种事烦恼……我会马上给银行寄去那两千马克的授权书。你最好能马上把它还回去，把票据留给我，我就可以在6月11日处理（以庆祝我的生日）。今天，不忠者向你和布比致意、吻你们……现在还是你的理查。[1]

尽管这封信很幽默，但字里行间仍能看出伤痛和恐惧。施特劳斯近二十年后把这段往事写入歌剧《间奏曲》时，"施托尔赫"（施特劳斯在歌剧中的名字）收到电报后的音乐充满痛苦和紧张。他于1927年1月22日致信给霍夫曼施塔尔："无论引起这部作品的事件多么无

---

1. F. Grasberger (ed.), *Eine Welt in Briefen* (Tutzing, 1967), 141–142.

害、微不足道，它们仍然在发生后导致人类心灵能够感受到的最严重的心理冲突。这种矛盾只能由音乐体现出来。"[1] 罗什很快就解开了这个谜题。去联盟酒吧的人是约瑟夫·施特兰斯基（Josef Stransky），1911年接替马勒的纽约职位的捷克指挥家，1902年时他正随一个意大利剧团访问柏林。他和两个同事一起与缪克谈论歌剧，缪克向他要了一张票。她听到的是"施特劳斯基先生"会寄给她一张。她没收到票，因此在电话簿里寻找施特兰斯基的联系方式。她没找到，但看到了约阿希姆塔勒街17号的"施特劳斯，理查，宫廷乐长"。

宝琳这次为何会如此荒谬、夸张地失态呢？答案只能是，她性情特别善妒，天性容易反应过度。施特劳斯1916年初次考虑把这件事写成歌剧时，曾请剧作家赫尔曼·巴尔（Hermann Bahr）写脚本，并给他寄去一份关于他和宝琳关系的详细描述。这封信如此重要，有必要长篇引述：

> 他喜爱秩序，和她一样，但部分是因她的影响才变成这样的。他认真计划一切，总是能挤出时间做事，但实际上他工作非常努力，但仍自认为不够勤奋。她认为他像是个粗心的教授，不谙世事……这只是她的幻想：她可以随时打断他的工作，只要她想，他就得随时和她外出散步。她认为她整天忙碌，因为在她非常丰富的想象中，她把她要求仆人和其他人做的工作都归功于自己……她对秩序和洁癖的坚持到了迂腐的程度。她内心同样偏爱纯净和体面，痛斥其他人的道德瑕疵，但又因某种同情而不那么严厉。在这样的情况下，她可以容忍许多……

---

1. F. and A. Strauss (eds.), *The Correspondence Between Richard Strauss and Hugo von Hofmannsthal,* 426.

他们最喜欢争辩的主题之一是，因为她的拘泥，她只知道一种达到目标的方式，而他会衡量一切可能，选择最方便省时的方法。她不肯承认他默默给予的帮助，因为她认为他在实际事务上完全没用……虽然她确实有实务的才能，仍因过剩的想象力和过于火爆的脾气而制造混乱……她有不听别人对她评论的习惯，常常忘记别人问她问题、问题的内容，以及她的回答……她活跃的想象力飞快地从一件事跳到完全不同的另一件，常常令她假定别人已经知道她所讲的内容。但她实在太变化无常，别人除非会读心术否则就没法知道她说"这件事"或"那个东西"是指什么……她认为他会把事情搞糟、会重复付两次账或因好心而被商人利用……但账单和收据令她非常为难，她花了很大努力才搞清楚……丈夫占据了她全部的时间，但这同样是另一件只存在于她的想象中的事情。他大部分时间都在静静地投身工作。因为她觉得她一直在为他做事，她希望能自己独处，但他一走，她很快就非常想他。[1]

巴尔没有答应写脚本，于是施特劳斯自己动手。可以把上面这段话和《间奏曲》的选段进行比较，罗伯特和克里斯蒂娜·施托尔赫对应的就是理查和宝琳·施特劳斯。他们的女仆安娜保留了原名。

克里斯蒂娜：我需要监督一切，确保一切正常。你在那里，为什么电话一直在响！

罗伯特：你为什么不让女仆接？

克：那谁做家务？

罗：我知道，别再说了，都是你在做！

---

1. Wilhelm, Richard Strauss, 177–178.

克：好吧，不是我还能是谁？……

罗：我会很高兴付账——

克：——你还会付两次账……

罗：思考一下就这么艰辛吗？

克：最难不过。至少对我来说——累死了！

罗：我想说的就是这个。只有艺术家、学者，真正的创造者的思考才有成果——那才是真正的思考……对我来说，工作是一种享受。

克：工作从来都不是享受。

罗：那就放弃吧！你不需要做的！

克：……我想到什么就说什么。他太狡猾了，他能控制自己，掩盖事实。这只会令我更恼火。我有时有话都说不出，因此我们会大吵起来。

安娜：先生知道事情的原委，知道太太爱他——

克：对，但这没法吵赢——因为我令自己处于错误一方。他想要的只是安静的生活，所以让我自行其是，我总是变得像恶魔一般！

之后某场中，罗伯特正和老友们在维也纳玩斯卡特牌：

商业顾问：如果我有个像她一样的妻子，很快就会疯掉的！……一想到她，我就开始发抖。

罗：不管怎样，对我来说她是完美的妻子……我正需要她。我需要身边有个火爆活跃的人。每个人都有两种性格；区别在于，有些人只展现出好的一面，而她真的是一个温和、害羞、柔弱的人，只是外表粗暴。我见过很多这样的人，他们是最好的。你可以把她想成一只刺猬，满身是刺。[1]

令人难以置信的是，据说宝琳直到1924年11月4日歌剧首演，才知道她在《间奏曲》中被如此真实地描写出来。她怒不可遏，主要是

---

[1] 安德鲁·波特（Andrew Porter）英译。

因为她讨厌看到自己的私生活被公之于众，且安娜也被牵涉其中（安娜·格罗斯纳［Anna Glossner］自己也对施特劳斯提出了严正抗议）。当女高音芭芭拉·肯普（Barbara Kemp）问她"你喜欢吗？"时，宝琳回答"比你好些！"扮演克里斯蒂娜的洛特·莱赫曼告诉她这确实是"一种赞美"时，她回答："我才不在乎呢。"第二天回加尔米什的途中，他们的司机提奥多·马丁（Theodor Martin）听到宝琳激烈地对施特劳斯抗议。当时正下着雷雨，但车里的暴风雨更加猛烈。但两天之后，宝琳就因施特劳斯指出他创作了一首多么漂亮的和解曲而平静下来。但安娜没有。她回家待了两天才被劝回来。

有些婚姻关系与性生活无关，而是建立在一种神经质的活力之上。他们因不断相互攻击而满足。他们争吵、互相贬低，甚至在公开场合也这么做。这令他们保持平衡。施特劳斯夫妇就是如此。我曾和一家与他们相熟的人谈过，对方还记得在加尔米什的音乐晚会上，宝琳多次对施特劳斯说："啊，你自己唱你的垃圾吧，我今晚懒得管。"即使如此，人们仍会怀疑是否确如诺曼·戴尔·马尔所说，在《没有影子的女人》（*Die Frau ohne Schatten*）后宝琳真的拒绝和施特劳斯一同走回旅馆，因为她认为它是"他写过的最愚蠢的垃圾"。首先，这一轶事缺乏充分证据；其次，她参加了排练，且必然在作品创作时就已有所了解。她可能对脚本不满，认为它太过做作；或许她反对自己的形象与染匠妻子的角色融合。她知道这是故意的，因为霍夫曼施塔尔在1911年最初提出这部歌剧的构思时曾告诉施特劳斯："在这些女人中间，经过慎重考虑，你的妻子可以被用作模板……古怪的女人，有着非常美的内心，古怪、善变、盛气凌人，同时又讨人喜欢。"[1] 施特劳斯一定和宝琳说起过，因为他两周后去维也纳与脚本作家进一步讨

---

1. F. and A. Strauss (eds.), *Correspondence Between Richard Strauss and Hugo von Hofmannsthal*, 76. 1911年3月20日信。

论时，还致信给她："你会为它着迷的……关于对你的描绘，你不用担心。他采用了一些非常一般的特征，从我所同意的简短话语中选择，效果不错。没人会从中认出你的，不用怕。无论如何，我们不会辜负你的。"他大概并不那么坦率。染匠妻子粗暴的性格反映了诗人理夏德·戴默尔（Richard Dehmel）的寡妻伊达·戴默尔（Ida Dehmel）在1905年3月22日的日记中记下的行为——应该是准确的：

> 我在潘科（Pankow）[1]的公园街25号和施特劳斯·德阿纳夫人共处了一个小时，当时她正和丈夫一起旅行。凯斯勒（Kessler）和霍夫曼施塔尔也在。在这么短的时间内，在完全陌生的人面前，她说了如此多无知、粗鲁、得罪人、不检点的话，完全是女人中最低劣的。"对的，男人，"她说，"重要的是要紧紧勒住他们。"同时她用一只手做出勒马的手势，另一只手做出鞭打的动作。她听说其他男人称赞施特劳斯的《查拉图斯特拉如是说》和《梯尔·奥伦施皮格尔的恶作剧》时，愤怒地尖叫："你们只是怂恿他再写更多这种东西，还到处演奏！谁喜欢它？我不喜欢。什么东西啊！"

有人怀疑这仅仅是宝琳最为任性的表现。但到底是什么导致她这么做呢？或许是自卑情结以及被压抑的对必须放弃自己名声和事业的厌恶。或许还有对羞怯的夸张的过度补偿。她并不漂亮，因此总是不愿拍照，等等。但无论别人怎么看待他们的关系，他们自己还是坚如磐石。这是施特劳斯1897年11月27日写的一封信，当时她还没有和施特劳斯一起开歌曲演唱会：

---

1. 柏林一区名。——译者注

  你周一11点半出发,下午6点抵达布鲁塞尔。别忘记乐谱和《汤豪舍》等。带一件外衣和一顶帽子,只多不少,你就会看起来聪明时髦,只需要带干净的靴子,(手套等)其他东西都可以买,因为布鲁塞尔的东西比慕尼黑贵……我非常期待和你见面,以及我们光辉的共同事业。要注意身体,别着凉,让卧铺车厢服务员把咖啡、面包和其他东西送到你的隔间(给两马克小费)。

  这封信说明他多么照顾宝琳。即使在缪克事件之前,她偶尔也会在信中对他大发雷霆。他于1896年12月在列日(Liège)回复了这样的一封信:"刚收到你愤怒的长篇大论——啊,这又是我尖刻的小妇人,这次又署名'Bi',这总是意味着暴风雨的来临!没关系,我亲爱的宝贝,我现在收过许多令人愉快的信,我完全能忍受偶尔有一封转到小调的。"这种时候,他是不是想起了自己神经非常脆弱的母亲呢?

[第十章]

音诗诗人

施特劳斯回到慕尼黑后指挥的第一部作品是洛尔青的《军械士》(*Der Waffenschmied*)。这是在1894年10月20日。随后,他又上演了《特里斯坦与伊索尔德》和《纽伦堡的名歌手》(他当年夏天就在这里指挥过)、韦伯的《奥伯龙》、莫扎特的《魔笛》和伊格纳兹·布吕尔(Ignaz Brüll)的《金十字》(*Das goldene Kreuz*)。1895年上半年,他指挥了《卡门》《亨瑟尔和格蕾泰尔》《玛尔塔》《游吟诗人》,还有梅拉尔(Maillart)的《维拉尔的龙骑兵》(*Les dragons de Villars*)与克鲁采的《格拉纳达营地》。他就5月22日重新制作《黎恩济》(Rienzi)一事征求科西玛的意见。宝琳在他的指挥下第一次登上慕尼黑的舞台是6月23日扮演《汤豪舍》中的伊丽莎白。夏季在慕尼黑的瓦格纳音乐节上,他指挥了上述四部歌剧各三场。

1894年11月,施特劳斯还负责指挥慕尼黑音乐学会的交响音乐会。他的第一场音乐会曲目包括贝多芬的《第七交响曲》,第二场上演了李斯特的《浮士德交响曲》和一些海顿的作品。他还上演了《贡特拉姆》第一和第二幕前奏曲,据一位慕尼黑乐评家所说,"赢得了雷鸣般的掌声"。在当年早些时候,这两首前奏曲再加上施特劳斯自己创作的音乐会所用结尾后出版。施特劳斯对于工作的热爱,从他接替彪罗被柏林爱乐任命为指挥,并在1894—1895乐季和该乐团举办了十场音乐会上即可看出。他用贝多芬的《第七交响曲》结束第一场，演出曲目还包括勃拉姆斯的小提琴协奏曲与席林斯（Schillings）的新歌剧《英格维尔德》（*Ingwelde*）的第二幕前奏曲。他在柏林的这个乐季指挥了李斯特、瓦格纳、安东·鲁宾斯坦、舒伯特、约翰·施特劳斯（《无穷动》）、拉莫、柏辽兹、德沃夏克、莫扎特、门德尔松、舒曼、斯美塔那、柴科夫斯基和韦伯的作品。他在当季最后一场音乐会上指挥了《贡特拉姆》的四个选段。他未被邀请指挥第二个乐季，而是被尼基什（Nikisch）取代，两个乐季后他在音乐学会的指挥职位也被莫特尔和马克斯·埃尔德曼施多菲尔（Max Erdmannsdörfer）取代。

他和宝琳于1896年10月在佛罗伦萨度假时接到了慕尼黑音乐学会的撤职通知。他唯一的评论是"Auch gut"（好吧）。几天后的11日，他在日记中写道："一首管弦乐曲的最初构思：堂吉诃德，一段疯狂、自由的骑士风主题变奏。"它很好地解释了施特劳斯1895年对作家弗里德里希·冯·豪瑟格尔关于艺术创作本质的调查问卷富于启发性的回应：

> 对我的作品来说，无论如何，完全的孤独都是最好的。下午的"乐思"——午饭后两个小时或之后——在散步开始时，或在美丽的大自然之中长时间散步之后……我毫不怀疑，一种我并没有意识到的想象的"内心"工作，是我的创造力的主要来源……例如，四小节的美丽旋律突然进入我的脑中……我不知道它是如何又是何时出现的，我坐到钢琴前试图根据它们的主题性格、它们可能的发展需要将它们完善——很快这四小节就发展成十八小节的旋律，这似乎很好地满足了我的表达需要，我估计完全发展的话它应该成为三十二小节的乐段。在我较为顺利地完成前十八小节后……突然，第18小节无法按我的想法进行。我尝试了三种、四种、

五种发展它的方法——没有用——我感到自然的创造，如果我能这么称呼它的话，结束了。只要我认识到这一点，我就不会试图继续，但是我努力记下已有的成果，把它记在心里。

几天后，就在我想到最初的乐思时，突然它似乎正好继续出现在我脑中。因此我的想象力一定在内心深处运转……我在八岁到十八岁间最为高产。我的创作越来越慢是因为我对自己愈发严格，而它又因我整体上文化水平的提高而加剧……我的同事们常常指责我在作品中展现出发展特别充分的管弦乐技术、华丽的复调和巧妙的新曲式，但我的音乐"创造力"有些严重问题。但如果我发现了乐队的这一切新色彩，那一定是在……需要用这些"新色彩"表达一些无法用旧色彩表达的东西之后——否则，就不需要探索这些新色彩了……如果人们一直指责我写得太困难、太复杂——见鬼！——我没法用更简单的方式表达，我努力寻找最简单的可能方式；真正的艺术家不需要为追求独创性而拼尽全力。令我的音乐表达风格常常显得过于精细、节奏过于微妙、丰富的原因，大概是我对整个音乐文献的丰富知识以及我对和乐队有关的一切的丰富经验所锻造出来的品位；这使我倾向于把一些东西归为琐碎、平凡、陈腐，因此不需要再重复，而这些东西仍对别人（不只是业余大众）来说仍然非常"现代"、属于二十世纪……在读叔本华、尼采或一些历史书时，我会不由自主地走向钢琴。很快就会出现一段相当独特的旋律。它的前提并非某种情绪……也不是外界印象……而仅仅是智识。[1]

---

1. Schuh, *Richard Strauss: a Chronicle*, 428.

施特劳斯还和豪瑟格尔谈起了他的歌曲创作：

> 我可能整整一个月都没有作曲的欲望。突然在某个晚上，我拿起一本诗集随便翻阅；然后会有一首诗打动我，往往在我认真读完它之前，关于这首诗的乐思就会出现：我坐下来，整首歌曲在十分钟内就创作完毕……可以说，当我创造力满溢时，即使一首诗的内容只是稍微合适，作品也能马上完成。如果一首诗，唉，这经常发生，不是自己跳出来的，我还是能创作的，即使是令我感到最不适合谱曲的诗也能谱曲，但速度就慢了，需要许多苦思，旋律并不能顺畅流淌。[1]

上文提到施特劳斯在二十分钟内写出了《黄昏时的梦》。1918年，施特劳斯在巴德伊舍（Bad Ischl）告诉马克斯·马尔沙尔克（Max Marschalk）："刚刚等你时，我拿起阿尔尼姆（Arnim）的书，读了一首短诗《星星》（*Der Stern*），一边读一边就有了音乐灵感。我马上把歌曲写下来，如果你想听，我可以为你演奏。"四十多年后，施特劳斯在上面这段话后又加了一段附言："如果我晚上作曲时在某个地方卡住，继续工作似乎没有益处，只是徒费心思，我就合上琴盖或草稿本，上床睡觉，第二天早上醒来时，**它的后续就出现了。**"

施特劳斯的另一种工作方法是，当他在创作《英雄生涯》和《堂吉诃德》这类大型作品时，会在草稿本上的主题及其发展旁边写下各段情节的描述。例如，"堂吉诃德继续保持他令人信服的魅力，桑丘并不情愿，想要离开他，然后堂吉诃德对他谈起自己对和平的展望，

---

[1]. 施特劳斯给豪瑟格尔的回信收录于 *Gedanken eines Schauenden* (Munich, 1903)，他的弟弟、指挥家西格蒙德在豪瑟格尔死后编辑的他的文集。

之后桑丘再次表示怀疑，堂吉诃德发怒，而桑丘不再说话，上床睡觉去了；然后大提琴独奏，守夜，哀歌"。然后："船歌变奏8，等等，之后只是又快又短的D小调变奏……堂吉诃德从疯狂中恢复。死与结束。震音袭来，死亡临近，最后，**快速**的战斗，在持续低音的回忆上结束。"《英雄生涯》的笔记更为详细。例如："柔板，渴望和平，在和世界战斗之后。飞向孤独，田园诗……（a）在爱情场景后，嫉妒和批评消逝。他仍然沉浸于降D大调。（b）喊杀声的降B大调；他激励自己，却又沉入降G大调（由喊杀声、加弱音器的小号——怀疑、厌恶）……最后的战斗，C大调，E震音，然后让优雅的艺术品登场，pp，全部独奏……用力拥抱，胜利的欢庆，爱情主题加入第一主题，延伸后进入B大调。"色彩也是施特劳斯创作心理的重要部分。在创作《查拉图斯特拉如是说》时他写道："降A大调激情主题（铜管，深蓝色）。"在读脚本，如《莎乐美》、《阿里阿德涅在纳索斯》（*Ariadne auf Naxos*）、《间奏曲》时，他会把乐思写在页边空白处——台词马上令他想到了合适的谱曲。

同时失去两个指挥职位打击了施特劳斯的自尊心。但当时他大概还不是一位成熟的交响乐指挥家。1897年10月，他在阿姆斯特丹指挥皇家音乐厅管弦乐团上演两场音乐会时，听众不多，评价冷淡。荷兰作曲家、乐评家阿尔冯斯·迪彭布洛克（Alphons Diepenbrock）在写给友人的信中说："他的成功……很有限……乐团认为他'不会指挥'。"[1]施特劳斯致信给宝琳说，他的《死与净化》"大获成功"，指挥这支乐团是"真正的享受"。（他告诉宝琳，和他住在同一个旅馆的莎拉·伯恩哈特［Sarah Bernhardt］[2]"仍然很美，但整个旅馆从昨天起就弥漫着她的香水味"。）无论荷兰乐手们怎么想，施特劳斯被慕尼黑方

---

1. Schuh, *Richard Strauss: a Chronicle,* 428.
2. 法国著名女演员（1844—1923）。——译者注

面解职的原因之一是他坚定地支持除自己作品以外的新作品。他自己的作品一般反响良好，但公众当时（现在仍然）对他上演的席林斯、里特尔和雷兹尼切克（Rezniček）的作品并不买账。

不过，他收到了越来越多到外地指挥他自己（和其他人）作品的邀请。因此他去了柏林、法兰克福（指挥《查拉图斯特拉如是说》首演）、布鲁塞尔、列日、杜塞尔多夫、布达佩斯、海德堡、汉堡、巴塞罗那（《唐璜》在那里被要求加演）、巴黎、莫斯科、苏黎世和马德里。宝琳和他一同去了马德里，王后邀请他去皇宫看提埃波罗的画作。在普拉多宫，他深受"委拉斯开兹的一些绝妙的作品"感动，在写给父亲的信中谈到："我们自己对此完全没有概念。"1897年，他初次前往伦敦。12月7日，他在女王大厅指挥了一些莫扎特和瓦格纳的作品，然后是《死与净化》的英国首演，还有对施特劳斯来说特别重要的是李斯特协会在莱比锡举办的几场音乐会。

1895—1896年，他在慕尼黑歌剧院的第二个乐季，（除《贡特拉姆》之外还）指挥了海因里希·祖尔纳的《侵袭》（Der Überfall）、格鲁克的《伊菲姬妮在奥里德》、科内利乌斯的《巴格达的理发师》和阿道夫·亚当（Adolphe Adam）的《纽伦堡的玩偶》（La poupée de Nuremberg）。对他来说，最难忘的是博萨特在皇宫剧院新制作的《唐璜》，施特劳斯为它进行了大量排练。在余下的乐季中，他指挥的德国新作品包括友人图伊勒的《梯尔丹克》（他在写给父母的信中足够客观："我把图伊勒的《梯尔丹克》带到了教堂墓地，这样他大概能好好安息。"）、席林斯的《英格尔维德》和西格蒙德·冯·豪瑟格尔的《金诺贝尔》（Zinnober）。1897年，他指挥了新制作的莫扎特的《后宫诱逃》（Die Entführung aus dem serail）和《女人心》。施特劳斯（和马勒一样）对《女人心》的喜爱在很大程度上重新引发了公众对它的兴趣。他在"干"宣叙调通奏低音中的即兴特别风趣，引人入胜。奥托·克伦佩勒（Otto Klemperer）说："无法忘怀他在慕尼黑老皇宫剧院指挥的（莫扎特作品的）演出。它们非常迷人。他自己在羽管键琴上为宣叙调伴奏，弹出优雅的小装饰音。"[1]这里克伦佩勒关于羽管键琴的记忆有误。马勒时代之后，多数德国歌剧院都使用小型立式钢琴伴奏宣叙调，施特劳斯在慕尼黑时弹的也是这种琴（在最初几届格林德伯恩歌剧节——1934和1935年——弗里茨·布施使用的也是立式钢琴）。在慕尼黑时，施特劳斯指挥了一百二十一场莫扎特（七十五场）和瓦格纳（四十六场）的歌剧。如他多年后所写，这些莫扎特作品的演出"是我一生中真正美妙的回忆之一"[2]。

除此之外，他对慕尼黑逐渐绝望。1897年10月，他在阿姆斯特丹致信给宝琳："只要出国，就会意识到慕尼黑是多么偏狭守旧，它的居民是多么粗鲁愚蠢。"他因宝琳的合同遭受拖延和欺诈而发怒。尽管在1896年莱维退休后他被任命为正宫廷乐长，但他从未感受到管理层的全力支持，他认为自己因作曲事业的成功而受到怨恨。他也知道珀法尔和博萨特一直试图招募卡尔斯鲁厄的莫特尔。1898年3月，曾经的魏玛乐团首席，时任柏林皇家宫廷歌剧院乐团首席小提琴家卡尔·哈利日（Carl Halíř）写信告知他，菲利克斯·魏因加特纳准备辞去柏林歌剧院的一切工作。施特劳斯请哈利什探听更多消息，然后了解到普鲁士皇家剧院艺术总监格奥尔格·亨利·皮尔森（Georg Henry Pierson）愿意提供一份合同，如果施特劳斯准备商议的话。施特劳斯在下个月去柏林演出他的配乐朗诵《伊诺克·阿登》时，签订了一份与卡尔·穆克（Karl Muck）同时担任柏林皇家歌剧院首席指挥的合同，为期十年，自1898年11月1日起生效，年薪一万八千马克，并提供他的养老金和他死后寡妻的年金。巧合的是，同时他还收到了一份去纽约大都会歌剧院担任指挥的邀请，年

---

1. P. Heyworth (ed.), *Conversations with Klemperer* (London, 1985), 47.
2. R. Strauss, 'On the Munich Opera' (1928) in *Recollections and Reflections*, 82.

薪四万二千马克。他拒绝了，并对母亲解释（她正要再次去接受精神病治疗）说："我再过十年还有机会去美国发展，而现在更重要的是在欧洲进一步扬名。（贪婪的敛财者施特劳斯不过如此）……啊，能够把指挥棒丢到慕尼黑那个家伙的脚下多么让人高兴，那家伙对我可真够无耻。"自1897年4月起，他就开始起草交响诗《英雄与世界》(*Held und Welt*)，"作为伴随《堂吉诃德》的羊人剧"。《堂吉诃德》于1897年12月29日完成。与柏林方签订合同后，他继续创作这部于1898年7月被他改名为《英雄生涯》的作品，并于7月30日（俾斯麦去世之日）在马尔库阿尔茨泰因完成手稿。他于8月2日开始配器，到12月1日完成，当时他已移居柏林。1898年7月至10月，他在慕尼黑歌剧院最后几个月的工作主要以莫扎特和瓦格纳的作品为中心，但他的最后一次正式演出是10月18日的《费德里奥》。他致信给10月1日起就在柏林郊区夏洛特堡的科内瑟贝克街30号租下"一间绝妙的别墅"（"九个房间带暖气，两千八百马克"）的宝琳[1]："明天，《费德里奥》，最后一次！然后就结束了！离开——投入你的怀抱！"他在这次演出后被戴上了六顶桂冠，但是颇为遗憾："我现在开始在这里大受欢迎了——**太晚了！**"

就好像创作《英雄生涯》、指挥歌剧和他自己的作品、搬家到柏林还不够似的，施特劳斯在1898年夏天还深入参与了一件仍然没能得到多少赞扬的事——为作曲家的版权和作品演出权而斗争。施特劳斯常常受人讥讽，因为他关注自己的版权、坚持遵守合同。批评他的人并未说明为何一位作曲家不能和商人、工业家、政治家乃至记者一样关注赚钱。他记得父亲早年的困苦，他从书中读到莫扎特和舒伯特的财务困窘；另外，作为把家庭放在第一位的男人——这点再怎么强调

---

[1]. 1898年6月14日致乔治·赫诺普夫（Georges Khnopff）的信。

图8　在圣莫里茨：施特劳斯、宝琳与友人米尔赫先生

都不为过——他终其一生都在担心自己会赚不到足够的钱保障后人的生活。他曾对宝琳说："一个人不可能知道自己能红多久，什么时候会被更幸运或有才能的后人取代、赶下台去。"但他并不自私：他关注的是他所有作曲家同事的收入。

1870年的德国版权法将版权延长到作者在世及逝世后三十年。但在音乐方面却有不合规定和矛盾之处。施特劳斯决定做出改进，他有两位盟友：他在魏玛结识的笔名为"汉斯·索默尔"（Hans Sommer）的作曲家（H. F. A. 金克［Zincke］，1837—1922），以及他的校友，律师兼作曲家弗里德里希·罗什（1862—1925）。1898年7月，他们致信给一百六十位作曲家，请求他们支持要求修改版权法的运动。他们收到一百一十九封回信，9月在莱比锡举行的会议上，他们向国会提交的请愿提案获得了一致通过。这次会议还促成了作曲家协会"德国作曲家联盟"（GDT, Genossenschaft deutscher Tonsetzer）的成立，它到11月时已有两百五十位成员。该协会反对德国音乐协会的政策，并决定支持由德国出版商和书商协会建立的音乐演出权利机构（Anstalt）全德音乐家协会的政策，因为后者对非舞台作品版税的规定更合适。1901年，德国通过了新的版权法，但并未明确规定受保护的演出权利究竟归属于作曲家还是出版商。GDT于1903年1月14日建立了自己的演出权利机构。施特劳斯和友人们实现的转变包括对作品旋律内容的保护、对作品集和选集重印的许可权的控制（对歌曲尤为重要）。施特劳斯和全德音乐家协会多年以来保持联系，但他在1898年拒绝被选入委员会，直到1901年，委员会成员几乎完全变更后才同意出任主席。作曲家的权利是施特劳斯终其一生都在关注的问题，占用了他大量的时间和精力。有时同事们的态度令他厌烦。"如果我学过其他手艺，"他说，"天知道我会不会改弦更张来摆脱这群人！"

施特劳斯在这一方面的高标准马上体现在《英雄生涯》的出版中，他要求出版商支付一万马克。[1]1898年11月22日，他致信给他的友人兼出版商欧根·施皮茨维格（约瑟夫·埃布尔出版社老板）：

> 听说您拒绝接受《英雄生涯》，我感到非常可惜，因为

---

1. 读者大概会有兴趣了解施特劳斯在事业的这一阶段出售作品的收入（以德国马克计）：《唐璜》，八百；《死与净化》，一千六百；《梯尔·奥伦施皮格尔的恶作剧》，一千；《查拉图斯特拉如是说》，三千；两首混声合唱歌曲（Op. 34），两千；《家庭交响曲》，三万五千；《阿尔卑斯交响曲》，五万。见 Barbara Petersen, 'Richard Strauss as Composer's Advocate', in B. Gilliam (ed.), *Richard Strauss: New Perspectives on the Composer and his Work* (Durham and London, 1992), 115–132.

如我所说，我今后绝不可能把我的作品的演出权利交给出版商。这是我们整个运动的关键点，作为发起人我不能自己食言。

出版权利归出版商。

作者权利归作者。

从今往后只能如此了。您写了一篇关于我们可以主张的提成的长篇大论。我可以向您保证，这并非第一次，我们作曲家已经完全放弃了对提成的一切要求，完全不为自己主张提成，我们甚至讨论了出版商对他们并未明示购买演出权利的作品主张提成的权利。能聊聊《堂吉诃德》了吗？

截至1904年，在他写给施皮茨维格的信中，施特劳斯对自己作品的出价越来越高，但他们主要的分歧在于是否将《贡特拉姆》演出资料提供给布拉格新德意志剧院总监安杰洛·纽曼（Angelo Neumann）。施特劳斯认为应收取五百马克而非通常的一千马克，当施皮茨维格拒绝时，他又问是否可以免费提供。他在1901年指挥了这场演出——显然，他对确保自己那部命运多舛的歌剧能够上演比用它赚钱更有兴趣。他曾要求施皮茨维格免费把总谱和分谱寄给慕尼黑的凯姆（Kaim）乐团供两场他的作品音乐会使用；他还愤怒地攻击他没能顺利把《歌曲两首》（*Zwei Gesänge*, Op. 34）的总谱寄给柏林爱乐合唱团演出："您不知道这个合唱团的演出对我们来说都是最重要不过的吗？您要是知道各方有多少抱怨、您令音乐会组织者和公众多么难以接触、获取我的音乐就好了。您忘记了作为商人和出版商，除了您的权利之外，您也负有某些义务。"

1903年GDT的演出权利机构成立后，施特劳斯马上邀请马勒加入。自1897年起，马勒就一直是奥地利作家、作曲家和音乐出版商协会（Gesellschaft der Autoren, Komponister und Musikverleger）的成员，施特劳斯因其与出版商的联系而不支持这个协会,但马勒在1903年底退出。尽管他的维也纳出版商警告他,GDT要求的高价会影响他作品的演出机会,他仍然加入了GDT,结果情况正相反。

无论施特劳斯1894至1898年间在慕尼黑经历了多少次自己歌剧的失败,都并未像在魏玛时那样影响他的创造力。在这四年间,他创作了四首重要的音诗、构思了歌剧和芭蕾舞剧、写了三十二首歌曲、并为其中的五首配器,还创作了两首宏大的无伴奏合唱歌曲 Op. 34:《夜》(*Der Abend*) 和《赞美诗》(*Hymne*)。施特劳斯作为管弦乐作曲家的声誉主要建立在其音诗的基础上。详细分析这些音诗并非本书的目的:已有人完成过这样的杰作,这些作品现已闻名遐迩,经常被演出和录音,因而对《唐璜》和《梯尔·奥伦施皮格尔的恶作剧》之类的作品进一步讨论难免累赘。确实,前者仍然困扰着音乐学家们,他们不确定它的结构究竟是什么——自由奏鸣曲还是自由回旋曲。[1]虽然有人可能会开玩笑说《麦克白》听上去很像是施特劳斯,而《唐璜》则是一部无可争议的天才之作。它近乎完美的配器、能量和抒情、新鲜感在一个多世纪之后仍然强大,这确保了它在交响乐队曲目中的稳固地位。同样,《死与净化》终于摆脱了许多评论者曾对它的质疑(源于"净化"部分的所谓"平庸")。如今它的音乐内容和非同寻常的曲式都得到了高度评价——施特劳斯本人指出,它"令主要主题成为高潮,直到中间才被呈示"。作品的最后部分也非常依赖指挥的处理——听过迪米特里·米特罗波洛斯(Dimitri Mitropoulos)指挥它的人不可能真的把音乐看作平庸之作。如果说这部作品是施特劳斯的"黑暗阿尔贝里希",那么《梯尔·奥伦施皮格尔的恶作剧》就是"光

---

[1]. 对这一问题的详细考察见 J. Hepokoski, 'Fiery-Pulsed Libertine or Domestic Hero? Strauss's Don Juan Reinvestigated', in Gilliam (ed.), *Richard Strauss: New Perspectives*, 135–175.

明阿尔贝里希"。[1]这种过去的杰出的音乐幽默已经多年没有出现在德国音乐中了。回旋曲式再次完美地符合音乐内容，时间丝毫没有遮掩或抹去整首作品那令人目眩的辉煌。

关于《查拉图斯特拉如是说》值得多谈一些，至少是因为它给人留下了施特劳斯作为无知的音乐家，甚至是一个庸人的错误印象。无论以何种标准来衡量，施特劳斯都绝对是个智者，但当他不切实际时就显得脑子不太灵光。他喜欢被看作庸人，就好像拉尔夫·沃恩·威廉斯（Ralph Vaughan Wiliams）喜欢装得对配器技术一窍不通、埃尔加装得对二重对位毫无认知一样。在任何情况下，这都是一种姿态。二十多岁时（及以前），施特劳斯阅读歌德、莎士比亚和叔本华的作品。卡尔·伯姆写道："有时很难跟上施特劳斯谈话的每个主题：需要对文学和音乐同样精通才能跟上他的节奏。他对德国文学的熟悉程度胜过一切音乐家……他熟记《浮士德》。他同样熟悉俄罗斯文学。"[2]正如我们所见，施特劳斯在创作《贡特拉姆》时读了尼采。他对激进无政府主义者约翰·亨利·麦凯（诗歌《明天！》的作者）的作品很感兴趣。约翰·威廉姆森（John Williamson）指出，1890年代，施特劳斯"特别能接受自由意志、个人主义理论"。[3]如他对《贡特拉姆》第三幕的修改所展现的那样，施特劳斯关注个人的自我肯定，这与施特劳斯所赞同的尼采对基督教的拒斥相一致。施特劳斯说《查拉图斯特拉如是说》是"自由追随尼采"的音诗。这引发了分歧和争论：他究竟想表达什么呢？音乐是"关于尼采及其思想"，还是"关于把尼采的书当作因阅读它而产生乐思构架的理查·施特劳斯"？施特劳斯不相信民主，但把尼采的超人概念当作纳粹雅利安英雄的原型是危险

---

1. 见《尼伯龙根的指环》。——译者注
2. Böhm, *A Life Remembered,* 80.
3. J. Williamson: *Strauss: Also sprach Zarathustra* (Cambridge, 1993), 23. 希望深入探究这首音诗各个方面的人都会受益于这本出色的专著。

的。用威廉姆森的话来说，尼采认为超人是"通过权力意志重新定义道德者，是尼采永恒轮回的中心观念的化身"。《查拉图斯特拉如是说》中的超人是取代牧羊人式宗教价值的积极个人。施特劳斯用圆舞曲来描绘这种对生命的肯定，不是用作资产阶级的休闲，而是作为对激情动力的表达，他在《莎乐美》和《埃莱克特拉》中也做出了同样的处理。他的意图是否在音乐中实现，应由听众自己判断。有人会认为小提琴独奏的圆舞曲会让人联想到舞厅而非宇宙。无论如何，没有理由相信施特劳斯信奉超人哲学。他于1946年在一封写给马丁·休尔利曼（Martin Hürlimann）的信中说，诗篇的诗意幻想给他带来"许多审美享受"。

大概只能貌似胆怯地回答，《查拉图斯特拉如是说》实际上是"关于"尼采和施特劳斯的。但我们还应假定，施特劳斯于1896年11月30日在尼基什指挥柏林首演时所说的内容与他的意图吻合，当时他表示并非意在创作"哲学音乐……而是希望在音乐中传达一种人类从起源，通过各种发展阶段，包括宗教和科学，进化到尼采的'超人'思想。我希望将整首交响诗作为我对尼采天才的敬意"。确实，我们会发现他最具尼采主义色彩的作品是《阿尔卑斯交响曲》（Eine Alpensinfonie）。

虽然《麦克白》和《唐璜》的标题性和《梯尔·奥伦施皮格尔的恶作剧》中的现实主义表现相比非常稀薄，但《查拉图斯特拉如是说》的关键意义在于它与抽象观念有关。他告诉法国友人罗曼·罗兰："他心中确实想要表达，一直到交响曲（原文如此）的结尾，主角在面对自然之谜时都无法令自己满足，无论是用宗教、科学还是幽默。"[1] 但施特劳斯通过将自然（C大调）和人类（B大调）对置，赋予了《查拉

---

1. Rolland, *Richard Strauss & Romain Rolland*, 134.

图斯特拉如是说》一个戏剧性主题。这首作品的和声进程很复杂，在当时是先锋性的，比施特劳斯之前的一切尝试走得更远。不协和音未被解决——预言了调性的瓦解。C调和B调被构建、又被解构。1927年，施特劳斯在法兰克福告诉安东·贝格尔（Anton Berger）博士："我只是想证明，将B小调和C大调调和在一起是不可能的。整首作品展现了一切可能的尝试，但行不通。这就是一切！"[1]施特劳斯喜爱的半音滑动贯穿全曲，特别是在"论世界背后的人"（Von der Hinterweltlern）一段中。当时的乐团在施特劳斯合作过的乐团中规模最大，他的配器色彩鲜明，在弦乐分部的使用上，无以伦比的高超技巧赋予作品一种管弦乐团协奏曲的性格。如今，公众对作品管弦乐炫技方面的兴趣压倒了它的尼采含义——斯坦利·库布里克（Stanley Kubrick）灵机一动将它戏剧性的开头用于电影《2001——太空漫游》。施特劳斯本人也知道它有多么好。1896年11月27日，在结束法兰克福首演前的最后一场排练后，他致信给宝琳：

> 《查拉图斯特拉如是说》太棒了——是我迄今为止最重要的作品，形式最完美，内容最丰富，性格最独立……激情主题势不可挡，赋格毛骨悚然，舞蹈歌曲完全令人陶醉。我高兴极了，又为你没法听到而深感可惜。那些高潮写得太强烈了！！！谱曲毫无瑕疵——漂亮的音乐厅也起了作用。乐团极好——总之，简单说，我是个好小伙，有些沾沾自喜，我不能让慕尼黑人破坏我的情绪。

这首作品在慕尼黑的命运值得一提。施特劳斯拒绝让它在1897年

---

1. H. Lohberger (ed.), *Richard Strauss in the Diaries of Anton Berger (Richard StraussBlätter* 11, Vienna, May 1978), 6.

的学会音乐会上演出——这并不奇怪，因为他的指挥职位被免去了。它在他故乡的首演是以两台钢琴八手联弹的形式进行的。施特劳斯提出要在1899年3月17日指挥一场演出，但珀法尔拒绝了，并把指挥权交给弗朗兹·费舍尔。作曲家第一次在慕尼黑指挥《查拉图斯特拉如是说》是在1900年3月16日。

施特劳斯在下一首音诗中再次找到了完美的曲式和程式——变奏曲。但他为何用"堂吉诃德"作为主题呢？我想，是因为他母亲的长期患病对他的想象力有所影响，他从她的情况——或许还有宝琳不可捉摸的脾气——中得知精神健全和混乱的界限是多么脆弱。确实，堂吉诃德的冒险为施特劳斯在叙事和绘画方面的天赋提供了绝妙机会，他也绝妙地实现了。作品几乎是在漫不经心的开头中，三个主题连续快速登场，描绘出吉诃德性格中侠义、潇洒、妄想的方面，预示了施特劳斯后来的部分作品中的手法——如《家庭交响曲》《间奏曲》和《阿拉贝拉》。广受赞誉的对绵羊（木管和铜管花舌）、在空中飞行（风鸣机、长笛花舌、竖琴滑奏）、僧侣（两支大管）的描写犹如塞万提斯书中的木刻插图一般生动，再加上杜尔西尼亚的诗意旋律、代表堂吉诃德疯狂（如果真是）的半音滑动，在第三变奏骑士精神世界伟大激情的愿景中，施特劳斯的管弦乐技巧罕见地再次达到化境。使用多件乐器而不仅仅是独奏大提琴和独奏中提琴来代表堂吉诃德和桑丘·潘扎，是施特劳斯描绘技巧灵活多变的另一个例子。这是一首代表他高超技艺的作品。他本人没有为它提供过启发性的评论。他曾提到使用"反证的变奏曲式，为它加上许多悲剧性的玩笑"，还说过"堂吉诃德"是"一个与虚无战斗的主题"。这也没什么用。

施特劳斯在《堂吉诃德》中实现了他罕有的——很少有作曲家能做到的——成就，即创作构思和表现的方式方法的完美结合。一方面，它用高超的技巧将一部深受欢迎的文学著作翻译成音乐；另一方面，在更深的层次上，施特劳斯在其中罕见地展露了他的灵魂。我们在骑士的梦想、堂吉诃德为自己的盔甲守夜、倾诉对杜尔西尼亚的情感中听出了惧怕探索自己性格的深处、能够用"驱除阴暗思想"（他在1885年写给妹妹的信中的用词，当时他深受父亲因母亲患病而缺乏"道德力量"的困扰）的超人努力转移至内心凝视的施特劳斯。我们可以从他一生中最阴暗的时期了解到，音乐是施特劳斯的逃避方式，他在大部分音乐中都戴上了面具。偶尔，他允许它滑落。在《堂吉诃德》中，他摘下了面具，让那些长了耳朵的人都能听出乐谱之外的包容万象、智慧、诗意。这就是它在他的管弦乐作品，或许是他的全部作品中最伟大的原因。

它的伙伴《英雄生涯》一直遭受误解，正如《堂吉诃德》被（许多人）低估一样。和《堂吉诃德》一样，它是关于人性和人类存在本质的寓言，反映出施特劳斯在人生的这一阶段对尼采关于个人面对敌对世界保持自主的意识形态的着迷。这首音诗的结构是"个人——爱——斗争——遁入孤独"，交响曲的四个乐章。《英雄生涯》并不是对德国皇帝威廉二世军事野心的音乐描绘。这一谣言始自施特劳斯的法国友人罗曼·罗兰，他在还没听过《英雄生涯》的情况下，就在1898年1月22日日记中写道，"弥漫着尼禄主义"。[1] 美国史学家芭芭拉·W.图赫曼（Barbara W. Tuchman）在她的著作《骄傲之塔》（*The Proud Tower*）中阐述了这一理论，把施特劳斯归为音乐上和德国皇帝相对应的角色。她的依据是罗兰在1900年3月1日把施特劳斯描述为"新德意志帝国的典型艺术家，对濒于癫狂的英雄骄傲、蔑视他人的尼采主义、崇拜力量鄙夷弱小的自我中心、实践的理想主义的有力反映"。[2] 但罗兰足够精明地指出："我看出了一些前所未见的倾向，严格来说主要属于慕尼黑人、南德意志人：一种小丑式的幽默，像是被宠

---

1. Rolland, *Richard Strauss & Romain Rolland*, 134.
2. 同上，112。

坏的孩子或梯尔·奥伦施皮格尔般的基本气质，矛盾而讽刺。"[1] 施特劳斯在几天后（3月9日）向罗兰展现了真正的自我，在他们同乘一辆马车去歌舞剧院时说："我并非英雄，我缺乏必须的力量；我并非为战斗而生，我更愿意隐退、安静、享受和平。我的天赋不够。我没有健康和意志的力量。我不想令自己过度紧张。现在我需要创作温柔、愉快的音乐。不再写英雄的东西了。"[2] 但不出十年，他又写了《莎乐美》和《埃莱克特拉》！

即使如施特劳斯对父亲所说，《英雄生涯》中的英雄只在"部分意义上"是施特劳斯本人，英雄在这首作品的语境中也确实是艺术家的同义词，这首风趣幽默常常被忽略的作品确实是一位乐长的自传，而这位乐长仍然对第一部歌剧的失败耿耿于怀，而且认为没有什么理由不写关于自己的作品（常被引用）。缺乏幽默感的人会把这看作自大狂妄的表现（指挥家们也助长了这一曲解。速度越来越慢。施特劳斯1941和1944年的录音都不到四十分钟）。在这首音诗中，主要主题——施特劳斯在草稿中记为"英雄的力量"而非"英雄"——由单声部的八小节引出。在这一引子后复调才出现，和《堂吉诃德》的开头一样伴随着主题交织。《英雄生涯》也有《死与净化》那样的结构创新，它以展开部开始。施特劳斯在笔记中将其描述为"能力的最初展示"（primäre Entfaltung der Fähigkeiten），在六声反抗的呐喊中到达顶点，这是"对世界的挑战"（grosse Herausforderung an die Welt）。每次"挑战"之间都有一个休止，像在布鲁克纳的作品中那样被认真地"谱写"出来。

《英雄生涯》柏林首演不久后（1899年3月22日），施特劳斯在写给父亲的信中提到某些乐评家正在"散播毒焰，主要因为他们经过

---

1. Rolland, *Richard Strauss & Romain Rolland*, 122–123。
2. 同上, 133。

分析发现对'满腹牢骚的人和敌人'的丑陋描写是针对他们的"。虽然毋庸置疑，他心中所想的是报刊乐评家，但是"敌人"还包括一般意义上的庸人，所有那些"就好像他们和创作者平等似的、对最崇高的艺术作品妄加判断的无耻又无知的门外汉"。这一部分中，为两支大号所作的动机贯穿全曲，用施特劳斯草稿上的话来说，代表"世上绝对的懒惰"（absolute Indolenz dieser Welt）。它的平行五度讽刺了音乐教师中书呆子们的迂腐学究气。但1899年，所有人都知道这个动机与反对标题音乐的慕尼黑乐评家提奥多·多赫林博士（Theodor Döhring）名字的谐音"Dok-tor Döh-ring"很相配。在一份草稿中，大号主题原为♩♩♩节奏，比最终的总谱更适合"Dok-tor Döh-ring"。多赫林似乎是个和气的人，因为1899年10月19日施特劳斯在慕尼黑指挥《英雄生涯》后，这位乐评家说有人告诉他这个动机是"直接针对笔者的。施特劳斯没有把它当成邪恶的抱怨者的声音，而是把它塑造得更像一头老灰熊，这很好。在笔者本人看来，施特劳斯完全可以把他（指多赫林）归入庸人之列，如果庸人在他看来是指那些不能或不愿追随新艺术斗牛士们的大胆道路——以及不赞美那些他们内心深处不喜欢的东西的人"。

《英雄生涯》另一个有争议的部分是"战争"，作品刚问世时它被认为是不协和噪音的顶点。但那个阶段已经过去。然而"战争"一词，以及战争的鼓号声被不可避免地与军国主义联系在一起。施特劳斯认为这是一个寓言：这是精神上的、内心冲突的战场。顺便说下，喧哗与骚动的部分大多是 $\frac{3}{4}$ 拍的，施特劳斯再次风趣地将圆舞曲带入严肃场合。战争之后是"和平功绩"，其中引用了三十多段施特劳斯自己的作品。又是自卖自夸，自大狂！但如果他在此引用了**其他**作曲家的作品，又会招来什么说法呢？"艺术家的生活"需要反映出自己的创造力，这一部分是作品中最美丽、梦幻、复杂的段落之一。自传成分始终存在:《英雄生涯》第三部分"英雄的伴侣"中的求爱动机与《贡特拉姆》的一个主题相对应，这是施特劳斯排练歌剧时与宝琳订婚的回忆。最后一个部分标题为"英雄的隐遁与自我实现"。显然，它在字面意义上与施特劳斯完全无关。从他的工作安排来看，他完全没有遗世独立的可能。他在草稿本上写道："他满心厌恶，他隐退回乡，只想活在自己的回忆、希望和他自己个性的安静、沉思的坚定之中。"他将"实现"描述为"对年岁增长之人心灵的表现"。这是指他的父亲，经历了火爆的中年后，在晚年变得温和多了。作品最初以小提琴和圆号温柔的低语结束，直到音乐渐渐淡出。或许是因为一位密友（弗里德里希·罗什）嘲笑他只会写安静的结尾，所以施特劳斯添加了五小节神气十足的响亮铜管，但在生命的终点，他曾悲伤地自嘲这是"国葬"。两位指挥录制了（1996年）最初的结尾。它的诗意效果符合施特劳斯对这部作品的最初构思。

最后要强调的是，施特劳斯在慕尼黑创作了《英雄生涯》，1898年7月30日在马尔库阿尔茨泰因度假时完成了草稿，他在日记里写道："晚上10点，伟大的俾斯麦离去了！"威利·舒赫（Willi Schuh）在他的施特劳斯传记中将这句话解释为皇帝解除了俾斯麦的首相职位。[1]这事发生在1890年。俾斯麦于1898年7月去世，施特劳斯所说的应该是这个——离开人世！施特劳斯8月2日开始配器，移居柏林后完成全曲。这绝不是柏林时期的作品。它的一切都源自于他作为作曲家和指挥家在故乡生活的经历。

再次在慕尼黑任职的期间，施特劳斯创作了数首杰作。如今它们几乎都被定期上演。多年以来，他的艺术歌曲常被低估，但潮流已经转变，最终它们被正确地归入这一体裁中的伟大作品的行列。只有今天，当更多的艺术歌曲为人所知并得到录制，人们才能完全认识到它

---

1. Schuh, *Richard Strauss, a Chronicle*, 478.

们情感范围有多宽广。它们具体而微地表现出施特劳斯的本质。毋庸置疑，他将篇幅有限的艺术歌曲用作歌剧创作的实验场。在艺术歌曲中他可以将人声和角色、音调和情感意义融合成紧密的整体，在更宽广的语境中尝试对他有用的（有时是激进的）技巧。他曾对霍夫曼施塔尔说："我的天赋对感伤和讽刺这两种情感的反应最强烈、最有成效。"而这两者都可以在他的歌曲中找到。罗兰被施特劳斯艺术歌曲感伤的一面轻易迷惑了。"柔弱，古诺式的作品，"他于1899年5月20日写道，[1] "德国人欣喜若狂。当这个可怖的英雄想要展现他爱的心灵时，他还是个孩子，有点陈腐，非常感伤。S.夫人为公众演唱，展现她的胸怀和笑容。"但施特劳斯曾对汉斯·霍特（Hans Hotter）说："事实上，我的歌曲是我的最爱。"这种说法很奇怪，或许我们应该对它持保留意见，但重要的是他或许感到，在艺术歌曲更为有限的篇幅中，他获得了更大的艺术成就，经常一语中的。他对歌曲创作的态度在1930年代一封写给脚本作家约瑟夫·格雷戈尔的信中表露无遗。"一首完美的歌德的诗不需要任何音乐，对歌德的作品来说，音乐削弱了文字的力量，使之变得平庸。一首莫扎特的弦乐四重奏比任何言词都更能深刻地表达美妙的情感……许多歌曲的起源都归功于作曲家寻找到一首能够符合美妙的旋律乐思和诗意音乐气氛的诗歌——勃拉姆斯的歌曲！如果**找不到**这样一首诗，那就是**无词歌**（门德尔松）。或者是**现代**歌曲：歌词引出声乐旋律——这种情况并不多见，即使在舒伯特作品中也是如此：旋律被加在诗句上，却不能很好地符合诗歌的韵律！"

与他的某些同代人不同，施特劳斯采用了许多同时代诗人的作品。他送给宝琳的结婚礼物"Op. 27"的诗作都出自同代人——麦

---

1. Rolland, *Richard Strauss & Romain Rolland,* 121.

凯、卡尔·亨克尔（Karl Henckell）和海因里希·哈特（Heinrich Hart）。移居慕尼黑后，他为进步文艺杂志的创办人兼编辑奥托·尤利乌斯·比尔鲍姆（Otto Julius Bierbaum, 1865—1910）的三首诗谱曲，作为他的Op. 29。其中包括一直极为流行的《黄昏时的梦》和令人印象深刻的阴暗、沉思的《夜行》（Nachtgang）。后来，《年轻女巫之歌》（Jung Hexenlied）成了宝琳的聚会保留曲目，柏林时期的《友谊的幻象》也是如此。施特劳斯第一首为尼采主义者理夏德·戴默尔（Richard Dehmel, 1863—1920）的诗谱曲的作品是人声、钢琴和可选中提琴助奏的《宁静的道路》（Stiller Gang）。比尔鲍姆于1895年12月把这首诗寄给施特劳斯，后者十天后就谱好了曲。戴默尔反对《我的眼睛》（Mein Auge, Op. 37, no. 4, 1898）被谱曲，因为他认为这首诗不成熟（"我一想到它心里就难受"）。施特劳斯为戴默尔的十首诗写了人声和钢琴的歌曲，为精致而引人入胜的《夜曲》（Notturno）写了人声、小提琴和乐队歌曲。《自由了》（Op. 39, no. 4, 1898）是施特劳斯最为优秀的歌曲之一，是他内心深处的激情流露，但戴默尔认为它"对诗歌来说有点太软弱了"。戴默尔还说《工匠》（Der Arbeitsmann, Op. 39, no. 3, 1898）的谱曲"太紧张激烈了，他完全失了分寸"。戴默尔认为施特劳斯"根本上是一个伪装的自然主义者，有着浪漫冲动。我并不是在表扬他，浪漫主义已经在我们**身后**了"，这并不奇怪。戴默尔后来对阿诺德·勋伯格的音乐也产生了重大影响（《升华之夜》[Verklärte Nacht] 等许多歌曲）。

癫痫患者戴默尔是奥古斯特·斯特林堡、迪特列夫·冯·李利恩克龙（Detlev von Liliencron）与奥托·埃里希·哈特莱本（Otto Erich Hartleben）的朋友。他信奉社会主义，创作工人诗歌，支持自由恋爱——他的诗歌包含了令时人震惊的情色语言。虽然施特劳斯似乎与他并非一路，但他认同戴默尔对敌对势力的斗争。总之，在慕尼黑时代，他感到自己与之处境相同，尽管他为《工匠》和亨克尔的《碎石者之歌》（*Das Lied des Steinklopfers*）谱曲并非因为社会主义信仰，而是因为它们的歌词反映了他对传统观念的叛逆情绪。不过，基于戴默尔的诗谱曲的作品中，最施特劳斯式的还是更抒情的《我的眼睛》、《林中极乐》（*Waldseligkeit*）和《摇篮曲》。戴默尔同亨克尔类似，甚至更像比尔鲍姆（他的妻子和指挥家奥斯卡·弗里德私奔），都是施特劳斯新艺术（Jugendstil）风格时期的拥护者。他的两首歌曲于1896年发表在创办于1895年圣诞节的新艺术运动喉舌刊物《青年》（*Jugend*）上。其中一首是卡尔·布瑟（Carl Busse）的《如果……》（*Wenn...*, Op. 31, no. 2, 1895），以降D大调开头，以高半音的D大调结束。在调性发生变化的地方，施特劳斯添加了一个脚注提醒歌手："想在十九世纪结束之前公开演出这首作品的人自此开始应将它降低半音，这样作品就能结束在开头的调上。"

  施特劳斯和戴默尔的关系冷淡下来（尽管直到1910年他们也一直保持着联系），和比尔鲍姆则是在1903年11月突然决裂，因为诗人批评了施特劳斯谱写的乌兰德叙事诗《泰勒菲尔》。"他懂什么？"施特劳斯问父母。[1]"如果这首作品由规模太小的合唱团在太小的房间里演出，制造出巨大的噪音，我能怎么办？……我在慕尼黑的'朋友们'就没人愿意把这些解释给门外汉比尔鲍姆。——不是吗？"他关注时间最长（1894—1906年）的诗人是另一位社会主义者亨克尔。这位诗人很喜欢他的第一首谱曲《安息吧，我的灵魂》（Op. 27, no. 1, 1894），在一封写给施特劳斯的信中将音乐描述为"如此轻盈地震颤，几乎不打破一道波澜"。只有《碎石者之歌》是一首"抗议"歌曲；亨克尔的其他歌曲都是抒情的，例如《我负着我的爱》（*Ich trage meine Minne*, Op. 32, no. 1, 1896）、《爱之赞美诗》（*Liebeshymnus*, Op. 32, no. 3）、令

---

1. Strauss, *Briefe an die Eltern*, 283–284. 1903年11月26日信。

人愉快的《叮！》（*Kling!*, Op. 48, no. 3, 1900）、《冬祭》（*Winterweihe*）和《冬之爱》（*Winterliebe*, Op. 48, no. 4, 5）。在慕尼黑时代，施特劳斯只谱写了两首埃曼纽尔·冯·伯德曼（Emanuel von Bodman, 1874—1946年）的诗，第一首就是他最辉煌的作品之一，歌剧式的人声与乐队的《阿波罗祭司之歌》（*Gesang der Apollopriesterin*, Op. 33, no. 2, 1896）。这一时期他谱写的非同代诗人的作品是宏伟的《两首歌曲》（Op. 34），为十六声部无伴奏合唱而作。《夜》（席勒）和《赞美诗》（"雅各！你失去的儿子"，吕克特）分别作于1897年3月16日和5月7日，同他的音诗一样，音色丰富、对位复杂。同样在1897年5月，他为女声合唱、管乐队和管弦乐队谱写了另一首席勒的"赞美诗"，为1897年6月1日分离派展览而作，[1]由他在会上指挥。施特劳斯1894至1898年创作的歌曲几乎每一首都值得深入研究，因为同他成就斐然的管弦乐作品一样，这些歌曲代表着他艺术中的某个方面。就整体来看，它们是他的歌剧成就富于启发性的准备。

---

1. 分离派由维也纳的克里姆特（Klimt）等激进年轻美术家组成。——译者注

第二部分

1898—1918
柏林年代

[第十一章]

德国皇帝的宫廷

1900至1914年是施特劳斯的辉煌时代。要理解他晚年的悲剧,就必须全面了解他在二十世纪前十五年的日常生活和音乐生活。

尽管《贡特拉姆》失败了,但施特劳斯对舞台的兴趣并未消失。我们已经看到,他曾尝试过一些歌剧构思。还有些人向他提出过创作芭蕾舞剧的建议。尽管他并未拒绝,但也只为他们写了少量的作品。他对马克斯·施泰尼策尔说,部分困难在于作曲家无法保证主题和姿态的完全匹配,但决定性因素还在于提交给他的场景缺乏真正的戏剧内容。奥托·比尔鲍姆1895年5月邀请他创作《灌木丛中的潘神》(*Pan im Busch*, 后来由莫特尔谱曲),一年后又邀请他创作《红星》(*Der rote Stern*)。1896年,弗兰克·魏德金德(Frank Wedekind)交给他一部"宏伟壮观的芭蕾舞剧"。施特劳斯为这部《跳蚤或痛苦之舞》(*Die Flöhe oder der Schmerzenstanz*)起草了一些音乐,但很快就放弃了。1898年,戴默尔试图让他对"舞蹈剧"《路西法》产生兴趣,但也徒劳无功。不过,他开始谱写由作家保罗·谢尔巴特(Paul Scheerbart, 1863—1915)于1896年交给他的芭蕾舞剧《彗星之舞》(*Der Kometentanz*)。他在1900年4月22日写给马勒的信中提到了它:"我正在写一部一幕或两幕的滑稽芭蕾:《彗星之舞》,星之哑剧——自然,是某些完全出自日常忙碌的东西……您会为维也纳歌剧院接受这部芭蕾吗，让它首演，安排一些漂亮的布景？我真诚地请求您？……它到1901年秋就可以上演……当然，我刚演出了您的歌曲，[1]因此您更会接受我的芭蕾！我就是如此！因此而闻名！"马勒回答："您的芭蕾已被**预定**！"[2]（显而易见，在阿尔玛加入之前，他们的关系多么轻松愉快。）1900年3月，施特劳斯曾对罗兰提到过这部芭蕾舞剧，告诉他柏林的芭蕾舞团教练以"不严肃"为由拒绝了它。从罗兰那里我们可以了解到一些剧情：

> 一个被他的女人、小丑、大臣、诗人、学者围绕着的暴君国王想要被提升到星辰之中。没人能实现他的愿望。诗人说只有诗人才享有那里的位置。魔法师能让星星更接近地面，它们确实出现了，但国王没法加入它们的舞蹈。暴君发怒了，威胁所有人，但他和整个宫廷突然沉入地下，星星慢慢升到天上，在他们神圣的舞蹈中带走了小丑、诗人和魔法师——艺术、幽默和知识。芭蕾舞剧在尘世消失的无限空间中结束。[3]

施特劳斯和罗兰还在1900年3月的会面中讨论了华托的画作《舟发西苔岛》（*L'embarquement pour Cythère*），施特劳斯将它描述为"童话画"（Märchen-malerei）。他以此构思了一部精巧的芭蕾舞剧《西苔岛》（*Die Insel Kythere*），当年夏天就写好了剧本，并于9月开始作曲。其中的人物有朝圣者、摩尔人、中国人和即兴喜剧角色，也有维纳斯、阿多尼斯、戴安娜和爱神。预计第一幕十段、第二幕的四个场景

---

1. Blaukopf (ed.), *Gustav Mahler–Richard Strauss Correspondence,* 47.
2. 施特劳斯与该乐团合作于1900年4月9日在柏林指挥了马勒的三首歌曲，由埃米莉·赫尔佐格（Emilie Herzog）演唱。
3. Rolland, *Richard Strauss & Romain Rolland,* 132.

中四段以及第三幕十一段音乐。虽然他最终放弃了计划，但也没有浪费已写的音乐：两个主题被用在《火荒》中，一段小步舞曲和一段加沃特舞曲被用进《资产阶级绅士》(Le bourgeois gentilhomme)，另一个主题被纳入芭蕾舞剧《约瑟传奇》(Josephs Legende)，还有一段成为阿里阿德涅"有一个王国"(Es gibt ein Reich) 中的"但很快一个信使到来"(Bald aber naht ein Bote) 唱段 (F.S. p. 124, cue no. 62)。正是这部芭蕾舞剧推迟了他和胡戈·冯·霍夫曼施塔尔的第一次合作。他们第一次见面是在1899年3月23日，当时霍夫曼施塔尔和哈里·凯斯勒 (Harry Kessler) 伯爵去柏林郊区潘科夫拜访戴默尔。在场的除了施特劳斯夫妇，还有保罗·谢尔巴特。后来两人在巴黎再次见面，霍夫曼施塔尔提起他正在创作的一部芭蕾舞剧《时间的胜利》(Der Triumph der Zeit)，"共三幕，有些部分主要是哑剧形式，其他则是为舞蹈而设计的"。[1] 1900年11月，霍夫曼施塔尔把剧本寄给施特劳斯，后者却将剧本退回，并表示他虽然很喜欢，但正专注于《西苔岛》，且至少三年内都无法接受更多工作了。

1898年5月2日，在慕尼黑的最后一段时间里，施特劳斯开始创作《春天交响曲》，但很快就放弃了。1899年2月，在柏林的第一个冬天，他起草了一部独幕歌剧脚本《艾克和施尼特赖因》(Ekke und Schnittlein)，但父亲说它毫无价值。两个月后，它也被放弃了。然而他构思的另一个计划在几年后成果斐然。1900年初，他就产生了创作交响诗《艺术家的悲剧》(Künstler-Tragödie) 的想法。在1900年1月28日写给父母的信中，他写道："我内心深处沉睡着一首交响诗，它的开头是瑞士的一次日出。现在还只有构思（一位艺术家的爱情悲剧）

---

1. F. and A. Strauss (eds.), *Correspondence Between Richard Strauss and Hugo von Hofmannsthal*, 1. 1900年11月30日信。

和几个主题。"[1]7月3日，他正式开始创作。后来他将其命名为"一位艺术家的爱情悲剧/纪念卡尔·施陶菲尔"。他指的是卡尔·施陶菲尔-伯恩（Karl Stauffer-Bern），一位在瑞士出生，于1880年二十三岁时移居柏林的画家，以肖像画闻名。在瑞士度假时，施陶菲尔结识了一对富有的夫妇——埃米尔和莉迪亚·维尔蒂（Emil, Lydia Welti），他们在他遇到困难时借钱给他。施陶菲尔和莉迪亚相恋了，结局是诉讼、牢狱、精神病院和背叛。两人都于1896年自杀。施特劳斯移居柏林时读到了一本关于施陶菲尔的书。他被施陶菲尔的工作热情所感动，计划写一首由两部分组成的交响诗，先是关于施陶菲尔和莉迪亚，再是他们的悲剧。这部作品以施陶菲尔在瑞士阿尔卑斯山区的快乐童年开始，但仅止于此。十一年后，开头被用于《阿尔卑斯交响曲》。

1898年11月，施特劳斯开始登上柏林的歌剧舞台，指挥了《特里斯坦与伊索尔德》（5日）、《卡门》（8日）、《亨瑟尔和格蕾泰尔》（11日）、《温莎的风流娘儿们》（12日）、《波尔蒂契的哑女》（13日）和《费德里奥》（15日）。柏林是今天意义上的"时髦"城市，繁荣且不断扩张。艺术在那里蓬勃发展。它富有、前卫。皇帝将德国建设成欧洲最受尊敬、最令人畏惧的国家的决心在柏林随处可见。这与保守、偏狭的慕尼黑形成了强烈的对比——除了非常保守的宫廷歌剧院之外。这也反映了皇帝的品位。他认为自己通晓音乐，甚至为男声合唱谱曲。但他的音乐观念可谈不上先锋。施特劳斯并不是一个威廉式的柏林人——芭芭拉·图赫曼。

幸运的是罗兰在日记中揭示出施特劳斯对柏林和他的雇主的真实看法。他说，那里的音乐会听众是行家，而歌剧听众则追求享乐，"都是些银行家和商人"。他和皇帝的第一次见面以皇帝的咆哮声开

---

1. Strauss, *Briefe an die Eltern,* 232.

始:"您不过是又一个现代音乐家!"皇帝听了席林斯的《英格尔维德》——"糟透了,没有旋律。您也是最糟糕的那些人之一。"现代音乐毫无价值。"我更喜欢《自由射手》"。我也一样,施特劳斯回答。然后是"威尔第的《法尔斯塔夫》真恶心"。"但是,陛下,威尔第已经八十岁了,在创作了《游吟诗人》和《阿伊达》之后,在八十岁的年纪还能重新焕发活力,创作出《法尔斯塔夫》这样天才的作品,不是很好吗?""希望您八十岁时能写出更好的音乐。"皇帝后来对指挥家恩斯特·冯·舒赫描述施特劳斯是"钻到我心中的蛇"。施特劳斯对皇帝的看法是,他想把自己的意志强加给一切,但遭遇抵抗时就默默退让,这比他的专制更危险。他不能,或不愿理解任何现代艺术的原因在于他被学院派所包围。皇帝偶尔也作曲。有人发出嘲笑时,施特劳斯说:"绝不应该嘲笑君主的音乐创作,因为到底是谁创作了它们可不好说。"施特劳斯厌恶柏林的"道德伪善——为什么即使明知自己的喜好却就是不能说出来呢?"他还憎恶清教主义加持下的审查制度在柏林的扩张和加强。他提到一幅波克林的画被移出橱窗,因为它被认为"下流"——"这是中世纪。幸运的是,在音乐中什么都能说,没人听得懂。"巴赫的《B小调弥撒》的每一部分都如此自由、大胆、独立——"这些歌词能误导那些不懂音乐的人,它们的存在是多么幸运!没有它们,按理说它会被禁止上演。"他可以预见(开玩笑地)异教徒们在柏林再次被烧死在火刑堆上——他们已经把西格蒙德和西格琳德从兄妹改成了表兄妹![1]这位典型的巴伐利亚人曾说,"如果没有那么多普鲁士人",他会喜欢柏林的。他对尼采的热情并不能帮助他在文化反动的宫廷圈子里找到同道者。

罗兰为我们留下了施特劳斯职业生涯中这一阶段最生动的描绘。[2]

---

1. 见《女武神》。——译者注
2. Rolland, *Richard Strauss & Romain Rolland*, 114.

129 他们互有好感，但罗兰是一个无畏且客观的观察者。他们初次见面是在1891年的万弗里德。1898年1月，罗兰在巴黎听了一场施特劳斯指挥的拉穆鲁（Lamoureux）管弦乐团的音乐会："一个年轻人，又高又瘦，卷发，秃顶，漂亮的胡子，眼睛颜色很淡，脸色苍白。与其说是音乐家，更像是外省的乡绅……他在贝多芬（第五）交响曲的结尾表现得够突出，整个身体歪斜，就好像同时被半身不遂和舞蹈病侵袭一样；他的双拳握紧扭曲，双膝外翻，跺着舞台，感到力量和军队般的僵硬之下隐藏的混乱。"1899年4月，罗兰去施特劳斯在夏洛特堡的公寓拜访他——"装饰有些品位——一幅巨大粗犷的德国画草图，有趣（裸体男女）……颜色非常淡的眼睛，胡子金黄得几乎发白。法语不太流利，但足够交流。高，但无精打采地站着。他的笑容和姿态如孩子般不自觉地流露出羞怯，但可以察觉出他有一种对多数人和事的冷淡、固执、漠不关心或轻蔑的骄傲"。

一个月后，罗兰在杜塞尔多夫听了施特劳斯指挥的《英雄生涯》，指出："他的面相有些孩子气，他消瘦、秃顶、驼背，倦怠和昏昏欲睡的表情显示出一种病态。"1900年3月，巴黎："他今年看起来比去年还年轻。脸上没有皱纹、斑点，面容清晰，就像孩子一样。大而光洁的额头，淡色的眼睛，好看的鼻子，卷曲的头发；脸的下半部略微有些扭曲，嘴常常因为嘲讽或不满而难看地噘起。个子很高，双肩宽阔，但他的双手引人注目，优雅、颀长、保养良好、带着一种病态、艺术家的气质，与他整体上平庸、不修边幅、随便的其他方面并不相符。他在餐桌上表现得很糟糕，双脚交叉坐在桌前，把盘子举到脸边吃东西，像小孩一样贪吃甜食，等等。"1906年3月，施特劳斯在巴黎指挥了《家庭交响曲》。罗兰也在场："他似乎随着年岁增长越来越不整洁了。他走路时好像全身都在一起动——胳膊、脑袋、屁股，有时又好像是要跪下跳舞。他蹲下来，紧张兴奋地动作，就像通了电一样挥动
130 双手……他看上去总是厌烦、阴郁、半睡不醒的——但没什么能逃过

他的眼睛……他给人留下的印象是苍白、不确定、一直孩子气、有些矛盾的。但在音乐会上近距离看他指挥乐队时，我被另一个施特劳斯震住了：他的脸变得衰老、硬化、遍布皱纹——它变得极为严肃。"

1900年施特劳斯在巴黎时，罗兰带他去逛卢浮宫，被他的艺术品位所打动。"我们去了杜拉弗伊画廊，他非常喜欢那里。他歌颂奴隶制，谈到胡夫下令整个国家需要用六十年建造他的金字塔，并说他的妻子觉得这是件大好事。不用说，他并不太支持也不相信社会主义……晚上我们去吃饭……这次他完全冷静自持，相当讨人喜欢（虽然克洛蒂尔德 [Clothilde，罗兰的夫人]——而非我——对他的粗鲁无礼而感到震惊）。"

一到柏林，施特劳斯就尽力为宫廷歌剧院的剧目带来一些新鲜空气。他在第一个乐季（1898—1899年）的末尾指挥了《蝙蝠》（1899年5月8日）在柏林的首演，1899年1月14日指挥了（上文已提及）夏布里埃《布里塞伊斯》中唯一完成的一幕。他指挥的其他歌剧新作或不太为人所知的剧目包括费尔南·勒伯恩（Fernand Le Borne）的《姆达拉》（*Mudarra*, 1899年4月18日，演员包括艾米·德斯丁 [Emmy Destinn]）、奥伯的《青铜马》（*Le cheval de bronze*, 1900年5月，演员包括保罗·克纽普菲尔 [Paul Knüpfer]）、梅耶贝尔的《恶魔罗伯》（1902年4月26日）、韦伯的《欧丽安特》（1902年12月18日）、席林斯的《笛子节》（*Der Pfeifertag*, 1902年9月17日）、伯恩哈德·朔尔兹（Bernhard Scholz）的《1757年》（*Anno 1757*, 1903年1月18日）、汉斯·索默尔的《吕贝扎尔》（*Rübezahl*, 1905年2月15日）、洪佩尔丁克的《不情愿的婚姻》（*Heirat wider Willen*, 1905年4月14日，演员包括艾米·德斯丁）、奥伯的《黑面具》（1905年10月28日，演员包括格拉尔蒂娜·法拉尔 [Geraldine Farra]）、贝多芬原始版本的《莱奥诺拉》（1905年11月20日）。当然，除此之外，他还指挥了许多场莫扎特和瓦格纳的作品，包括新制作的《女人心》（1905年3月7日）。

柏林的工作给了他相当大的自由，让他能到外地指挥自己的作品。他很喜欢在柏林指挥音乐协会管弦乐团，在音乐会上推介新作品，例如1905年10月19日由乐团首席卡尔·哈利日独奏的西贝柳斯小提琴协奏曲的修订版。

图9 施特劳斯在歌剧院乐池中排练

他指挥了许多当代作曲家的作品，这些作曲家包括比绍夫（Bischoff）、布雷希尔(Brecher)、布鲁克纳、布鲁诺（Breneau）、夏布里埃、埃尔加、豪瑟格尔、胡贝尔（Huber）、丹第、马勒、马斯卡尼、普菲茨纳、雷格尔、雷兹尼切克、里特尔、席林斯、卡尔·冯·希拉赫（Carl von Schirach，魏玛的一名剧院经理，他的儿子巴尔杜在理查的晚年生活中扮演了重要角色）、斯坦福、图伊勒——以及他自己。他对自己指挥的新作品持有这样的观念："让时间来评判吧！无论某人是否被过度赞扬——二十个人被高估也比一个人进身之路被堵塞要强。重要的是要拥有有所作为的意志和能力。"在1907年的一篇名为《是否有音乐进步党？》的文章中，施特劳斯敦促听众警惕"现代主义者领袖"一类的"时兴的口号"。他写道："从历史一再证实的事实看来，普通大众几乎会自然而然地凭本能接受一个伟大的艺术人物，尽管他们可能并不能清晰地认识到其目标，任何可能被描述为进步党派小团体的专家小组的活动都不是关键……只需注意不要被同样的大众对轻松怡人、容易理解乃至陈腐的东西和那些具有艺术意义、新颖、超前的东西报以同样热烈的掌声的事实所迷惑即可。"当时他和宝琳在音乐会和演唱会中的合作也正处于巅峰期。从1898年11月到1906年宝琳隐退，他在柏林写了四十二首歌曲，之后直到1918年，再未写过一首歌曲。这段时间内他还为一些过去创作的歌曲配器。

因此，我们可以看到，施特劳斯刚在柏林上任时，他的创作成果主要集中在艺术歌曲上，只是构思了一部芭蕾舞剧。但在许多脚本上的失败尝试表现出他对创作第二部歌剧的渴望。1898年，就在他离开慕尼黑之前，他结识了讽刺作家恩斯特·冯·沃尔佐根（Ernst von Wolzogen），"超卡巴莱"（Überbrettl）运动（以政治歌曲为主的卡巴莱）的发起人。沃尔佐根很快就意识到《贡特拉姆》的失败对施特劳斯造成了多大的伤害，并准备好了要对资产阶级市侩庸俗的观念复仇。

施特劳斯在一本荷兰中世纪传奇故事集中找到了理想的媒介，一个叫做"奥德纳尔德熄灭的火"（ *The Extinguished Fires of Audenaarde* ）的故事。故事中，一个年轻人向魔法师求助以赢得曾拒绝他的姑娘的爱情。她曾答应他共度良宵，说要用一个篮子把他拉进她的窗里。拉到一半，他被吊在半空中度过了一整个冬夜，直到第二天早上才被放下，遭到市民们的嘲笑。魔法师的计划是熄灭城里所有的火焰，并告诉人们只有当那个姑娘在中央广场上被裸体示众时，他们才能用从她屁股里冒出来的火种取火。沃尔佐根被打动了，但他也意识到这种情节不可能上演。听到《查拉图斯特拉如是说》1899年在慕尼黑遭遇嘘声后，他建议施特劳斯可以把剧情安排在慕尼黑，让男主角成为魔法师的学徒，让姑娘牺牲贞洁以重新获得火种。另外，需要说明那位从未登场的老魔法师曾被逐出过慕尼黑。这样他们就能建立起瓦格纳与施特劳斯之间的联系，同时也取笑一下万弗里德，因为他们都不喜欢科西玛对瓦格纳的神化。施特劳斯1900年10月开始谱曲。两个月后草稿完成，1901年1月1日至5月22日，编曲配器占用了他的全部时间。后一个日子是瓦格纳的生日，施特劳斯不敬地在乐谱最后一页写道："在生日那天完成，'全能者'万岁！"

《火荒》这部由沃尔佐根命名的独幕歌剧的乐谱（和脚本）充满诙谐的引用和暗指（例如《纽伦堡的名歌手》《特里斯坦与伊索尔德》和《帕西法尔》等）。施特劳斯引用了慕尼黑的民间曲调，使用了童声合唱团，并首次发展出他将在接下来四十年间持续完善的轻松对话风格。音乐的织体同样常常轻盈透明，或许又是受到了（并非最后一次）洪佩尔丁克《亨瑟尔与格蕾泰尔》的影响。一长段圆舞曲旋律起到了重要作用。也许在近百年后它的讽刺主题因时间消逝已不再生动，但它还是一部如此美妙的作品——托马斯·比彻姆（Thomas Beecham）爵士的最爱，他在1910年指挥了它第一次，也是唯一一次的英国演出——被后两部独幕剧遮盖了光芒确实可惜。它的核心是年轻魔法师昆拉德（施特劳斯）的独白，他谴责慕尼黑人，且因为他无法实现永恒之火，质疑自己要如何才能成为老师的真正门生。不过，音乐中最伟大的部分是最后的爱情场景，它是施特劳斯式辉煌的真正典范，常常作为单独的管弦乐曲上演。施特劳斯将《火荒》描述为"针对大剧院的小幕间剧……以发泄对我亲爱的故乡的一些怨恨"。[1]虽称它"绝对算不上完美（特别是对乐队过于不平衡的处理方式）"，但他仍认为"在世纪之初，它仍然为过去的歌剧世界带来了一种新的主观风格。因此，它是一种'弱起拍子'"。施特劳斯直到死前仍在谈话和写作中提到《火荒》。显然，它对他有着特殊意义，且从剧中并不难听出，它对他的影响就和《曼侬·莱斯科》之于普契尼一样。我们可以从中察觉出许多他将来作品的痕迹，甚至《没有影子的女人》的一部分也起源于此。他在之后四十年里一直利用这部作品，无论是否有意为之。在《火荒》中，歌剧作曲家施特劳斯全副武装地登上舞台。风趣、迷人、优雅，这是他继续开拓艺术的方方面面，而它们都可以追溯到这部被低估而又成果丰硕的作品。

不幸的是，施特劳斯1901年的这部脚本中含有一些猥亵段落，且明确提到了如今会被说成"淫秽"事物的内容。威尔第的歌剧受到了政治审查，1914年前的施特劳斯因性和宗教上的偏见也遇到了同样的麻烦。他在柏林的雇主很快了解到《火荒》脚本的内容，并表示这部歌剧不能在此首演。因此，施特劳斯在1901年4月11日（在他完成全部配器之前）致信给柏林宫廷歌剧院的艺术总监格奥尔格·亨利·皮尔森，拒绝让他的一切戏剧作品在柏林宫廷歌剧首演。他没有食言。他把《火荒》的首演交给了德累斯顿的恩斯特·冯·舒赫，但他们关于报酬还是起了一些争执：

---

1. Strauss, 'Reminiscences of the First Performances of My Operas', 149.

> 1500马克还是太贵了！啊，这个剧院！歌剧创作都见鬼去吧！……或许我该寄给你什么别的东西？比如说救火车？这样就能扑灭对金钱的欲火？……我觉得1500马克真的不算多。不过，让费尔斯特纳去吧。如果没法成事，我可以去维也纳碰碰运气，如果我把首演交给马勒，他什么都肯做。我可以把我的名字换成里卡多·施特劳西诺，让桑佐诺出版我的作品，[1]这样你就会答应一切了。[2]

即使是德累斯顿那边要求他改动台词，施特劳斯也拒绝妥协。他在1901年11月17日，首演的四天前致信给舒赫："削弱歌剧的尖锐讽刺就是通过误解达到成功。我对这种成功不感兴趣，宁愿彻底失败，这样我至少能通过彻底的粗鲁和有益的傲慢让这群庸人吃点苦头。"[3]

德累斯顿首演大获成功：施特劳斯非常高兴，并将接下来十一部歌剧的八部都放在德累斯顿首演。12月3日他在法兰克福指挥了《火荒》。他只是拿维也纳吓唬舒赫。尽管马勒希望演出《火荒》，但他告诉施特劳斯自己不想和其他歌剧院"争抢"，且脚本一定会招来审查的麻烦。马勒在1902年1月29日指挥了维也纳首演。当地乐评家几乎全部持反对意见，汉斯利克评论"像铁锉一样的旋律"；马克斯·格拉夫（Max Graf）在《音乐》（*Die Musik*，1902年3月1日号）上提到，"从右派到左派、从保守派到激进派的一波又一波的攻击"。原计划中的第四场演出被取消了，尽管马勒后来在4月19日又上演了一场。柏林首演因一位歌手患病而被推迟到10月28日，由艾米·德斯丁扮演蒂姆特的角色。但它上演七场后因皇后的反对而被撤下。沃尔佐根尖

---

1. 把自己变成普契尼之意。——译者注
2. Friedrich von Schuch, *Richard Strauss, Ernst von Schuch und Dresdens Oper* (Leipzig, 1953), 61.
3. 同上，61-62。

刻地评论道："生了七个孩子后，她大概对'Fa-la-la'不太喜欢。"值得赞扬的是，经理冯·霍赫伯格（von Hochberg）伯爵立即辞职；禁令因而被撤销，伯爵也收回了辞呈。

尽管也曾向父母生气地抱怨，但施特劳斯也沉浸于《火荒》中的骚动、《堂吉诃德》中的善意和《英雄生涯》中的战争带来的公众关注。沃尔佐根试图用一部以塞万提斯的作品为基础，名字注定会带来失败的脚本《科阿布拉迪波辛普尔或塞维利亚的坏孩子》（*Coabbradibosimpur oder Die bösen Buben von Sevilla*）引起他的兴趣。施特劳斯弄丢了它（后来在他的遗物中找到）。他已经在构思下一部歌剧的主题了。1898年3月，年轻的维也纳作家安东·林德纳（Anton Lindner，施特劳斯将他的诗《婚礼歌》[*Hochzeitlich Lied*]谱曲，作为Op. 37/6）寄给他一份海德维希·拉赫曼（Hedwig Lachmann）翻译的奥斯卡·王尔德戏剧《莎乐美》（1891年以法语写成）的散文稿，并提出要将它改写为诗体脚本。施特劳斯请他试写几场，但印象一般。他已认定拉赫曼的版本有谱曲的可能，一份现藏于加尔米什档案馆的副本显示，他在第一行——"今夜莎乐美公主多么美丽！"——的下面写下开头应使用升C小调，又加上小节线，似乎阅读时人声节奏已经出现在他的脑海中。因此，1902年11月他在出席柏林小剧院上演的由马克斯·莱因哈特（Max Reinhardt）制作、格特鲁德·艾索尔特（Gertrud Eysoldt）扮演莎乐美的该剧时，诚实地回答了海因里希·格伦菲尔德（Heinrich Grünfeld）的问题："您确实能把这写成歌剧吧？"——"我已经在忙着作曲了。"但直到1903年7月27日在马尔库阿尔茨泰因的德阿纳家别墅度假时他才真正开始，在一楼的"熨烫室"里使用一台立式钢琴，在熨烫桌上写作。

可以说，《莎乐美》的脚本实际上是施特劳斯自己写的。他发现了这部戏剧的歌剧潜质，坚决为自己的目的加以改编，几乎删减了一半。和情节主旨关系不大的局部细节和某些次要角色被删除，他们的对话被安排给别的角色。王尔德许多更适合话剧的华丽言辞都被删除，关于宗教和道德问题的长篇辩论也被缩短。施特劳斯改动了用词和语序以适合歌唱。其他一些删减是为了强调施特劳斯将女主角当作天真处女的观念。因此，她第一次登场时说："很奇怪，我母亲的丈夫（希禄）那样看着我。"之后，在王尔德的剧本里还有了后续："我知道这是什么意思，真的，我知道。"但歌剧中没有。可能是过于谨慎，或担心歌剧会遭受宫廷审查官的刁难，他删掉了莎乐美最后一首咏叹调中王尔德的诗句："我曾是处女，你玷污了我。我曾经贞洁，你用欲火充满我的血脉。"

与此同时，他还忙于其他工作。1902年春，他去英格兰指挥巡演。《曼彻斯特卫报》（*Manchester Guardian*）的乐评家，仅仅两年后就以四十三岁之龄辞世的亚瑟·约翰斯通（Arthur Johnstone）对他作出了特别有远见的评价。他说，施特劳斯"似乎能激怒一切乐评家，除了少数几个人……他是个斯芬克斯般的谜团，难以归类的复杂人物……坚持施特劳斯只是个怪人的人迟早会意识到他们的错误。他有时会和公众开玩笑，但无论如何他仍然是一位作曲大师，完全是这个词的字面意思——就像莫扎特是一位作曲大师一样"。在怀特岛短暂休假后，他于5月2日开始创作新作品，并在草稿本开头写下："家庭谐谑曲，带有三个主题的二重赋格的构思：'我的家'（交响乐的自我—以及家庭—肖像；一点平和，许多幽默）。F大调：爸爸从外地回来，疲倦。B大调：妈妈。D大调：布比，两者混合，但更像他爸爸。三人一起在乡下散步，舒服的家庭晚餐。妈妈让布比上床。爸爸和妈妈独处：爱之场景。早晨：布比喊叫，快乐地起床……理查花了一整个下午写一段旋律，终于在夜晚的场景中完成（边做边看）。"《家庭交响曲》就是这样开始的，讽刺的是，它被因米泽·缪克引发的误解导致的离婚威胁而打断（见第九章）。这个吸引人的主题令他暂时远离《莎乐美》的创作冲动。草稿顺利地于次年六月在桑当镇完成，当时宝琳和布比正和他一起在怀特岛度假,而他刚于1903年6月指挥了在伦敦举行的第一届施特劳斯音乐节,得了小病后正在恢复。[1]配器完成于1903年12月31日(怀特岛似乎是施特劳斯的福地。他在那里使用的草稿本中可以找到后来被写入《玫瑰骑士》《间奏曲》《阿拉贝拉》和《随想曲》的圆舞曲主题)。

1902年访问英国后,他开始(7月13日,在马尔库阿尔茨泰因)起草一部合唱作品,为女高音、男高音和男低音独唱、合唱和乐队而作的乌兰德叙事曲《泰勒菲尔》。这是他献给海德堡大学的作品,那里的哲学系将在1903年10月26日授予他荣誉博士学位。他当晚在海德堡市政厅指挥了《泰勒菲尔》的首演。这份荣誉令他满心欢喜,从此之后他一直用"理查·施特劳斯博士"署名。在英国,这种做法会被当成暴发户——想想沃恩·威廉斯怎会用"拉尔夫·沃恩·威廉斯博士"署名——但对施特劳斯来说,这说明他获得了学术界的认可。1900年,普鲁士皇家学会拒绝选举他为会员,尽管他们在1909年改变了主意,当时施特劳斯以他典型的幽默回复倡议者说,一定是出了什么岔子:"除非在我没注意的情况下,我所有引发争论的五度在一夜之间变成了值得赞赏的六度。"听到被选为会员的消息,他再次写道:"请忘记我上一封信中的低劣笑话。作为学会会员,我不能再开玩笑了,需要以符合这一高贵荣誉的尊严得体地行事。我会用一整个夏天来学习正当的行为。"《泰勒菲尔》并无创新,但它是为一支庞大的乐团(一百四十五名乐手)和合唱团创作的,尽管有些夸张但激动人心的作品。因此,它的主题(黑斯廷斯战役)或许很能讨好当时沉迷海外扩张、好大喜功的威廉主义者。奇怪的是,马勒"特别喜欢"它(正如他于1906年3月写给施特劳斯的信中所说)。

---

1. 1903年6月3、4、5、9日举行的伦敦施特劳斯音乐节由阿姆斯特丹皇家音乐厅乐团演奏,指挥是威廉·门格尔贝格和施特劳斯。

1904年初，在施坦威钢琴公司的安排下，施特劳斯获准离开柏林，第一次去美国旅行演出。宝琳和他同行，在音乐会和演唱会中登台。人们对这位当时最受关注的作曲家饱含期待，而他也将《家庭交响曲》留到此时才首演。他们乘坐"莫尔特克"号客轮于2月24日抵达纽约。三天后，卡内基音乐厅举行了施特劳斯音乐节，由1892年定居纽约、1903年创立魏茨勒系列交响音乐会的指挥家、作曲家赫尔曼·汉斯·魏茨勒（Hermann Hans Wetzler, 1870—1943）组织。《音乐信使报》(Musical Courier)称，在开幕音乐会上，魏茨勒指挥了《查拉图斯特拉如是说》，施特劳斯指挥了《英雄生涯》，"所有关注我们城市的文化人都参加了。观众包括金融巨头、社会权威、歌剧女王、乐队指挥、男女钢琴家和小提琴家，等等"。作者将施特劳斯描述为"自瓦格纳搁笔以来做出创新的最伟大的音乐人物，试图深入至高蓝天的先锋"。他以"理查·施特劳斯大帝万岁！"结束了这一长篇通告。在第一场音乐会上，大卫·比斯帕姆（David Bispham）演唱了三首施特劳斯的艺术歌曲，这也是一个冒险的选择：《希尔绍的榆树》(Die Ulme zu Hirsau)、《夜行》和《碎石者之歌》。

　　3月1日，施特劳斯夫妇举行了首场纽约演唱会，然后又去了费城（3月4日和5日）和波士顿（3月7日和8日）。在波士顿音乐会上，施特劳斯指挥了费城管弦乐团。当地的乐评家几乎不知该怎么赞美作曲家诠释的《梯尔·奥伦施皮格尔的恶作剧》和《死与净化》了。施特劳斯于4月19日回到波士顿，指挥当地乐团演奏《堂吉诃德》和《唐璜》。次日致信给父亲时，他称它是"世界上最好的乐团之一"。1942年，他告诉罗兰·滕歇尔特（Roland Tenschert），这是他第一次听到《堂吉诃德》被正确地演奏。"然后我对自己说：'它听起来就该是这样。'如果每个声部都不能突出，将是一团乱麻。它就像海顿的弦乐四重奏一样，一切都有主题。"纽约施特劳斯音乐节于3月12日最后一场音乐会上举行了《家庭交响曲》的首演，由施特劳斯指挥。之前已经排练了十几次，除了最后两次都由魏茨勒负责（施特劳斯说乐团是"无政府主义者的乐团"，但对它很满意）。作品极受欢迎，因而于4月16日和18日在沃纳梅克百货商店又加演了两场，商店把一整层楼清空改造成音乐厅。艺术和商业的结合在德国遭到可怕的反对（"艺术妓女"），施特劳斯这样说："即使是艺术家，为妻儿赚钱也并不丢脸！"如今我们只能付之一笑。施特劳斯直到1905年1月8日才第一次在柏林指挥《家庭交响曲》。之后他分别于3月8日在德累斯顿、4月1日在伦敦指挥了这首作品。马勒于1904年11月23日在维也纳指挥了它。

自此，迄今为止，《家庭交响曲》一直是令人无法完全赞同施特劳斯的障碍物。虽然批评者们承认音乐可以是自传性的，但他们认为如此不加掩盖的自我暴露极为"不雅"。一个男人讲述和妻子做爱、给孩子洗澡、吵架——这令人尴尬，是在侵犯隐私。人们以同样的理由反对歌剧《间奏曲》。对施特劳斯来说，无论是作为普通人还是音乐家，家庭都是他生活的中心，用音乐描述家庭生活对他来说就像呼吸一样自然。但是，正如梯尔·奥伦施皮格尔的事迹不如施特劳斯式辉煌的音乐创造重要，《家庭交响曲》中也有比它的标题内容重要得多的方面。在它瞬息万变的引子中，各主题轻松自如地相继出现，可以听出对《间奏曲》《阿拉贝拉》和《随想曲》中歌剧对话风格的预示。这是最灵巧、轻松的施特劳斯，音乐自然进行，几乎毫无斧凿之迹。它的结构也很有趣。第一部分是奏鸣曲式的呈示部，类似李斯特的《B小调钢琴奏鸣曲》和勋伯格的《第一室内交响曲》，音乐的组成部分在终曲中才被再现、发展。作品的主题同样绝非不雅，而是超前的。施特劳斯创作的是关于普通人的交响音乐——这是他唯一一首称之为交响诗而非音诗的作品。意大利歌剧作曲家的真实主义（verismo）把男女神祇赶下歌剧舞台，而施特劳斯自己于1924年将电话引入了歌剧。在《家庭交响曲》中，家里的报时钟声在结构和情感上都扮演了重要的角色。这首作品让我们接近了他通常被严密遮盖的内心世界。

施特劳斯于1906年3月25日在巴黎指挥《家庭交响曲》之后，罗兰写道："无论人们对第一部分怎么想……结尾洋溢着欢乐，令人无法抵抗；我确实认为贝多芬以来还没有过这样的交响音乐。"1905年，他在斯特拉斯堡听了一场演出，并于5月29日致信给施特劳斯："我认为这是您自《死与净化》以来写出的最完美、最统一的艺术作品，它有着相当不同的生活和艺术的丰富性……终曲充满欢乐且宽广，这在您的作品中很少见……标题情节有什么用呢，它只是削弱作品，令它更幼稚？……它是一首常规的交响曲……让音乐保有其神秘吧。"施特劳斯在回复中没有表态："关于《家庭交响曲》的标题情节，或许您是对的；您和G.马勒的意见完全相同，他完全反对标题音乐原则。"

施特劳斯回复罗兰是在1905年7月5日。两周前的6月20日，也是在他八十三岁的父亲去世三周之后，他完成了《莎乐美》。理查曾为老人弹过其中的一些音乐，他评论道："上帝啊，多么紧张的音乐。就好像裤子里爬满了虫子。"这首作品为施特劳斯带来了前所未有的国际声誉，在我看来，也是他1914年之前的巅峰之作，尽管《玫瑰骑士》更为流行。我认为《莎乐美》是施特劳斯最有影响的作品，甚至超过了有着无调性和声片段的《埃莱克特拉》。它改变了歌剧的性质。它在不知不觉中将弗洛伊德的心理学搬上了舞台。它以一种消耗性却又超然的方式分析总结了艺术中的十九世纪末式颓废。它有两个版本，德语版和法语版。这一极为重要的事实几乎在所有关于施特劳斯的著作里都被忽略了。他自己好像忘了似的从未提到法语版，因为他认为它毫无前景。但它的存在从另一方面表现出这一主题对他来说极具吸引力；他在7月5日写给罗兰的信中提到《莎乐美》的完成，还说："王尔德的《莎乐美》原剧用法语写成，我希望用他的原文进行创作。我无法把这部作品交给别人翻译，而希望保留王尔德的原文，逐字逐句。"罗兰在接下来的几周内为他提供了非常详细的关于法语重音和语调的建议，直到施特劳斯在9月中旬完成改写。之后他审读并订正了声乐乐谱，直到11月完成。因此可以看出，施特劳斯在1905年7月至9月间一直在处理法语脚本和相关的音乐改动，并于8月30日完成了"七纱舞"。有些人认为这段舞曲逊色于歌剧其他部分的原因，在于施特劳斯在整部作品高涨的创作激情冷却下来之后才开始创作。我毫不怀疑，他将它留到最后，因为它是一段相对独立的管弦乐间奏曲，他可以流畅地快速写出。尽管如此，它也是在他全身心投入歌剧的时期创作的。

施特劳斯在法语版上的投入让他的改编变得不仅是意在搬上喜歌剧舞台以获得商业利益的翻译版，而且本身就是"一部真正的法国歌剧"的作品，正如他对罗兰所说："我的歌剧的非常特别的法语版本，并不令人感到仅仅是翻译，而是真正的原创谱曲。"这是1905年9月的一封信。两个月后，为感谢罗兰提供的帮助，施特劳斯写道："您只有看了德语版，并在比较我为了适应法语特性做了多少节奏和旋律上的改动之后，才能完全了解我的工作。"他这么说是有道理的，因为两个版本有许多微妙差异，法语版确实像是一部法国歌剧。它于1907年3月在小剧场（Petit-Théâtre）由瓦尔特·斯特拉拉姆（Walter Straram）和一群法国歌手举行了不公开首演。同月24日，它在布鲁塞尔的莫奈剧院（Théâtre de la Monnaie）上演。两年后在纽约，奥斯卡·哈默施泰因（Oscar Hammerstein）的曼哈顿歌剧院举行演出，由玛丽·加登（Mary Garden）扮演莎乐美，她和施特劳斯学习过这一角色。之后它就销声匿迹了，直到1989年才重新上演并被录音。施特劳斯太过乐观地认为歌手和乐手们会愿意学习歌剧的两个版本。1907年5月5日，施特劳斯在巴黎指挥《莎乐美》时，用的是德语版。1909年，他同意将拉赫曼的脚本翻译成法语，再配上德语的声乐旋律。尽管施特劳斯的原计划可能不太实际，但法语版的存在体现出他对歌剧创作态度的重要一面。

在施特劳斯的职业生涯中，再没有什么能像《莎乐美》引起这么大的争议。众所周知，1905年12月9日，德累斯顿首演之前歌手方面就出了问题，第一位莎乐美的扮演者玛丽·维迪希（Marie Wittich）因"我是个正派女人"而罢工，她的拖延令施特劳斯威胁要将首演改到其他地方。但舒赫指挥了一场出色的演出，听众们大声喝彩。只有乐评界持保留意见。其他歌剧院争相上演。马勒想在维也纳推出这部作品，但审查方"因宗教和道德理由"拒绝（据说主要的反对者是弗朗兹·约瑟夫皇帝的女儿瓦雷丽女大公）。马勒已准备为此辞职——这可能是最终在1907年5月压垮骆驼的最后几根稻草之一——但施特劳斯于1906年3月15日致信给他："看在上帝面上，别让《莎乐美》变成信任问题！我们多么需要像您这样有决心、有天赋、有远见的艺术家，请您不要为《莎乐美》冒险。没有它，我们最后也会成功的！"[1] 马勒没有参加德累斯顿首演，施特劳斯有些受伤——"您9号会来吗？我非常想念您"——1906年5月，马勒才在格拉茨第一次听了歌剧，并认为它是一部杰作，当时普契尼也在场。第二天在旅馆共进早餐时，施特劳斯走到马勒边上，指责他对待一切（如［维也纳］歌剧院）过于严肃："他应该好好照顾自己。把自己累倒不会有什么好处。那种甚至不愿上演《莎乐美》的肮脏地方——不，它不值！"[2]

格拉茨的听众中还有一位名叫阿道夫·希特勒的无业青年。1939年，纳粹在格拉茨禁演《莎乐美》，施特劳斯为此致信给他的亲戚，指挥家鲁道夫·莫拉尔特（Rudolf Moralt）："把《莎乐美》当作犹太故事的想法非常好笑。元首自己在拜罗伊特告诉我儿子，《莎乐美》是他最早接触的歌剧之一，他跟亲戚们筹钱支付前往格拉茨首演的费

---

1. Blaukopf (ed.), *Gustav Mahler–Richard Strauss Correspondence*, 93.
2. Mahler: *Gustav Mahler: Memories and Letters*, 97–98.

用。真的！！"

歌剧等了将近一年才在1906年12月5日举行柏林首演。皇后和其他皇室成员表示反对。最后，剧院经理许尔森提出让伯利恒之星不合时宜地出现在夜空中（歌剧发生时基督已经成年），结果一切顺利。在接下来的一年中举行了五十场演出，德斯丁扮演的女主角深深打动了施特劳斯，后来她又和他一起在巴黎演出。在伦敦，审查者（张伯伦勋爵）要求改动一些德语歌词，但演出时他的要求被忽略了，正如指挥家托马斯·比彻姆所说，没人注意到。1907年，在纽约大都会歌剧院的一场演出后，金融家J. 皮尔蓬特·摩根（J. Pierpont Morgan）的女儿要求取消余下的演出，直到1934年它才重新回到大都会（维也纳歌剧院直到1918年才上演）。施特劳斯于1906年底在都灵指挥了《莎乐美》，但在这之前托斯卡尼尼已在米兰举行了意大利首演。施特劳斯也在场，并致信给宝琳说指挥家"在无情肆虐的乐团的帮助下完全毁掉了歌手和剧情（和莫特尔一样）。它仍能成功，真是奇迹"。

但1907年5月德语版在巴黎的首演带来了最大的麻烦。罗兰在前一年的11月表示，有两派人试图说服作为施特劳斯朋友的他，让作曲家选择自己扮演莎乐美，其中一方是赞助演出的金融家的情妇。施特劳斯不为所动：他选择的是德斯丁。他抵达巴黎时感觉不好——"心脏难受"，他告诉罗兰。他在排练时对乐团不太满意，第一场演出时观众只要求谢幕三四次也令他失望。有人告诉他法国总统想授予他荣誉军团勋章。"这是我应得的。"他回答。据安德烈·纪德的报道（尽管他说此事可能是杜撰的），宝琳因歌剧反响不佳而非常沮丧，在歌剧院对邻座说："好吧，下次来这里的时候要带着刺刀。"[1] 把《莎乐美》介绍到巴黎的经纪人加布里埃尔·阿斯特鲁克（Gabriel Astruc）策划的是

---

1. A. Gide, *Journal*, 1907年5月22日 (Bibliothèque de la Pleïade, Tours, Gallimard, 1965), 245, 246.

十场演出，但最终只举行了六场。在写给施特劳斯的德裔英国友人，金融家埃德加·斯佩耶尔（Edgar Speyer）爵士的信中，阿斯特鲁克说："我可以告诉您，施特劳斯夫妇和乐团成员的态度如此敌对，以至于不可能按计划完成全部演出。"[1] 施特劳斯抵达巴黎时对罗兰说："德国最小城市的音乐厅、乐团、合唱团和管风琴也比你们巴黎的好。"

不过，和他祖国的情况相比，施特劳斯这次受到的隆重接待更能体现出他在音乐界的地位。总统（阿尔芒·法利埃）和多数政府官员及整个巴黎的知识分子都前往夏特莱剧院（Théâtre du Châtelet）观看首演。观众包括让·德雷什科（Jean de Reszke）、[2] 亨利·德·罗斯柴尔德（Henri de Rothchild）男爵、奥托·H.卡恩（Otto H. Kahn）、[3] 埃德加·斯佩耶尔爵士、加布里埃尔·福雷（Gabriel Fauré）、阿尔贝·加莱（Albert Carré）、[4] 阿图尔·鲁宾斯坦（Arthur Rubinstein）、卡米尔·埃兰热（Camille Erlanger）[5] 等。有些法国评论家指责法利埃对施特劳斯的关注，因为他并未对法国艺术家们提供同样的支持。但乔埃尔·考利埃（Joëlle Caullier）在她发人深省的对1890至1914年间德国指挥家对法国观念的影响的出色研究中指出："1907年濒临战争的第一次摩洛哥危机刚结束，许多人寻找重新建立法德之间至少在经济上和解的途径。或许是从这种友好关系出发，法利埃和几乎全部政府成员有意参加《莎乐美》首演以表明姿态。"[6]

巴黎首演一周之后，罗兰发现施特劳斯"很友善，很开朗……一点也不装腔作势、故作姿态……他抱怨心脏不舒服、过于劳累。显然他

---

1. *Bibliothèque de l'Opéra*, Acq. 26444–Dossier V (III, 73).
2. 波兰著名男高音。——译者注
3. 德裔美国银行家。——译者注
4. 巴黎喜歌剧院经理。——译者注
5. 法国歌剧作曲家。——译者注
6. J. Caullier, *La Belle et la Bête: L'Allemagne des Kapellmeister dans l'imaginaire français (1890—1914)* ('Transferts', Lérot, Tusson, Charente, 1993), 56–57.

已目睹巴黎最坏的一面,但仍未感到厌倦。他再次谈起围绕《莎乐美》的种种阴谋,说应该把角色交给某某女高音,因为她是某某的情妇。然后他抱怨起法国的无政府主义:'我对科隆管弦乐团没什么好说的,'他说,'演奏得不错。'然后他开始咒骂他无法忍受的共和国——法国、美国"。在巴黎时听了杜卡斯的《阿里亚纳和蓝胡子》,他很喜欢。他为受到法国乐评家批评的柏辽兹辩护:"他有天赋,天赋太多了,这有什么关系?"他也因法国不上演柏辽兹的歌剧而愤慨。对有些法国人宣称圣-桑是更伟大的音乐家,施特劳斯回应道:"对,他写得更好,但他没什么可说的。"他去听了德彪西的《佩利亚斯与梅丽桑德》,感到迷惑,尽管他在创作法语版《莎乐美》时应罗兰要求已研读过乐谱。"它一直这样?没有别的了?什么也没有,没有音乐。和声非常精致,有很多漂亮的乐队效果,品位很好,但这没有意义。我不认为它比梅特林克不带音乐的戏剧本身多了多少东西。"拉威尔认为《莎乐美》"令人惊叹",是欧洲十五年来最杰出的作品。他一直说自己从施特劳斯的音乐中学到了很多。"施特劳斯是能够进一步拓展柏辽兹带来的自由的解放者,他赋予管乐器新的意义,至少在他创作的那个年代是新的……只有他不可抗拒的喜剧感有时能令他的曲调免于过分肤浅的多愁善感。"[1]

法国乐评家让·马诺尔(Jean Marnold)经常对施特劳斯提出关于《莎乐美》的批评,称施洗者约翰的音乐"平庸"。有趣的是,施特劳斯最初否认,但之后又说:"我不想太严肃地对待他。你知道,施洗者约翰是个傻瓜。我对这种人完全不同情。首先我想让他显得有点古怪。"近三十年后的1935年5月5日,施特劳斯致信给斯蒂芬·茨威格:"我试图把施洗者约翰写成类似小丑的人物;沙漠中的传教士,尤其是一个以蝗虫为食的传教士,令我觉得可笑极了。只是因为我已经

---

1. H. Jourdan-Morhange, *Ravel et nous* (Geneva, 1945), 89.

146 讽刺了五个犹太人、嘲弄了希禄王，我才觉得应该遵循对比原则，为圆号写一个教条式的市侩旋律代表施洗者约翰。"[1]他对宗教及其信徒的厌恶从未改变。施特劳斯的儿子弗朗兹说，如果指挥家们赋予施洗者约翰在加利利海边对基督的描述太多感情，施特劳斯会跺脚让他们加速。但另一个谜题是，施洗者约翰的音乐听起来令人印象深刻。施特劳斯本质上完全是一位天生的戏剧家，不至于因为偏见毁掉人物塑造，无论他说过什么。他对《莎乐美》的创作态度是朴素的。他的诠释非常有力，但这种力量仅以最小的努力刻画出来。他反对莎乐美舞蹈中的"戏剧因素"——"并非勾引希禄，并非对着施洗者约翰的地牢歌唱。"1930年，他告诉制作者埃里希·恩格尔（Erich Engel），"只是在最后的颤音上到地牢边停顿一下。舞蹈应完全为东方风格，尽可能严肃、稳重，绝对优雅，就好像是在祈祷用的跪毯上完成的一样。只有到升C小调时才有踱步的动作，最后的 $\frac{2}{4}$ 拍小节要有一点纵欲般的强调。我只看过一次艺术上和风格上真正完美的这段舞蹈，是由玛丽·古泰尔-朔德尔（Marie Gutheil-Schoder）女士跳的。"如今的制作者们也没几个能让他满意！

施特劳斯终其一生都在寻找理想的莎乐美扮演者，或许直到晚年才找到了柳芭·维利奇（Ljuba Welitsch）和玛丽卡·切波塔里（Maria Cebotari）。切波塔里在《沉默的女人》（*Die schweigsame Frau*）中成功扮演阿明塔后，施特劳斯于1935年6月28日致信给茨威格，将她描述为"成真的梦想"，又说："我为《莎乐美》等了多久——现在还在等！"[2]他对古泰尔-朔德尔的认可在于她能够既有孩子般的天真又有抵挡不住的风情。她的声音不如芭芭拉·肯普或玛丽亚·耶里查那样

---

1. W. Schuh, *Richard Strauss, Stefan Zweig: Briefwechsel* (Frankfurt, 1957); 英文版：*A Confidential Matter: the Letters of Richard Strauss and Stefan Zweig, 1931—1935* tr. Max Knight (University of California Press, 1977), 90.

2. 同上，103。

温暖，但后两者也有各自的问题。1917年，在瑞士扮演采琳娜与帕帕基娜的伊丽莎白·舒曼演出《唐璜》和《魔笛》时，他认为她可以扮演莎乐美——她有着青春的、孩子般的魅力，也能唤起潜在的情欲。他突然想要一位轻盈、任性的莎乐美，而不是有着伊索尔德声音的十六岁公主。这位女高音的抗议可以理解：她唱不了这么戏剧性的角色。但施特劳斯坚持说她的声音和这个角色的概念吻合。他说，他愿意将音域太低的地方转调，且如果他指挥的话，保证会"压制"乐团。这个试验从未进行，但考虑到施特劳斯说《埃莱克特拉》（暗示《莎乐美》）应"像门德尔松的精灵音乐一样"指挥，前景很是诱人。赫伯特·冯·卡拉扬记得施特劳斯曾经向他抱怨："现在所有声音沉重的人都在唱莎乐美。完全失控了。我不希望这样！"指挥家说，他当时的理想人选是切波塔里。[1]

即使是在这个宽松、自由的时代，仍有人对《莎乐美》感到不快。无论他们多不情愿，也只能向在几乎一个世纪之后完全没有失去震撼力的音乐致敬。如果听众感受不到震撼，那他就有资格质疑《莎乐美》是艺术还是媚俗。当然，这是个人品位的问题。但是探究《莎乐美》的道德方面是在浪费时间。施特劳斯对此毫无兴趣。他是个绝妙的说书人，喜欢将善恶相混，享受他将王尔德的许多俗丽形象提升到天才水准的高超技艺。那些认为施特劳斯用拉赫曼的翻译令王尔德变粗俗的人应该去听听法语版，其中音乐更加精致，尽管可能没那么尖锐、有力。从开头的单簧管华彩经过句连接到纳拉博特宣称对莎乐美迷恋之前单簧管颤音的开头起，这部歌剧就是对执念的研究。此后，执念贯穿始终——莎乐美对施洗者约翰的执念、施洗者约翰对希罗底仇恨的执念，犹太人对宗教教条的执念、希禄对莎乐美的执念、

---

1. R. Osborne, *Conversations with Karajan* (Oxford, 1989), 114.

希罗底对复仇的执念、最后是莎乐美对死者头颅的执念。别忘了，还有施特劳斯对宝琳的迷恋，因为她正是歌剧的根源，她的变化无常在于莎乐美，她的尖刻在于希罗底。每个角色的声乐线条都描绘出他们的个性：莎乐美甜言蜜语的诱惑和最后疯狂的"爱之死"、施洗者约翰的责骂和伪善交替、希禄神经质的想象。《莎乐美》在歌剧历史上首次探索了人物的精神失常，这在很大程度上要归功于一百零五人的管弦乐团，就像一种意识，在人物自知之前就向我们展露角色的心灵。《莎乐美》代表了施特劳斯职业生涯中确实能被称为时代风云儿（或许是偶然）的时期。在世纪之交，蛇蝎美人（femme fatale）、有性意识的女性迷住了作家和艺术家们。只需想想魏德金德的《地神》（*Erdgeist*）、高尔基的《在底层》、左拉的《娜娜》、戴默尔和阿尔滕贝格（Altenberg）的诗歌，席勒、克里姆特和比亚兹莱的画作。王尔德的《莎乐美》就是这一潮流的一部分。

霍夫曼施塔尔称《莎乐美》是施特劳斯"最美丽独特的作品"，并强调："以一切灿烂而猛烈的新意，（《莎乐美》）成为一位新作曲家不可抵挡的高潮和胜利。"这位诗人一如既往地敏锐。音乐的纯粹之美常常被忽略——大部分听上去（或应该听上去）轻盈、透明、色彩精妙。但同样也不能忽略罗兰的深刻洞见。他认为如果不是"丰富配器的魔法"，音乐会"趋于冷淡"。斯特拉文斯基认为施特劳斯的作品可以是迷人而美妙的（如《玫瑰骑士》），但无法感动听者，"因为他从不犯错。他从不在乎谩骂"。[1] 这是理查·施特劳斯之谜的核心。他是如汉斯·凯勒（Hans Keller）所说，"心上有个洞"吗？

听众们如何、为何被某些音乐所打动，仍然是一个极为主观的谜题。那些不被施特劳斯打动的人领会不到他的音乐中的灵性元素。作

---

1. R. Craft, *Chronicle of a Friendship* (New York, 1973), 215.

为一个反宗教的作曲家,他本身也并无灵性可言。他也对威尔第歌剧中那种爱情与爱国责任的冲突不感兴趣。施特劳斯没有像德沃夏克在"美国"四重奏和大提琴协奏曲慢乐章中那样突然激起怀旧之情打动听者心灵的能力。他也不像马勒在交响曲中那样无止境地追问"生命的意义"。(施特劳斯曾说:"马勒一直在寻求拯救。我不知道我有什么好被拯救的。")与马勒和德沃夏克相比,施特劳斯是个超然的艺术家,用冷静的、莫扎特式的眼光观照着他的音诗或歌剧中的角色。但就像莫扎特一样,他理解人心。玛莎琳对衰老的恐惧**是**动人的,莎乐美爱抚死者头颅时堕入疯狂**是**动人的,埃莱克特拉认出她以为已经死去的弟弟**是**动人的。罗曼·罗兰1907年时担心施特劳斯"被德国颓废文学迷住了……他们和你的差别是**曾经**(一时风尚)伟大(或著名)的艺术家和(应该)**一直**伟大的艺术家之间的差别。当然,人们处于自己的时代,反映自己时代的激情。但无论如何,莎士比亚不是也属于我们的时代吗?……我对您提到莎士比亚,因为我在听您的《莎乐美》时想起了他。我在其中察觉到了能够和《李尔王》媲美的疯狂激情的力量!我对自己说,'它为何不是《李尔王》?施特劳斯能写出怎样的《李尔王》啊!一定是前所未有的'"[1]。施特劳斯告诉罗兰,这封信令他心花怒放。"我是那种能愉快地接受一切评论的人,只要它们真诚、有思想、来自可以完全信任的人,我就会心存感谢。您是正确的。《莎乐美》的台词不好。我选用它是因为别无选择,因为我有话要说。我该怎么做呢?我写不出瓦格纳那样的脚本。"[2]

因施特劳斯表面上对作曲无所谓的态度而认为他的音乐不是发自内心的,这是一种严重的误解。创作对他来说不难:他能在任何地方写作——旅馆里、花园中、火车上。他在散步甚至打牌时也能想到乐

---

1. Rolland, *Richard Strauss & Romain Rolland,* 83. 1907年5月14日信。
2. 同上,156。

思。他的草稿本从不离身。只要投入一部作品,他就会工作到深夜。他**享受**作曲,并不一定能像理想中那样自我批评。虽然他有时不重视这些,但仍是非常深刻而严肃的艺术家。正如马勒对《莎乐美》的评论:"它的深处是……一座活火山,是地下之火。"地下之火为我们带来施特劳斯最伟大的一面——而《莎乐美》是第一次伟大的喷发。

[第十二章]

邂逅霍夫曼施塔尔

1907年，施特劳斯忙得焦头烂额。在柏林，早上排练歌剧，下午指挥或排练交响音乐会，晚上指挥歌剧的日程对他来说稀松平常。第二天早上，他可能还要登上火车去外地工作。几年前，父亲曾警告他不可"为赚足够的钱保证晚年可以仅靠储蓄生活而完全投入作曲却损害了健康。你觉得有人能在身体垮掉时创作出精神产品吗？"施特劳斯回答，努力工作不会导致死亡。但1907年5月他从巴黎回来、在柏林指挥完《纽伦堡的名歌手》后，马上赶夜班火车去科隆进行第二天早上的排练。当天下午他就病倒了，被诊断为心肌功能不全。他前往巴特瑙海姆（Bad Neuheim）温泉疗养，开始考虑过更平静的生活。或许是身体上，而非明显的心理上的原因，在人生的这一阶段，施特劳斯不再像他写给父母的信和他与最初工作的歌剧院的交涉中表现出的那样坚定。相反，在他身上出现了脆弱、神经衰弱、不愿面对不愉快的现实前景以及越来越沉入孤独的迹象。他在世纪初告诉罗兰："我并非英雄，我很脆弱。"这一点越来越明显。他曾以温和、冷静的态度而著称，但这并不容易保持。他时不时会激烈地爆发出继承自父亲的火暴脾气。同事们都清楚，如果施特劳斯的脸突然变红，他们就得小心了。

虽然皇帝没有听过《莎乐美》，但他指出它会给施特劳斯带来严重的麻烦。施特劳斯的回答很有名："它给我带来的麻烦让我能够在加尔米什购置别墅。"他和宝琳一直希望能回到巴伐利亚，让自己可以专心作曲，同时仍能做客席指挥。他们聘请建筑师塞德尔（Seidl）在加尔米什佐里茨街42号盖一栋漂亮的房子，他们在那里度过了接下来四十年中的大部分时光。

  这栋宽敞但不过分大的三层楼房坐落在巴伐利亚阿尔卑斯山脚下广阔的花园当中。施特劳斯可以透过书房窗户看见楚格峰和韦特施泰因山脉。这是一栋典型的新艺术风格别墅，漆成乳白色，有粉红的房顶和绿白色百叶窗。1920年代又添造了一些房间。内部舒适而家常，又不失豪华。到处都是书本和纪念品，还有一些精美的画作。施特劳斯还收集了一些德国南部当地的玻璃画，其中一些就挂在楼梯旁的墙上。这面墙和楼梯上的一个平台上还装饰着一些鹿头，这是施特劳斯热爱狩猎的儿子儿媳的战利品，他本人对此没有兴趣。显然这是一个富裕、有鉴赏力的艺术家的住宅，但也富有家庭气息。

  施特劳斯1906年就开始创作第四部歌剧，即《埃莱克特拉》。胡戈·冯·霍夫曼施塔尔1901年开始重写索福克勒斯的《埃莱克特拉》。它是一部非常维也纳的世纪末式作品，深受尼采对古希腊的阴暗观念、弗洛伊德的《梦的解析》（据说霍夫曼施塔尔到1904年才阅读这本书，但他了解弗洛伊德的观念）和当时流行的对蛇蝎美人的迷恋（如文学中王尔德的《莎乐美》和萨尔杜的《托斯卡》，美术中克里姆特的《犹滴》和柯林斯［Corinth］的《莎乐美》）影响。霍夫曼施塔尔展现出一个在迈锡尼宫殿庭院中悲惨生活的埃莱克特拉，她正计划着对她母亲——用斧头在浴池里杀死她父亲阿伽门农国王并和同谋埃癸斯托斯同居的底比斯王后克吕泰涅斯特拉的恐怖复仇。她还等待着弟弟俄瑞斯忒斯的回归，他将用她埋在地下的斧头完成"大业"——杀死克吕泰涅斯特拉和埃癸斯托斯。俄瑞斯忒斯回来时，她忘了把斧头交给他，但在谋杀发生时，她的胜利感如此强烈，以至于在仪式舞蹈后精疲力竭而死。弗洛伊德体现在何处呢？例如，被压抑的情欲。因为她为阿伽门农报仇的欲望可以牺牲一切，埃莱克特拉消灭了自己的性欲。"你不觉得，"她问俄瑞斯忒斯（本段仅见于戏剧，未见于歌剧），"我的身体为他的叹息声无法传到我的床边而欣喜吗？死亡是嫉妒的，他把憎恶、双眼凹陷的憎恶当作新郎送到我身边。"相反，她的妹妹克里索忒弥斯居住在宫中，渴望结婚生子。她愿意忘记过去的一切。"忘记？"埃莱克特拉反驳，"我并非禽兽，我不能忘记。"剧中同样表现出梦的重要性。克吕泰涅斯特拉问埃莱克特拉是否知道治疗折磨着她的恐怖噩梦的方法。牺牲一个女人，你自己的生命，埃莱克特拉回答，并以骇人听闻的细节描绘出俄瑞斯忒斯杀死克吕泰涅斯特拉的场面。"然后你就不会做梦了，我也不需做梦了。"

　　霍夫曼施塔尔的戏剧于1903年10月4日在柏林首演，由三十岁的马克斯·莱因哈特制作，在小剧院（Kleines Theater）里举行，格特鲁德·艾索尔特扮演埃莱克特拉。施特劳斯去看《埃莱克特拉》的具体日期并不确定，但可能是1905年10月21日至11月7日，戏剧在德意志剧院（Deutsches Theater）重演期间。不久后，施特劳斯和霍夫曼施塔尔会面，施特劳斯提出有意为《埃莱克特拉》谱曲。1906年3月7日，霍夫曼施塔尔问作曲家是否还有兴趣。施特劳斯回答，他"和以前一样"，已经把戏剧删节了三分之一作为脚本。但他认为需要再等几年，因为它的主题和《莎乐美》太相似了，他需要进一步脱离那部歌剧的风格。如他在1942年所回忆的那样："最初我因两个主题的心理学内容非常相似而推迟创作，我甚至怀疑自己是否有能力利用这个话题。但……《埃莱克特拉》的整体结构更严密，高潮更有力。"[1]施特劳斯的部分怀疑源自他一生中令前后两部作品形成对比的喜好。因

---

1. Strauss, 'Reminiscences of the First Performances of My Operas', 154–157.

此《梯尔·奥伦施皮格尔的恶作剧》之后是《埃莱克特拉》,《贡特拉姆》之后是《火荒》,《家庭交响曲》之后是《莎乐美》,《埃莱克特拉》之后是《玫瑰骑士》。紧张的霍夫曼施塔尔反对说两个主题并不相似:《莎乐美》是"紫色和紫罗兰色的炽热混合",而《埃莱克特拉》是"黑暗与光明的混合"。施特劳斯没有被说服,提出了一些其他主题。但霍夫曼施塔尔坚持不懈,安排了1906年5月8日在维也纳的另一次会面,说服施特劳斯继续。除了一些最初的草稿,音乐创作正式开始于1906年6月,当时施特劳斯在马尔库阿尔茨泰因度假。到12月,他已经写了不少,足以为霍夫曼施塔尔弹奏一些片段,后者在写给一位朋友的信中说:"我觉得它会很不错。"

这段假日之前就是在埃森举行的全德意志音乐协会音乐节,马勒的《第六交响曲》于5月27日首演。当时在场的年轻指挥家克劳斯·普灵斯海姆(Klaus Pringsheim)记得,在一次排练后,施特劳斯和往常一样漫不经心地说,这个乐章(应为终曲)"配器太重了——写出《莎乐美》的施特劳斯……这句话令马勒陷入沉思(因为是施特劳斯说的)。他后来不断提起,谈了很多他和施特劳斯的关系……他说的不是自己,而是他一直都认可的另一位,不带嫉妒和怨愤,几乎是谦逊、尊敬地质疑,为何一切对另一位来说都如此轻松而对他却如此艰难;宛如金发的征服者和黑发的、肩负命运重担者的对比"。[1]在对同一件事的另一段描述中,普灵斯海姆提到马勒曾说:"施特劳斯只需要几次排练,但音乐总是'听上去不错',而他,马勒却无休止地用排练折磨乐团以获得他需要的一切——但他什么时候才能在一场演出之后真的说完美无缺呢?"[2]即使并不赞赏施特劳斯的阿尔玛·马

---

1. K. Pringsheim, 'Zur Aufführung von Mahlers Sechster Symphonie', *Musikblätter des Anbruch*, Vol.2, No. 14, 1920, 497.
2. K. Pringsheim, 'Erinnerungen an Gustav Mahler', *Neue Zürcher Zeitung,* 1960年7月7日。

图 10 施特劳斯与胡戈·冯·霍夫曼施塔尔在罗当，1912 年

勒也说，虽然在埃森，马勒身边被包括门格尔贝格在内的支持者包围着，但是"他唯一关注的人是施特劳斯。除他之外，其他人都不那么重要"。据阿尔玛说，在埃森的一次排练之后，施特劳斯冷酷地打断了正在兴头上的马勒，告诉他需要在《第六交响曲》之前指挥一首《葬礼进行曲》之类的乐曲，因为当地的市长去世了。假如此事为真，这显然是一位职业指挥家会对另一位同事朋友提出的事先告诫。1946 年，

施特劳斯在瑞士读到阿尔玛的书，并在页边上写道："我不想理解这些东西。"他称这本书是"荡妇的自卑情结"（Minderwertigkeitskomplexe eines liederlichen Weibes）。

1907年，《埃莱克特拉》的创作进展缓慢，因为施特劳斯忙于加尔米什别墅的建造，《莎乐美》的制作和在这一年挤占了他许多假期的旅行指挥演出。他还要在柏林宫廷歌剧院工作（一个乐季六十场歌剧）。他在冬天进行配器。1907年10月7日，他写到了埃莱克特拉和俄瑞斯忒斯相认的场景。当时他感到面临"创作瓶颈"，便开始为已写完的段落配器。或许此时他再次注意到《莎乐美》和《埃莱克特拉》的相似之处："音乐张力的急剧增强一直持续到结尾：在《埃莱克特拉》中被音乐完全呈现的相认场景之后只能是舞蹈的宣泄——舞蹈（情节中心）之后是可怕的结尾高潮。"[1] 圣诞节前，配器已进行到克吕泰涅斯特拉登场了。

尽管两人在《埃莱克特拉》的创作中有过合作，但严格说来，这都算不上合作。如我们所见，霍夫曼施塔尔应施特劳斯的要求额外添加了一些台词，但脚本完全是施特劳斯的作品，是对戏剧技巧高超的浓缩。在继续讲述歌剧创作的历史之前，有必要仔细研究施特劳斯对原戏剧做出的改动。他使用了1904年出版的第五版，和往常一样在页边写下主题或配器说明的音乐注释。他做出删节主要有两个原因，一是出于音乐目的加快节奏，浓缩剧情；二是简化他认为无法传达给歌剧听众的霍夫曼施塔尔的某些心理暗示。他还做出了一个非常重要的改动。霍夫曼施塔尔在整部戏剧中从未提到过阿伽门农的名字。国王是未被指名的存在：埃莱克特拉总是说"父亲"。施特劳斯知道这会令歌剧听众误解，因而确保埃莱克特拉在第一段独白中说了六次他的

---

1. Strauss, 'Reminiscences of the First Performances of My Operas', 154.

名字——并且歌剧开始时，乐团演奏了非常响亮的由四个音构成的D小调动机，显然是在宣告"阿伽门农"。

　　施特劳斯几乎没有删节开头场景——炫技的"对话式"序幕，将必需的信息传达给听众——以及埃莱克特拉的第一段独白。五个女仆中有四个描述了埃莱克特拉的行为，她每天在同一时刻"为父亲哭泣，令所有墙壁发出回响"；如果她们和她靠得太近，她会啐她们，骂她们是苍蝇和青蝇；她向她们大喊说她在身体中养育了一只秃鹫；她和狗一起进食，埃癸斯托斯殴打她。只有第五个女仆为她说话——"她不是国王的女儿吗？……你们不配和她呼吸同样的空气"——这个女仆被带进房内责打。埃莱克特拉在阿伽门农被谋杀的同一时刻独自登场。她描述了阿伽门农被害的过程，以及她、克里索忒弥斯和俄瑞斯忒斯将如何为他报仇。然后他们会在他的墓前、杀害他的凶手身上舞蹈。"我会一点点抬高我的双膝。"施特劳斯要求演唱埃莱克特拉的女高音一登场就唱一段长而难的咏叹调，并无莎乐美拥有的在简短对话中"热身"的机会。另外，提到舞蹈，我们第一次听到了最后一场中埃莱克特拉死前宣泄、迷狂的舞蹈中沉重的圆舞曲节奏。

　　接下来，埃莱克特拉和克里索忒弥斯之间的那场戏被施特劳斯删去了一半。他将其塑造成以活在"当下"的克里索忒弥斯为中心，与醉心于过去和未来的埃莱克特拉形成对比。克里索忒弥斯前来警告埃莱克特拉，说"他们"计划把她锁进一座塔中。"他们是谁？"埃莱克特拉问——你是说那两个女人，"我的母亲和另一个女人，那个只在床上完成英雄业绩的废物埃癸斯托斯吗？"她建议妹妹不要到处打探别人说什么，而是"像我一样坐在门边，期待死亡和审判降临在她和他头上"。不，克里索忒弥斯说，她不能这样生活。她因她们被关在"这座监狱"而指责埃莱克特拉的仇恨。她想要生孩子，即使是和一个农夫。她嫉妒怀孕的女仆。她是为何而生活呢——"我们的父亲死了，我们的弟弟不会回归。"在戏剧中，埃莱克特拉有很多话要说。

克里索忒弥斯告诉她克吕泰涅斯特拉做过关于俄瑞斯忒斯的梦后，埃莱克特拉回答说是她把梦魇送给母亲的："我将此梦加诸其身。"她又描述了俄瑞斯忒斯如何回归并用斧头杀死克吕泰涅斯特拉。拥有歌剧创作天赋的施特劳斯将这段话改到她和克吕泰涅斯特拉对峙的下一场戏中，她直接告诉母亲，是自己把噩梦送给她的。

克吕泰涅斯特拉是施特劳斯创造出的最生动的角色之一。她的唱段很短，但女低音或女中音们将永远为能令听众心惊肉跳而感谢他。不过，必须指出的是，这个角色的第一位扮演者埃尔纳施蒂娜·舒曼-海因克（Ernestine Schumann-Heink）并不喜欢这部歌剧。那是"恐怖的嘈杂声，"她说，"我们都是疯女人。"施特劳斯认为她并不适任。但除了音乐外，哪个歌手—女演员能够抵挡得住舞台指导对王后登场的描述呢："在耀眼的火炬亮光中，她暗淡而浮肿的脸在猩红长袍的映衬下更加苍白。她一半靠着女伴，一半靠着一根装饰着珠宝的象牙手杖支撑身体……王后完全被珍贵的珠宝遮盖了。她的双臂戴满手镯，手指戴满指环。她的双眼肿得厉害，似乎要用很大的力气才能保持张开。"施特劳斯本人对这个角色的塑造也有些意见。这段话出自他的晚年，和舞台指导有些冲突："克吕泰涅斯特拉不应该被塑造成饱经风霜的老女巫，而应该是美丽、骄傲的女性，大约五十岁，她的崩溃发生在精神而非肉体上。"

霍夫曼施塔尔的克吕泰涅斯特拉在几个重要方面与索福克勒斯的克吕泰涅斯特拉有所不同。在古希腊戏剧中，她的梦不像在奥地利戏剧中那样重要。她认为谋杀阿伽门农是正当的：她是在为被阿伽门农杀害的她的长女伊菲姬妮复仇。她并不是因关于儿子俄瑞斯忒斯的噩梦而近乎疯狂，而是真心为他死去的儿子（假消息）而哀伤。霍夫曼施塔尔把她转变为弗洛伊德式的案例研究，刻意驱除关于谋杀丈夫记忆的堕落女性的刻板印象。在戏剧而非歌剧中，她说："它先是来了，然后又去了——左边期间我什么都没做。"施特劳斯在这第四场中删掉了霍夫曼施塔尔原剧的约40%。他将其改写，令其几乎成为埃莱克特拉的第二段独白，并加入了在戏剧中埃莱克特拉告诉克里索忒弥斯的，她对俄瑞斯忒斯杀死克吕泰涅斯特拉和埃癸斯托斯的幻想。为了保持平衡，施特劳斯从埃莱克特拉对克吕泰涅斯特拉的嘲笑中删去了二十四行，无疑，他认为霍夫曼施塔尔可以重复前文，但作曲家很难如此。他在整部歌剧中都力图绷紧节奏、增强张力。

1908年，施特劳斯把已完成配器的相认场景之前的总谱寄给出版商费尔斯特纳，后者用十万马克买下了这部歌剧的版权。1907年4月至1908年初，施特劳斯还在加尔米什别墅的建造上花了很多时间。他和宝琳于1908年6月搬进新家；21日，施特劳斯在暂停九个月后重新开始创作相认场景。他请霍夫曼施塔尔在她的唱词"没人在颤抖。啊，让我的双眼凝视着你……！"（Es rührt sich niemand. O lass deine Augen mich sehn…! F.S. p. 272, 排练号 no. 149a 前三小节）后为埃莱克特拉加上"伟大的安息时刻"的额外歌词。诗人在三天内完成了八行，这是他第一次专为施特劳斯创作脚本。这一场景完成于7月6日。

相认场景有着歌剧中最抒情的音乐。埃莱克特拉因想到俄瑞斯忒斯"完成大业"的欢乐——又是圆舞曲——在俄瑞斯忒斯及其导师被邀请进宫传递消息时到达顶点。埃癸斯托斯从外回归时响起了克吕泰涅斯特拉死亡的叫喊声。埃莱克特拉迎接他，一边嘲笑他，一边在明显预示着《玫瑰骑士》的圆舞曲伴奏下，把他带到燃着火炬的宫中走向他命运的终点。克里索忒弥斯从宫中跑来描述屠杀场面时，埃莱克特拉告诉她："我听不到吗？听不到音乐吗？它出自于我。"自此开始，歌剧在埃莱克特拉陶醉胜利的宏大圆舞曲组曲中走向终结。"我必须领舞。"这是她的死亡之舞。在此处，施特劳斯请霍夫曼施塔尔额外加上姐妹一同狂喜时的几行对话。但除了克里索忒弥斯一边敲宫门一边喊"俄瑞斯特"（Orest，俄瑞斯忒斯［Orestes］的昵称）之外，最后三十九小节全由乐团演奏，施特劳斯直到三十年后的《达芙妮》

(*Daphne*)时才重复了这样的做法。

施特劳斯写给霍夫曼施塔尔关于《埃莱克特拉》的信虽然不多，但完美展现了两人的关系将要持续二十年的迹象。尽管霍夫曼施塔尔是一位剧作家，但施特劳斯是更实际的戏剧工作者。他被杀死克吕泰涅斯特拉和埃癸斯托斯这一场戏的展开难住了：

> 当然，俄瑞斯忒斯**在房间里**。当然，舞台中间的前门关上了。克里索忒弥斯和女仆们在第88页快跑进**左边的房间**。在第91页（埃癸斯托斯被杀死后）她们"疯狂地冲出来"。从哪里？左边还是通过中间？第93页：克里索忒弥斯是跑出来的。从哪里？从右边通往庭院的门吗？为了什么？显然俄瑞斯忒斯是在房子中间的！克里索忒弥斯为什么在第94页又跑回来？她在最后为什么敲打前门？真的因为它被锁上了？请一定详细回答我的这些问题。[1]

全剧草稿完成于8月20日，总谱完成于9月22日。施特劳斯致信给将于1909年1月25日指挥首演的恩斯特·冯·舒赫："结尾非常生动。"[2] 在关于《埃莱克特拉》的回忆录中，他"几乎是被诱惑着说"这部歌剧"对《莎乐美》来说，就像完美无瑕、技术上更统一的《罗恩格林》之于凭借灵感的初次尝试《汤豪舍》一样。两部歌剧在我一生的创作中都是独特的；在它们之中，我深入和声、心理复调（克吕泰涅斯特拉的梦）和现代人接受能力的极限"。[3] 将施特劳斯和瓦格纳相比较似乎过于严厉而并无必要。尽管今天《埃莱克特拉》普遍被认为是更伟大的作

---

1. F. and A. Strauss (eds.), *Correspondence Between Richard Strauss and Hugo von Hofmannsthal*, 12–13.
2. von Schuch, *Richard Strauss, Ernst von Schuch und Dresdens Oper*, 82.
3. Strauss, 'Reminiscences of the First Performances of My Operas', 154–157.

品，但《莎乐美》纯粹的色彩、戏剧性、创新性和极端性同样突出。施特劳斯在《埃莱克特拉》之后离开了"现代性"并退回到不含无调性的舒适世界的说法毫无意义。不能说《玫瑰骑士》是一种倒退，因为《埃莱克特拉》并非施特劳斯风格中某些稳步规划的创作发展的顶点。这是他的所需和必须之间存在巨大差异的另一个例子。施特劳斯并没有像勋伯格那样系统性地向先锋派风格前进。他的风格能够按他所选择题材的表现要求变化——对比越明显（如他的艺术歌曲中），他越喜欢。因此，他在《埃莱克特拉》中选用令人毛骨悚然的音乐表现克吕泰涅斯特拉的噩梦，同样，他也会选用合适的音乐表现梯尔·奥伦施皮格尔和堂吉诃德的冒险，以及靠近地牢倾听施洗者约翰的遭遇的莎乐美。在许多方面，《莎乐美》比《埃莱克特拉》更加激进，后者的结构更接近分曲歌剧（number opera）。克吕泰涅斯特拉的音乐听上去更接近无调性或全音阶，而实际上是有调性的，可以通过和弦分析来证明。吊诡的是，先锋和传统可以同时并存。甚至在她描述噩梦之前，耳朵敏感的听众也能注意到某些相互冲突的风格影响：对《玫瑰骑士》的预示、《莱茵的黄金》的回声，甚至有点戴留斯式的半音主义。

在《埃莱克特拉》中施特劳斯并没有像在《英雄生涯》中那样，在风格或手法上做出真正激进的改变。不过，克吕泰涅斯特拉的噩梦咏叹调是个特例，是施特劳斯最非凡的作品之一。以克吕泰涅斯特拉疲惫的身体上装饰着的金属碰撞的叮当和咔哒声开始，随着她讲述侵蚀骨髓的噩梦以及她试图入睡时令她浑身不快的"某种东西"时，音乐呈现出双调性、无调性特征。施特劳斯画家般的配器天赋能够展现出霍夫曼施塔尔歌词中所有的异域风格弦外之音（尽管在删节戏剧时，和《莎乐美》中所做的一样，施特劳斯删掉了许多过于色情的段落）。但音乐并不仅是技巧高超的图画，它来自施特劳斯心灵深处，以及他用外表的冷淡如此成功地掩盖的深受母亲精神不稳定折磨的内心。

克吕泰涅斯特拉和埃莱克特拉之间以及克里索忒弥斯和埃莱克特

拉之间的两个场景，是施特劳斯歌剧中两位女性歌手之间许多精彩对手戏的首个例子。两姐妹的第一个场景表达了女性对男性的正常感官欲望，而第二个场景出现了埃莱克特拉对妹妹的不自然的女同性恋式态度。阿拉贝拉和兹登卡这对相爱的姐妹，在心理上并没有脱离她们所厌恶的古代前辈的世界；埃莱克特拉迷恋鲜血和复仇的独白，是玛莎琳在《玫瑰骑士》中对时间消逝的深思和《随想曲》中马德莱娜伯爵夫人对歌词和音乐的梦幻的野蛮先驱。但她们都是施特劳斯心中的姐妹。施特劳斯的风趣即使在充满暴力血腥的作品中仍被不可抵挡地呈现出来。埃莱克特拉嘲笑埃癸斯托斯，把他带向死亡时她好像是在预示奥克塔维安－玛丽安德尔嘲弄奥克斯的音乐。在其他地方也有对《玫瑰骑士》圆舞曲节奏的预示。埃莱克特拉的第一首咏叹调就暗示了她蹒跚、夸张的死亡之舞，这支圆舞曲的每一处都同拉威尔《圆舞曲》的高潮部分一样被蛮力扭曲。很少有作曲家像施特劳斯那样如此了解自己和自己的目标。他看出了霍夫曼施塔尔的弗洛伊德式台词能为他提供的一切，他拥有能够迎接挑战的技术和心理武装。在《莎乐美》和《埃莱克特拉》中，他用自己所能做到的一切刻画了情感障碍：进行更深入分析探索是别人的领域。他用三度音程描绘出阿伽门农悲惨家族的谱系，他用上行四度在歌剧历史中无可磨灭地刻下了埃莱克特拉和弟弟的相认，他用歌剧中几乎每一场都有的Ｃ小调和Ｃ大调间的张力勾画出被杀死的阿伽门农以及为谋杀他而赎罪的过程，他用降Ｅ小调和Ｃ大调和弦结束了他无情的悲剧。在考量《埃莱克特拉》中的和声关系时有必要再次引用格伦·古尔德的话："施特劳斯的全部作品中贯穿着无处不在的雄心，即寻找新的方法使调性和声语汇能够得到扩张的同时又不至于被削弱到半音化停滞的情况。"[1]

---

1. G. Gould, 'Strauss and the Electronic Future', *Saturday Review*, 1964年5月30日, 59。

如今，我们不再像1909年时那样面对这部伟大歌剧的音乐时表现出恐惧——"野蛮人的不协和音""丑陋的极限"，等等。但它扣人心弦、令人战栗、惊骇，将听众牢牢固定在座位上的力量并未消退。我们可以看出人们已经熟悉的施特劳斯特征：三个超凡的女声声部，一个出色的男中音角色，以及最重要的、令人惊叹的技艺高超、才华横溢的管弦乐。音乐充满铁血之声，但也有谐谑曲般、织体类似室内乐的段落——正如施特劳斯所说的"门德尔松的精灵音乐"。它的乐团编制是施特劳斯歌剧中所用到的最大的，有六十多把弦乐器，四十多支管乐器，包括低音双簧管、降E大调单簧管、两支巴塞特管、八支圆号（其中四人兼奏瓦格纳大号）、低音小号和倍低音长号。二十四把小提琴和十八把中提琴分成三个部分，其中六把中提琴用于加强小提琴声部。弦乐和圆号的音响最突出，但在克吕泰涅斯特拉登场时瓦格纳大号的使用非常精彩——它们表现出受伤动物的形象。遗憾的是，在不到两小时长的作品中，某些场景遭到删节已成积习。施特劳斯不同意。他精确地计算《埃莱克特拉》的效果，删节破坏了结构。"结构的统一"是戏剧吸引他的原因。

施特劳斯下一次涉足古希腊神话时，会将它与即兴喜剧融合。1909年2月，霍夫曼施塔尔无意中透露，自己正在起草一部歌剧的一个场景，"包括两大部分，其一是男中音，其二是一个女扮男装的优雅少女……时代：玛丽亚·泰蕾莎女皇治下的古老维也纳"，这激起了施特劳斯的兴趣。《玫瑰骑士》的世界正在成形：施特劳斯不需要离开《埃莱克特拉》太远，就能进入新作品的创作。事实上，两部歌剧都属于1900年代的维也纳。人们有时会忽略《玫瑰骑士》是霍夫曼施塔尔第一部专门为施特劳斯谱曲而创作的脚本。这部"音乐喜剧"开启了伟大的合作关系——可以媲美莫扎特与达·蓬特、威尔第与皮亚韦的合作关系。幸运的是，他们的合作多数依靠通信，因此两人之间的迷人关系得以被深入研究。他们的个性极为不同。霍夫曼施塔尔比施特劳斯小十岁，多愁善感、心神不定、自命不凡、内向孤僻。如他在1909年所写，他的作品有时会因他所说的"不严重却痛苦的精神沮丧"而耽搁两三周。施特劳斯自信、务实、温和、理智。有些作者认为这两位性格完全相反，并非真正互相欣赏。他们信中许多互敬互爱的表达与这种说法相悖。他们见面不多，但不是因为相互讨厌，也不是因为某些人所说的，霍夫曼施塔尔不喜欢宝琳而不愿在加尔米什逗留。他需要独处和距离——就是现在流行的说法"空间"——喜欢住在旅馆而非别人家中。二十多年来，他们在通信中一直保持着一种在今天难以想象的庄重——总是"亲爱的施特劳斯博士"和"亲爱的冯·霍夫曼施塔尔先生"——只有施特劳斯偶尔会写"我亲爱的朋友"或"亲爱的诗人"。"理查"和"胡戈"——绝不会有！认识到合作潜力的是施特劳斯。在他1906年3月11日写于柏林的关于《埃莱克特拉》的第一封信中，他对霍夫曼施塔尔可能创作的任何"能谱曲的"东西都要求"优先权"："我们的方向如此相通，我们是为各自而生的（笔者加重），如果您不抛弃我，我们一定能大有所成。"[1]霍夫曼施塔尔的态度体现在1909年《埃莱克特拉》首演后写给友人哈里·凯斯勒（Harry Kessler）伯爵的一封信中：

> 希望我能够对他产生一定的影响。在这种不同寻常的关系中，我有责任在某种意义上指导他，我对艺术的理解超过他，或者说是品位更高更好的问题。他在精力或实际才能方面或许要超过我，但这不是重点。

施特劳斯在1945年说，霍夫曼施塔尔"训练了我通常并非无可挑

---

1. F. and A. Strauss (eds.), *Correspondence Between Richard Strauss and Hugo von Hofmannsthal*, 3. 本章下文的脚注都取自这封信。

剔的品位",但诗人错误估计了音乐家,或许是因为对他并不那么了解。施特劳斯对绘画和文学(从歌德到许多当代作家)的了解不逊色于霍夫曼施塔尔,但他并不张扬。

传言说施特劳斯在《莎乐美》和《埃莱克特拉》丑闻之后的下一部歌剧是背景为十八世纪维也纳的喜剧,消息传开后,各大歌剧院争先要求上演。《玫瑰骑士》于1911年1月26日在德累斯顿的首演是一战前最后几年中的一次歌剧盛事。1911年德累斯顿的五十场演出和维也纳的三十七场演出吸引了如此多的观众,以至于需要临时添加场次。在慕尼黑狂欢节上,十九位穿着银色绸衫的玫瑰骑士加入游行。市面上出现了"玫瑰骑士"牌子香烟和香槟。直至今天还有一列以此冠名的火车每天在欧洲穿行。

关于《玫瑰骑士》的诞生,多数记述都是以霍夫曼施塔尔于1909年2月11日写给施特劳斯的一封信开始的,他在信中提到一个"完全独创的场景",又说,"我和凯斯勒伯爵讨论了它,他非常喜欢"。凯斯勒(1868—1937)是德国外交官、学者、记者,还是魏玛克拉纳赫(Kranach)出版社的经理。1909年2月,霍夫曼施塔尔和他同在魏玛。1988年,凯斯勒1906至1909年的日记被发现,透露出他在《玫瑰骑士》剧情成形过程中所扮演的重要角色。凯斯勒告知霍夫曼施塔尔,法国作曲家克劳德·特拉斯(Claude Terrasse, 1867—1923)的轻歌剧《天真的浪荡子》(*L'ingénu libertin*, 1907)的脚本作家路易·阿尔图(Louis Artus)引用了卢弗·德·库弗雷(Louvet de Couvray)1781年的小说《法布拉骑士的冒险》(*Les aventures de Chevalier de Faublas*)的片段。凯斯勒描述了一个部分以莫里哀的《浦尔叟雅克先生》(*Monsieur de Pourceaugnac*)为基础,关于一个自命不凡的外省人去巴黎求娶年轻妻子索菲的场景。"(霍夫曼施塔尔)他觉得这是他能与施特劳斯合作的东西,"凯斯勒写道,"这样一部喜剧能为他和施特劳斯赚到足够的钱以支付孩子们的学费。"2月12日,他和霍夫曼施塔尔一整天都在构思剧情——"霍夫曼施塔尔和我创作的内容如此适配，有时很难区分"。第二天，他们前往柏林，霍夫曼施塔尔在那里把剧本交给了施特劳斯。

接下来几天的记录明确展现出《玫瑰骑士》的一些剧情。例如，"在第一幕中P先生（后来成为奥克斯的浦尔叟雅克）可以把指导意见交给公证员，而在舞台右侧，侯爵夫人在做头发，长笛手在演奏懒洋洋的曲调"。之前2月11日的记录也很重要："（霍夫曼施塔尔）找到了法布拉斯为何作为新娘信使被派去索菲处通知——据古老的维也纳习俗——新郎将要去拜访新娘，并送给她一朵银玫瑰的理由。第二幕可以这么开始，和粗俗的浦尔叟雅克形成漂亮而精致的对比。"毋庸置疑，霍夫曼施塔尔自己发明了这种"古老的习俗"，虽然他可能是从某些贵族家庭的纹章中获得了灵感。他把法布拉斯改名为奥克塔维安。

施特劳斯对《玫瑰骑士》脚本第一场的激动回复非常著名："它就像融化的黄油一样自己产生出音乐：我已经有了想法。您是达·蓬特和斯克里布的合体。"（1909年4月21日）一个月后他又说："我的创作就像洛伊萨赫河一样顺畅地流淌：我在创作一切——从头到脚。"（这时就已包括舞台指导！）施特劳斯当时不甚忙碌的部分原因是1908—1909乐季柏林宫廷歌剧院允许他休假。他于1908年升任为首席音乐总监。尽管仍要指挥音乐会和音乐节的演出，但他不必整年日复一日地忙于指挥歌剧。他于1909年10月回到柏林工作，当月24日指挥了《埃莱克特拉》在当地的第二十五场演出（莱奥·布莱赫［Leo Blech］2月15日指挥了柏林首演）。1910年6月19日，他初次在维也纳歌剧院登台，指挥的也是《埃莱克特拉》。

未来的一切似乎（频繁地）在1909年7月自然而然地展开，施特劳斯告诉霍夫曼施塔尔："根据目前的情况，我可能不能使用第二幕。它的结构不好，太沉闷……太直接单调了。"他建议改动奥克斯登场后的动作，霍夫曼施塔尔毫不迟疑地接受了。逗笑取悦观众的部分多数出自施特劳斯之手。"您的批评意见绝对是最令我受益匪浅的。"霍夫曼施塔尔写道。施特劳斯解释说:"我的批评意见意在鼓励您,而不是令您灰心。"霍夫曼施塔尔和凯斯勒说起这些改动:"我一开始很失望,但越来越接受它们。这一幕显然因它们大有改进……我为此非常感谢施特劳斯……鉴于他准确的直觉,我可以肯定这完全是正确的。"但当施特劳斯第一次把第一幕弹给他听时,霍夫曼施塔尔对奥克斯描述他农场里的少女们在被他触摸时跑去干草堆里这一段的极强伴奏不满。他致信给凯斯勒:"他的粗俗真是令人难以置信,他对于琐碎庸俗有着如此可怕的癖好……非常复杂的个性,但粗俗就像泉水涌出一样容易浮现在他身上。"

无论是霍夫曼施塔尔还是施特劳斯在冬天都不搞创作,因此关于《玫瑰骑士》的通信在1909年9月至1910年3月间停止了。施特劳斯说,他将于10月1日在柏林开始为前两幕配器——"乏味的工作!"他1910年5月2日的下一封信宣告了第三幕创作的开始。两周后他的母亲去世,享年七十二岁。他给脚本作家的下一封信表达了对第三幕玛莎琳来到酒馆后的情节不满——"太宽泛、太散漫、一切都是按部就班,而不是接踵而来。"霍夫曼施塔尔再次奉命行事。临近最后,他开始担心在奥克斯最终离场后,人们的兴趣会减退,剧情会变得冗长乏味。他提议删减。施特劳斯提醒他:"作为一个音乐家,只要他想,就能在结尾实现最绝妙的效果——因此您应该放心把它交给我来判断。"他完全没错,因为歌剧的最后一部分包括伟大的三重唱——它的主题是为玛丽安德尔在酒馆里的"不,不,我不喝酒"(Nein, nein, I trink kein Wein)伴奏的圆舞曲的慢节奏版——以及施特劳斯在霍夫曼施塔尔写台词之前创作的索菲和奥克塔维亚的二重唱("像莫扎特的东西,"霍夫曼施塔尔这样描述,"离开瓦格纳那令人无法忍受的情欲叫喊")。德累斯顿剧院经理冯·西巴赫(von Seebach)伯爵收到脚本后要求删减奥克斯夸耀他在干草堆里淫行的那一段,诗人并未

图 11 银玫瑰的呈献:《玫瑰骑士》第二幕手稿中的一页

极力反对这一要求（伯爵还宣称玛莎琳和奥克塔维亚在歌剧开始时不能在床上）。施特劳斯在脚本中做了一些改动，但声乐钢琴谱和总谱都保持原样——"我们的目的并非削弱喜剧，而不过是愚弄那些心带邪念阅读脚本的人！"

《玫瑰骑士》（*Der Rosenkavalier*）的巨大成功——施特劳斯总是把它拼作"Rosencavalier"——部分要归功于阿尔弗雷德·罗勒尔（Alfred Roller）精妙的布景和服装，它们在"二战"后被保留了下来。维也纳宫廷歌剧院不肯放男低音理夏德·迈尔（Richard Mayr）——奥克斯的声部是为其创作——前往德累斯顿参加首演，当地的制作人格奥尔格·托勒尔（Georg Toller）没法处理好舞台演出。马克斯·莱因哈特受施特劳斯邀请接手了演出，而施特劳斯天真地想象不出托勒尔为何大发雷霆。他在1910年11月致信给指挥家舒赫："我完全无法预计，像托勒尔这么聪明的人不会为能得到莱因哈特的帮助而高兴。即使今天我也愿意像小学生一样和您、马勒或其他人学习，完全不会认为这是在自贬身价。"[1] 这部歌剧作为"音乐喜剧"的效果几乎完全归功于施特劳斯对戏剧以及歌剧舞台效果的知识和理解。在作品构思初期，他就指出，观众们会好奇在第三幕中，身份特殊的玛莎琳为何会突然出现在维也纳贫民区酒馆里。也是他，而不是脚本作家，在奥克斯和警长的对话中加上一段舞台指导，让奥克斯的私生子列奥波德（哑角）从中门跑出。他在玛莎琳登场后立即回归，奥克斯对他点头表示认可（即使如此，这一细节经常被人忽略，除非制作者有意凸显）。

虽然《玫瑰骑士》并非施特劳斯最伟大的歌剧，但毋庸置疑，它是最受喜爱的。它在公众心目中的地位不可取代。它有出色的情节，既动人又有趣，它有美妙的旋律，它有生动的角色，就像老朋友一样

---

1. von Schuch, 95.

容易亲近，它是（或应是）一种视觉上的享受，脚本也写得很好。但全面来看，它是有缺陷的。它的剧情有松散之处。正如施特劳斯所承认的那样，有些地方过于冗长，特别是第三幕中段。霍夫曼施塔尔总是对施特劳斯为某些台词谱曲的方式不满——"风格完全不对"，他抱怨道。例如，第二幕法尼纳尔的仆人们滑稽合唱的歌词，"以滑稽风格飞快进行，也就是说明显的奥芬巴赫风格；而您用**沉重的**音乐令它窒息，因此完全与歌词的目标——对轻歌剧的有意模仿背道而驰。这一段的欢快不再存在……第一幕的结尾也是如此。男仆们一个接一个轮换登场（玛莎琳让他们去把奥克塔维安叫回来），用明显的波西米亚口音报告简短的消息，而您写了一种短小的猎人合唱，在此处听上去非常吓人。我觉得，第三幕男爵的退场同样严重违背了整部作品的风格。"[1]这些话写于1916年6月——简直是耿耿于怀！

一些二十世纪的顶尖歌手们为玛莎琳、奥克塔维亚、索菲和奥克斯的角色增光添彩：他们个性的某些方面似乎在音乐中徘徊不去，对后来者造成了永恒的挑战。但其他声部的刻画同样尖锐、生动。哪里还有比法尼纳尔的段落更准确地描绘出暴发户自命不凡的音乐？意大利阴谋家瓦尔扎基和安妮娜的音乐有着罗西尼式的闪烁和欢快，他们窃窃私语、巧言哄骗，像转调一样轻松地变换阵营。忙乱、易怒、慈爱的索菲的女教师、酒馆主人、律师——所有人都被描绘得再精确不过。歌剧的音乐精彩地结合了不同前辈的风格——显然有瓦格纳和莫扎特，当然还有约翰·施特劳斯。使用圆舞曲——歌剧创作时在保守的德国宫廷里依然遭禁——既是对《蝙蝠》的致敬，又是对莱哈尔《风流寡妇》的抨击，施特劳斯蔑视这种音乐的成功，或许还有点嫉妒。施特劳斯在《玫瑰骑士》中展现了用先进的音乐风格创作喜歌剧

---

1. F. and A. Strauss (eds.), *Correspondence Between Richard Strauss and Hugo von Hofmannsthal*, 252.

的可能性。许多人都指出圆舞曲在《玫瑰骑士》的时代并不存在。实际上整部歌剧的时代都是错误的。剧中1740年代的维也纳其实是霍夫曼施塔尔发明的,而且事实上是后弗洛伊德时代的维也纳(相当于爱德华时代的伦敦)。音乐有些十八世纪的痕迹,但主要属于二十世纪。然而吊诡的是,制作者试图将歌剧背景改到作品创作的时代或十九世纪,但是失败了。要想成功,就只能模仿十八世纪的布景匹配施特劳斯对维也纳的巴伐利亚式嘲讽。作品不能粗制滥造。"维也纳喜剧,不是柏林闹剧。"施特劳斯在回忆录中写道。但在某些方面,他总是冒着滑稽元素占上风的危险,发掘被他仿照威尔第的法尔斯塔夫塑造的奥克斯伯爵的矛盾性格。他把奥克斯伯爵描绘成"英俊的乡下唐璜,约三十五岁,贵族(虽然因在乡村生活而有些粗俗),在玛莎琳的沙龙里表现得足够循规蹈矩"。怎么表现的,通过捏玛莎琳女仆的屁股吗?问题是,奥克斯的音乐与施特劳斯对他的理想观念背道而驰。施特劳斯在首演前建议舒赫:"轻松、流动的速度,不要强迫歌手喋喋不休地唱。简而言之,是莫扎特而非莱哈尔。"施特劳斯也说,"我最擅长的是感伤和滑稽模仿",《玫瑰骑士》最好的演出应注重轻松和滑稽模仿的因素。第一幕的情色引子和第一场中引用的《特里斯坦与伊索尔德》在一开始就响起了这种滑稽模仿的音调。这种爱情不会因死亡而告终,而是擦干眼泪,活下去继续去爱。

《玫瑰骑士》不应被当作掼奶油和萨赫巧克力蛋糕。它是涂着厚奶油的蛋糕——其和声有时比《埃莱克特拉》更激进。不能演奏得太过甜美。和声中有一种柑橘香气,部分弦乐谱曲中透着辛辣的味道,钢片琴的叮当声中包含着幻灭感。霍夫曼施塔尔对一见钟情的爱情太过天真浪漫,而施特劳斯则更现实更愤世嫉俗。罗兰在《莎乐美》中感到的冷酷和《埃莱克特拉》中的超脱在《玫瑰骑士》中都有体现。例如第二幕呈献玫瑰场景的结尾这个施特劳斯作品中最受喜爱的片段,奥克塔维亚和索菲青春爱情的狂喜洋溢在剧院的每一个角落,而降 E 大调单簧管插入了一段之前在奥克塔维亚和玛莎琳欢好时演奏过的乐句，同一个乐句稍经变化后又成为接下来奥克塔维亚和索菲之间一本正经对话的伴奏。我认为，施特劳斯是在告诉我们，奥克塔维亚和奥克斯一样都是浪荡子，只是他还在萌芽状态。他对索菲的爱不会持久（钢片琴这样告诉我们）。另外，玛莎琳也不只是个美貌开始消逝的贵妇人。她能够残忍无情——例如对待第一幕中归来的奥克塔维亚的态度和第三幕中对奥克斯的严厉责骂（毕竟，她默许了奥克塔维亚在第一幕中讲述她的风流韵事。她显然并不感到震惊）。但她在美妙精彩的声乐片段——三重唱中融化了听众的心——吊诡的是，和歌剧中其他精彩片段一样，如呈献和索菲-奥克塔维亚的三段二重唱——这一段仍是以器乐方式构思的，人声是乐队织体的一部分。施特劳斯家族中流传的故事是这样的：施特劳斯在钢琴上创作三重唱，继续他已经开始的创作，宝琳在另一个房间喊"继续，继续"。"不会太长吗？"他回应。"不！"她回答。"继续，继续！"

德累斯顿首演后一个月内，《玫瑰骑士》在纽伦堡、慕尼黑（1911年2月1日）、巴塞尔和汉堡相继上演。然后是米兰、布拉格、维也纳和科隆（施特劳斯6月17日在那里首次指挥它）。比彻姆指挥的伦敦首演是在1913年1月29日，纽约大都会歌剧院首演是在1913年12月9日，指挥为阿尔弗雷德·赫尔茨（Alfred Hertz）。巴黎直到1927年才上演，原计划1915年的演出被取消了。维也纳乐评界非常不喜欢这部作品（"廉价的低级趣味"）。但在八个月中，它在那里上演了三十七场。米兰首演由图里奥·塞拉芬（Tullio Serafin）指挥。人们对圆舞曲报以嘘声（因为斯卡拉的观众们只习惯在芭蕾舞剧中听到它），还发生了观众斗殴事件。施特劳斯于1911年辞去了柏林音乐总监的职位改任常驻客座指挥。柏林首演于1911年11月14日举行。经理许尔森最初曾告诉施特劳斯，"这并非适合你的脚本"，但在坚持进行一些删改后最终同意上演。只要歌剧能上演，霍夫曼施塔尔和施特劳斯都不太介意删改。演出非常成功,皇帝也出席了一场,这是他听过的唯一一部施特劳斯的歌剧。他说:"这对我来说不是音乐!"

1911年7月,施特劳斯致信给霍夫曼施塔尔,承诺柏林"舞台布景非常漂亮",但诗人观看后,抱怨道:"某个专攻厕所装饰的画家在粗陋的蓝色幕布上涂抹着**作品本身的角色**,这是一种侮辱——用您的行话说,就好像自动钢琴在剧院吧台或更衣用的化妆室里随便弹出您的音乐的主要段落。"他认为柏林制作"充斥着最愚蠢的兵营气质",它"练兵般的一丝不苟和挥金如土"毁灭了一切精致的迷人之处,磨掉了一切棱角,"单调得死气沉沉"。柏林的演出并无删节。施特劳斯恼火地察觉,只要他一离开德累斯顿,舒赫就开始删节歌剧,后者因此而臭名昭著。作曲家写了一封言辞激烈的信,威胁说如果不恢复那些未经他允许就被删节的段落,他将诉诸法律手段。在另一封信中,他对舒赫指出,他看漏了第三幕中一处很大篇幅的删节,不然剧情不至于被拖延了好几分钟。他指的是三重唱。舒赫并不觉得好笑(在1921年9月写给弗朗兹·沙尔克的信中,施特劳斯把舒赫描绘为"非常有才能的指挥,但从其他方面说,非常平庸低劣的乐长随从")。

"知识分子界"对《玫瑰骑士》的态度,可以用托马斯·曼在菲利克斯·莫特尔指挥慕尼黑首演后写给霍夫曼施塔尔的一封信来概括说明。托马斯·曼和施特劳斯互不买账。小说家把作曲家描绘为"在保龄球场能遇到的那种似乎有些天赋的人",施特劳斯把托马斯·曼说成是"烦人的贵族"。托马斯·曼和霍夫曼施塔尔说他事先读了脚本,欣赏它的"优雅精致"。他又写道:

> 但上帝啊,您对施特劳斯填充、拉长您轻盈的结构怎么看呢?迷人的笑话被搞成了四小时的嘈杂声!……在这种音乐里,维也纳在哪,十八世纪在哪?起码不是在圆舞曲中。它们是不合时宜的,给整部作品加上了轻歌剧的印迹。要真

图12 《玫瑰骑士》第三幕三重唱首唱演歌手,(从左到右)米妮·纳斯特(索菲)、艾娃·冯·德奥斯滕(奥克塔维亚)、玛格丽特·西姆斯(玛莎琳)德累斯顿,1911年

是就好了。但这是音乐戏剧中最负盛名的一种——且因施特劳斯完全不懂瓦格纳不会令庞大的乐团淹没音乐的技术,所以一个词也听不清。

最后一点大概没错,因为莫特尔以放任乐团"淹没"歌手而臭名昭著。

在音乐上更为重要的是比施特劳斯年轻的音乐家们的意见。维也纳《玫瑰骑士》演出的观众中就有时年二十七岁的安东·韦伯恩。他致信给友人兼导师阿诺德·勋伯格(时年三十六岁),说施特劳斯的歌剧"越来越没法取悦我。我倾向于对他做出最严厉的评判,但另一方面,施特劳斯确实拥有一种无处不在、极为高超的技艺,这是普菲茨纳和雷格尔等人所没有的。无论如何,他当然比他们更重要"[1](韦伯恩本人在1910年已创作了自己激进的《四首小品》(Op. 7)和《两首歌曲》(Op. 8),和施特劳斯完全是天壤之别)。1911年夏,韦伯恩为勋伯格组织了募捐,后者当时不得不离开维也纳、放弃教职以躲避一个邻居疯狂的反犹行为。他的募捐传单得到了四十八人签名支持,包括施特劳斯。因《玫瑰骑士》和勋伯格的《六首小曲》(Op. 19)都属于1911年,而施特劳斯也在这一年确定"退出"现代派,所以这两位作曲家的关系值得探究。

1901年,勋伯格住在柏林,《火荒》的脚本作家恩斯特·冯·沃尔佐根邀请他为自己在亚历山大广场一栋住宅里演出的讽刺歌舞表演"超级卡巴莱"指挥和作曲。我们可以推测,勋伯格是由沃尔佐根介绍给施特劳斯的,后者帮助他在斯特恩音乐学院谋得一个教职,并答应看看他的音诗《佩利亚斯与梅丽桑德》的乐谱。施特劳斯还交给他抄写自己宏大的合唱作品《泰勒菲尔》分谱的任务,并推荐他为其他

---

1. H. Moldenhauer, *Anton von Webern, a Chronicle of His Life and Work* (London, 1978), 148.

作曲家做同类工作。施特劳斯担任理事的李斯特基金会给勋伯格发了两次的年金，每次一千马克。施特劳斯描述勋伯格的音乐"就现在来说有点太沉重了"，但他拥有"极高的才能和天赋"。1903年，勋伯格移居维也纳，但仍和施特劳斯保持联系。他希望施特劳斯能在柏林的音乐会上指挥他的一首作品，但施特劳斯说"疯狂保守"的听众不会接受的。1909年收到勋伯格的《五首管弦乐小品》（Op. 16）时，施特劳斯感到难以理解，但他告诉勋伯格："我有勇气，但您的作品在色彩和音响上的试验太大胆了，现在我还不敢把它们介绍给特别保守的柏林公众。"[1]他们最后一次见面是在1912年2月施特劳斯指挥的一场柏林音乐会上。音乐会结束后，勋伯格和韦伯恩去见施特劳斯。"他非常友好，"勋伯格在日记中写道，"但我很笨拙，就像十五岁的学生一样手足无措。"此时施特劳斯已经了解勋伯格的前进方向，但这并未妨碍他支持这位更年轻的同行，因为"谁也不可能知道后世之人的想法"。他的友人马勒去世后，他成为1911年5月建立的马勒基金会的理事，三次通过了支付给勋伯格三千克罗宁的提议。但他在给马勒的遗孀阿尔玛的一封信中写道："现在只有精神病医生才能帮助可怜的勋伯格……我想他现在与其在乐谱纸上胡乱涂画，还不如去铲雪。"[2]这评论并不明智，特别是收件人是狡猾的阿尔玛，她马上把信转给了勋伯格。勋伯格拒绝了为施特劳斯1914年的五十大寿"写点什么"的建议。他引用了施特劳斯的评论，并说：

> 在我看来，我自己以及事实上所有知道这些说法的人，必然会认为施特劳斯先生作为人（因为他嫉恨"竞争者"）

---

1. G. Brosche, *Richard Strauss und Arnold Schoenberg (Richard Strauss-Blätter,* Neue Folge, Heft 2, 1979年12月), 21.
2. E. Stein (ed.), *Arnold Schoenberg Letters* (Faber, 1964), 50–51.

和作为艺术家（因为他使用的表现手法和下流歌曲一样庸俗）持有的看法是不适合公之于众的……我对他不再有任何艺术上的兴趣，如果说我曾从他那里学到过什么，谢天谢地，我可以说我误解了……我无法不说，因为我理解马勒（我不知道为什么别人不能），我的内心拒绝了施特劳斯。[1]

但在后文我们会看到，1946年施特劳斯被指控支持纳粹时，勋伯格为他辩护。

---

1. E. Stein (ed.), *Arnold Schoenberg Letters* (Faber, 1964), 50–51.

[第十三章]

"阿里阿德涅"危机

《玫瑰骑士》之后,施特劳斯再未获得过压倒性的胜利。它在世界范围内的如此成功,极难再现。尽管他仍然是德国音乐的领头人,每首新作品的问世都是音乐界的大事,但巅峰已过。讽刺的是,他的下一部歌剧激进地远离了他曾尝试的一切,却也是他最伟大的成就之一。但《阿里阿德涅在纳索斯》最初并没有引起他的兴趣,他创作它的原因主要是为完成任务而非受灵感推动。施特劳斯最常遭受的批评是,在《埃莱克特拉》之后,他退入《玫瑰骑士》舒适的洛可可世界,不再做"进步的"作曲家。这是一种对现代主义非常简单化的认识。事实上,施特劳斯在《玫瑰骑士》中回到十八世纪、在《阿里阿德涅在纳索斯》中回到即兴喜剧的时间旅行是领先于多数人的。斯特拉文斯基、普罗科菲耶夫甚至是勋伯格,以及英国的沃恩·威廉斯(他的小提琴协奏曲)都创作了回望巴洛克时代的作品。《阿里阿德涅在纳索斯》后施特劳斯的所有歌剧都以独特的构思,以及许多方面的技艺而独树一帜。

《玫瑰骑士》首演之前,施特劳斯开始纠缠霍夫曼施塔尔为夏天的演出创作新脚本。他对《塞米拉米斯》(*Semiramis*)有兴趣,但霍夫曼施塔尔表示反对。1911年3月17日写于加尔米什的信中提到,施特劳斯急于听到"那部莫里哀的小东西"。在回信中,霍夫曼施塔尔提到:"室内乐队伴奏的30分钟的小型歌剧在我脑海中差不多已经完成;它名叫《阿里阿德涅在纳索斯》,将穿戴着十八世纪服饰——带有裙撑的裙子和鸵鸟羽毛的英雄神话角色和即兴喜剧中的角色融合在一起。"他还勾画出《没有影子的女人》剧情的轮廓:"一段魔法童话,两个男人面对两个女人,其中一个女人,经慎重考虑,可以用您的妻子作为原型……古怪的女人,有着非常美的内心;古怪、善变、盛气凌人同时又讨人喜欢。"(由此可见,霍夫曼施塔尔绝不至于讨厌宝琳。他显然理解她。)

5月中旬,施特劳斯越来越不耐烦。他甚至开始和意大利诗人加布里埃莱·德安南齐奥(Gabriele d'Annunzio)联系,要求对方提供一部"主题完全现代、非常私密、心理上极为紧张"的脚本。尽管毫无成果,但霍夫曼施塔尔听说此事后开始担心。因此,为了有事可做,如他自己所说,施特劳斯开始"用一部交响曲折磨我——最后,这份工作还不如追金龟子能让我感到快乐"。他取用了自己1902年创作的,以画家卡尔·施陶菲尔人生中"爱情悲剧"为基础的《艺术家的悲剧》(见第十一章)的草稿。草稿的标题是《反基督:一首阿尔卑斯交响曲》(The Antichrist: An Alpine Symphony)。它与《艺术家的悲剧》的联系可以从施特劳斯惯常的评注中看出。因此,他注意到艺术家"对自然力量的孩子般的宗教感",但这种情感发展为"最初的独立思考和初次尝试,然后过渡到G小调的赋格段"。《反基督》参考了尼采1888年的同名著作。它的立场吸引了施特劳斯,而他的设想得到了另一本书——列奥波德·冯·兰克(Leopold von Ranke)的《宗教改革时期的德国史》(German History during Reformation)的证实。施特劳斯指出,基督教只能在"某一时段"繁荣。因此,德意志民族只有从基督教中解放出来才能重新获得活力。这些思想在他1911年5月19日的日记中表露出来,18日那天,古斯塔夫·马勒去世的消息令他非常沮丧。他好几天都无法工作,甚至几乎无法开口。"犹太人马勒仍能被基督教所鼓舞,"他写道,"英雄理夏德·瓦格纳年老时在叔本华影响下再次向它屈膝。我们真的又回到了查理五世和教宗政治同盟的时代吗?威廉二世和庇护十世(Pius X,天主教教皇)?我将把我的《阿尔卑斯交响曲》(Alpine Symphony)称作'反基督',因为在其中有着通过自身的强韧而达到的道德净化、通过工作获得的解放、对光荣的永恒自然的崇拜。"这些概念——人类的创造性和自然——本质上是尼采式的。但它们与《阿尔卑斯交响曲》(Eine Alpensinfonie)如何联系起来?在这个时期的草稿本上,他写下了题为"阿尔卑斯"(The Alps)的四乐章作品的计划,可以认为这是《反基督:一首阿尔卑斯交响曲》(The Antichrist: An Alpine Symphony)的简写。各乐章的蓝图较为详细:I. 夜:日出/登山:森林(狩猎)/瀑布(阿尔卑斯精灵)/鲜花盛开的草地(牧羊人)/冰川。雷阵雨/下山,宁静……II. 乡间欢乐与舞蹈。III. 梦与鬼魂(后戈雅式)。IV. 通过工作获得解放:艺术创造。

显然,第四乐章是"反基督"观念,"III"是后来可能成为名为"幻象"的部分,这是作品中最令人不安的音乐,在这之后就是登上山顶。或许因不愿向公众透露太多,施特劳斯从标题中删去了"反基督",把作品压缩成以"I"为基础的单乐章结构,因而他的《艺术家的悲剧》的原先起点得以保留下来。攀登山峰象征着一个人的生命旅程。但是期待普通的音乐会听众去探寻这种至少由一百二十三人组成的管弦乐团演奏的、拥有具象化标题的音乐的哲学基础,就太过奢望了。当然,这并不是说施特劳斯配器如此生动的交响曲不能仅仅被当作对登山运动及其危险、喜悦和自然之美的描绘。"我终于学会配器了!"他在作品排练时宣称。无疑,这首作品代表着他在这一方面天赋的最高水准。如瀑布、遮盖太阳的雾、描绘了夜晚的开头和结尾(施特劳斯说:"就好像眼睛需要习惯黑暗。")等乐章都是音乐绘画的奇迹。对施特劳斯没有好感的人嘲笑这首交响曲是"山中一日游旅行指南",音乐轻松流畅的旋律也容易引来浮于表面的回应。这些批评家忽略了精致程度不逊色于他之前作品的拱形结构的交响展开。他们急于把这首作品说成"夸张的幼稚"(或类似说法)而忽略了远非作品高潮顶点的"在山顶"只使用了不到一半的乐器,且仅仅是为时短暂的胜利,随后以弦乐震音的技法沉入温柔的双簧管独奏,然后是"幻象"部分朦胧的神秘。这是另一个施特劳斯式矛盾——一切与表面不同。近年来,随着演出和录音机会的增加,人们也有更多的机会在聆听时追寻作品的深层含义和隐藏的意义。这首作品远胜《查拉图斯特拉如是说》,它是施特劳斯最尼采式的作品。他在1911年暂时停止了创作,到1915年2月8日才最终完成,1915年10月28日在柏林指挥德累斯顿宫廷歌剧院乐团首演,并把它题献给德累斯顿剧院的经理尼古拉斯·西巴赫伯爵。他致信给霍夫曼施塔尔:"您必须听听《阿尔卑斯交响曲》。它确实是一首好曲子!"

　　1911年5月中旬,霍夫曼施塔尔告诉施特劳斯《没有影子的女人》进展缓慢。但他已转向"莫里哀的小玩意"。霍夫曼施塔尔希望写点东西感谢马克斯·莱因哈特在《玫瑰骑士》制作中给予的帮助。他最初的想法是创作一部短小的歌剧作品,当作间奏曲或"嬉游曲,在霍夫曼施塔尔自己为柏林舞台改编的一部莫里哀戏剧中演出。在莫里哀时代,这类音乐幕间剧是在各幕之间,戏剧开始前或结束后演出的。最初,霍夫曼施塔尔决定改编《艾斯喀尔巴雅斯伯爵夫人》(*La Comtesse d'Escarbagnas*)。但次去巴黎时,他看了《资产阶级绅士》(*Le bourgeois gentilhomme*),并认识到,他可以用歌剧《阿里阿德涅在纳索斯》代替剧中M.朱尔丹("资产阶级绅士")在豪华的晚餐会后准备为宾客们提供的土耳其娱乐。他可以舍弃剧中的次要情节,歌剧将在朱尔丹在场的情况下演出,并不时被他和其他观众的简短评论打断。他于5月19日寄给施特劳斯一份脚本草稿。作曲家第二天就回复了。因受马勒之死打击,他不太提得起精神:"前一半很好……关于舞蹈……可以写一些怡人的沙龙音乐。我会很享受它，一定能写出一些惊人的东西。"两天后，他把分曲要求寄给了霍夫曼施塔尔。他最感兴趣的是莫里哀《司卡班的诡计》（Les Fourberies de Scapin）中的即兴喜剧剧团领导泽比内塔的"宏大的花腔咏叹调"。它应该由塞尔玛·库尔兹（Selma Kurtz）、弗里达·亨佩尔（Frieda Hempel）或路易莎·泰特拉奇尼（Luisa Tetrazzini）这样的人来演唱。霍夫曼施塔尔被吓到了。他说，这样一个明星的出场费会占去莱因哈特每场演出总收入的一半。当时施特劳斯已经写好了莫里哀戏剧的大部分配乐，并希望能在7月1日之前完成歌剧。他计划使用二十人的乐团（最后增加到三十七人）。但他仍然对这个项目不太感兴趣。"您大概知道我对席勒式赞美诗和吕克特式华丽风格的倾向。这类东西能让我陶醉，如果剧情本身不能引起我的兴趣，就更需要它们。高妙的言辞足以刺激我为不感兴趣的篇章谱写音乐。"还有哪位作曲家能对自己的能力如此坦诚、对自己的局限性如此了解？

霍夫曼施塔尔开始不高兴了。他说，他只是志愿为施特劳斯和莱因哈特写作。但不快并未持续太久，施特劳斯在6月10日问霍夫曼施塔尔要如何把戏剧有效地转变为歌剧。作家回答，需要有一段散文中的连接场景，舞蹈教师和作曲家谈论公众和批评家，同时搭建歌剧舞台、歌手们化妆并试唱各自的声部。五周后，他才想出了个主意，让朱尔丹派门房通知喜剧娱乐和歌剧演出须同时进行的消息，这立刻引起歌剧演员和泽比内塔带领的丑角们之间的摩擦。同时，施特劳斯于7月14日收到了《阿里阿德涅在纳索斯》的完整脚本。"我很喜欢它。"他写道。在萨尔茨卡默古特（Salzkammergut）的奥塞（Aussee）度假的霍夫曼施塔尔被这种冷淡的回应激怒了。他写了一封长信，解释"这部诗体小品的含义"。它和《埃莱克特拉》一样与忠诚有关。阿里阿德涅/埃莱克特拉与泽比内塔/克里索忒弥斯对置。泽比内塔可以跟随任何男人，阿里阿德涅只能属于一个人。阿里阿德涅把自己交给巴克斯,相信他是死神,但他同时是死神和生命之神。对泽比内塔来说,他只是代替旧情人的新情人。巴克斯在和喀耳刻的情事中受伤了,但阿里阿德涅的爱打动了他,尽管她误解了他的身份——"我不需要对像您这样的艺术家多解释了。"

施特劳斯的回复很巧妙。他说,这封信写得不错。现在他理解了这部作品,因为剧情的描述如此精彩,"像我这样肤浅的音乐家"也能领会。但如果就这么上演,听众和批评界怎么办?作品本身不应该像霍夫曼施塔尔的描述一样清晰吗?总之,他当时大概心情不好。他一个人在加尔米什住了四周,宝琳不在身边,连烟都不能抽——"让魔鬼狂欢吧!"似乎并没有多少幽默感的霍夫曼施塔尔却被安抚了,但他也指出批评界同样没有理解《埃莱克特拉》和《玫瑰骑士》的脚本:"诗意的精髓只能被慢慢地逐步理解。"

这些通信清楚地揭示出两人之间的差异。尽管霍夫曼施塔尔态度有些高傲,但他还是害怕失去施特劳斯。"我真的非常喜欢您,我喜欢为您工作,您为我带来许多美好、舒适和享受。"这是他一封信的开头。令他们的关系陷入危机的并非《阿里阿德涅在纳索斯》的创作,而是施特劳斯很早就认识到莱因哈特的柏林剧院完全不适合上演这部戏剧加歌剧。毕竟,它的乐池太小,连三十七名乐手都装不下。1911年11月,施特劳斯告诉霍夫曼施塔尔,他将与莱因哈特讨论上演《阿里阿德涅在纳索斯》的可能性:"我仍然不知道他要从哪里找来乐队和歌手。"霍夫曼施塔尔被吓到了。"除非莱因哈特同意上演,不然我说什么也不会推出这个莫里哀改编版和开头场景……在某个宫廷剧院举行它的世界首演一定会彻底失败。"六周后,他告知施特劳斯,莱因哈特在柏林德意志剧院上演这部作品对自己有多么重要。这里需要长篇引述他的信:

别忘了被某些或许不止是偶然的东西联系在一起的我们

之间有多少问题……如果并非绝对、迫切的需要（例如好几个月也无法实现），您就取消原定的首演，这是对作品和**对我**的严重不公……我为那个剧院的特定情况设计创作了戏剧里的每一个细节。这部"歌剧"有着精妙的风格构成、在如莫里哀作品般轻快情节下隐含着深刻的意义，事实上本身就具有着象征性的意旨（因为朱尔丹代表公众）。它是一种最脆弱、最无法琢磨的概念。它是我最个人化，也是我最珍视的作品之一。它……只能在一位至高的戏剧天才了解如何将各部分融为一体的情况下存在或实现……如果**您**觉得可以不顾我重视的一切……把我强拉进一个我在其中不可能不感到羞辱的剧院，这**确实**会影响到我；一想到您有这样的可能，我就伤心得不能自己。我感到您在我们作为艺术家的关系中最脆弱之处误解了我、伤害了我……在这样的情况下我怎能再投身于类似计划的实现呢？我又怎能写下哪怕一行的《没有影子的女人》呢？通过这件事，您不止伤害了我和马克斯·莱因哈特的关系……还令我面临不得不彻底放弃与莱因哈特合作准备这部必然精妙、充满寓意的未来作品的窘境，不断鞭策我的是通过我们双方合作能够实现的对两种艺术结合产生的美的展望……但……观看德累斯顿和柏林上演的《埃莱克特拉》带来的痛苦回忆……令我一直必须努力抑制，否则我在《玫瑰骑士》写到第二幕中间时就不得不搁笔……**我恳求您，不要这样伤害我**；不要伤害我们，不要伤害我们的关系！如果您令我和您疏远，您可以在德国内外找到同样有才华的人为您写脚本，但这不一样……这部戏剧构思精细的微妙之处……将消失，失去意义，变成无能者手中的破烂。只有在莱因哈特、您和我手中，它才能成长为歌唱之花，舞蹈之化身……一切相关者都必须赌上性命，让不可能成为可能……我会和您一起经历一切,我亲爱的施特劳斯,但绝不要让我看见您在艺术上用最方便的选择代替更高、更丰富的可能;您不是这样的。这会与您作为真诚艺术家的自由个性背道而驰。只要这种事发生,您就将永远切断和我的联系,因为我希望和您个性中最好的一面相联系,而非和您一同权宜行事。[1]

施特劳斯应该记得霍夫曼施塔尔曾在信中对他提到《阿里阿德涅在纳索斯》:"如果我们这样的人得制造出这种'小玩意',那它必然是非常严肃的小玩意。"回信的开头——他必然回应了霍夫曼施塔尔的情感倾泻——已经佚失。但在现存的片段中,他表示德意志剧院并非歌剧院"显然并不是我的错"。他已经告知莱因哈特《阿里阿德涅在纳索斯》无法在这个剧院演出。"木已成舟,"他告诉脚本作家,"我们只能随遇而安。"莱因哈特并不会退出,但"莱因哈特和歌剧演职人员们的合作不会有失败危险吗?"他又提醒霍夫曼施塔尔:"艺术第一,其他都在其次!"没错!霍夫曼施塔尔不清楚的是,宝琳也深受触动,并在信中表达了她对此事的意见。她完全反对在德意志剧院首演,并告诉丈夫:"你的作品需要最好、真正最好的各个层面的人员,有空间令其发挥的精美剧院,以及优秀的布景和服装资源……在他(莱因哈特)那里上演这部小歌剧是疯狂的。它对布索尼够好了,但不适合理查·施特劳斯。请听我的吧,你会感谢我的。我一直在给你提**好的意见!**"[2](这听上去可一点也不像是个据说曾忍住不说自己多讨厌丈夫的音乐的女人。)

---

1. F. and A. Strauss (eds.), *Correspondence Between Richard Strauss and Hugo von Hofmannsthal,* 106–111.
2. Grasberger (ed.), *Eine Welt in Briefen,* 194. 信的日期为 1911 年 2 月 27 日,但这是不可能的。应该是 1911 年 12 月或 1912 年 1 月初。

他们考虑了德累斯顿，然后放弃了。施特劳斯又听说斯图加特一所新剧院有八百个座位，剧院经理、他的老朋友马克斯·冯·席林斯提出要举行首演。霍夫曼施塔尔不感兴趣："谁会去斯图加特这种世界上最荒凉的地方看它呢？"但莱因哈特同意了，并于1912年2月6日签署了合同。与此同时，施特劳斯（1月27日）还请艾米·德斯丁扮演阿里阿德涅，在信中称她为"令人难忘、无法超越的莎乐美"，并宣称"您不可能找到比我更仰慕您的艺术的人了"。施特劳斯在2月6日告诉霍夫曼施塔尔，德斯丁同意了，但她后来反悔，角色被年轻的捷克女高音米琪（玛丽亚）·耶里查（Mizzi[Maria] Jeritza）代替。施特劳斯在1912年4月重新开始戏剧配乐和歌剧的创作，到7月22日完成总谱。现在轮到他为制作担心了。也在德意志剧院担任舞台设计的恩斯特·斯特恩（Ernst Stern）对《阿里阿德涅在纳索斯》的舞台设计工作并不能令施特劳斯满意。"上帝保佑斯特恩不要搞出什么蹩脚效果，"他提醒霍夫曼施塔尔，"我还是更喜欢罗勒尔，他更可靠也更仔细。斯特恩所做的一切看上去都像是**只求速度不顾效果**。请继续盯紧他。"施特劳斯最初对斯图加特的排练很满意，但随着演出临近，问题也开始出现。斯图加特的歌手和演员们因柏林剧院人员占据大量主要角色而不满；制作人也因莱因哈特从柏林购买道具和服装而恼火；施特劳斯在正式彩排时大发脾气，因为席林斯在主剧场同时安排了《水仙女》演出，占用了主要的技术人员。1912年10月25日首演时，戏剧表演持续了两个多小时，之后符腾堡国王举行了时长五十分钟的欢迎仪式，然后歌剧（时长八十五分钟）才开始。听众早已疲倦。演出并不成功。施特劳斯认识到，来看戏剧的多数观众不想看歌剧，反之亦然。同样，在经济和运作方面，困难几乎难以克服。

但"阿里阿德涅I"（1912年版）的演出（戏剧部分被合理删节）是令人愉悦的娱乐，显然也是施特劳斯和霍夫曼施塔尔合作成果中最新颖的。它开辟了新的音乐道路，比1920年代的斯特拉文斯基等人更早地拥抱了新古典主义。风趣雅致的戏剧配乐、时间旅行般的歌剧音乐——从对十八世纪的模仿到新瓦格纳风格——代表的不是倒退，而是乐于面对不同挑战的作曲家施特劳斯。这是施特劳斯令人迷惑的一部分，他对整个计划并不热心，但仍为它创作了最出色的音乐。然而，如今大多数人知道的都是将连接场景转化成歌唱序幕的1916年修订版。但许多听过第一版的人都会同意托马斯·比彻姆爵士的意见，认为它胜过第二版。它们事实上是两部不同的作品，1912年版更轻松、搞怪。第一版将连接场景中扮演阿里阿德涅的歌剧女演员和泽比内塔之间的竞争和争吵延续到歌剧之中，而朱尔丹在歌剧进行期间发表庸俗的评论。1916年版还删除了泽比内塔的一首长咏叹调，她试图让阿里阿德涅对巴克斯的真相做好准备，并用夸张的语言颂扬他。她的花腔咏叹调"有力的公主"（Grossmächtige Prinzessin）长近八十小节，音调更高，甚至到高音升F。最后，喜剧演员们重新登上舞台，泽比内塔重唱了她的部分大型咏叹调，舞蹈音乐回归，演员们一边笑着一边下台，留下朱尔丹（之前睡着了）最后发表尖刻的评论。最后的音乐是戏剧序曲中他的主题。

　　施特劳斯喜欢在完成当前一部作品时，手头就已有下一部作品，霍夫曼施塔尔清楚这一点，所以在1912年3月试图用一个新计划吸引他：为谢尔盖·贾吉列夫当时风靡欧洲的俄罗斯芭蕾舞团创作一部名为《俄瑞斯忒斯和复仇女神》的芭蕾舞剧。他认为它很适合作曲家在《莎乐美》和《埃莱克特拉》中体现出的"对人生黑暗、残酷一面的高度把握"。施特劳斯对此不感兴趣，但三个月后，他看上了下一部霍夫曼施塔尔和凯斯勒伯爵合作为贾吉列夫写的芭蕾舞剧，题材是约瑟和波提乏妻子的故事。[1] "当然，稚气的约瑟角色归尼金斯基，他是

---

1. 见《圣经旧约·创世纪》。——译者注

现今舞台上最杰出的人物。"把剧本寄去加尔米什后,霍夫曼施塔尔马上又告知施特劳斯《没有影子的女人》已"占据了我全部的心神"。施特劳斯回复说他在《约瑟》上没有进展:"贞洁的约瑟完全不适合我,我很难把令我厌烦的东西谱成音乐。这个追寻上帝的约瑟——实在太难写!或许我的故纸堆里会有一个适合好孩子约瑟的虔诚曲调。"当时施特劳斯正准备去斯图加特参加《阿里阿德涅在纳索斯》的排练。霍夫曼施塔尔说他也觉得贞洁的约瑟没意思:"我无法相信您会没法在这个男孩约瑟和您自己年少时的回忆之间找出一些联系;无论有没有波提乏这个妻子,总有些崇高、光辉、难以触及的东西,等待您努力获取——这就是约瑟的舞蹈的意义。"1912年12月12日,施特劳斯为霍夫曼施塔尔、凯斯勒和尼金斯基弹奏了部分音乐。作家"心烦意乱",次日来信解释他——和其他人——对前两个约瑟主题"而非与上帝结合的无可比拟的第三主题"风格的担心。显然,这些主题太莫扎特式、太十八世纪了。尼金斯基"请求您创作世界上最不受限制、最不像舞曲的音乐,为上帝的斗争向上帝的跃舞写下纯正的施特劳斯式音乐。他渴望能为超越一切传统限制的您而感动"。霍夫曼施塔尔在这封信中还透露了他对两人合作的基本态度:"对我们的一切目标,最终的标准只能是对风格的感知,对此我必须把自己当作我们两人中的卫兵和看守。"

施特劳斯暂时放下《约瑟》(如今名为《约瑟传奇》),转而为1913年10月19日新维也纳音乐厅(Konzerthaus)的开幕创作《节日前奏曲》(Festliches Präludium)。后者完成于5月11日,采用了他作品中最庞大的乐团(超过一百五十名乐手),还有宏大的管风琴声部。这首大型狂想曲是向维也纳十九世纪的音乐传统致敬,引用了韦伯、贝多芬和勃拉姆斯的片段。超大的规模令它不常上演,但它不仅仅是浮夸的庆典音乐。它是一位超凡巧匠的作品,有一定的复杂性。他在给霍夫曼施塔尔的信中说他是被"吕克特般的华丽"所感染;他于1913年为柏林宫廷歌剧院及其合唱指挥胡戈·吕德尔（Hugo Rüdel）创作的为吕克特的名诗谱曲的《德意志经文歌》（*Deutsche Motette*）完全证实了这一点，后者于6月22日完成，并于1913年12月2日由吕德尔在柏林爱乐音乐会上首演。它的音域横跨四个八度，或许是有史以来最具挑战性的调性合唱作品。人声分为二十三个声部（十六个合唱声部和七个独奏声部），力度变化从*pp*到*ff*。吕克特的诗采用波斯的加扎勒体，前两行押韵（gegangen, befangen），之后每偶数行押韵（zugegangen, ausgegangen）。另外，叠句"看着我"（o wach in mir）在押韵各行的结尾出现。这种结构原则并未限制施特劳斯，反而激发了他心醉神迷、翱翔天际的想象。《经文歌》的大体结构包括有着轮唱效果的开头部分，复调的中段，两个部分合二为一的高潮。在篇幅较长的尾声，也是施特劳斯最丰富、典型、巧妙的音乐中恋恋不舍地回顾了各主要主题。它灿烂的旋律光彩可谓合唱版的《阿尔卑斯交响曲》。

《阿里阿德涅在纳索斯》危机持续到1913年。霍夫曼施塔尔因这部作品遭遇"胡言乱语者"的"令人难以置信的敌意"而感到厌恶。施特劳斯最初提出的修改建议是在戏剧和歌剧的连接场景中使用"干"宣叙调，并抛弃莫里哀的戏剧。霍夫曼施塔尔决定（1913年1月9日）把这个场景改为序幕，把朱尔丹先生改为富有的维也纳艺术赞助人，扩充年轻作曲家的角色。剧情发生在赞助人家中临时搭建了化妆室的大厅。两人都参加了德国各地的《阿里阿德涅I》演出。有些令他们满意，有些则相反——令他们不满的总是莫里哀部分的演出和设计。6月初，霍夫曼施塔尔写好了序幕——他此时把《阿里阿德涅在纳索斯》第一版说成"一次失败"——并寄给施特劳斯。施特劳斯的回应很冷淡——"我完全不喜欢。事实上，它包含一些令我极为反感的东西——例如，作曲家：为他谱曲一定相当乏味……我无法接受您将这个第二版当作唯一有效和确定版本的愿望。对我来说，第一版仍然是正确选择。"1913年12月，他因评论界对沃尔夫－费拉里基于莫里哀

《屈打成医》(Le médecin malgré lui)创作的喜歌剧《医生做爱人》(Der Liebhaber als Arzt)的欢迎而恼火。"真的要接受这种荒谬东西吗？"他问道。他赞赏霍夫曼施塔尔对莫里哀的精简，写道："您在读到沃尔夫－费拉里的观众一整晚都开怀大笑时不难受吗，而在我们短小的莫里哀作品中，您确实仅仅保留了典型而有趣的部分，但他们却烦得要命，几乎都等不到歌剧开场？"他希望霍夫曼施塔尔能请另一位作家，例如阿图尔·施尼茨勒（Arthur Schinitzler）"把烦人的**资产阶级**的神话捅破"。没兴趣，霍夫曼施塔尔回答。1914年1月2日，在看了慕尼黑的一场《阿里阿德涅在纳索斯》的出色演出后，他认为施特劳斯是正确的——"我们什么都不用改动，一点也不用。您是对的，它只能在小剧院演出。"这场演出的指挥是布鲁诺·瓦尔特（Bruno Walter），他于1913年开始担任慕尼黑的音乐总监。这是他的第一部新作品，为此他前去加尔米什，听施特劳斯为他弹奏整部作品。"我仍然记得作曲家在钢琴上冷静而完美地演奏的这首相当做作，却又巧妙的作品给我留下的愉快印象，"瓦尔特在他的回忆录中写道，"他的演奏清晰、客观，就像他在我们面前的桌子上创作一样，但尽管始终冷静，音乐仍给人蕴含激情的印象。"

施特劳斯于1914年2月2日完成了《约瑟传奇》的总谱，再次利用了他被放弃的芭蕾舞剧《西苔岛》。三周后，他用霍夫曼施塔尔的歌词创作了一部短小的男声合唱康塔塔，以纪念冯·巴赫伯爵在德累斯顿歌剧院任职二十周年。然后，霍夫曼施塔尔终于把《没有影子的女人》第一幕的脚本寄到了他手里（前一年的3月底，他们在维罗纳会面，开着敞篷车去罗马，又从罗马开回加尔米什。他们在路上讨论了歌剧的剧情）。施特劳斯于1914年4月4日致信给脚本作家："第一幕完美动人：非常紧凑统一，我甚至感到一个标点符号都无法更改。我现在的问题是要找到一种新的简洁风格，这样才有可能把您美丽诗歌的纯净和清晰全部传达给观众……我要祝贺您实现了完美的成就。"不过，他建议改动台词，并写道（4月20日）："我现在开始专注于风格和旋律特征，在初夏应该能完成第一幕。"5月6日，他去了巴黎，开始排练《约瑟传奇》。1913年，尼金斯基和贾吉列夫分道扬镳，约瑟改由列昂尼德·马辛（Leonide Massine）扮演，波提乏的妻子则由玛丽·库兹涅佐娃（Marie Kuznetsova）扮演。米夏埃尔·福金（Michael Fokine）编舞，何塞-玛丽亚·塞尔特（José-Maria Sert）担任舞台设计，莱昂·巴克斯特（Léon Bakst）担任服装设计。排练不太顺利。同场上演的还有以舒曼的《蝴蝶》和里姆斯基-科萨科夫以《天方夜谭》为基础创作的芭蕾舞剧。两者都由皮埃尔·蒙都（Pierre Monteux）指挥。《约瑟传奇》由施特劳斯指挥。时间非常有限，施特劳斯在《莎乐美》的经历后对法国乐手评价很低。排练时在场的斯特拉文斯基欣赏施特劳斯的指挥："他对乐团的态度很糟，乐手们真心讨厌他，但他每次指正错误都是准确的，他的听力和乐感无可指摘。"[1] 施特劳斯的厌烦是有理由的：巴黎的乐团深受"代理"制度的困扰。根据这种制度，当某位乐手要私下教课或有更赚钱的工作时可以派人顶替自己的位置。困难的新作品在排练六次后，还是毫无进展——在最后一次排练时首席长笛犯了严重错误，而之前几次排练他都没有参加。施特劳斯在回忆录中承认他"很不耐烦"，且在场的柏林歌剧院经理许尔森"在当时就目睹了世界大战的爆发"。塞尔特把《创世纪》的故事安排在十六世纪委罗内塞风格的威尼斯布景中。这部芭蕾舞剧看起来非常华丽。扮演奴隶少女的莉迪亚·索科洛娃（Lydia Sokolova）回忆道："服装奢华，特别是波提乏妻子的服装。她穿着镀金的高木屐，身边跟着仆人，其中两个仆人用白色绳子牵着蜜色的猎狼犬。除了马辛的白上衣，芭蕾舞剧中的一切几乎都闪着金光。"[2] 首演

---

1. I. Stravinsky and R. Craft, *Conversations with Igor Stravinsky* (Faber, 1959), 75.
2. L. Sokolova, *Dancing with Diaghilev* (John Murray, 1960).

于5月14日在巴黎歌剧院举行。罗兰也在场，称施特劳斯看上去"老了不少、胖了不少、面颊通红"。坐在罗兰前面的是德安南齐奥，他在落幕时喝了倒彩。"他的女友艾达·鲁宾斯坦（Ida Rubinstein）一定是跟施特劳斯吵架了；她本来要演波提乏妻子的角色，但最后临时取消了。"这是个好理由，但德安南齐奥或许还想着施特劳斯拒绝了自己提供的脚本！

在加尔米什度过五十大寿后，施特劳斯前往伦敦，参加6月23日由托马斯·比彻姆在干草巷皇家剧院指挥的《约瑟传奇》的首演（在英国期间，他还被授予了牛津大学的音乐荣誉博士学位）。回国途中，他致信给霍夫曼施塔尔，描述这次演出"大获成功，尽管大多数媒体持敌对态度，即使是最聪明的英国女人也认为这部作品有伤风化。演出在许多方面都有所改进，但作为主要部分的约瑟之舞仍然不合适，因此很无聊。乐团极好，所有票都售罄了"。在伦敦的演出中，波提乏的妻子由塔玛拉·卡尔萨维娜（Tamara Karsavina）和玛丽亚·卡尔姆（Maria Carmu）轮流扮演。

指挥了《火荒》《莎乐美》《埃莱克特拉》《玫瑰骑士》和《阿里阿德涅在纳索斯》（莫里哀的戏剧，由萨默塞特·莫冈［Somerset Maugham］翻译）伦敦首演的比彻姆认为，这类东西体现不出施特劳斯的才能："尽管有些生动如画的时刻，但整个作品的进行沉重缓慢。"[1] 我想，这是再好不过的总结了。声称《约瑟传奇》是被忽视的杰作令人欣慰，但它并不是。施特劳斯的又一个谜是他对工作的狂热——或许继承自他的父亲——令他在等待霍夫曼施塔尔把他真正希望的作品寄来的同时，创作了他并不特别感兴趣的东西。如果霍夫曼施塔尔能提前一年完成《没有影子的女人》第一幕，我想《约瑟传奇》可能不

---

1. T. Beecham, *A Mingled Chime* (London, 1944), 128.

会问世。但不得不说，他对最终成为杰作的《阿里阿德涅在纳索斯》也不太感兴趣，对第二版的序幕更是如此，而这是他最好的作品之一。他创作《阿尔卑斯交响曲》是不想让自己无所事事，但这首作品经历了长时间的酝酿，出自深层次的需要。无疑，他被和斯特拉文斯基、拉威尔等后起之秀一同为贾吉列夫作曲的想法迷住了，特别是按原计划尼金斯基将负责舞蹈、制作和编舞。但他很快就意识到剧情非常不适合他，他只能写出一部技术娴熟、配器辉煌，但缺乏真正灵感的作品。

他从英国回家后就重新投入到《没有影子的女人》的创作中。他的儿子弗朗兹记得他曾把每个新段落弹给宝琳听："我还记得第一幕结尾守夜人的呼唤是如何成形的。我已经上床了，听到音乐声从楼下传来。他以如此痴迷的激情演奏——我还从没听过它被演奏得如此美妙。"[1]施特劳斯为第二幕脚本所震惊："太妙了……绝妙的杰作……您有生以来还从未写过这么美、这么紧凑的作品……我只是希望我的音乐不至于辱没您精彩的诗篇。现在我对自己还远不满意。"有趣的是，考虑到染工的妻子是以宝琳为原型的，他感到这个角色"还不能完全转变成音乐，而巴拉克则正合我意"。此时，施特劳斯一家去了多洛米蒂山脉度假。第一次世界大战的爆发，令他们不得不通过挤满奥地利士兵的布伦纳山口赶回加尔米什。施特劳斯于8月20日完成第一幕缩编谱，并在手稿上写下："在萨尔堡获胜之日。勇敢的我军士兵万岁。我们伟大的德意志祖国万岁！"

---

1. Wilhelm, Richard Strauss, 147.

[第十四章]

二十世纪的奥芬巴赫

《没有影子的女人》手稿上的题词说明施特劳斯是个陶醉于军事胜利的德国爱国者。但施特劳斯作为德国艺术家的一面很快浮现出来。1914年9月底,战争已持续近两个月,他在写给马克斯·雷格尔的信中说他很愿意指挥雷格尔的《爱国序曲》。他还提到:"想想迈宁根公爵把他古老而著名的乐队扫地出门:谁听说过这种事——**这就是**德国的野蛮破坏!如果皇帝自己的妹妹(迈宁根大公夫人)树立这种榜样,又怎能要求我们无辜的公民因战争的这一切可怕牺牲而鼓起精神呢!"几周前,他拒绝签署德国艺术家和知识分子发起的一份沙文主义宣言。他说,如果英国人愿意投降或放弃一艘无畏舰的话,作为交换,他很乐意放弃他的牛津博士学位。但关于战争和政治问题的宣言不适合必须关注自己的创作和工作的艺术,只有那些以此为职业或生命的人才应负责。1914年9月12日,理夏德·施佩希特(Richard Specht)在布达佩斯报纸的《佩斯特·罗伊德》(Pester Lloyd)上说施特劳斯自愿与"一切宣言、公告、采访、公开发表的观点、炫耀,特别是与敌对行为的任何不公正评价保持距离。"

四十岁的霍夫曼施塔尔在奥地利宣战前被征召入伍,因为他在

1895年时曾自愿参军。他被派到伊斯特拉半岛的皮西诺，[1]编入了预备队。施特劳斯在听说（写于10月8日）他"不在前线，而是安全地留在安静的驻地"时，松了一口气。施特劳斯说他起草了"第四幕的前四场……台词真的棒极了，谱曲非常容易，它一直刺激着我，而且多么短小精悍：我亲爱的作家，您真的写了一部大作"。他又补充道：

> 在这场战争带来的一切不快中——除了我军的辉煌胜利——努力工作是唯一的救赎。否则，我方外交、媒体的无能、皇帝给威尔逊的认错电报，以及一切正在发生的不名誉的行为足以让人心烦意乱。艺术家们遭受到什么待遇呢？皇帝削减了宫廷剧院的薪水，迈宁根公爵夫人把乐队扫地出门，莱因哈特上演了莎士比亚，法兰克福剧院演出《卡门》《迷娘》《霍夫曼的故事》——谁能了解德意志民族，这种平庸和天才、英雄和奴颜婢膝的混合呢？……当然，我们一定会赢——但之后，天知道，一切会再被弄糟的！

或许这里有些沙文主义的成分，还有施特劳斯对艺术是人类事务中最重要因素的信念。他于1914年10月27日开始创作第二幕的缩编谱，并于1915年4月8日完成。1914至1915年的冬天，他还于2月8日在柏林完成了《阿尔卑斯交响曲》的总谱。他对玛丽·古泰尔-朔德尔在柏林扮演的埃莱克特拉感到特别兴奋——"难以置信的精彩……的体验"。

霍夫曼施塔尔只有回到罗当后才能开始创作第三幕的脚本。他担忧父亲（于1915年12月逝世）的健康状况，也为战争而沮丧。但施

---

1. 今克罗地亚帕津。——译者注

特劳斯"精力充沛。为何要垂头丧气呢？您可以信赖德国……但关于政治：我想我们可以离它远远的，让关心的人去管它。只有努力工作才能安慰我们"。他此时（1915年4月）开始担心前两幕。他让德累斯顿和柏林的剧院经理读了它们："两人都表示完全不理解……一切都令我感到剧情及其主题难以理解，一切必须尽可能清晰。"他收到第三幕脚本时（"精彩"），又觉得太简略了。他要求有更多台词，担心皇后的角色"并不足以在人性的层面上触动我们"。信的后半部分是对剧情和台词非常实际的批评。两人于4月25日在维也纳会面讨论，不久后霍夫曼施塔尔就被征召前往波兰克拉科夫（两个月后，他因视力不佳而被放回家）。施特劳斯为合作者弹奏了他创作的部分，霍夫曼施塔尔非常感动，更是毫无怨言地接受了施特劳斯的要求。

191　　霍夫曼施塔尔还说服施特劳斯不要禁止慕尼黑演出他们的歌剧。施特劳斯说他三年以来安于经理弗兰肯施泰因（Franckenstein）男爵和指挥布鲁诺·瓦尔特用"借口安抚他、空洞的承诺欺骗他"。"现在我将要求……一些确定的书面保证，让我的作品在故乡得到保护，否则只要慕尼黑剧院的现任负责人在位，我就不会走进剧院。"别这么做，霍夫曼施塔尔坚持，您可赢不了——"艺术家对付官僚、公共部门权威或商人时总是处于劣势的。"施特劳斯当时也很不安，因为他的儿子弗朗兹才十七岁就志愿参军，但被认为不合格而遭拒绝。父亲致信给儿子（1914年11月22日）："这对你和我们来说都是难以预见的幸运……你将免于在这可怕的战争中失去生命或手脚的危险——尽管我知道这和你可敬的勇敢意志相冲突。现在，希望你在对美术的科学研究，朝向崇高的文化成果的道路上努力时受到更多的鞭策。"

1915年10月28日，他在柏林指挥了《阿尔卑斯交响曲》的首演，维也纳首演则是在12月5日。霍夫曼施塔尔于1月7日去柏林听他指挥的贝多芬音乐会。修订《阿里阿德涅在纳索斯》的问题再次浮上台面，他们于17日再次见面。他们决定先出席演出，然后和莱因哈特一起讨论。"我现在对这个不幸的孩子能够康复充满了希望，"霍夫曼施塔尔写道，"毕竟，作品本身就有不少问题。"由此可以推断，施特劳斯同意再看一遍1913年寄给他的序幕脚本。宝琳似乎也表达了她的意见，因为1916年2月18日，霍夫曼施塔尔给她写了一封长信，阐述他对《阿里阿德涅在纳索斯》的态度。同样，可以看出施特劳斯已在考虑将《没有影子的女人》的首演安排在维也纳。"只有在维也纳，这部戏才不会面临如此少的善意和如此多的不理解的先入之见。"生于维也纳的诗人提醒他。

令人惊讶的是，尽管施特劳斯最初不喜欢序幕，但他为之谱曲的速度却特别快。他于5月4日完成《没有影子的女人》第二幕总谱之后，马上就开始创作序幕的缩编谱，并于5月27日完成。与此同时，他在柏林的指挥家同事莱奥·布莱希的建议下，把作曲家的角色安排给女扮男装的女高音（或高女中音），"因为男高音太可怕了"，这吓到了霍夫曼施塔尔。剧作家认为这"很恶心"，有点像轻歌剧。"上帝啊，要是我能把这些角色的精髓和精神意义完全带给您就好了。"他叹道。他们就像对泽比内塔那样，再次对某个角色的概念出现了分歧。他对此感到"身心俱疲"。施特劳斯尖锐地回复："为何只要我们不能马上相互理解，您就总是变得这么恼火呢？"对于霍夫曼施塔尔提出的某些要求，他可以同意，但是对于作曲家的角色问题，他不会让步。他们决定做一些删节，还讨论了歌剧应如何结尾，但施特劳斯还是在6月19日完成了总谱。他删除了泽比内塔的一段咏叹调，删减了她的大型咏叹调，并将它的大部分段落移低了一个音。从他的信中显然可以看出，他知道序幕是不错的成果。"泽比内塔和作曲家之间的小型爱情场景写得特别漂亮！……这是我最出色的构思之一。在我看来，整部作品组织得非常不错。"他的判断没错。演出之前忙碌的后台准备、富有赞助人改动乐谱引发的恐慌、扮演阿里阿德涅和巴克斯的首席女高音和男高音的争吵和自私，这就是施特劳斯生活的世界，他在和《贡特拉姆》的演职人员以及各宫廷歌剧院经理打交道的过程中早已亲身经历。另外，尽管来自另一个音乐世界，但仍被泽比内塔的魅力所迷惑的作曲家突然想出一段新的旋律（"你，维纳斯的儿子"[Du, Venus' Sohn']），最后又用他"音乐是神圣的艺术"（Musik ist eine heilige Kunst）那辉煌的迸发为整部作品增添了光彩。这是一部杰作，施特劳斯在其中进一步发展了传统风格，一定程度上将宣叙调和咏叹调结合起来（这也是他对歌剧艺术的主要贡献）。"你，维纳斯的儿子"唱段的曲调其实早已在《资产阶级绅士》的序曲中出现。施特劳斯知道这段旋律太好，不能浪费，所以将它融入序幕。删除朱尔丹的角色、序幕中"维也纳最富有的人"并未登场，令歌剧似乎和之前的喧闹相去更远。这种感觉在结尾特别明显：泽比内塔只是发表了一段短小的讽刺评论，而爱情二重唱的高昂情绪占据了上风。作品更沉重了。

《阿里阿德涅Ⅱ》的首演于1916年10月4日在维也纳举行，由弗朗兹·沙尔克指挥。阿里阿德涅再次由耶里查扮演。作曲家的角色由二十八岁的洛特·莱赫曼扮演，这是她在维也纳的第一个乐季。她大获成功。施特劳斯原本是为柏林歌手萝拉·阿尔托·德帕迪拉（Lola Artôt de Padilla）创作这个角色的，后者曾在柏林演出中扮演奥克塔维安，并于11月1日在柏林首演中扮演作曲家。公众对第二版的态度最初相当谨慎，但在德累斯顿、莱比锡、杜塞尔多夫等地演出后，它逐渐取代了原版。它直到1924年才在伦敦首演，1928年在美国（费城）首演。

序幕的写作改变了施特劳斯的创作发展轨迹，而且他马上就有所察觉。在完成序幕的前几天，他（1916年5月18日）致信给霍夫曼施塔尔："下次请再带着'极大的爱'为我写一部脚本！这总能为我带来最好的乐思：《玫瑰骑士》第一幕和第三幕结尾、《莎乐美》——一些例子。"一周后，他提出一部新歌剧的建议："要么是完全现代、绝对现实主义的家庭喜剧或性格喜剧……要么是爱情与阴谋的某种娱乐作品……比如说,在维也纳会议背景下的一个外交阴谋,用真正的上层贵族女间谍作为主角——一位大使的美丽妻子,为爱情而叛国,被秘密特工或其他类似有趣的人物利用……你可能会说:垃圾。但我们这些音乐家以拙劣的美学品位闻名,而且,如果是你写这样的东西,它就不会变成垃圾。"可以预见,霍夫曼施塔尔认为这些想法"可怕极了",因而忍不住补充道:"您完全有理由感谢我为您带来(就像现在再次通过《没有影子的女人》带来)的一定会令人迷惑、激起一些反对的东西,因为您已有太多的追随者,您已经是当代英雄了,您被所有人所接受。"施特劳斯的回复是他所写的最重要的回信之一。他对自己想要什么"再清楚不过":

当您听到新的序幕时……您就会理解我的意思,认识到我在轻歌剧方面确实有才能。因为我的悲剧气质已经多少受到了消磨,且因为在这次战争之后,剧院里的悲剧令我感到相当愚蠢、幼稚,我希望能利用我不可抑止的这方面的才能——毕竟,我是当今唯一一个有些真正的幽默感、风趣感、明确的嘲讽天赋的作曲家。事实上,我感到成为二十世纪奥芬巴赫的强烈召唤,您会,您也必须做我的诗人。关于您非常厌恶的我的即席建议,我所想的是一种最尖锐的政治-讽刺戏仿。您为何不能写呢?……我的才能对多愁善感和拙劣模仿的回应最为有力、成果最丰硕……您已了解的《玫瑰骑士》缺少的紧凑感(由《没有影子的女人》高超的简洁、平衡的结构所展现)和轻盈感我已通过《阿里阿德涅在纳索斯》学到。政治-讽刺-戏仿轻歌剧万岁!

这引发了霍夫曼施塔尔恼怒的回信(他没有寄出,但保留下来),

抱怨在他看来施特劳斯在《玫瑰骑士》中拼凑的一切奥芬巴赫式的片段。施特劳斯此时（1916年7月18日）转向《没有影子的女人》第三幕。皇后看到丈夫被变成石头的关键场景困扰了他一段时间。她听说只有同意接受染工妻子的影子，丈夫才会重生。在剧烈的内心斗争后，她喊道"我不"——然后和丈夫一起获救。"我绝对确定，"施特劳斯写道，"把这一整段……以非歌唱的方式处理。"结果是——尽管常常被删节——但它成为令人印象深刻的歌剧时刻。施特劳斯多年后提到它："忧伤之子《没有影子的女人》是在战争期间的麻烦和担忧中完成的，当时因一位巴伐利亚人，迪斯特勒（Distler）少校的善意和关心，我那心智还没能跟上身体快速成长的儿子免于被过早地征召……巴伐利亚军部正确地宣布他不适合参军。这些战时的担忧可能导致音乐中有某些紧张刺激，特别是第三幕中间几乎要'爆发'成情节剧的部分。"[1]

或许确实如此，但施特劳斯在《没有影子的女人》第三幕中遭遇的困难源自《阿里阿德涅的纳索斯》的序幕，因为他在后者中找到了新的道路，进入了新的风格，感到很难重新燃起对霍夫曼施塔尔神秘-神话式幻想童话歌剧的热情。而且，霍夫曼施塔尔也感受到了这一点。7月24日，他在奥塞写信说："序幕的音乐在回忆中是最令人陶醉的：就像夏夜在美丽公园中迷人的烟火，稍纵即逝。在我耳中，(《没有影子的女人》)第三幕的场景中，除了第一场外（作于1915年5月至6月，也就是说在施特劳斯创作《阿里阿德涅在纳索斯》序幕之前），不可避免地令我感到有些压抑、阴郁，我亲爱的施特劳斯博士。"从加尔米什寄出的回复肯定令作曲家感到不安："我完全同意您的观点，序幕标志着我们必须继续的特别的新道路。"施特劳斯继续写道：

---

1. Strauss, 'Reminiscences of the First Performances of My Operas', 166. 施特劳斯的回忆录到1942年出了问题，弗朗兹·施特劳斯自愿提供帮助。

而且我自己也倾向于真正令人感兴趣的现实主义喜剧——例如有着绝妙的玛莎琳的《玫瑰骑士》，或拥有滑稽、讽刺的内容……但要将《没有影子的女人》的风格改成可以取悦您且让我们都满意的风格——这是不可能的……问题在于浪漫主义、充满象征的主题本身。皇帝和皇后以及保姆等角色没法变得像玛莎琳、奥克塔维安或萨克斯那样有血有肉。无论我如何苦思冥想——我真的非常努力工作，绞尽脑汁——我仍无法全心投入它，如果理性占了创作的大部分，学院式的冷感（我妻子非常正确地说这是音符纺织）就会显现出来，这怎么也不可能燃起真正的火焰。啊，我已经写完了歌剧的整个结尾……它有了神气，大有进展——但我的妻子觉得它冷淡，缺乏《玫瑰骑士》里三重唱动人、引燃激情的旋律织体。我想她没错，我一直在探索尝试……我将尽一切努力令第三幕符合您的意向，但让我们说清楚，《没有影子的女人》将是最后一部浪漫歌剧。

这是一种暗含报复的妥协。他于1916年9月完成第三幕缩编谱时，表示他"非常不确定，完全不清楚哪里成功、哪里不好"。他催促霍夫曼施塔尔为他创作奥芬巴赫式的脚本："充满霍夫曼施塔尔式，而非木偶一般的人物……我现在已彻底卸下了瓦格纳式的音乐武装。"更令施特劳斯对《没有影子的女人》分心的是，他已经开始构思一部新风格的"现代的、完全现实主义的歌剧"。霍夫曼施塔尔知道他自己无法承诺按施特劳斯的要求行事，所以自己去问赫尔曼·巴尔（Hermann Bahr）是否有思路、愿意写脚本。巴尔是一位记者、批评家、剧作家，曾和莱因哈特一同管理柏林德意志剧院。他的妻子曾是马勒在汉堡时情妇的女高音安娜·冯·米尔登堡（Anna von Mildenburg），是一位伟大的瓦格纳歌手，对克吕泰涅斯特拉角色的诠释也特别精彩。1910年，巴尔关于一位音乐家婚姻麻烦的戏剧《音乐会》（Das Konzert）大获成功。或许它令施特劳斯想起了1902年令宝琳威胁离婚的"米泽·缪克事件"。总之，1916年，他认为这是个不错的歌剧主题，并请巴尔创作脚本。施特劳斯提供了他自己心目中每个角色应如何塑造的所有细节，特别是鲁默尔男爵，在歌剧中他和男主妻子的角色有些瓜葛。（男爵也是以宝琳感兴趣的一个真实人物为基础塑造的。"一个寡言少语的害羞年轻人，"施特劳斯说，"只有当他带些愧色地试图向我妻子要钱时才会表现出冒险者的性格。在这之前他特别谦逊，激起了她的同情。"施特劳斯死后，弗朗兹·施特劳斯告诉加尔米什的一位访客："那就是'鲁默尔男爵'坐的椅子。"）巴尔花了六个月的时间，直到1917年夏天才告诉施特劳斯，还是施特劳斯自己写脚本更好。并未气馁的施特劳斯起草了前两场的对话，加上剧情大纲（写于前一年秋天）寄给巴尔，请他重新考虑。但巴尔不为所动，施特劳斯于1917年在一家慕尼黑诊所里度过的一周中写出了脚本。

施特劳斯的指挥工作仍然极为忙碌。他在柏林指挥了很多音乐会，在柏林宫廷歌剧院的任务仍然繁重——1912—1913乐季二十七场、1913—1914乐季十八场、1914—1915乐季三十二场、1915—1916乐季二十七场、1916—1917乐季二十五场、1917—1918乐季二十三场。这些演出主要是莫扎特和瓦格纳等人的作品，但也有《阿伊达》《卡门》和《塞维利亚理发师》。1917年1月，他先在海牙和阿姆斯特丹指挥了《玫瑰骑士》并监督曼海姆的施特劳斯音乐周，然后去瑞士指挥《阿里阿德涅II》和《埃莱克特拉》，演员阵容包括玛丽·古泰尔-朔德尔（扮演作曲家和埃莱克特拉）、安娜·冯·米尔登堡、玛丽亚·耶里查和卡尔·奥斯特维格（Kacl Oestvig）。在苏黎世时，施特劳斯邀请罗曼·罗兰来听《阿里阿德涅在纳索斯》。但他的老朋友因患病而无法参加。

回到加尔米什后，施特劳斯致信给罗兰谈起后者寄给他的一篇自

图13　施特劳斯别墅，佐普里茨街42号，加尔米什

己的文章："我满意地看到，我们在很大程度上对纯粹的人道问题或原则上的问题持有相同意见，我们同样热爱我们各自的国家、尊敬我们战场上的英勇军队。另外，恰恰是我们艺术家应该全心全意关注一切

美丽和高贵的事物，应该为真理而服务。"然后他提到，他听说法国虐待德军战俘一事："我一直希望像您这样的人能通过在敌方领地进行个人调查来确保他们的所作所为能够在公正和真实方面更确实可信。**您不想这么做吗**？……今年春天我可能邀请您来加尔米什，给您一个对我们处于战争中的国家获得更多印象的机会。"这不同寻常的建议令罗兰在日记中写下："这些可怜的德国人对欧洲的人心多么不解啊！反过来看：一个被邀请到法国去的德国人，简直就像是被围攻的萨拉戈萨中的拿破仑士兵一样！"[1]

施特劳斯1917年2月去斯堪的纳维亚指挥，然后回到柏林，5月中旬再去瑞士指挥莫扎特作品，随行的剧团成员包括芭芭拉·肯普、保罗·克纽普菲尔（他在柏林扮演萨克斯）、男高音罗伯特·胡特（Robert Hutt）和二十九岁的女高音伊丽莎白·舒曼，她于1911年在汉堡、1914年在纽约大都会歌剧院扮演索菲。在瑞士旅行演出时，她扮演《唐璜》中的采琳娜和《魔笛》中的帕帕盖诺。这是她第一次和施特劳斯见面，对"他智慧的面容、他开朗的性格、他有力而又优雅的姿态"印象深刻，这"道出了他的全部气质，反映出他作为艺术家和普通人的伟大之处。我为他发自内心的仁慈而着迷"。[2] 施特劳斯也很喜欢她的技艺和个性，他在苏黎世住在艺术赞助人莱夫（Reiff）家里时邀她来访，又请她为他唱了几首他的艺术歌曲，第一首就是《蓝色夏天》(*Blauer Sommer*)。此时，正如前文所述，他建议她扮演莎乐美的角色。虽然建议并未实现，但这次会面产生了更重要的结果。施特劳斯自1906年之后再未创作过艺术歌曲，主要是因为他沉浸于歌剧的创作，更是因为宝琳在当年从音乐会舞台隐退，还因为他卷入了和出

---

1. 罗兰所指的是拿破仑战争时期的半岛战争。——译者注
2. E. Schumann, 1920年一份音乐杂志上的文章，转引自G. Puritz, *Elisabeth Schumann*, 76-77。

版商们关于版权和演出权的争执。自从儿时为约翰娜舅妈创作歌曲，施特劳斯就习惯于将某人的特定嗓音作为灵感来源。舒曼重新激起了他创作歌曲的欲望，1918年2月，他开始为《少年魔号》(Des Knaben Wunderhorn)的编者之一克莱门斯·布伦塔诺(Clemens Brentano)的六首诗谱曲。但Op. 68的歌曲中只有一两首适合她，而她也从未演唱过全套歌曲。或许值得注意的是，最先创作的第四首《当我听到你的歌声》(Als mir dein Lied erklang)前有"我的宝琳"的题词。除了作于5月4日的第六首，其他四首作于2月6日至21日期间，顺序为二、三、一、五。第一首和第五首于1918年10月12日由弗朗兹·施泰纳(Franz Steiner)首次演唱。第六首于9月29日由玛丽·格拉塞尼克(Mary Grasenick)在德累斯顿首次演唱。施特劳斯1912年秋去美国旅行演出时，舒曼、克莱尔·杜克斯(Claire Dux)、埃莱娜·格哈特和乔治·米德尔(George Meader)和他一同在管弦乐音乐会和钢琴独奏会上演出。舒曼只演唱了"布伦塔诺套曲"中的两首：第二首《我想扎一个花束》(Ich wollt ein Sträußlein binden)和第三首《颤动吧，亲爱的爱神木！》(Säusle, liebe Mirte!)。它们是套曲中最直接动人的作品，在整体上反映出《阿里阿德涅在纳索斯》的声乐写法，特别是有着长而辉煌的坎蒂莱那的《当我听到你的歌声》。最重要的是第六首《男人上战场时女人的歌》(Lied der Frauen wenn die Männer im Kriege sind)，它需要一位"英雄女高音"来应对其暴风雨般的开头和特别恢弘的结尾。

　　回到1917年，施特劳斯在夏天的工作首先是6月24日完成的《没有影子的女人》第三幕总谱。然后，他再次投入到莫里哀-霍夫曼施塔尔的《资产阶级绅士》的创作中。1916年夏，施特劳斯完成序幕之前，霍夫曼施塔尔——因赫尔曼·巴尔说施特劳斯的莫里哀戏剧配乐是他最好的作品——致信给作曲家："请不要轻易浪费这些音乐作品，我确信我能为这部喜剧带来令人愉快的新生。"因此，他们再次开始合作，霍夫曼施塔尔把他的版本扩充到三幕，施特劳斯对脚本的批评非常严厉，霍夫曼施塔尔有一次写道："如果您原谅我这么说，我认为您的建议不值得考虑。它们令我感到我们的品位相去甚远，至少在这种情况下存在这样的可能性。请及时告知我是否能自由决定如何处理这部改编自莫里哀的作品，我一点也不想改动它。"下一封信也是如此。但他后来冷静下来，施特劳斯也在7月26日至10月11日间写了另一些音乐，其中一部分融入了吕利原版配乐中的主题。他于1917年圣诞节完成配器，几天前还指挥了《玫瑰骑士》在德累斯顿的第一百场演出。《资产阶级绅士》的首演由莱因哈特制作，于1918年4月9日在柏林德意志剧院举行。它并不受欢迎，三十一场后停演。霍夫曼施塔尔在7月8日再次表示不喜欢《阿里阿德涅在纳索斯》中泽比内塔的咏叹调，要求"全新的音乐"。关于《资产阶级绅士》，他说"为了拯救这些迷人的戏剧配乐片段"而再次回到那里是他的"错误"。此时结果很尴尬，"您的音乐的加入……令莫里哀的戏剧……变得完全失败"。他们是该把它改成歌剧，还是寻找其他的解决方式呢？不，施特劳斯说，够了，对泽比内塔也是如此。据1918年6月12日他在写给霍夫曼施塔尔的信中的说辞，他已经开始创作"我的小家庭歌剧"（他把脚本草稿寄给霍夫曼施塔尔，后者说他将"尽力"阅读，尽管他对"现实主义体裁"毫无兴趣）。施特劳斯通过将其改编为九乐章的组曲保留了他的莫里哀戏剧配乐。1920年1月31日，他在维也纳指挥了组曲的首演。

　　施特劳斯并未试图在战时把《没有影子的女人》搬上舞台，尽管他和德累斯顿方面商讨过。他意识到在战时无法实现合适的制作。战争影响了他的旅行，他在1917年12月9日写给宝琳的信中说："我亲爱的……我并不爱抱怨，但在没有暖气的火车上度过八个小时从柏林到比勒菲尔德的旅行——即使是我也要受不了了。没有餐车、没有热食热饮……满是伤兵的火车、装满整个机队或被打成碎片的救护车的火车——恐怖！"但他对加尔米什当地政府于1918年夏天征收了他住宅中的铜质避雷针并以次充好愤懑不已。他说,如果国家强制征收公民的财产,就必须赔偿公民的损失。但官僚机构却做出了相反的裁决。同时,另一件麻烦事浮出水面。柏林出版商博特与博克自1903年起就拥有对他此后创作的歌曲的购买权。施特劳斯好几次试图摆脱合同,但对方并不同意,并在1917年底对他施压(整个出版商界从未原谅施特劳斯为版权和演出权所做的斗争)。他心中的梯尔·奥伦施皮格尔觉醒了,决定另辟蹊径。他请戏剧评论家阿尔弗雷德·科尔(Alfred Kerr)为他写一些抨击音乐出版商的诗。1918年3月,他拿到了十二首。施特劳斯当月在阿姆斯特丹指挥时为其中四首谱曲,5月在加尔米什家中休假时,他在不到一周的时间内写完了余下部分。他称套曲为《店主的镜子》(Krämerspiegel,Op. 66)。科尔的诗歌充满双关和隐喻。博克(意为"山羊")大嚼象征音乐的花朵。博特(意为"信使")去找玫瑰骑士。布赖特科普夫和黑泰尔遭到残酷对待,其他出版商也是如此。音乐和歌词一样风趣(嘲讽),充满对施特劳斯音诗和歌剧的引用。第八首歌曲篇幅较长的钢琴引子在第十二首歌曲的结尾再现,二十三年后,它成为《随想曲》中辉煌的"月光音乐"。施特劳斯把这些歌曲寄给博特与博克,他们以侮辱性歌曲为由拒绝出版,并以违反合同为由提起诉讼。法院要求施特劳斯提供"合适的歌曲",他为此创作了他六首最为艰深的艺术歌曲(Op. 67),尽管在他的作品中极具创新性且最具挑战性,但这些歌曲不可能流行,也难以带来经济收益。其中三首是对《哈姆雷特》中发疯的奥菲利亚毫无意义的韵文的谱曲,另三首取自歌德年老时对欧洲战争不再抱任何幻想而写下的《西东合集》中的"不满之书",无疑这也是1918年春天时施特劳斯的心境。奥菲利亚的歌曲续延了施特劳斯对疯狂的音乐表现(始自《堂吉诃德》,当时与他对母亲精神状况担忧有关)的传统。《店主的镜子》直到1921年才被以非正式的形式出版,据米夏埃尔·芬格斯坦(Michael Fingesten)证实,只印了120份。出版商是保罗·卡西雷尔（Paul Cassirer），施特劳斯1921年3月10日致信给他："终于有一个尽管本身是出版商，但仍有足够的幽默以正确对待这部作品的人了。"套曲于1959年由波西与霍克斯（Boosey & Hawkes）出版。施特劳斯将它题献给律师友人弗里德里希·罗什，"带着愉快的幽默"。非公开首演由西格里德·约翰松（Sigrid Johanson）演唱，米夏埃尔·劳海森（Michael Raucheisen）伴奏，应科尔的邀请于1918至1920年间在一位友人家中举行。1919年6月26日在德累斯顿的罗根豪斯音乐厅（Logenhaussaal）的演出由玛丽·格拉塞尼克演唱、1925年11月1日在柏林皇宫酒店举行的演出由约翰松和劳海森演唱（1925年西格里德·约翰松在贝尔格《沃采克》的首演中扮演玛丽）。

6月的第三周，施特劳斯为他自己的出版商，在《店主的镜子》中免遭嘲弄（除了作为出版商整体中一员）的费尔斯特纳创作了《五首小歌曲》（*Fünf kleine Lieder*，Op. 69）。其中三首基于阿西姆·冯·阿尔尼姆（Achim von Arnim）的诗、两首基于海涅的诗谱曲。每首歌曲分别题献给施特劳斯的一位女性朋友，第三首《都一样》（*Einerlei*）题献给米奇·冯·格拉布（Mizzi von Grab），他未来儿媳的母亲。套曲中最著名的是以圆舞曲结尾的最后一首——《坏天气》（*Schlechtes Wetter*）。前文已提到，第一首《星星》是在施特劳斯等待马克斯·马尔沙尔克来访时创作的。他告诉后者："刚刚……我拿起阿西姆·冯·阿尔尼姆的书，读了一首短诗《星星》，一边读一边就有了音乐灵感。我马上把歌曲写了下来。"当年夏天，他还为之前创作的五首歌曲配器：《诗人的夜间漫步》（*Des Dichters Abendgang*）、《林中极乐》、《冬祭》、《冬之爱》和《友谊的幻象》。12月19日，他为《工匠》配器，将它题献给男低音弗里茨·施泰因（Fritz Stein），然而1919年4月20日首演这一版本的是恩斯特·克劳斯，由施特劳斯指挥柏林爱乐伴奏。总谱之后佚失了，直到1986年才在伦敦的一个拍卖行中寻获。

第三部分

1918—1933
落 伍

[第十五章]

维也纳

1918年11月,战争接近尾声,施特劳斯仍然在履行指挥职责。在科堡指挥《玫瑰骑士》时,这位伟大的德国爱国者察觉到了祖国失败的迹象。他致信给宝琳:

> 情况急转直下。战争要结束了,彻底结束了!但未来可能更坏……我们要在这种时代生活,真是可耻。据说我们要努力适应新的方式。我不会这么做,除非情况变得明朗一些……我仍然坚信,德国太过"努力"而不会堕入这种彻底的衰退——尽管优秀的政府做了这么多无用功。无论如何俾斯麦的梦想已经彻底破灭了,两百年的普鲁士王朝即将结束。让我们希望未来会更好。我并不相信——但我们对历史事实什么也做不了。请不要庸人自扰……我们需要用全部的精神力量把我们的小小航船带上正轨。我们需要冷静地考虑一切,即使是现在,我也不知道除了继续尽可能按部就班、按计划行事以外还有什么可做的,因为剧院和音乐会还在继续、还在付钱。如果你爱我,那世界上就没什么能伤害我们。

这就是真正的施特劳斯,以家庭和工作为中心的人。他是典型的资产者,他对一生理想的忠诚值得钦佩。但是事实证明,把他们的"小小航船"带上正轨并不容易。1918年5月,他和柏林剧院经理许尔森发生了争执,对他和宫廷歌剧院越来越不稳定的关系感到不快和不安。夏末,维也纳宫廷歌剧院7月新上任的经理利奥波德·冯·阿德里安-维尔堡(Leopold von Andrian-Werburg)男爵试探着招募他。男爵是霍夫曼施塔尔的儿时好友,后者听说此事,于8月1日给施特劳斯写了一封长信,宣称自己反对招募计划,因为"您会将个人的便利、特别是创作音乐家的自我中心,放在为这个机构获得更多福利而进行的艰难斗争之前"。他说他不相信施特劳斯会愿意全身心投入到建立演出曲目的过程。

> 我相信,面对雇佣艺术家、树敌和结交朋友等问题,简言之,在处理剧院的全部事务时,您心中最重视的应该是您自己的作品……您向它投降,而您又几乎周期性地尝试逃离它,您生命中最大的危险是对精神生活的一切高标准的忽视……我对您的关心超过您一生中遇见的几乎所有人。您并未尝试广交朋友,也没有多少朋友。[1]

施特劳斯接受了这封"毫无冒犯之意"的无礼信件。没错,作曲是他的主要兴趣,但他仅在夏天作曲。"我在接下来的大约十年里仍会在每年冬天指挥五个月。"在维也纳,以顾问的身份,他可以每月上演一部杰作的全新制作,还能支持新作品。

---

1. F. and A. Strauss (eds.), *Correspondence Between Richard Strauss and Hugo von Hofmannsthal*, 308-309.

我近三十年来最殷切的希望就是能够获得大型宫廷歌剧院事实上的艺术最高决定权。我没能成功：或者因为人们总是把我看成流行的官方惯例的对立面，或者因为我的艺术个性太过独立，作为一个有些名气的作曲家，我被认为不能像那些纯粹的复制艺术家那样，有足够的兴趣处理剧院的日常运行和需求。在柏林工作的二十年里，在完全独裁、完全不受任何影响的许尔森伯爵统治下，我终于决定对机构的管理不置一词，因而成为您现在如此严厉地批判的那种人。让我留在柏林的原因是，我有责任在德国最重要的艺术机构里，支持我自己的作品，并享受指挥一支纪律严明的出色乐队。[1]

在此期间发生了什么，我们并不清楚，但一个月后霍夫曼施塔尔转而支持施特劳斯任职维也纳，尽管此时还没有关于任命他为歌剧院总监的说法。12月时他写道："我**希望**您能来。"10月，施特劳斯去了维也纳，《莎乐美》终于登上维也纳宫廷歌剧院的舞台，玛丽亚·耶里查扮演莎乐美，弗朗兹·沙尔克指挥。他很可能是在此时收到了正式邀请。但在柏林，许尔森退休了，歌剧院工作人员选举格奥尔格·德罗歇尔（Georg Droescher）博士接任。施特劳斯同意暂时担任国家歌剧院（停战后歌剧院的名称）的董事，但他很快发现，为德罗歇尔工作并不比许尔森轻松。他拒绝在柏林居于德罗歇尔之下，但正如他于1919年1月7日对霍夫曼施塔尔所说的那样："现在，虽然德罗歇尔是唯一的总监，但我地位特殊，**直接听命于文化部**，可以随时指挥和制作我所希望的剧目，对一切重要事务拥有决定权。"他自1885年起就担任宫廷指挥家，也是最后一位担任这一职

---

1. F. and A. Strauss (eds.), *Correspondence Between Richard Strauss and Hugo von Hofmannsthal*, 310–311.

务的伟大作曲家。此时，他发现公务员和工会代替了皇帝和贵族经理。1919年6月，施特劳斯惊讶地发现马克斯·冯·席林斯被任命为柏林国家歌剧院总监。"今天，"他告诉霍夫曼施塔尔，"在乐团首席歌手芭芭拉·肯普女士的动议下……（柏林歌剧院的工作人员）选举出了马克斯·席林斯。我想，这彻底与艺术家的自治背道而驰……我想我和柏林歌剧院的密切关系将就此结束。"（席林斯四年后和肯普结婚。）他履行了和柏林歌剧院的余下义务，包括首次指挥《帕西法尔》，继续担任国家歌剧院乐团音乐会指挥，直到1920年被威尔海姆·富特文格勒取代。

德国处于动荡状态，在柏林和慕尼黑等主要城市，政府军和当时被称为"斯巴达克同盟"的德国共产党之间展开了斗争。1919年3月，他从柏林致信给在加尔米什的宝琳：

> 我刚从剧院回来，那里本该上演《费德里奥》的，但因灯光无法使用而取消。今天有许多枪声，政府军占领了亚历山大广场，彻底肃清了斯巴达克党人……我不知罗什正在如此努力创建的那个联合各独立艺术家协会和各音乐家团体的组织是否真的那么需要我……考虑到这些对各种艺术的将来非常重要的事务，最好忘记整个愚蠢的革命，享受无私地为善事工作带来的内心满足。

他所指的是为改善音乐家的经济情况，并确保在新的后帝国政权下德意志作曲家联盟的工作能够继续进行的努力。施特劳斯自己虽然算不上穷困，但他还是无法放弃指挥而专注于作曲。他采纳定居伦敦的金融家埃德加·斯佩耶尔（《莎乐美》的被题献者，拥有一家法兰克福金融机构）的建议，把大部分积蓄存在伦敦，但是这些钱都被扣押了（从未还给他），而他为贾吉列夫创作《约瑟传奇》所应得的六千金法郎也因战争而从未支付。1919年4月底，当儿子弗朗兹要从加尔米什前往海德堡开始大学课程时，施特劳斯对斯巴达克党人的恐惧达到了顶点。旅程漫长，条件恶劣。"你究竟为什么离家呢？加尔米什似乎还很安静，今天施塔恩堡已被政府军'占领'，被打败的斯巴达克党人会涌入加尔米什的危险已经大致消失。我现在非常头大，但还不至于消沉放弃。只有对家人的担心会打击我，例如昨天听说你突然离开，我快受不了了。"

他还参与了另一件善事。1917年8月，主要因霍夫曼施塔尔的热情邀请，他加入了以萨尔茨堡成为主要艺术中心为目的，刚组建的萨尔茨堡节日协会的艺术家委员会。除霍夫曼施塔尔和施特劳斯外，成员还包括莱因哈特（他在1918年买下了萨尔茨堡的利奥波德斯克伦宫殿）、弗朗兹·沙尔克和阿尔弗雷德·罗勒尔。推广莫扎特音乐的想法强烈地吸引着李斯特。在当时推动这一计划需要惊人的勇气和远见。1918年后的欧洲，食物短缺、通货膨胀、交通混乱。为艺术节和新音乐厅筹钱一定被视为疯了，而萨尔茨堡本地和维也纳的政治动荡令整个计划特别危险。1921年前往美国时，施特劳斯为音乐节筹集了数千美元，并鼓励在美国建立一个支持音乐界的组织。而几个月前他的南美之行就没那么成功。但是正如他对霍夫曼施塔尔所说的那样："对一个巴西人来说，或者更惨，对一个住在巴西的德国人来说，萨尔茨堡算什么呢？"他在1920年描述了对萨尔茨堡的理想：

> 萨尔茨堡节日音乐厅……将成为一个象征，充满真理和文化的光芒……全欧洲将会了解我们的未来在于艺术，特别是音乐……在这个心灵的神祇远少于物质的时代，当自我中心、嫉妒、憎恶和不信任似乎统治着世界的时候，支持我们倡议的人是在实践善举，并对兄弟情谊和邻里友爱的复兴做出可观的贡献。

施特劳斯在1922年音乐节上指挥了《唐璜》和《女人心》，演唱者包括阿尔弗雷德·耶格尔、理夏德·陶贝尔（Richard Tauber）、理夏德·迈耶尔、洛特·勋纳（Lotte Schöne）和伊丽莎白·舒曼。同年，他被选为音乐节协会主席，但管理和财务方面的争端令他失去了兴趣，并于没有举行音乐节的1924年辞职，不过仍保留艺术委员会职务。他在当地上演的第一部歌剧是1926年的《阿里阿德涅在纳索斯》。他指挥了三场演出中的一场。直到1929年，拥有传奇阵容的《玫瑰骑士》才开始和音乐节建立联系。

要讨论施特劳斯和维也纳方面的交涉，就应该先考虑他当时作为作曲家的地位。1919年他已五十五岁，是无可争议的德国在世的最伟大作曲家，国际知名度也极高。尽管弗朗兹·施雷克尔的歌剧轰动一时（奥托·克伦佩勒风趣地称它们是"典型的通货膨胀音乐"），普菲茨纳1917年以《帕莱斯特里纳》（Palestrina）获得成功，埃里希·科恩戈尔德（Erich Korngold）的惊人才华成了人们餐桌上的谈资。但施特劳斯的统治地位几乎不可撼动。他和普菲茨纳的关系值得稍加讨论。自从1900年3月，普菲茨纳的一首作品在柏林的音乐会上被夹在两首施特劳斯音诗中间演出，从此他们之间的关系就变得紧张。施特劳斯的作品在公众和批评界中造成轰动，而普菲茨纳的没有。他们相互尊敬，但并不欣赏、也不指挥对方的音乐。施特劳斯推荐普菲茨纳担任斯特拉斯堡的首席指挥，任期是1908—1918年。普菲茨纳无法忍受自己的作品受到攻击，而施特劳斯却不介意嘲弄自己和自己的音乐。1917年《帕莱斯特里纳》首演后，普菲茨纳告诉施特劳斯他创作第二幕有多么艰难。施特劳斯回答："如果您觉得那么困难，为什么还要写呢？"普菲茨纳可不会觉得好笑。施特劳斯将普菲茨纳的歌剧纳入维也纳音乐节的曲目单，但他对这位作曲家的态度体现在1919年3月他写给沙尔克的一封信中："这个好伙计太爱生气、太理想主义了。我们想为他和他的作品尽我们所能，但又不想靠近他。人们为何总是说'施特劳斯与普菲茨纳'。我想他们可以只讲普菲茨纳，把他说成——自贝多芬以来——最伟大的作曲家，就这样。无论我多么渺小，我都想自己一个人，而不是和其他什么人相提并论。媒体永恒的标签：现代主义。对我来说，我可不想跟它扯上任何关系。希望他们能让我一个人不受约束，远离人群。"他对气候的变化再敏感不过——斯特拉文斯基、欣德米特、魏尔、贝尔格、韦伯恩，当然还有勋伯格——他对此并无特殊兴趣。他不想步他们的后尘。在拒绝1918年后的先锋派时，他一定经常想起自己的父亲。但他不愿追寻年轻一代，并不意味着他不愿意在自己的作品中开辟新路。他无法用他想要的作品激起霍夫曼施塔尔的兴趣，因而转向《店主的镜子》的合作者阿尔弗雷德·科尔：

> 我想扮演今天的大型轻歌剧——《革命》——音乐上的阿里斯托芬。采用歌唱剧形式，就像是奥伯的法国喜歌剧。一方面，今天的剧院处境，包括工人苏维埃和工会、首席女高音的阴谋、男高音的野心、旧政权的经理提出辞呈，这可以成为一个剧情的背景——还有政治轻歌剧：国会、老同志的协会、党派政治，同时百姓挨饿，教育文化部长靠妓女养活，战争部长是个乞丐，司法部长是个杀人犯，这可以成为另一个喜剧场面的背景。

科尔开始以维兰德（Wieland）的《佩雷格里努斯·普罗特乌斯》（*Peregrinus Proteus*）为基础进行创作，而施特劳斯多年后对斯蒂芬·茨威格将其描述为"粗俗的轻歌剧"。但并无成果。1919年和1920年，施特劳斯没有写出任何新作。1921年他只写了以荷尔德林的词为基础的《三首赞美诗》（*Drei Hymnen*, Op. 71），由大型乐队伴奏，预示了二十七年后的《最后四首歌》的丰富华美。这是一部杰作，可惜未受重视，乏人问津。部分原因在于他当时正忙于歌剧《间奏曲》

的创作、维也纳歌剧院和海外旅行等事务。Op. 71的首演于1921年11月4日在柏林举行，由芭芭拉·肯普演唱、古斯塔夫·布莱希尔指挥。

1918年10月，施特劳斯同意在一年后前往维也纳。霍夫曼施塔尔此时支持他的决定，并声称自己一直如此。当时并不太平。黑市、通货膨胀、贫困——毫无马勒时代辉煌盛世的痕迹。听说施特劳斯一年只工作五个月就能获得非同寻常的高薪（八万克罗宁），歌手和工作人员强烈反对雇用他——理夏德·施佩希特称之为"反对理查·施特劳斯运动"。1919年4月，施特劳斯给他的朋友，维也纳公务员路德维希·卡尔帕特（Ludwig Karpath）去电："习惯于将艺术目标置于一切之上，本性对人身攻击无动于衷，我不会放弃维也纳-萨尔茨堡的艺术梦想，但我不能失去同事和朋友们的支持。""人身攻击"来自歌剧院的前任总监汉斯·格雷戈尔（Hans Gregor），他在《维也纳报》（*Wiener Journal*）上写道："这个作曲家的名字和前宫廷歌剧院总监职位有什么关系呢？例如，在这样一个鄙视某些维也纳人的最爱（如普契尼）的人统治下，歌剧院会怎样发展呢……施特劳斯毫不心慈手软，他只关心自己，是个自我主义者，以此态度面对一切事务。"然而，尤利乌斯·比特纳（Julius Bittner）、阿尔玛·格罗皮乌斯-马勒、塞尔玛·库尔兹（Selma Kurz）、霍夫曼施塔尔、马克斯·卡尔贝克、路德维希·卡尔帕特、欧塞比乌斯·曼迪切夫斯基（Eusebius Mandyczewski）、费迪南德·勒韦（Ferdinand Löwe）、阿尔弗雷德·罗勒尔、格奥尔格·塞尔、理夏德·施佩希特、保罗·斯蒂芬（Paul Stefan）、阿图尔·施尼茨勒、雅各布·瓦瑟尔曼（Jakob Wassermann）、埃贡·韦勒兹（Egon Wellesz）和斯蒂芬·茨威格等人签署了一封公开电报，保证他在维也纳能够获得一切要求和所需后，此事结束。施特劳斯走马上任。

沙尔克在全体剧团成员都在场的情况下迎接他，施特劳斯承诺会尽他所能来保护和提升他们的"社会地位"并"实现你们的要求，特别是那些不得不面对困难的人的要求：乐团、合唱团、芭蕾演员和场务人员"。他参与了庆祝歌剧院成立五十周年的音乐节。他指挥了《费德里奥》《特里斯坦与伊索尔德》《魔笛》《玫瑰骑士》和《阿里阿德涅在纳索斯》(顺带一提，音乐节期间上演了三部普契尼的歌剧)。尽管人们总是认为施特劳斯和弗朗兹·沙尔克共同担任总监，但原规定并非如此。1944年，施特劳斯对罗兰·滕歇尔特强调："并无共同总监一事，他自己就是领导者。因客席指挥工作他无法在整个歌剧季期间都留在维也纳，所以他自己建议可以让歌剧院的一位艺术家在他离开时临时代理。他提出的人选是在歌剧院担任指挥多年的弗朗兹·沙尔克。"[1]弗朗兹·格拉斯贝格(Franz Grasberger)的权威著作《理查·施特劳斯与维也纳歌剧院》(*Richard Strauss und die Wiener Oper*)证明了这一点，阿德里安在1918年10月称施特劳斯为"宫廷歌剧院艺术总监"(künstlerischen Oberleiter der Hofoper)。

施特劳斯在上任前又被卷入了另一场典型的维也纳争端。他已说服女高音伊丽莎白·舒曼离开汉堡加入维也纳剧团。他还劝说她的丈夫，指挥家卡尔·阿尔文(Carl Alwin)也移居维也纳。马克斯·格拉夫因此在《新维也纳报》(*Neues Wiener Journal*)上发表了一篇文章，指责施特劳斯是"真正天真的南德人"，任人唯亲地支持一个和某些年轻奥地利人比起来非常平庸的指挥家。格拉夫又说，施特劳斯可以和阿尔文一起打斯卡特牌，而宝琳和伊丽莎白在一旁八卦。宝琳对此愤怒地回应，致信报社指出她只和伊丽莎白·舒曼说过一次话，施特劳斯也从未和阿尔文打过牌。"我丈夫在判断指挥能力方面至少不逊色于那篇文章的作者……如果我丈夫在抵达之前就为不准确的媒体报

---

[1] R. Tenschert, *Memories of Richard Strauss from the Period of the Commemorative Events for his 80th Birthday in Vienna (Richard Strauss-Blätter* No. 10 Vienna, 1977年12月), 13-14.

道所困扰，**他可能会厌恶地离开维也纳**。"阿尔文不会打斯卡特。

施特劳斯把1919年10月10日举行的《没有影子的女人》世界首演当作赠给维也纳的见面礼。他在战争期间无法把它搬上舞台，但此时他意识到不应这么早将它推出。维也纳的首演非常精彩，由耶里查扮演皇后，洛特·莱赫曼扮演染工之妻，露西·怀特（Lucie Weidt）扮演保姆、理夏德·迈耶尔扮演巴拉克、卡尔·阿加尔－奥斯特维格扮演皇帝，但"它在德国舞台上的命运充满不幸。在维也纳，因人声声部的紧张和舞台设计（罗勒尔负责）的困难，歌剧上演的次数还不如被取消的次数多"。[1] 德累斯顿首演是一场灾难。"战争一结束就把这部充满挑战且难度极大的歌剧交给中型、甚至小型的剧院实在是大错特错。"施特劳斯写道。他和霍夫曼施塔尔都对罗勒尔的维也纳舞台设计感到不满。施特劳斯说罗勒尔"对这部作品太不上心了，完全放弃了'魔术技法'。单凭音乐本身什么也做不了，特别是这种事：还不如写一部清唱剧搭配这种布景上演！"

乐评界也从一开始就误解了这部歌剧，因它的象征主义而迷惑。脚本被认为难以理解，但施特劳斯终其一生都在为它辩护、称赞它的简洁——只需要读一页就能明白他的意思。对熟悉《魔笛》及其审判与净化意旨的人来说，《没有影子的女人》不存在什么问题。它是一部童话，也是对婚姻和由孩子带来的满足感，以及对追求人性和爱的赞美诗。没有影子的女人是无法生育的。精神世界主宰凯科巴德的女儿，半神半人的皇后结婚近一年后仍未怀孕，神界的法律规定，娶了神界女子的男人必须在一年中令她怀孕，否则会被变成石头——她需要获得一个影子。在邪恶、矛盾的保姆，这个或许是歌剧中最有趣角色的陪伴下，皇后下凡来到以染工巴拉克和他泼辣妻子的贫困家庭为

---

1. Strauss, 'Reminiscences of the First Performances of My Operas', 166.

代表的尘世。他们也没有孩子，因为妻子拒绝和丈夫同房。保姆贿赂妻子，想获得她的影子。但当皇后认识到这会摧毁把孩子当作人生目标的巴拉克时，她拒绝饮用生命之泉的泉水。如果她饮下泉水，巴拉克妻子的影子将归属于她，已经被变成石头的皇帝将被救活。她的拒绝令她成为人类，她获得了自己的影子，夫妻们各自团圆，他们未出生的孩子的歌声响起。

有些人认为这是施特劳斯最伟大的歌剧；只要观赏一次伟大的演出，就很容易同意这种说法。但它仍然是有问题的作品，有狂妄自大的倾向，有些段落可以感到施特劳斯难以保持对角色的兴趣。无疑，在完成《没有影子的女人》第三幕之前，以嘲讽和感伤的风格创作《阿里阿德涅在纳索斯》序幕后，他失去了创作这部更大规模作品的动力。尽管如此，这部作品最好的部分还是非常伟大——巴拉克的音乐、描述巴拉克性格的管弦乐间奏、皇帝的咏叹调、猎鹰的音乐、皇后的朗诵调。如果想要看到平时客观的施特劳斯展露出灵魂，表现出孤独和脆弱，好似害怕探究自己心灵太深处会发现的东西，那便是第二幕中皇帝的咏叹调（"把我带上这荒凉的岩石峭壁，在这里没有人，也没有野兽能听到我的哀叹！"）。乐队部分技巧极为高超，歌剧首演的指挥沙尔克1919年在维也纳《歌剧院册页》（*Blätter des Operntheaters*）上发表的文章描述得最为精彩。他写道：

> 即使是熟悉施特劳斯作品的音乐家们也被迫在第一次排练后认识到，他们使用至今的演奏方式是不合适的。他们需要寻找一种更精致的演奏法、更多样的力度、对中间声部的完全呈现，令人听到隐藏最深的曲调。乐谱中不存在任何不重要的声部，没有过去意义上的复调，而是一种整体性的对位，甚至常常是主题性的和声集合体。必须呈现出非常大胆的复节奏结构。

参与了德累斯顿首演的小提琴手阿图尔·特罗贝尔（Arthur Tröber）回忆，正式彩排因技术困难不得不在午夜停止。"音乐和台词令我们困惑……人们说这个主题更适合妇科病房而非舞台。我们花了好几年才能适应这部施特劳斯如此心爱的歌剧。"[1]

施特劳斯很少在出版后修改作品，除非像《阿里阿德涅在纳索斯》和《埃及的海伦》（Die ägyptische Helena）那样进行大幅度的改动，但《没有影子的女人》第三幕是个例外。克莱门斯·克劳斯（Clemens Krauss）1939年在慕尼黑指挥一次新制作时，在开演一个多月前的9月8日致信给施特劳斯，要求创作"门口卫兵的两个段落的新版（乐团编制有点小）。非常可惜，人们在这两段中没法听清歌词。您曾说过它们需要重写？！"施特劳斯回复："您说得完全正确……它已经困扰我够久了！"之后他修改了这两段，缩减了配器，加上标题"歌词第一，音乐第二"（Prima le parole dopa la musica）寄给克劳斯。他希望指挥家们遵循新的配器。施特劳斯的手稿于1971年在国际理查·施特劳斯协会的《理查·施特劳斯乐思随笔》（Richard Strauss-Blätter）第二期上刊登了两页，并附上详细的修订内容。[2]

霍夫曼施塔尔承认，在这部作品中他给施特劳斯施加了"巨大的负担"，"尽管他就像儿童游戏一样把它带上了非常陡峭的高峰"。时代将他们甩在身后。他们最初构思《没有影子的女人》是在1911年。八年后，世界发生了永久的变化。而他们的歌剧还属于1914年前的世界。它完全不适合1919年被战争压垮、失败、破落的德国和奥地利。在至少有二十万儿童处于饥饿边缘、十三万人失业、人们因饥饿或革命的枪战倒毙街头、无人收拾的垃圾堆满街道和公园的维也纳，它更

---

1. A. Tröber, 'Strauss-Erinnerungen eines Dresdener Kammermusikers' in *Richard Strauss-Blätter* No. 11 (Vienna, 1978Äê5ÔÂ), 2.
2. Götz Klaus Konde, 'Alterations to the Instrumentation of the Third Act of *Die Frau ohne Schatten,' Richard Strauss-Blätter* No. 2 (Vienna, 1971Äê11ÔÂ), 30–33.

是不合时宜。

但施特劳斯对身边的世界从来都不太关心。歌剧院包厢里可能坐满了投机商，但他一直把观众当作懂行者。他在维也纳的第二年，国家歌剧院获得了霍夫堡的堡垒音乐厅（Redoutensaal）作为第二个歌剧舞台。罗勒尔把音乐厅改造成了精美的剧院，其花费激怒了媒体。但它不仅成为《费加罗的婚礼》和《唐帕斯夸莱》等歌剧的理想演出场所，也成为包括蒂利·洛什（Tilly Losch）的芭蕾舞团的驻地。施特劳斯将弗朗索瓦·库普兰的八首键盘小品编配为《舞蹈组曲》（*Tanzsuite*），供芭蕾舞团于1923年2月17日在堡垒音乐厅首演，指挥是在施特劳斯之后的生活中扮演着重要角色的音乐家克莱门斯·克劳斯。在指挥布瓦尔迪埃的《巴黎的让》在堡垒音乐厅重演时，施特劳斯特别为塞尔玛·库尔兹改写了公主的花腔咏叹调。他指挥了瓦格纳除《帕西法尔》外所有歌剧的新制作，其中几部作品甚至是他自己设计的。他还指挥了莫扎特的主要歌剧，其中就有《女人心》，他自己在钢琴上即兴伴奏宣叙调，还常常偷偷加入对自己作品的暗示。

施特劳斯和沙尔克接管维也纳国家歌剧院时，其财务状况非常糟糕。因此，他们在1920年夏末率领维也纳爱乐乐团到南美演出筹款。施特劳斯的儿子陪伴出行。轮船在佛得角群岛装煤后，甲板一片狼藉。起航后，施特劳斯致信给宝琳："你一定很愿意看这样的场面，到处都在擦洗，人们清洗整个甲板、天花板和舱室，我们也要彻底洗干净、换衣服。"他告诉她，航行"对作曲很有利：我已经在一个草稿本上写满了旋律和主题"。他还读了歌德。因两个剧院经理的竞争，里约热内卢的音乐会几乎完全没人光顾。里约人对来访两周的比利时国王阿尔贝更感兴趣。施特劳斯（在给宝琳的信中）指出："即使是威廉时代，花在旗帜和军队上的钱也不过如此。我们那里这些垃圾已经不存在了，而在这里，这些货色还很时兴。"不过，旅行演出的结果很成功，巴西人愿意花钱邀请维也纳歌剧院前来访问。在里约时，他听了一场由图里奥·塞拉芬（Tullio Serafin）指挥的《玫瑰骑士》的演出，并在写给霍夫曼施塔尔的信中说，克劳迪亚·穆齐奥（Claudia Muzio）"非常优雅迷人地扮演了玛莎琳"。有趣的是，1920年早些时候，霍夫曼施塔尔寄给他一份名为《达妮埃，或合宜婚姻》（*Danae, oder die Vernunftheirat*）的剧情大纲，它"完全延续了《玫瑰骑士》《阿里阿德涅－序幕》《资产阶级绅士》的道路。它需要轻松、灵动的音乐，只有您在您人生的这一阶段能写出。主题是早期神话，处理方式轻浮"。施特劳斯向他要求的正是如此，但因某些缘故，忙碌的作曲家没有注意到它，也可能从未读过，直到1936年，他才开始对《达妮埃的爱情》（*Die Liebe der Danae*）的前景产生兴趣。

无疑，施特劳斯离开维也纳削弱了他在当地的权威。他于1921年去匈牙利和罗马尼亚旅行演出，又参加了他被任命为荣誉主席的第一届多瑙艾辛根当代音乐节。他在那里听了欣德米特"放肆、疯狂但非常有才华的"《第二弦乐四重奏》后问年轻的作曲家，他如此有才能却为何还要写无调性音乐。欣德米特回答："博士先生，您写您的音乐，我写我的。"施特劳斯正在创作的音乐与之相比非常不同。8月和9月间，他起草了自己编剧的一部芭蕾舞剧《掼奶油》（*Schlagobers*）的缩谱。施特劳斯决定于1921年秋前往美国旅行演出，沙尔克对此不满，要求他作出解释。"我不是去玩的，"施特劳斯回答。"在被英国没收了大部分财产后，我的养老金没了着落。如果我因故无法指挥，我就只能依赖作品的版税过活了。即使是歌剧的成功也不可靠——如果版税不够用——我希望短期内这不至于发生——我就得当乞丐，让我的家人陷入'贫困和耻辱'了。如果我想重新平静地工作，我必须令自己不必为此担忧。"这是施特劳斯一切行为背后的指导原则——他的家庭至高无上。关于施特劳斯和金钱的恶意评论源源不断，但他认为，没有理由不让艺术家和其他工匠或商人一样因工作获取报酬。在阁楼里挨饿或许是浪漫的（并不是），但认为作曲家致富有些不道

图 14　父与子

德的观念是假正经！施特劳斯并不掩饰他的目的："我将一直指挥，直到存下一两百万，然后就退休。"施特劳斯有个从未实现的梦想就是移居意大利，在和煦的阳光下专心创作。施特劳斯晚年的出版商恩斯特·罗特（Ernst Roth）谈到他时这样说：

> 他毫无商业头脑。他的合同由律师起草，他绝对信任他们的服务。投资方面，他依赖于专家并非一直正确的建议。他在加尔米什和维也纳的房子不是商业投资，买来是为了自住，从未出售。《莎乐美》后，他以高价出售了作品的出版权，自己保留演出权和复制权。他从不讨价还价。他在一切交易中总是正直可靠，完全信任合作者。他从不

会想到自己或让会计去检查账目。他的音乐让音乐会主办者、歌剧院、指挥和歌手都赚了大钱。他的音乐带来票房的成功，并不虚伪的施特劳斯认为自己有权获得他应得的收入，并提出了要求。

但是对古斯塔夫和阿尔玛·马勒来说，这是一种粗俗的、资产阶级的态度。

1921年10月19日，施特劳斯和儿子弗朗兹与伊丽莎白·舒曼一同乘上白星公司的客轮"亚得里亚海"号前往美国（这次旅行演出的美国筹办者要求舒曼同来。原定同行的是男中音弗朗兹·施泰纳）。他受到了公众的欢迎和媒体的关注。除了在演唱会上为舒曼伴奏外，他还指挥了费城等地的乐团上演自己的作品。他告诉记者说他在自己的交响诗中最喜欢"那些最清楚地展现我和我的思想的《查拉图斯特拉如是说》《唐吉诃德》和《家庭交响曲》"，他表示爵士乐"非常有趣，特别是节奏"。他对宝琳谈到"糟糕的美国食物"，除了"真正惊人的"纽约外，"呆在这个到处都是工业的地方无聊透了。即使天气不冷，所有的旅馆也开足了暖气"。但他"为了我们心爱的国家而耐心地忍受这一切，渴望能再次见到你"。伊丽莎白·舒曼在她的旅行日记中提到，施特劳斯给她看了宝琳的来信——"温柔的词句，和她说话的方式非常不同！"她还注意到在底特律的音乐会上，施特劳斯背奏了自己的一些歌曲。"他并非出色的背谱演奏者，在演奏《我的一切思想》(*All'mein' Gedanken*)时发生了一件趣事。他忘了第3小节后的伴奏，于是创作了一首全新的歌曲。我努力跟上他，歌词配合完美，没有哪个听众有所怀疑，我们不出差错地结束后，我用眼角的余光看向右边。映入我眼帘的是他露齿而笑，嘴几乎咧到耳朵边上……后来我请他记下新版，但他说，'啊，我已经完全忘记它了'。"在旅行演出中，施特劳斯的音乐会被首次广播。他于1922年1月4日登船回国，途经英格兰并于21日指挥了曼彻斯特的哈莱乐团。他告诉沙尔克："在这可怕的疲累巡演之后，我期待能在桌前做些理性的工作，在剧院里做些振奋人心的工作。"

　　但等待着他的是和沙尔克不断恶化的关系，这大概可以理解，因为后者希望能成为总监。沙尔克从马勒时期起就在维也纳歌剧院工作，负责大多数日常管理事务。但他总是优柔寡断。施特劳斯则很快就下决定，大胆决策。摩擦因此出现。6月，在他战后第一次访问伦敦，受埃尔加和萧伯纳热烈欢迎而回归之后，冲突爆发。了解歌剧院财务困难的沙尔克反对施特劳斯允许明星歌手在其他剧院演唱他的歌剧。施特劳斯则尽力维持和平。"我似乎以错误的方式试图澄清、无意地冒犯了您，但这并非我的本意。"他写道。

>　　总之，我不可能找到另一个能在艺术上与我如此合拍的好同事了。我们必须试图弥合我们之间的小分歧：就像多瑙河的上游和下游一样。您知道我多么爱奥地利，但为你们可能有些过于自在的闲适注入一点德国血液一定不会有害的。我相信您会毫不犹豫地信任我的领导能力……让我们专注于质量和完善，这是可以证明我们担任领导资格的唯一标准。如果一部作品没法达到应该达到的完善程度，即使举行了正式彩排也要取消。我的歌剧只有我在维也纳时才会在这里上演，我很不快。这看上去不好，实际上对我的名誉有碍。只要我在维也纳还是名义上的总监，我就希望您尽量不要上演我的歌剧。这样其他人就有更多机会了。[1]

---

1. 1919—1924年间，施特劳斯指挥了十六场《莎乐美》、十三场《玫瑰骑士》和十三场《阿里阿德涅在纳索斯》演出。还有七场《火荒》、十二场《没有影子的女人》和十九场《约瑟传奇》。

霍夫曼施塔尔扮演调停者的角色，施特劳斯逐渐软化。脚本作家致信给他（1922年9月4日）："您已为自己获得了如此出色而理智的胜利，让我直说吧：您有可能造成恶果。真正的受害者是这个杰出而独特的机构，这也意味着您自己——作为作曲家——也是最终的受害者。"

施特劳斯和沙尔克的管理都遭受到了严厉的批评。《音乐时报》（*The Musical Times*）的维也纳记者，保罗·贝克尔（Paul Bekker）于1922年2月抱怨国家歌剧院"逐渐变成一种仅仅为有产阶级和暴发户提供肤浅娱乐的地方，管理层总是在迎合他们的品位"。剧团管理失当，"因为总监们严重偏袒以哗众取宠为目标的'客席'歌手，而剧院那些最杰出的艺术家却遭到冷藏"。贝克尔还抨击道，除施特劳斯外，登场的其他当代作曲家只有普契尼和埃里希·科恩戈尔德。时年二十五岁的后者于1920年以其歌剧《死城》（*Die tote Stadt*）在德国和奥地利大获成功。但维也纳歌剧院和施特劳斯最严厉的批判者之一就是科恩戈尔德的父亲尤利乌斯，他是《新自由报》的音乐评论家，并和儿子一同创作了《死城》的脚本（尽管这是被严格保守的秘密）。贝克尔于1922年8月在《音乐时报》中告知读者，尤利乌斯·科恩戈尔德乐评中唯一的考量并非艺术家们的演唱、演奏或指挥，而是他们对埃里希的态度。埃里希致信给两位总监抱怨他的歌剧效果受节日和替补歌手未经事先通知临时替换的影响时，情况更加恶化。施特劳斯和沙尔克把他请到办公室，向他说明尤利乌斯的乐评和埃里希作品演出的联系。他们告诉他，因他父亲的态度，他无法再指挥自己的歌剧。作为回应，埃里希要求取消大受欢迎、收入丰厚的《死城》的演出。自从科恩戈尔德还是个少年天才时就开始支持他的施特劳斯告诉他不要孩子气，并拒绝了他的要求。因此出现了这样的场面：科恩戈尔德有次去观看不那么能干的指挥家的《死城》排练，一个歌手喊道："为什么不是科恩戈尔德指挥？"埃里希喊道："因为我父亲写了对歌剧院总监的恶评。让我们解决问题吧。科恩戈尔德应该指挥！"再次被请到施特劳斯面前时,他解释说这排练给他带来了伤害,还不如不要上演。一时激动之下,他引用了施特劳斯《阿里阿德涅在纳索斯》序幕中年轻的作曲家面对其歌剧遭受恶劣上演的前景时的话:"不如把它烧了!"(Lieber ins Feuer!)施特劳斯无话可说:他马上让科恩戈尔德重新上任。

  同时,作曲家施特劳斯呢?他仍在为《间奏曲》配器,还必须和霍夫曼施塔尔商讨将来的计划。他们自1917年起就再未合作过。这位诗人为《约瑟传奇》在维也纳的首演而激动("多年以来我看过的最美妙的舞台布景……究竟为什么它一直遭受无休止的诋毁?我扪心自问:这种体裁中难道还有同样好,甚至更好的作品吗?")。他在1922年3月21日的信中的结尾写道:"现在,和《玫瑰骑士》与《阿里阿德涅在纳索斯》一样,《埃及的海伦》必将成为我第三部历久不衰的作品。"这是《埃及的海伦》第一次被提及。夏天,施特劳斯开始为他的芭蕾舞剧《掼奶油》配器,并于9月16日完成。他在12日致信给霍夫曼施塔尔:"我觉得现在就像在写另一部《玫瑰骑士》一样。"直到1923年4月1日,霍夫曼施塔尔才再次提到《埃及的海伦》——"那部小轻歌剧"和"轻松、快乐、轻盈的作品"。

  施特劳斯把《掼奶油》献给他喜爱的维也纳("到处都是虚伪的人,"他说,"但在维也纳他们表现得如此令人喜欢")。他希望定居于此,把加尔米什当作夏日别墅。他和宝琳住在莫扎特广场的一栋公寓里,但她想要更大的空间和一个花园。施特劳斯向工程部长请求,并获得了雅金街美景宫原弗朗兹·费迪南德大公私家花园内的一块地皮。他用在美国赚到的钱,加上犹太工业家埃曼纽尔·冯·格拉布(Emanuel von Grab)的资助付了款。他早在1907年就结识了格拉布,常去他乡下的住宅度假,和主人一起打斯卡特牌。此时,令他高兴的是儿子弗朗兹爱上了格拉布的女儿爱丽丝。美景宫的住宅和土地将租给施特劳斯及其后代六十年。他把《玫瑰骑士》的总谱手稿赠给奥地利国家图书馆，又把《攒奶油》的总谱手稿赠给市立图书馆充作租金。数年后，他同意五年内在国家歌剧院指挥一百场演出，并将《埃及的海伦》总谱赠给国家图书馆。施特劳斯说："最后，我把价值六万美元的手稿和二十万先令的指挥慷慨地花在了置产上。我可能花得太多了。"施特劳斯位于美景宫的"宫殿"遭到他在维也纳的反对者们攻击，他们还指责他长期缺席、领取高薪、上演自己的作品。他的支持者，如卡尔·阿尔文等过于夸张的反击令情况更糟。这是维也纳阴谋家们喜欢的场景。

当奥地利的经济情况，特别是通货膨胀越来越恶化时，施特劳斯和沙尔克于1923年夏天率领国家歌剧院剧团和维也纳爱乐乐团前往南美洲的阿根廷、乌拉圭和巴西巡演。7月12日，施特劳斯告知霍夫曼施塔尔，《莎乐美》和《埃莱克特拉》在布宜诺斯艾利斯取得成功。他于8月21日在当地完成了《间奏曲》。里约热内卢举行了十场《埃莱克特拉》的演出，在那里施特劳斯收到儿子的一封信，说他和爱丽丝考虑结婚。他高兴地发去电报表示赞成。巡演音乐会的曲目包括布鲁克纳、马勒、科恩戈尔德、普菲茨纳、席林斯和弗朗兹·施密特的作品。回程时，施特劳斯于9月8日致信给霍夫曼施塔尔："我希望能在加尔米什看到《埃及的海伦》，最好有一些有趣的芭蕾插段，一些动听的仙子或精灵的合唱也再好不过。我……希望秋天能在加尔米什做些愉快的工作。最好是第二部没有错误和冗长段落的《玫瑰骑士》。**您随便什么时候写给我都行**：对这一体裁，我还没有江郎才尽。某些雅致、逗趣、温暖的东西！"但《埃及的海伦》脚本还未完成。霍夫曼施塔尔"心中已有整部作品"。他建议作曲家，音乐要"轻松地流淌，有时要像《阿里阿德涅在纳索斯》序幕那样近乎保守……您写得越轻松，它就越好，毕竟再没有哪个德国艺术家能写出比他所需的更沉重的东西"。先见之明！关于第二部《玫瑰骑士》，"我想有一天我会写出来的。我构思了一些剧情……您能够鼓励、敦促我的最好方式是快速、轻松地创作《埃及的海伦》。告诉您自己，您想要把它仅仅当作一部轻歌剧来谱写——最后它一定会是理查·施特劳斯式的。我们俩都把《没有影子的女人》搞得太沉重了"。

施特劳斯还在等着《埃及的海伦》，但歌剧院的危机还远未结束。经济前景黯淡。官方拒绝提供排练场地和布景储存场激怒了施特劳斯，他跟沙尔克说，不如"我整个冬天都不来，直到最严重的萧条过去，这样财政部就不用付我薪水了。我并非不想来，但如果这能帮到可怜的国家财政，我愿意做出牺牲……说歌剧院会破产，这是场闹剧……我不会再在第三年的时候面对媒体的攻击而无动于衷。我不会仅仅因为可恶的尤利乌斯·科恩戈尔德先生就离开，但我需要一个留下的理由"。施特劳斯同意沙尔克应该指挥普菲茨纳、施雷克尔、比特纳和科恩戈尔德的音乐的观点，但他也指出，就像他自己的《没有影子的女人》一样，这些作品乏人问津。"国家歌剧院重要的首要功能，"他告诉同事，"是尽可能出色地上演经典剧目……要那些新东西做什么？老实说，我们必须承认，除了作曲家和他的小圈子，没人真的欣赏它们……另外，现在很难说服一流的歌手们去学习、扮演新歌剧中通常非常费力的角色……我可是在为一个以质量为基础的剧院工作。"

10月，收到了《埃及的海伦》脚本的第一部分令他雀跃不已。他马上行动起来，敏锐地指出剧中需要有口语对话。"请继续前几场的辉煌风格。"他告诉霍夫曼施塔尔。两天后，他收到了第一幕的余下部分。他在10月23日致信给脚本作家："第一幕的结尾非常漂亮……我已经写了约三分之一：它大部分可以说是自己产生出音乐……但我越来越喜欢口语对话了……我希望能在11月底大致完成第一幕。创作的速度快得难以置信，我无比享受。但如果第二幕不能同样好，或没有必需的高潮，作品就白费了。"11月5日他写道，他已"写到梅内劳斯回归之处，可以严肃地说，已完成的一切都非常美妙"。但12月26日，他指出"第一幕作为配乐戏剧的基本问题"，并寄去一份结构修改的建议。这部歌剧不像他最初以为的那样一帆风顺。

1924年是施特劳斯的一个分水岭。他在6月满六十岁，已是德国音乐的老前辈。但自1911年的《玫瑰骑士》之后，他还从未在公众间获得过无可争议的成功。二十世纪第一个十年和时代保持一致的他已经逝去，他也不太在乎。比施特劳斯年长十岁的雅纳切克正在捷克斯洛伐克创作理想的结合了传统、民族主义和创新的歌剧，尽管需要等待许多年才能获得公众认可。1924年勋伯格的四部重要作品举行了首演。贝尔格的《沃采克》已完成，并于1925年首演。斯特拉文斯基在1923年的《婚礼》（*Les Noces*）中革新了节奏。施特劳斯对这些毫无兴趣，如同他父亲讨厌瓦格纳一样，他讨厌这些先锋派实验。他的生日惹得曾和阿尔班·贝尔格学过作曲的二十一岁马克思主义哲学家提奥多·阿多诺在《音乐时报》（*Zeitschrift für Musik*）上发表了一篇长文。文章的大部分都可以登上《私家侦探》（*Private Eye*）[1]的"假学者专栏"（Pseuds' Corner），如果它当时存在的话：

> 关于施特劳斯肤浅的讨论是不负责任的；他的音乐的全部深度在于这样一个事实：它的整个世界不过只有表面，它松散地浮在世界的表面上，而不是放下无可否认的支离破碎的外部真实，去徒劳地追寻本身相当不现实的内在真实。正因施特劳斯因他实在的音乐眼光而避免了把没有结果的过程投入灵魂，结束于抒情的混乱形式，因而他还迷恋于表面上具有客观性，但最多不过带有机械客观性的空洞形式的诱惑。

老天啊！把它和对格哈特·豪普特曼（Gerhart Hauptmann）的恭维相比：

---

1. 著名英国讽刺杂志。——译者注

帝国主义时代的孩子，但他仍然比这一时代更健全，尽管战争期间充满病态，他的艺术仍然如往常一样健康。陀思妥耶夫斯基或斯特林堡的疑问和病态都不包含也不能渗透其中。它因施特劳斯在世界的奇迹中可看到、听到和感受到的观点和艺术乐趣而摆脱了天主教的神秘主义。

施特劳斯于1924年开始创作一首有着特殊意义的作品，即为弗朗兹和爱丽丝1月15日婚礼而作的两架簧风琴的《婚礼前奏曲》（*Hochzeitspräludium*, o.Op. 108），由卡尔·阿尔文和鲁道夫·弗里德尔（Rudolf Friedel）在婚礼上演奏。麻烦接踵而来，弗朗兹在埃及度蜜月时得了斑疹伤寒，病况一时沉重。霍夫曼施塔尔2月1日的五十大寿对于施特劳斯来说也非常重要。"作为您美妙诗篇的作曲家，我已经在音乐里对您说了，相比之下，我用语言对您说的一切不过是陈词滥调。"他写道。他告知这位合作者，《阿里阿德涅在纳索斯》前一周在阿姆斯特丹"大获成功"。他在1月底前往布鲁塞尔和罗马（指挥《莎乐美》），归途中于3月4日为维也纳爱乐乐团的舞会写了一首短小的号角华彩——"一旦我在美景宫安顿下来，"他告诉霍夫曼施塔尔，"这世上就没有什么能让我在冬天离开我的植物园。"当天在草稿本上，他记下了"最后的音诗：野兽（战争）——殉道者（苦难）——人（工作）"的计划。

他以5月9日在维也纳指挥《掼奶油》的首演开启了他的六十大寿庆祝活动。这次首演是一次彻底的失败。激进派作家卡尔·克劳斯（Karl Kraus）的言论可以代表评论界的意见。他说施特劳斯"非常肯定，比起天才，更像是保留剧目轮演剧团……即使是在芭蕾舞剧体裁中，也再没有比这部《掼奶油》在精神上更下流荒凉的了，也再没有比这出戏剧更彻底地堕落到学前教育水平的了。在这出戏里，这位滑

图15 弗朗兹与爱丽丝·施特劳斯

稽的早期大师,永远都像个小丑,以他自己的方式来解决社会问题。"[1]
它是产自糖果店的快乐、风趣的精工制品,有果仁糖公主、可可王子

---

1. K. Kraus, *Die Fackel*, 1924 年 6 月, 52−56.

和玛丽安·荨麻酒女士等角色，而并不是一盘给饥饿、破产的维也纳准备的掼奶油。施特劳斯的朋友罗曼·罗兰当时正在维也纳，他去听了第二场演出。他觉得音乐"非常怡人"，认为批评家的"义愤"是出于个人动机。"阴谋者发难了。施特劳斯的自尊心给很多人甚至是他的支持者造成了许多伤害。他们开始报复了。"一如既往敏锐的罗兰去见施特劳斯，后者对《掼奶油》评论的反应是"人们总是期望我的思想、宏大的东西。无论如何，我就不能写点让我高兴的音乐吗？我无法忍受现在的悲剧。我想要制造欢乐。我需要它"。罗兰发现他在莫扎特广场的公寓里"被一群女士和烦人的社交界人士围绕"。他专注于"民族主义愚行和我们受到威胁的欧洲文明。对他来说，文明以欧洲为中心，一个很小的欧洲，三四个国家。它们正在自我毁灭！他不明白。他从来不笑。没有像过去那样突然爆发的快乐、激动或无意识的'顽劣'"。今天，《掼奶油》的听众听到的只有音乐，而非社会问题，人们难以理解为何如此怡人的音乐会引发如此恶劣的评论。它不是施特劳斯最好的作品，但在创意上胜过《约瑟传奇》，而透明、轻盈、幻梦般的谱曲延续了《资产阶级绅士》和1924年5月还不为人所知的《间奏曲》的道路。它不是属于那个时代的音乐，而是属于任何时代的音乐。1943年，有人计划拍摄一部《掼奶油》电影。施特劳斯阅读剧本后不允许电影使用他的音乐。"无聊的垃圾，"他大声说道，"与此相比，我那无害、谦逊的《掼奶油》剧情完全是歌德式的！"

除《贡特拉姆》外，施特劳斯所有的歌剧都在维也纳的生日庆典期间上演，他还指挥了几部自己的交响诗。最后一场音乐会上，罗兰在听了他指挥的《堂吉诃德》和"宏伟的"《家庭交响曲》之后又说："施特劳斯指挥时变得越来越活跃……再次回到年轻时的施特劳斯，和定音鼓一起笑着，享受他释放的欢乐。"在6月11日，他真正的生日之前，他收到了一封来自霍夫曼施塔尔的感人的信："我珍视，最最珍视连接我们的一切，对我来说，我希望这样的连接永远不要结束。"

他提醒施特劳斯，他相信"除非与传统联系在一起，个人无法创造出任何有长久价值的东西"，他从"过去的、仍然生机勃勃的文学作品的特征中"学到了比任何"似乎虚无缥缈的'我们时代的要求'"更多的东西。这种态度为他带来的只是同时代人的批评，但"只有你总是能够慧眼识珠，用真正的喜悦接受它，创造性地接受它，将它转化为更高的现实"。施特劳斯真心感动，发誓要把《埃及的海伦》写成"特别好的作品"。

随着维也纳歌剧院1924—1925乐季的临近，施特劳斯也面临合同签订五年后是否续约的问题。他要求沙尔克在1924—1925乐季后退休，并确信文化部也会同意。沙尔克同时也在商讨他的新合同，其中包括当施特劳斯不在时由他一人负责做出决定的条款。沙尔克一整年都在和文化部官员交涉，并获得了他们的支持；他们也读到了卡尔·克劳斯的攻击："穷困的国家大把花钱，而城市把维也纳最优雅的公园给了大师，让他在里面建造城堡。所有这一切，再加上为时一周的热情庆祝，我们满怀理想地希望这位脸上写着到此一游的音乐世界创造者会愿意每年和我们呆几个月，完全与委托他的机构没有关系。"[1]施特劳斯低估了沙尔克，忘了他自己是德国人，而沙尔克是奥地利人。弗朗兹和爱丽丝都警告过他不能长期以独裁专制的方式管理歌剧院，也不能为了艺术而完全不考虑经济。9月，他在暑假后回到维也纳，20日指挥了他和霍夫曼施塔尔以贝多芬《雅典的废墟》为基础，加上《普罗米修斯》芭蕾音乐编制的"节日奇观"。施特劳斯混合了第三和第五交响曲的主题，用来伴奏剧中陌生人的情节剧片段。10月1日，他指挥了《资产阶级绅士》的维也纳首演。两次演出都反响不佳。施特劳斯致信给霍夫曼施塔尔说，他被关于"仍能用他的小指头

---

1. K. Kraus, *Die Fackel,* 1924年6月, 52–56.

压扁那群文人的'相当无力的'贝多芬！"的"愚蠢的傻话"的"冒犯"而"气得无话可说"。

搬进雅金街的宅邸后，他前往德累斯顿监督《间奏曲》首演的排练。两位来自维也纳的使节，文化部官员恩斯特·科萨克（Ernst Korak）博士和施特劳斯的朋友、文化部国家剧院事务顾问路德维希·卡尔帕特（《掼奶油》的被题献人）去那里见他。他们把沙尔克的新合同告知施特劳斯，要求他同意关于独自负责决定的条款。讨论持续了好几天，直到科萨克说他被授权接受施特劳斯提出的辞职为止。"那么就这么办吧。"施特劳斯答道，意识到自己实际上已经被辞退了。宝琳评论道："他应该为卸下这副重担而高兴。我的家人和我都对这样的结局感到高兴。现在我们可以搬进漂亮的维也纳住宅，进入维也纳的社交界了。我的丈夫可以只用四周就赚到他的生活所需，然后安静地作曲。"

这仍然是他们的梦想，可以理解施特劳斯在六十岁时会认为它接近实现。他对未来没有多少认识。

[第十六章]

《间奏曲》

《间奏曲》——"一部带有交响间奏曲的资产阶级喜剧"——的酝酿时间长达五年之久。这部歌剧的起源，包括米泽·缪克造成的误解和宝琳和"鲁默尔男爵"有些亲密的关系已在第九章有所记述。首演的听众们对于歌剧的自传性质毫无疑问，因为扮演罗伯特·斯托尔赫的男高音约瑟夫·科雷克（Josef Correck）被装扮得尽可能像施特劳斯，且扮演克里斯蒂娜这个角色的洛特·莱赫曼认识宝琳并模仿了她的举止。弗里茨·布施指挥的世界首演在德累斯顿国家剧院私密的剧场（Schauspielhaus）举行。莱赫曼只在第一场演出中上台，她的角色之后由德累斯顿当地的女高音格蕾特·尼基什（Grete Nikisch）取代。虽然反响看起来不错，但是在预料之中的最初引起公众的兴趣之后，想要《间奏曲》保持热度并不容易。它的第二次演出于11月6日在埃尔夫特举行，之后是1924年在汉堡和卡尔斯鲁厄的演出。1925年3月28日，格奥尔格·塞尔指挥了柏林的首演，它十年内在当地上演了四十二场。1926年5月21日，汉斯·克纳佩茨布施指挥了慕尼黑的首演。维也纳首演举行于1927年1月15日，由莱赫曼和阿尔弗雷德·耶格尔演唱，施特劳斯指挥。《间奏曲》直到1963年才以音乐会的形式在美国首演，1977年搬上美国舞台（由学生演出）。英国的首演是1965年爱丁堡音乐节上由外国歌剧团举行的；本国剧团的首演由约翰·考克斯（John Cox）1974年在格林德伯恩举行。它至今还未在伦敦或萨尔茨堡音乐节上演过。1964年，由赫尔曼·普莱（Hermann Prey）和韩妮·斯特菲克（Hanni Steffek）主演，在慕尼黑小居维利埃剧院举行的演出吸引了公众的注意。在克莱门斯·克劳斯1937—1943年间的慕尼黑辉煌时代，施特劳斯积极参与了剧目选择（尽管他忽略了《埃莱克特拉》），鲁道夫·哈特曼制作的《间奏曲》计划上演。作为伟大的施特劳斯作品的指挥家、作曲家本人的密友，克劳斯似乎认为说服施特劳斯修订、重写歌剧是他的使命。他在《阿拉贝拉》和《埃及的海伦》上成功了，但《间奏曲》则不然。他希望能把它从二幕改成三幕，并删除克里斯蒂安和小儿子道晚安的场景。施特劳斯拒不同意。普契尼可能会改动歌剧的结构（他想到的一定是《蝴蝶夫人》的几次修订），但施特劳斯可不是普契尼。

认为《间奏曲》因以施特劳斯真实生活为主题而有些"不雅"的想法显然根深蒂固。诺曼·戴尔·马尔对它的态度反映出典型的英国清教主义观念。事实上，这部作品正是因为纯粹的自传性、且与《英雄生涯》和《家庭交响曲》同样出自施特劳斯意识流，才能成为如此成功的歌剧，甚至是他三部最伟大的杰作之一。毫无疑问，尽管他一开始对创作《阿里阿德涅在纳索斯》的序幕有所犹豫，但结果最终引出了《间奏曲》流畅、保守的风格，同时也令他难以适应霍夫曼施塔尔《没有影子的女人》第三幕中空幻的象征主义。不过，正如他把《堂吉诃德》当作《英雄生涯》的"羊人剧"一样，《间奏曲》也是《没有影子的女人》的"羊人剧"。在施特劳斯的《间奏曲》草稿中，上一部歌剧中未出生孩子的主题成为《间奏曲》中重归于好的中心主题。寄生虫鲁默尔男爵被巧妙地赋予《没有影子的女人》的影子主题，克里斯蒂纳的争吵动机也与染工妻子的相应主题有关联。洛特·莱赫曼同时塑造了染工妻子和克里斯蒂纳的角色，证实了这两部歌剧之间确实存在联系，因为她们都以不同的方式讲述了施特劳斯的婚姻。《间奏曲》中所写的正是他最擅长的：自己的家庭和职业生活，因为它们对他的意义最为重大——他将他喜欢的歌剧后台和加尔米什家居生活中不时发生的混乱写进了序幕和《间奏曲》的音乐。在《间奏曲》中，他可以陶醉于指挥（引用了歌剧片段）、玩斯卡特牌（第二幕中的牌友都是施特劳斯的好友，例如宫廷歌手以柏林男低音保罗·克纽普菲尔为原型，商业顾问以威利·莱文［Willy Levin］为原型），以及和妻子争吵与和好。在施特劳斯的音乐中，再没有哪个段落比伴奏克里斯蒂娜炉边梦幻的管弦乐间奏曲更温柔动人的了。

讽刺的是，《间奏曲》问世是在1924年，当时施特劳斯已被德国、英国和美国多数有影响的乐评家们当作不再对进步抱有任何兴趣的作曲家，他属于过去。但《间奏曲》在很多方面都是一部创新的歌剧，也是对魏玛共和国早期资产阶级文化的评论。《间奏曲》表面上的自传因素令人太过注意而忽略了它深层的暗示，尽管有两位作曲家注意到了这一点：欣德米特的《今日新闻》（Neues vom Tage, 1929）深受《间奏曲》影响，勋伯格《从今天到明天》（Von Heute auf Morgen）的创作则基于弗朗兹·施雷克尔的婚姻生活。《间奏曲》无疑是一部"时代歌剧"（Zeitoper），一部当下的作品，把从未搬上过舞台的事情搬上歌剧舞台——克里斯蒂娜检查罗伯特乘火车旅行的购物清单、接电话、打电话、滑雪橇、在格伦德尔塞的饭店跳舞、咨询离婚律师，罗伯特讨论歌剧的排练、玩斯卡特牌、雨中在普拉特公园里散步。虽然不应被过于夸大，因为施特劳斯讨厌电影且几乎从未看过电影，但仍在这十三个短小场景中使用了电影技巧。电影繁荣于魏玛时期的德国，当时德国的电影工业在欧洲最为发达，并影响到了歌剧的上座率。1916—1917年间，施特劳斯正考虑与赫尔曼·巴尔合作《间奏曲》，他寄去了一些场景手稿，表示它们"几乎和电影画面一样"。十年后，贝尔格的《露露》第二幕中出现了电影本身。就像他在《埃莱克特拉》中所做的一样，施特劳斯再次指出了一条新路。他可不是死火山。《间奏曲》的重要性在于，施特劳斯通过它创造出一种新式歌剧，同时又用已使用了数十年的和声风格写作（格伦德尔塞场景的圆舞曲来自1902—1903年的草稿）。布莱恩·吉廉指出了[1]它与《阿里阿德涅在纳索斯》第二版在和声结构上的相似之处——都以日常的C大调开始，以升F大调结束，这是施特劳斯的"梦之调"，他用它创作了堂吉诃德的骑士功业之梦、玫瑰的呈现、《没有影子的女人》中皇后的第一段咏叹调和达芙妮的变形（施特劳斯将降D大调用于《玫瑰骑士》三重唱、《没有影子的女人》第三幕巴拉克和妻子的二重唱，以及《间奏曲》结尾）。

但是，如果要理解《间奏曲》对施特劳斯的真正意义，就应研究总谱之前的长序，他在其中阐述了对清宣叙调的运用，以及歌词和音乐的相对重要性。以下是这部歌剧附上的重要意旨声明：

> 我一直尽可能地把注意力放在有意义的宣言、确保对话生动地进展上，在一部接一部的作品中，我都在追求这一目标，并且越来越成功……在《莎乐美》和《埃莱克特拉》中，我试图令对话不至于被交响乐团淹没。不幸的是，即使在本剧中，对话也可能被器乐复调过分遮盖，除非特别注意我精确的力度标记，从而赋予配器那种我在创作这部作品时视为不言而喻、我知道完美的演出能够实现的清澈感。

（读到这一段的指挥家们可以苦笑一下。）

施特劳斯随后承认，他在《阿里阿德涅在纳索斯》和《没有影子的女人》中，特别是在保姆的各个场景中为确保对话的清晰而作的配

---

1. B. Gilliam, 'Strauss's *Intermezzo: Innovation and Tradition' in* Gilliam (ed.), *Richard Strauss–New Perspectives*, 259–283.

器尝试，并未完全成功。

> 问题可能在于我自己缺乏才能，因此即使这种轻盈缥缈的配器仍然织体太过繁复，带有太多无休止的音型……或者在于普通歌剧歌手的错误吐字，或我们德国歌手不幸过于腭化的发音，以及他们在我们的大型舞台上强化音量的倾向。无论色彩多么精致、演奏多么轻柔，管弦乐复调都会扼杀舞台上的口语对话，应受谴责的是，我们德国人一生下来就开始听复调。

然后他提请大家注意，管弦乐力度需要"一丝不苟地执行"（施特劳斯在排练时常强调"说得大声些，唱得小声些"，"音乐表演中的'piano'是指轻柔而不是口齿不清，'forte'不是指喧闹而是坚定有力。两者都是相对的"）。他在前言中继续写道：

> 在《阿里阿德涅在纳索斯》的第一幕（序幕）中……我成功地尝试了一种声乐风格，它在《间奏曲》中发展到逻辑的顶点。但在我的其他作品中，对话从未像在这部资产阶级喜剧中那样重要，它为严格意义上的抒情歌唱提供不了多少展开的机会。交响乐元素被非常认真地多次重复打磨，它常常只是有所暗示……一般来说只有在较长的管弦乐间奏中，抒情元素和人物心理生活的叙述才得以较为充分地展开……我希望指挥家在排练《间奏曲》时尽可能注意从纯粹的对话到半唱半说的词句的一切精细的过渡，注意对话中一切微妙的转折，在这种转折中念白段落在清宣叙调和带伴奏宣叙调之间游移，最终延展到完全清晰的，有时甚至可以为纯粹的声音美感而牺牲的所谓的"美声"……离开传统歌剧脚本、

久经考验的专注于爱情和谋杀的主题，再大胆不过地踏入"真实生活"的领域。这部新作品代表了音乐戏剧的新方向，一个其他人可能以比我更多的才能与巧思加以推动的方向。

非常特别的是，最初欣赏《间奏曲》的人包括完全不喜欢施特劳斯的勋伯格。1926年5月3日，勋伯格在写给韦伯恩的信中承认，令他非常惊讶的是，它"并非完全不值得喜爱"。他主要是想说，脚本是令他印象深刻的作品："非常亲切、温暖的人——并非由于他的艺术，而是他的人格——它令人信服地揭示了他个性的一面，真正令我折服。"而音乐"创造性很差，包含太多的模进"，但他多听几次后可能会更喜欢。二十年后，在关于施特劳斯和富特文格勒的一篇文章中，他称"《莎乐美》《埃莱克特拉》《间奏曲》这样的作品将会不朽"。1946年，还是没有多少人能接受《间奏曲》。霍夫曼施塔尔去听了维也纳首演，两天后致信给施特劳斯，表示他还不足以找到正确评论它的角度。"我被这种高度严肃的态度吓了一跳。我原以为整部作品更像喜剧，交响间奏曲也不那么重要……作为喜剧，妻子和女仆单独在一起的倒数第二场在我看来特别成功；作为严肃场景，最后一场大概是特别好的。"然而在将近两年后，霍夫曼施塔尔告诉施特劳斯，他认为《间奏曲》未能广受欢迎的原因在于脚本。它展现的是"角色素描而非情节"，鲁默尔男爵的段落失败了，因为"脚本作者把这个年轻人的角色琐碎化了"。在1928年11月1日的回信中，施特劳斯说这有些不公平："乐评界和公众不理解它是什么、它的意义何在，在我们眼中这并非否定它。当然它没有多少'情节'，相反，情节一开始就被琐碎化了（正如您对男爵角色的正确观察），被以讽刺的方式处理。但是，这些所谓的戏剧情节是什么呢？它们在两千年以来保持不变：谋杀与毁灭、恶人对英雄的阴谋、克服困难后的订婚或分手——这一切显然并不太有趣。而且，天知道它们已经被搬上舞台多少次了。另一方面——如歌德在建议所有人撰写回忆录时所说——每个人各自的方式都是独特的、不可能再现的。这就是我认为像《间奏曲》中一样有魅力且前后一致的角色塑造比任何所谓的情节更有趣的原因。或许有一天，某些戏剧感更高的人会和我有同样的品位，比如今的电影一代更能欣赏《间奏曲》。"时间证明他是对的。

因为斯卡特牌在《间奏曲》中扮演了重要角色，所以是时候讨论一下它与施特劳斯的关系了。斯卡特牌主要流行于德国和奥地利，约1810至1820年间由图林根一种称为"羊头"的纸牌游戏演变而来。它需要很多技巧，赌注也可能很高。通常是三人游戏，但也可以加入第四或第五名玩家。一盘游戏的速度很快，可以打几分钟停下，然后再开始。这令它成为戏剧工作者的理想游戏，可以在排练，甚至演出时玩。它在将牌和定约的使用方面类似桥牌，在需要快速做决定和虚张声势方面又类似扑克。施特劳斯对斯卡特牌的热爱其实有着严肃的深层原因。他曾说过，一天之中他没有哪一个时刻不以某种方式想着音乐。他几乎是被音乐折磨着。玩斯卡特牌是他唯一能够逃离音乐的方式。随着他的年龄增长，需求日益增加。他告诉汉斯·霍特（Hans Hotter）："对我来说，一切都是声音。只有到我现在的年纪，它才不像以前那么容易变成纸上的音符；我已经写了如此多的旋律。感到力不从心令人沮丧。对我来说唯一不'发声'的就是打牌。它是一大解脱！"[1]

施特劳斯对牌戏的热爱从儿时和图伊勒玩牌就开始了。他于1884年离开柏林时就学会了斯卡特牌。他晚年的斯卡特牌友之一是加尔米什火车站饭店老板的儿子，男高音弗朗兹·克拉尔韦因（Franz Klarwein）。他称施特劳斯是"非常好的玩家，灵活、敢于冒险。就像

---

1. P. Turing, Hans Hotter, *Man and Artist* (John Calder, London, 1983), 217.

数学天才一样，在三四轮过后他就知道其他人手里有什么牌。他非常擅于虚张声势，他一唬人，你就会出错。这是他最厉害的地方。他经常获胜，即使将牌都在我们手上"。克拉尔韦因说，在加尔米什，宝琳有时会打断他们的游戏。施特劳斯"在打得不好时会因为自己的错误而生气，但如果宝琳不在场旁观，他就会痛快地将赢来的钱从箱子里拿出来"。1942年，《随想曲》在慕尼黑首演正式彩排后，他邀请在歌剧中演唱的克拉尔韦因与霍特下午4点到四季旅馆打斯卡特牌。他们玩到11点半。两位歌手想回去睡觉，但施特劳斯输了钱，想要继续。因此他们让了他一手。施特劳斯的儿子弗朗兹也经常一起玩，埃曼纽尔·冯·格拉布（弗朗兹未来的岳父）、司机提奥多·马丁、工业家曼弗雷德·莫特纳·马克霍夫、弗里德里希·冯·舒赫（德累斯顿指挥家的儿子）和指挥家卡尔·伯姆、汉斯·克纳佩茨布施、弗里茨·布施也是如此。1903年的新年前夜，施特劳斯为友人威利·莱文写了一首四个男声声部的《斯卡特卡农》（*Skatkanon*）。歌词是："我们快乐地在威利·莱文家打斯卡特牌。天啊，一切都完了，我再也不在威利·莱文家打牌了。"（Scat spielen wir fröhlich bei Willy Levin. O weh, alles ist hin, nie wieder spiel ich bei Willy Levin.）德国各地的乐团、合唱团和歌剧院管理层中都有他的牌友。"我们今晚玩（play）一把吗？"[1]有一次在维也纳他问海因兹·蒂津（Heinz Tietjen）。蒂津回答："哦，是的，您的《掼奶油》。""我不是这个意思。我是说，我们要玩斯卡特牌吗？"

1925年，在汉斯·克纳佩茨布施的一场慕尼黑《间奏曲》演出后，施特劳斯写下了"为一位年轻作曲家留作纪念的十条黄金法则"。[2]

---

1. 在英语和德语中，play/spielen 都有演奏/玩游戏的意思。——译者注
2. 规则首先发表在1928年4月27日的《大众音乐报》（*Allgemeine Musikzeitung*, Jg.55, No. 17）上。施特劳斯将它们写进了回忆录（1949），英文版：*Recollections and Reflections*, 38.

它们的犬儒实用主义逗乐了许多音乐家（第三条和第四条常被引用），但诺曼·戴尔·马尔认为它们"缺乏品位"，"尽管偶尔表现出实践的智慧"，但整体欠佳。[1] 这批评对玩笑来说也太严厉了。这些准则是：

1. 别忘了你的音乐并非为了让自己快乐，而是为了让听众享受。

2. 指挥时不要出汗：只有听众可以激昂起来。

3. 指挥《莎乐美》和《埃莱克特拉》时把它们当成门德尔松的精灵的音乐。

4. 绝不要用鼓励的眼神望向铜管声部，除非瞥一眼当作重要的提示。

5. 但不要让圆号和木管声部脱离视线。如果你能听到它们，它们就太响了。

6. 如果你认为铜管吹得不够响，就让他们轻一点。

7. 你自己能听到独唱歌手们的每个词是不够的，因为你已经知道歌词。需要让听众毫无障碍地听清楚。如果他们听不清歌词，就会睡着的。

8. 总是以令歌手不至于紧张用力的方式给他们伴奏。

9. 如果你觉得已经达到最快的速度，那就再加快一倍。*

10. 如果你严格遵守这些法则，就将以你的天才和伟大成就永远赢得听众的欢心。

*今天（1948年）我想修正这一条：放慢一倍（指的是莫扎特作品的指挥者！）。

施特劳斯承认他没有遵守第二条："我只在贝多芬的《C小调交响曲》《第九交响曲》和《第三（英雄）交响曲》中流汗。当然，还有《特里斯坦与伊索尔德》和《女武神》第一幕。"1927年5月29日，

---

1. N. Del Mar, *Richard Strauss: a Critical Commentary on His Life and Works,* Vol. II, 221.

施特劳斯在法兰克福和安东·贝格尔（Anton Berger）博士的谈话中提到了《C小调交响曲》："据说在第一乐章中，命运在敲门。胡说，这个乐章是贝多芬在发怒，一段'《戈茨·冯·伯利辛根》'！"《戈茨·冯·伯利辛根》是指歌德最早、也是最著名的戏剧之一《铁手骑士戈茨·冯·伯利辛根》（ *Götz von Berlichingen with the Iron Hand*)，讲述的是农民起义中一位封建男爵的故事。在第三幕中，帝国军围攻戈茨的城堡。其中一人要求戈茨投降，戈茨回答："我对皇帝陛下抱有深深的敬意。但是告诉他，他可以舔我的屁股……！"（Vor Ihre Kaiserliche Majestät hab ich, wie immer, schuldigen Respekt. Er aber, sag's ihm, er kann mich am Arsch lecken...！)

这段话在德国以"戈茨名言"著称。"舔我的屁股"（Leck mich am Arsch）这句不雅的反驳可以仅仅用"戈茨"一词来暗示，想要使

图16　汉斯·克纳佩茨布施、施特劳斯和欧根·帕普斯特打斯卡特牌

用它的音乐家可以仅仅哼一下贝多芬《第五交响曲》的开头,这个粗鲁的乐句正是语言中扬抑抑格的节奏。在施特劳斯讽刺出版商的套曲《店主的镜子》的第十一首歌曲中,最后两行歌词是"他让那个词像'戈茨·冯·伯利辛根'一样作响"(Der lässt ein Wort erklingen / wie Götz von Berlichingen),同时钢琴伴奏声部重复着《第五交响曲》的开头。施特劳斯知道人们能完全理解、欣赏这样的暗示。《玫瑰骑士》第三幕,警长审问奥克斯场景的管弦乐伴奏中,贝多芬的乐句以这种"戈茨"的方式出现过几次。

[第十七章]

《埃及的海伦》

上文已提到《间奏曲》电影的方面。或许施特劳斯试图通过在古老的歌剧媒介中引入一些新媒介的元素来对抗新媒介本身。但《玫瑰骑士》电影版的拍摄令他和电影有了更亲密的接触。当然,这是一部默片,音乐在电影院中由乐队"现场"演奏,没有歌手。1924年底,奥地利电影公司"全景电影"(Pan-Film)找到了霍夫曼施塔尔与施特劳斯。电影导演罗伯特·维纳(Robert Wiene)曾于1919年拍摄了古怪的《卡利加里博士的小屋》(Das Kabinett des Doktor Caligari),后来又以改编自陀思妥耶夫斯基《罪与罚》的《拉斯柯尼科夫》在国际范围获得成功。两位作者显然提出了某些条件,电影公司同意了。1925年新春,霍夫曼施塔尔致信给施特劳斯时向他保证,电影不会对歌剧不利,反而会对它有益。他为电影创作的脚本"是以小说的形式处理的:它介绍角色,或者对已经了解他们的人来说,讲述这些老相识的一些新方面。没有哪里(即使是最后一场)原样重复歌剧的场面——一场也没有"。"一大堆钱"将被投入电影,并有望"大赚一笔"。施特劳斯不太感冒,尽管他同意以一万美元的报酬重新编曲。多数音乐取自歌剧,但施特劳斯为发生在陆军元帅军营的场景创作了一首F大调的军队进行曲。他还使用了作于1905年并题献给德国皇帝的一首E大调进行曲、同样作于1905年的《勃兰登堡进行曲》(*Brandenburgsche Mars*)、1892年为魏玛大公金婚所作配乐的第三乐章，以及他的库普兰《舞蹈组曲》中的一个乐章。据说，他把缩编电影音乐总谱的任务交给了卡尔·阿尔文和奥托·辛格（Otto Singer）。还有一个十二人沙龙管弦乐队的版本，但不清楚是否出自施特劳斯之手。

电影脚本可说是一部新作，包括一些和原剧差异不小的新场景：奥克斯的城堡，仆人帮男爵穿衣，男爵准备去维也纳拜访玛莎琳。在歌剧中从未登场的元帅扮演了重要角色。电影里可以看到玛莎琳在修道院里的少女时代，以及她和元帅的初次见面。他在他们俩的婚礼当天因要去指挥皇家军队而离开。收到关于奥克塔维安的警告，他在妻子刚好在他们宫殿的花园里举办假面舞会的时候回到了维也纳。元帅和奥克塔维安决斗。同《费加罗》一样，大团圆结局，但电影的最后场景遗失了。电影于1925年6月至8月在维也纳和美泉宫电影制片厂拍摄。布景由歌剧首演的舞台设计师阿尔弗雷德·罗勒尔设计。法国女明星于格特·杜弗洛斯（Huguette Duflos）扮演玛莎琳，雅克·卡特伦（Jaque Catelain）扮演奥克塔维安，爱丽·菲丽西·贝格尔（Elly Félicie Berger）扮演索菲。奥克斯则由米夏埃尔·博赫能（Michael Bohnen）扮演，他在歌剧中多次扮演过这个角色，能够提供最令人信服的表演。

施特劳斯一开始拒绝电影于1926年1月10日在德累斯顿歌剧院的首映上指挥，这令霍夫曼施塔尔非常担忧，但施特劳斯最后还是妥协了。他还去伦敦参加了当地的首映，下榻干草巷的卡尔顿酒店，并于4月12日在斯特兰德大街的蒂沃利剧院指挥。次日上午，他在女王大厅录制了一组电影中的音乐。

整个冬天，他都是到各地去指挥自己的作品——柏林、莱比锡、都灵、阿姆斯特丹……他于1926年再次前往伦敦，在女王大厅听了《阿尔卑斯交响曲》（BBC广播乐团和科文特花园乐团合作演奏）。这次演出反响热烈。同月他在曼彻斯特指挥了哈莱乐团。还有一座城市没有对他敞开大门——巴黎。那时德国音乐家访问巴黎仍然需要官方批准。1924年,女高音热尔梅因·鲁宾(Germaine Lubin)提出邀请施特劳斯前来指挥《玫瑰骑士》和《阿里阿德涅在纳索斯》,遭到拒绝。虽然人们知道他在1914年并没有签署德国知识分子宣言,但他1906年对法国管弦乐手的所作所为仍然令人怀恨在心。指挥家加布里埃尔·皮尔纳(Gabriel Pierné)于1927年再次提出申请,最终文化部决定,如果访问是私人性质,就可以成行。施特劳斯没有去。直到1929年12月,他才获准进行公开访问,参加香榭丽舍剧院的施特劳斯音乐节,在1930年10月29日指挥了《玫瑰骑士》,11月5日指挥了《莎乐美》(《玫瑰骑士》原定于1915年1月举行的巴黎首演被取消了。首演被推迟到1927年2月才举行。《埃莱克特拉》的巴黎首演被推迟至1932年2月25日)。

在为Op. 71的"荷尔德林"谱曲后,施特劳斯在1921至1928年间只写了两首歌曲。它们的创作都是基于歌德《西东诗集》(*Westöstlicher Divan*)的诗篇。前一首《创造和赋予生气》(*Erschaffen und Beleben*),1922年12月为柏林歌剧院的男低音米夏埃尔·博赫能(《玫瑰骑士》电影中的奥克斯)作于维也纳,但施特劳斯1945年把它的被题献人改成了汉斯·霍特。它是一首饮酒歌,伴奏中有一些有趣的描绘性段落。也许博赫能和霍特都觉得它太难了,因为它直到1951年才出版,1952年2月才首演。第二首歌德歌曲在1925年施特劳斯六十一岁生日时作于加尔米什。《通过一切声音和曲调》(*Durch allen Schall und Klang*)是为朋友们庆祝罗曼·罗兰1926年1月29日六十大寿的献辞集而创作的。这首歌曲(直到1953年4月才首演)"怀着最真诚的情谊和最真切的仰慕"题献给"伟大的诗人、荣幸之至的朋友、对抗一切令欧洲堕落的邪恶力量的英雄斗士"罗兰。罗兰深受感动。他在回信中告诉施特劳斯,这位作曲家的友谊"是命运赋予我最伟大的礼物之一。经历了如此多帝国——以及友谊——的破灭，我们的友谊仍能长保纯洁坚定，我为此骄傲"。

1926年初，霍夫曼施塔尔仍在删改《埃及的海伦》第二幕的脚本。3月，施特劳斯邀请他到雅金街听第一幕的试奏。施特劳斯请伊丽莎白·舒曼唱咏叹调《火焰点着了，桌子摆好了》(*Ein Feuer brennt, ein Tisch ist gedeckt*)，把写着"赠予第一位海伦，伊丽莎白留念，1926年3月27日"的手稿送给了她。霍夫曼施塔尔次日写道："我想，《埃及的海伦》为我带来的享受超过了您的所有其他作品，我感到自己是正确的，尽管我完全无法合适地表达自己的意思……音乐余音绕梁，一切都是如此轻盈透明，却又高贵严肃。"施特劳斯于5月前往希腊，"为第二幕找来一些美丽的曲调——尽管我的传记作者施佩希特先生认为现在我只有'写美丽的音乐'的想法太老套了"。一年后，音乐还未完成，施特劳斯就提醒霍夫曼施塔尔（和他在《阿里阿德涅在纳索斯》中所做的一样），他有意把谢赫儿子达-乌德的角色改成女扮男装的女中音。但这次他没有坚持到底："当然，您是正确的，但想想小型歌剧院里的男高音们吧！我了解他们。我现在把达-乌德写成男高音，但同时也制作一份改编谱，指出这个声部如何在必要时改由女中音演唱。"事实上，希腊之行并非作曲假日。希望建立施特劳斯节日剧院和施特劳斯音乐学院的希腊政府邀请他前往。资金已经到位，施特劳斯应邀选择地址、监督建筑、指挥音乐节。陪伴他的是为他设计维也纳住宅的设计师米夏埃尔·罗森瑙尔（Michael Rosenauer）。他们在卫城边上的穆塞恩山上选定了地址。后来，司空见惯的政治争端导致计划流产。

施特劳斯永不停歇的想象力又开始构思另两个计划。再次听了《纽伦堡的名歌手》之后，他感到了"某天要创作一首这种类型的作品的冲动——不幸的是，不消说，是在恭敬的距离之外。但仍然是某种真正德国式的作品"。这是在1927年6月。两周后，他再次致信给霍夫曼施塔尔："在《埃及的海伦》之后，我想写一部小型独幕歌剧——快乐或悲伤的都行——《火荒》的开场戏。我前几天读了屠格涅夫出色的小说《烟》。剥离一切次要内容，它的故事就是一部歌剧脚本。"几周后，施特劳斯进一步考虑了他的《纽伦堡的名歌手》计划："如我之前所说，我一直以来最喜爱的就是让自己投入音乐中——但不幸的是，我无法让自己投入诗歌。您关于《纽伦堡的名歌手》那漂亮的信真的令我非常享受，但它没能触及我需要在这部作品中表达的核心——无论是在名歌手时代或曼海姆的卡尔·提奥多的巴洛克时代[1]——特别吸引我的是自传因素：我自己（'周游世界的人'），在普契尼和普菲茨纳之间，还有三个因嫉妒把情况越搅越乱的原创女性角色，一切都发生在迷人的历史背景中。"[2]霍夫曼施塔尔用一句话打消了他的念头："我想不到比这更令我提不起兴趣的主题了。"《埃及的海伦》的总谱完成于1927年10月8日。施特劳斯在它身上花费的时间比以往任何一部作品都要多。和《埃莱克特拉》的创作一样，他在谢赫阿尔泰尔登场处卡壳了（1925年6月）。"我想赋予整部作品歌德《伊菲姬尼》式的纯净、升华的风格，因此很难为沙漠之子的登场找到合适的音乐：对1925年的人们来说听上去足够有特点，而不至于堕入所谓《莎乐美》的现实主义，甚至是如今现代主义者们的怪癖。"

虽然《埃及的海伦》的相对失败有时被归咎于脚本，但是没有证据表明施特劳斯对它感到不满。在第一幕中，他甚至重复了他在《玫瑰骑士》中的失误：为一处舞台指导谱上了音乐。在首演前的一次采访中，他说："我认为霍夫曼施塔尔的脚本中最吸引人的构思之一

---

1. 卡尔·提奥多是十八世纪的巴伐利亚选帝侯，他的曼海姆宫廷乐团是当时欧洲最优秀的乐队之一。——译者注
2. F. and A. Strauss (eds.), *Correspondence Between Richard Strauss and Hugo von Hofmannsthal*, 435-436.

是，海伦不满足于借助遗忘药水，和山林仙女艾特拉一起聪明地编造故事来重获丈夫的爱，而是在重新经历悲剧性的怀疑和体验之后，在第二幕中坚持通过自己的力量获胜，不顾、不用魔药的帮助，完全依靠美的神圣力量和她自己精力充沛的性格。"[1]歌剧完成后，德累斯顿首演的准备过程成了一桩喜剧。它的创作以杰出的歌手们为准绳：美貌声妙的玛丽亚·耶里查应扮演海伦，梅内劳斯的男高音角色是为理夏德·陶贝尔构思的，优秀的抒情女高音洛特·勋纳是艾特拉的蓝本。但三人都没有在1928年6月9日的德累斯顿首演中登台。德累斯顿无法支付耶里查高昂的出场费。她想要这个角色，但表现得很卑劣。施特劳斯利用他的影响力为她向德累斯顿要到了超过德国剧院协会（Deutscher Bühnenverein）规定的最高额的出场费。此事泄露后，协会威胁要在德国境内抵制施特劳斯的所有舞台作品。而他的反击则是威胁改在维也纳首演，而耶里查是维也纳剧团的成员。德累斯顿人被激怒了。施特劳斯说，好吧，首演还在德累斯顿，耶里查第二天在维也纳演出。这回耶里查不干了：她如果不能唱世界首演，那就干脆不唱了。施特劳斯请求她："您身居局外，不知道这件麻烦、本质上完全愚蠢的首演争端在这八周里让我多么恼火。当然从法律上讲，我是对的。但您知道发生了什么吗？萨克森文化部让维也纳的德国大使去疏通奥地利官方，不让世界首演在维也纳举行！"

施特劳斯已经接受了不可能和耶里查举行维也纳首演的现实，决定对德累斯顿安排伊丽莎白·雷特贝格（Elisabeth Rethberg）扮演海伦一事妥协。"我想在这种情况下找不到更好的人选了，"他告诉霍夫曼施塔尔，"希望您能同意。"作家因此大发雷霆。"您要我为您写些新东西，"他回复道，"同时您又用在我看来最讨厌不过的东西来烦

---

1. R. Strauss, 'Interview on *Die ägyptische Helena*' (1928) in *Recollections and Reflections,* 103–105.

我。"诸如此类。[1]收到这封信之前，施特劳斯一直保持心平气和的状态。("我担心我们会看见许多'不是海伦'的海伦，但希望作品仍能成功，正如《莎乐美》尽管有维迪希大妈仍然成功一样。")霍夫曼施塔尔冷静下来——"请原谅我，但无论如何，这确实是生死攸关的问题。"（并不是。）施特劳斯收到霍夫曼施塔尔的前一封信时，他带着罕见的恨意回复：

> 您为何总是在艺术问题需要以商业的方式讨论，而您与我意见不一时变得如此恶毒呢？马上指责我不理解您，这既不礼貌，也不公正。如果可以的话，我想说我比其他许多人更快地理解您，否则我就不会不顾"最有力的"人——其中当然，虽然并非因我所致，包括剧院经理和乐评家们——的建议而把您的作品谱成音乐……如果您认为我对我的歌剧在舞台上的命运漠不关心，这是对我的不公！我为什么还要在大小剧院之间旅行，注意无论好坏的一切……？总之，我的全部歌剧（即使是《莎乐美》和《玫瑰骑士》）最初的成功都很有限，且遭到严厉抨击。（然而这两部歌剧完全不是这样！）[2]

霍夫曼施塔尔请求他"把整件事在记忆中抹去"。

首演确定于1928年6月6日在德累斯顿举行，由雷特贝格演唱，维也纳首演安排在之后的6月11日，施特劳斯六十四岁生日当天。耶里查之后在慕尼黑接受了一次采访。她在一些问题上反悔了，说自己

---

1. F. and A. Strauss (eds.), *Correspondence Between Richard Strauss and Hugo von Hofmannsthal*, 447.
2. 同上，451。

并不了解这个角色。施特劳斯致信给儿子:"在那次采访后,我感觉她想置身事外……至少,如果她说她连第一幕都不懂,我可以确定她在说谎!"德累斯顿的排练一片混乱。指挥弗里茨·布施生病了,缺席了很多次排练。制作人奥托·埃尔哈特(Otto Erhardt)并不真正欣赏这部歌剧,他快被宝琳的干涉逼疯了。有一次,人们听到他默念《莎乐美》中希禄王最后的台词:"把这个女人杀了!"施特劳斯在加尔米什为布施弹奏过这部歌剧。布施说他认为达-乌德的咏叹调很平庸。施特劳斯高兴地把这段批评转述给宝琳,并补充道:"女仆就需要这种东西。如果《汤豪舍》没有'啊,你,我的晚星'(O du mein holder Abendstern),如果《女武神》没有'冬日风暴'(Wintersturme),公众才不会买账。唉,唉,人们要的就是这个。"(多年前的1905年3月5日,他致信给马勒:"您的《第五交响曲》在整场排练中再次令我极为享受,这种享受只是因短小的小柔板乐章而稍受影响。但因为它最能取悦听众,您会获得您所应得的。")[1]

指挥家莱奥·乌尔姆塞尔(Leo Wurmser)正在德累斯顿工作,在布施生病时负责了歌剧的许多准备工作。在最初的排练中,坐在第一排观众席的宝琳要求有马,但当时还未准备好。第一幕结束时,她又抱怨雷声不够响。施特劳斯让埃尔哈特加强雷声,然后退到一边小声说:"妻子们总是要打雷!"在最后的正式彩排中,施特劳斯要求布施让自己指挥第一幕。乌尔姆塞尔多年后写道:"那简直就像是一部不同的歌剧:宽广的主线贯穿头尾,正确的速度和弹性速度,和歌手们的配合,许多 $\frac{4}{4}$ 拍段落被打成二拍子。布施在观众席上看着谱,我坐在他边上,试图得体地指出施特劳斯的不同处理。"[2] 歌剧在德累斯顿

---

1. Blaukopf, Gustav *Mahler–Richard Strauss Correspondence,* 75.
2. L. Wurmser, 'Richard Strauss as an Opera Conductor', *Music and Letters,* Vol. XLV (1964年1月), 4–15.

反响良好，但五天后维也纳演出的反应更佳。施特劳斯对宝琳说，这是"我一生中最伟大的胜利……最后，人们的热情超越了一切界限，对耶里查来说也是如此，她的成功也无可争议"。但他认为，雷特贝格唱的《埃及的海伦》第二幕的长咏叹调"第二次新婚之夜"（Zweite Brautnacht）要好得多。

最初的热潮（柏林、法兰克福、斯德丁、吕贝克、马格德堡和纽伦堡相继上演）之后，这部歌剧遭受冷遇。1928年秋，纽约的乐评家们严厉抨击了它（以及耶里查）。施特劳斯是个"燃尽自我的病人"。[1] 在维也纳，演出歌剧都是二流演员演出。耶里查不在时，海伦的角色无法被恰当诠释。它成为施特劳斯成熟期歌剧中最鲜为人知的作品，直到1997年7月才在英国上演，多数人的反应可以总结为"为什么我们听说这部歌剧不好呢？"令人出乎意料的是，霍夫曼施塔尔对于世界第一美女、丽达和宙斯的女儿、梅内劳斯的妻子海伦那些相互矛盾的传说的处理，没人感到困惑。特洛伊战争是因帕里斯拐走海伦而引发的。1928年，霍夫曼施塔尔解释了他的想象力是被如何激发的："希腊人涌进燃烧的特洛伊城时，梅内劳斯一定会在一栋燃烧着的房子里找到海伦，把她从正在倒塌的墙垣间带出城。这个女人，他心爱的被绑架的妻子、世界第一美女，是这可怕的十年战争、这遍布死者的土地、这场大火的起因，她现在也是帕里斯的寡妻、普里阿摩斯另外十来个已死或正在死去的儿子的朋友。因此她也是这十来个年轻王子的寡妻！这种场面一个丈夫要怎样面对！"但海伦和梅内劳斯如何复合呢？霍夫曼施塔尔做了一些研究，并根据现存的不同传说创作了他的脚本。在《奥德赛》第四卷中，奥德修斯的儿子忒勒马库斯到斯巴达寻找父亲。他在那里发现海伦和梅内劳斯快乐地一起生活。这究竟是

---

1. 见格拉汉姆·格林小说《一个燃尽自我的病人》（*A Burnt-out Case*）。——译者注

怎么回事呢？霍夫曼施塔尔写道："这多么现代！多么接近我们时代的故事！但人们自然会问，发生了什么呢？是什么令这夫妻俩和好如初，琴瑟和谐？"

欧里庇得斯在《埃及的海伦》中采用的一种说法是，帕里斯拐走的不是海伦，而是神祇们为挑起战争而创造的与她相似的幻象。同时，赫尔墨斯把真正的海伦偷偷带去了埃及。霍夫曼施塔尔总结道，"只有魔法"能解开这个谜团。歌剧以坐落于埃及海岸边小岛的海神波塞冬宫殿中的场面开始，梅内劳斯意图杀死海伦，为她造成的大屠杀赎罪。霍夫曼施塔尔适时引入了魔法成分。这是由波塞冬的情妇，女巫艾特拉所施的魔法，她还拥有一个无所不知的贻贝壳，能告诉她世界各地发生的一切。在第二幕中，谢赫阿尔泰尔和他的儿子达-乌德抵达海伦和梅内劳斯正居住的沙漠。父子两人都爱上了海伦。被药迷住的梅内劳斯错把达-乌德当作帕里斯杀掉。吸引霍夫曼施塔尔的是他最喜欢的婚姻、忠实、复合的主题。我们会发现，在真正人类情感的领域内魔法是无效的。重归于好不可能源于欺骗。对梅内劳斯来说，埃及的海伦和特洛伊的海伦合而为一，他原谅了她，相信他们婚姻的力量。有些人发现了《埃及的海伦》中政治的一面，即第一次世界大战后欧洲重归和平。这是个合理的说法，但更重要的是看过海伦虚幻和真实的两面的梅内劳斯接受了这个女人，以及她的一切罪过。第一幕是着魔，第二幕是醒悟。

霍夫曼施塔尔认为这是他最好的脚本，正如他对友人马克斯·莱希纳（Max Rychner）所说，因为"它符合歌剧舞台的要求，它的节奏接近歌曲，咏叹调式和朗诵式的段落交替（施特劳斯如此有力的处理）"。[1]施特劳斯意识到，最初的创作包括口语对话的歌剧作品的想法

---

1. 1929年2月19日致里希纳信。

在第二幕中无法继续，因而把作品转化为浪漫歌剧，加上他的一些最为精致、装饰丰富的配器。以此他写出了自己的"美声"歌剧，很大程度上源自《没有影子的女人》第三幕的如歌风格，但不那么沉重夸张。与他之前的歌剧相比，声乐更为重要的旋律流动通过一系列咏叹调和重唱毫无障碍地持续，展现出施特劳斯在《间奏曲》中获得的成果，令他得以将他的传统风格和可以称之为"浪漫巴洛克"的风格结合。作品多数地方光辉灿烂的抒情性同样出现在他的下一部歌剧《阿拉贝拉》中，尽管是在不同的语境之下。

[第十八章]

《阿拉贝拉》

弗朗兹·施特劳斯和爱丽丝·冯·格拉布的婚礼（以天主教仪式）举行后，施特劳斯家庭的纽带更加强韧紧密。施特劳斯为他们的结合而感到高兴：他很喜欢爱丽丝，在和霍夫曼施塔尔的通信中总是称夫妻俩为"我的孩子们"。弗朗兹在蜜月中染上的斑疹伤寒痊愈后，施特劳斯心境上的宽慰和释然为他带来了音乐上的成果，一部协奏曲，写给在第一次世界大战中失去右手，曾向拉威尔、弗朗兹·施密特、普罗科菲耶夫、科恩戈尔德和布里顿等作曲家委约左手作品的钢琴家保罗·维特根斯坦（Paul Wittgenstein）。施特劳斯的作品于1924年下半年开始，1925年1月完成，题为《家庭交响曲补遗》（*Parergon zur Symphonia Domestica*），因为它以交响曲中的"孩子"主题为基础。但在曲中，它在火热的和声中（先锋程度不逊色于《埃莱克特拉》）以升F小调呈示，加上带弱音器铜管的升C音，尖锐得如同反复出现的刺痛。阴郁焦虑的气氛即使在独奏和乐队暴风雨般的段落中仍然持续，直到危机过去，大管将升C音转入F大调，接以表现宽慰的单簧管主题。之后的一切都是谐谑曲风。维特根斯坦1925年10月6日在德累斯顿首次演出，弗里茨·布施担任指挥。1926年，施特劳斯为维特根斯坦写了另一首作品，和李斯特B小调奏鸣曲同为四个部分的《泛雅典娜节》（*Panathenäenzug*），1928年1月16日由维特根斯坦在柏林爱乐音乐会上首演，布鲁诺·瓦尔特担任指挥。

除了《埃及的海伦》的最后一部分，施特劳斯还为基于浪漫的却被忽视的艾兴多夫的诗，创作了四首男声合唱与管弦乐团的《一天中的时刻》（*Die Tageszeiten*）。管弦乐对于一天中不同时刻的描述完全是施特劳斯的魔法，以至于合唱似乎居于次要地位。作品源自维克托·凯尔多菲尔（Viktor Keldorfer）的委约，他是维也纳舒伯特协会（Schubertbund）的指挥，这个合唱团于1924年5月1日在施特劳斯维也纳莫扎特广场的家门外为他演唱。凯尔多菲尔后来还被邀请去加尔米什做客，施特劳斯把声乐套曲赠给了他。这首作品的首演于1928年7月21日在维也纳举行。

1927年10月1日，霍夫曼施塔尔在从巴特奥塞寄给施特劳斯的信中初次提到他们的下一次合作。他正在研究一部未完成的喜剧《出租马车夫做伯爵》（*The Cabby as Count*），"我第一次觉得整部作品有一种《玫瑰骑士》的调子"——以维也纳作为背景、以迷人的女子作为中心角色。[1]然而没有下文，在接下来几周内两人都为耶里查带来的危机而苦恼——施特劳斯还因他的长孙理查于11月1日的降生而喜悦。但11月13日，霍夫曼施塔尔又回到了这一主题。他"完全投入"一部新的戏剧作品："我已经能够将这个出租司机世界的一些特征和另一部计划中喜剧的要素结合起来，希望……能构思出一部三幕喜歌剧，其实几乎是轻歌剧的剧情。"两天后，"这部新音乐喜剧的角色已在我眼前活灵活现，几乎要跳出来"——特别是男中音角色，"作品中最引人注目的角色，来自半异国的世界（克罗地亚），一半是丑角，另一半又是有深厚情感的大人物，桀骜不驯又温柔，几乎是恶魔一般"。12月16日，霍夫曼施塔尔在维也纳把这一阶段的剧情计划告知施特劳斯。施特劳斯对克罗地亚人很是担心。他提醒合作者，《玫瑰骑士》

---

1. F. and A. Strauss (eds.), *Correspondence Between Richard Strauss and Hugo von Hofmannsthal*, 442.

的胜利是由玛莎琳确保的。这部新作品缺乏有趣的女性角色。霍夫曼施塔尔表示同意，但又指出，这部歌剧将被称为《阿拉贝拉》，主要角色是阿拉贝拉，而不是克罗地亚人（曼德里卡）。施特劳斯同时还从图书馆借了弗兰乔·Z.库哈奇（Franjo Z. Kuhač）收集的四卷南斯拉夫民歌，并威胁说这是"为我们第二幕的大型芭蕾"和"我们克罗地亚人的迷人歌曲"。[1]霍夫曼施塔尔被吓到了——一切都要真实，维也纳出租马车夫的舞会上怎么会有克罗地亚舞曲？

他向施特劳斯透露，剧情中的主要元素之一来自他1909年写的短篇小说《卢西多尔，来自未写下喜剧的角色们》（*Lucidor, Characters from an Unwritten Comedy*）（1910年刊登在《新自由报》[*Neue Freie Presse*]上）。在小说中，一名寡妇和两个女儿——阿拉贝拉和卢西多尔一同住在维也纳的一个旅馆里。

后者装扮成男生，因为这有助于家庭生计和阿拉贝拉的婚姻前景。卢西多尔对阿拉贝拉的一位追求者的爱情随着他受到阿拉贝拉越来越粗暴的对待而"增长"，直到最后，为了安慰不快的男人，卢西多尔提出和他约会——"以她姐姐的名义，在完全黑暗的房间里，只是低声耳语"（这在小说中每晚发生）。1927年修改剧情时，霍夫曼施塔尔为阿拉贝拉添加了"一位最不可能的突然登场的追求者"——克罗地亚人曼德里卡。霍夫曼施塔尔将《卢西多尔》和《出租马车夫做伯爵》元素相结合的想法太高明了，为歌剧带来了如出租马车夫舞会那般强烈的地方色彩。出租马车夫舞会是1787年后每年都在维也纳举行的活动，是狂欢节的高潮之一，1860年代则是在利奥波德城区的施珀尔饭店举行。参与者主要是两个阶级：出租马车夫和家人，以及穿着豪华晚礼服的贵族，但不包括女性（霍夫曼施塔尔笔下的瓦尔德纳伯爵夫人就没有得到允许

---

1. F. and A. Strauss (eds.), *Correspondence Between Richard Strauss and Hugo von Hofmannsthal*, 459.

图17 爱丽丝、宝琳与理查·施特劳斯

入场)。一个年轻少女在活动中被选为狂欢节女王,扮演名为"小马车米利"(Fiakermilli)的女性吉祥物。其中最著名的狂欢节女王之一是埃米莉·图雷切克(Emilie Turecek, 1846—1899),一位维也纳民歌手,多年来一直是舞会的赞助人。霍夫曼施塔尔选用了1860年的维也纳作为背景,和《玫瑰骑士》中的维也纳差别很大。这是更接近他们自己时代的维也纳——"更普通、不那么令人向往、更粗俗。"三年前,弗朗兹·约瑟夫皇帝下令摧毁城墙,建设环城大道和两旁的歌剧院、证券交易所、市政厅、国会等宏伟建筑。这是艺术家汉斯·马卡尔特(Hans Makart)的维也纳。这是生活拮据入不敷出的维也纳,紧张、狂热的城市和社会。施特劳斯在歌剧开头的音乐中反映了这一切。一方面,它描写了占卜者和她的塔罗牌,以及焦虑而难以对付的阿拉贝拉母亲;另一方面,它表达了脆弱和不安。霍夫曼施塔尔在他的一封信中描述阿拉贝拉和萧伯纳的圣女贞德一样,意识到自己的力量,只有当她进入平静的双簧管旋律后,音乐才获得了温暖和深情,并一直持续到结尾。

施特劳斯对第一幕脚本的回复很冷淡:"我正在努力寻找就谱曲而言它还欠缺的东西。"后来他意识到,问题在于阿拉贝拉本身。她不够有趣"且几乎毫无吸引力"。直到1928年11月,他才对霍夫曼施塔尔承认,他曾试图创作第一幕的开头,"但音乐并不能自然流淌,且完全坦率地说,这些角色一点也吸引不了我,特别是阿拉贝拉,她在三幕中完全没有经历一点心理冲突。她一开始就不爱马特奥,至于她和三个伯爵的调情……我想您可能太高估它的诗意效果了。她可以轻易地从建筑承包商(后来被删除的角色)转向那个富有的道德模范曼德里卡,这自然很无聊"。他想要"一个新的动机",令她对曼德里卡的兴趣拥有"真正的道德意义"。[1]最终,霍夫曼施塔尔赋予她一种浪

---

[1] F. and A. Strauss (eds.), *Correspondence Between Richard Strauss and Hugo von Hofmannsthal*, 512-514.

漫的直觉，让她能够在真命天子（der Richtige）登场时就认出他来。施特劳斯删除了一些角色，包括一个吉卜赛提琴手（"太像莱哈尔了"）、一个建筑承包商和一个犹太人。他坚持认为，曼德里卡对阿拉贝拉的信心需要些许动摇，并且他应"投入舞会的漩涡，在香槟的影响下，来一场真正的爱情戏——或许和小马车米莉"。霍夫曼施塔尔在接受这些批评时表现出不同寻常的耐心。他把第一幕放到一边，按施特劳斯提出的修改意见写了第二幕和第三幕，直到1928年12月29日去雅金街吃午饭时，把整部脚本读给施特劳斯和宝琳听。施特劳斯喜欢第二幕和第三幕，霍夫曼施塔尔同意重写第一幕。全剧直到1929年7月才完成。"《阿拉贝拉》中能多加一点抒情吗？"施特劳斯请求，"无论如何，**咏叹调**是歌剧的灵魂。"7月6日，施特劳斯接受了第一幕，"除了一处例外"："阿拉贝拉绝对必须用一段长咏叹调、独白、沉思来结束第一幕，即使仅仅是出于戏剧性的原因。"[1] 四天后，霍夫曼施塔尔寄来了阿拉贝拉的"我的埃莱默尔"（Mein Elemer）。7月14日，施特劳斯从加尔米什发去电报："第一幕太棒了。感谢并祝好。"霍夫曼施塔尔从未打开这封电报。它于7月15日被送达罗当。当时他正要离开家去参加两天前自杀的儿子弗朗兹的葬礼，却突然中风去世。

为了纪念他的这位合作者，施特劳斯几乎马上开始作曲，到1930年7月30日，基本完成了第一幕的草稿。1932年10月12日，总谱全部完成。霍夫曼施塔尔也认为第三幕是他"最好的舞台作品"。人们几乎一致认为《阿拉贝拉》的脚本强过音乐。我不认为《阿拉贝拉》的流行程度稳步增长的原因在于台词。音乐完美适配平和的台词，才是这部作品成功的关键。正是施特劳斯的精湛技艺，通过音乐的独特魅力和魔力，说服了听众完全不去考虑情节是否可信。那些认为音乐

---

[1] F. and A. Strauss (eds.), *Correspondence Between Richard Strauss and Hugo von Hofmannsthal*, 533-534.

不佳的人指出，施特劳斯显然缺乏对角色的同情心。但他经常表现出对新计划的犹豫。他曾对《阿里阿德涅在纳索斯》序幕严厉批评，但他还是创作了一部杰作。那些经常说施特劳斯受惠于《阿拉贝拉》的人（如诺曼·戴尔·马尔），认为这总算是他能够理解的并不高深的主题，某些平凡日常的普通事务，不太困难。多么荒谬！无论如何，施特劳斯的歌剧只要完成，其中就不会有**平庸的**角色，更不用说《阿拉贝拉》了（"好一群人！"威廉·曼写道）。认为霍夫曼施塔尔总是在智慧上超过施特劳斯的观念应该被抛弃。施特劳斯不止一次写道，他在理解《没有影子的女人》和《埃及的海伦》脚本上没有任何问题。他非常欣赏它们——读过全部歌德作品、沉浸在文学经典中的他为什么不能呢？当他遏制霍夫曼施塔尔某些高深莫测的释经训词时，并非因为他无法理解，而是因为他怀疑对歌剧院的听众来说是否合适。这才是他最主要考虑的因素。在加尔米什的书房中为悼念友人而工作时，施特劳斯或许思考的是霍夫曼施塔尔多么精妙地为他创作了这样的脚本，允许他进一步发展《间奏曲》中的旋律对话宣叙调风格，同时又偏离它而引入最终令我们喜爱阿拉贝拉（尽管我们已经为她的妹妹芝登卡动心）的那些迷人的咏叹调。施特劳斯还认为这部脚本更具社会批判意义，比表面上看起来更为尖锐。"维也纳，我们梦想的城市"被塑造成一个在表面之下充满卑鄙和肮脏的城市。这是一部在戏剧和音乐上都充满讽刺的歌剧。当我们得知阿拉贝拉去听了一部歌剧时，管弦乐用引用的手法告诉我们，她去听的是《罗恩格林》。但这不只是施特劳斯自娱自乐的巧妙暗示——《罗恩格林》也是一部关于女人等待真命天子出现的歌剧。

有些人认为施特劳斯在谱曲时完全保留了诗人留下的第二幕和第三幕，但事实上他做了许多细节上的改动。谱曲似乎不费吹灰之力地将歌词和流畅精细的音乐融合在一起。还有伟大崇高的、令人振奋的场景：第一幕中阿拉贝拉和芝登卡的二重唱、该幕结尾时阿拉贝拉的咏叹调是有史以来最崇高的爱情二重唱之一——第二幕阿拉贝拉和曼德里卡的二重唱，第一幕中曼德里卡的自传性咏叹调，第三幕中阿拉贝拉献给芝登卡的深情致意（有时被不可饶恕地删除），以及最后可以听到施特劳斯作品中独一无二的崇高温柔的楼梯间二重唱。尽管曾有许多怨言，施特劳斯还是为神秘的阿拉贝拉和不那么简单的曼德里卡注入了生命和爱。他把芝登卡塑造成令人难忘的配角，也捕捉到了姐妹们的父母瓦尔德纳夫妇的怪癖。小马车米莉这个角色颇受争议。指挥首演的克莱门斯·克劳斯一直不喜欢这个角色，并努力说服（怂恿）施特劳斯做出改动。1939年，克劳斯和慕尼黑制作人鲁道夫·哈特曼一起说服施特劳斯删除小马车米莉在第二幕结尾的一些段落，然后把后两幕合并（这是一个错误）。三年后，为了萨尔茨堡音乐节的演出，克劳斯要求更多的改动，但施特劳斯只同意在她第一次登场演唱的对句后面添加一个对句（由哈特曼和克劳斯写作）。施特劳斯为它谱曲（亲笔手稿保留在奥地利国家图书馆音乐部），但是正如萨尔茨堡演出的录音所示，它并未被使用，或许是因为学会唱它的女高音在首演前几天生病了。直至今日它还未被演出过。或许施特劳斯相信，当有合适的演唱者和制作时，她的约德尔唱腔会不那么像是对泽比内塔的轻率丑化。根据我的经验来说，他是正确的。最后，管弦乐部分是美妙、万花筒般的交响网络，将旋律与和声细节融入宏伟的构思当中。任何认为它是施特劳斯的倒退的人都没有认真听。配器技巧精湛，所有效果都很好。辉煌闪耀、如诗如画、矜持克制，唯一的打击乐器定音鼓，清晰明亮得如同室内乐一般。色彩熠熠生辉，圆舞曲旁敲侧击，永恒的浪漫主义光芒笼罩着一切，或许是它最后的余晖。施特劳斯终于创作出这样一部歌剧：对人类天性的诗意、浪漫、同情以及——过时的词——充满爱意的观念居于统治地位。用他的朋友路德维希·卡尔帕特的话来说，《阿拉贝拉》是一部令人内心舒适的歌剧。

[第十九章]

山雨欲来

1927年10月完成《埃及的海伦》后，手头又没有霍夫曼施塔尔的新脚本可供谱曲，施特劳斯清闲下来。他在当年年底写了《一天中的时刻》。他在1928年里唯一创作的作品——8月14日至9月24日间——是五首人声和钢琴的歌曲《东方之歌》(*Gesänge des Orients*)。这是他的Op. 77，最后一组他给予编号的歌曲。它们的歌词是十三世纪波斯诗人哈菲兹（沙姆斯丁·穆罕默德）诗作自由润色的译文，而哈菲兹的"短诗集"（*Divan*）是歌德《西东诗集》的灵感来源。译文的作者是汉斯·贝特格（Hans Bethge），马勒选用了他的《中国笛子》(*Die chinesische Flöte*, 1908)作为《大地之歌》的歌词。施特劳斯选用了四首哈菲兹和一首无名诗人的诗歌。虽然它们在他的歌曲中鲜为人知，但也非常美妙，延续了《埃及的海伦》中悠长如歌的声乐风格。它们被题献给伊丽莎白·舒曼和她的丈夫卡尔·阿尔文，但和布伦塔诺歌曲一样，并不适合舒曼的嗓音。它们于1929年6月5日在柏林首演，由匈牙利男高音柯罗曼·冯·帕塔基（Koloman von Pataky）演唱，施特劳斯伴奏。

1924年以后，施特劳斯和霍夫曼施塔尔非常关注维也纳歌剧院的剧目安排。霍夫曼施塔尔对于自己的利益并不讳言。施特劳斯辞职后，霍夫曼施塔尔致信给他，请求他和那里的当权者保持"尚可容忍的"关系。重要的是，他们的歌剧需要被保留在上演剧目中。"我不认为您对这些事情很关心，"他下笔很是敏锐，"或者可以说，对一切事情（除了您自己的创造性工作之外）。"1926年6月，经施特劳斯同意，弗朗兹·施耐德汉（Franz Schneiderhan）被任命为奥地利国家剧院事务总管。"我们会发现，他在详细听取我关于维也纳歌剧院的要求之前，不会做任何最终决定。"他致信给霍夫曼施塔尔，"重新聘用菲利克斯·魏因加特纳不合适，即使只是客座指挥。"施特劳斯试图让克莱门斯·克劳斯前来上任。他赞赏克劳斯自1924年起在法兰克福的工作，而且克劳斯将于1926年7月在萨尔茨堡音乐节上指挥《阿里阿德涅在纳索斯》，这是在那里上演的第一部施特劳斯的歌剧。1928年底，沙尔克在维也纳的职务被撤销，并由克劳斯接任，与他之前在法兰克福的同事，自1926年起移居维也纳的奥地利制作人洛塔尔·瓦勒施泰因（Lothar Wallerstein）合作。施特劳斯致电克劳斯："我请求您接受，不要犹豫。相信我和您自己。这是决定性的时刻。"施特劳斯本人于1926年12月7日回到维也纳歌剧院，作为《埃莱克特拉》的客席指挥，然后又于1927年1月15日指挥了《间奏曲》的维也纳首演。当时还在维也纳求学的赫伯特·冯·卡拉扬后来回忆道，对于莫扎特作品的诠释，再没有谁比施特劳斯更能吸引他的了。他参加了《埃莱克特拉》的排练。"施特劳斯到了，以最强的力度演奏了前几小节，然后停下。'这里还有人不会这首作品吗？'——没有。'那么排练结束了。'"施特劳斯在是否忠于乐谱方面对演唱者也很宽容。只要他们扮演的角色拥有戏剧上的说服力，他对于音符是否准确就不太在意。

  霍夫曼施塔尔的去世——他已患动脉硬化三年——对施特劳斯来说是沉重的打击。尽管他们在合作时经常发生观念上的冲突，但他们的友谊是建立在互相尊敬的基础上的。霍夫曼施塔尔认为自己更有智慧，但施特劳斯是否对此不满值得怀疑。"感谢这位高贵、令人难忘的人。"他在1929年7月15日的日记中写道，并致信给霍夫曼施塔尔的寡妻格蒂:"没有哪个音乐家拥有这样一位帮助者和支持者。对于我和我的音乐世界来说,没有人能取代他。"宝琳非常担心这个噩耗给施特劳斯造成的影响。为了让他分心,她发了一次脾气(这很有名),让施特劳斯去工作,禁止他参加葬礼(由弗朗兹·施特劳斯代替他去)。也许她是对的,因为在作家去世后的第二天,施特劳斯突然请来了他的邻居伊丽莎白·舒曼和卡尔·阿尔文。他把《阿拉贝拉》的台词读给他们听,还经常因为掉眼泪而停下来。舒曼说他"长时间地、毫无节制地哭泣,眼泪似乎从他的灵魂深处涌出"。即使在当年早些时候,他也不太舒服,这一年里总共只写了三首短小的作品,两首男低音和钢琴的吕克特诗谱曲(两者都直到1964年8月才首演)和男声合唱与管弦乐队的爱国歌曲《奥地利》(Austria),歌词是安东·维尔德甘斯(Anton Wildgans)为施特劳斯写的颂歌。《阿拉贝拉》第一幕开头的铅笔手稿上写有7月22日—9月22日的日期,说明他刚好在霍夫曼施塔尔去世一周后开始作曲。1930年7月30日,他完成了第一幕的缩编谱,并告诉卡尔帕特"为霍夫曼施塔尔辉煌的台词作曲就像黄油一样顺滑!"[1]1930年9月30日,他还完成了施特劳斯版莫扎特《伊多梅尼奥》的创作。克劳斯和瓦勒施泰因在霍夫曼施塔尔去世前就向他提议改写这部作品,以纪念其首演一百五十周年。我们没有理由认为《伊多梅尼奥》影响了《阿拉贝拉》的创作进度。施特劳斯于1929年6月告诉克劳斯,他将在次年春天正式开始工作,而他也确实如此。瓦勒施泰因把瓦雷斯科的脚本翻译成德语散文,施特劳斯删除了"没完没了的宣叙调"。《伊多梅尼奥》在当时还鲜为人知,只是存在于历史之中的奇闻。但施特劳斯了解它、喜欢它。1932年,他告诉舞台指导和歌剧经理布鲁诺·冯·尼森(Bruno von Niessen):"例如'微风'咏叹调

---

1. *Richard Strauss-Ludwig Karpath Briefwechsel*, 1929年9月21日, *Richard StraussBlätter No. 7* (1976年5月), 8.

（伊利亚的'微风轻抚'[Zeffiretti lusinghieri]）和著名的降E大调四重唱是我自幼以来的最爱。"他说，他"力图让《伊多梅尼奥》回到德意志舞台……如果成功了，如果我能上天堂的话，我将亲自在面对神圣的莫扎特时为我的亵渎承担罪责"。[1] 他需要负责的是将伊利亚的情敌，和她争夺伊达曼特王子爱情的埃莱特拉（即埃莱克特拉）删去，并将她变成宣称伊达曼特不能娶特洛伊女奴的波塞冬女祭司伊斯梅内。施特劳斯的歌剧里有一个埃莱特拉就够了！他加入了莫扎特为1786年维也纳演出创作的附加咏叹调，删除了埃莱特拉的"我的偶像"（Idol mio）、伊达曼特的"不，死亡"（No, la morte）和伊多梅尼奥的"和平回归"（Torna la pace）。阿尔巴切的两段咏叹调都被删除（这是他的常规操作），并被改为男中音。伊达曼特被改为女高音（这也是他的常规操作）。施特劳斯添加了两段音乐：一段是合唱"我们跑吧，逃吧"（Corriamo, fuggiamo）之后的管弦乐幕间曲，中段引用了"和平回归"；另一段是伊达曼特、伊多梅尼奥、伊利亚和大祭司（男低音）的四重唱，插在最后一场的合唱"爱情降临"（Scenda Amor）之前。四重唱是基于伊多梅尼奥的宣叙调"人民啊，你们的至高律法"（Populi, a voi l'ultima legge）和伊利亚的"如果我失去父亲"（Se il padre perdei）创作的。几乎每段咏叹调都有删节，一两小节到四十小节不等。配器几乎完全保留了莫扎特原作，只有键盘的通奏低音被删除。

施特劳斯于1931年4月16日指挥了首演，几天后又在马格德堡上演，1932年11月在柏林上演。公众反应良好，但乐评界多数持反对意见。"莫扎特加上掼奶油"显然是最具代表性的评论（柏林）。在施特劳斯修订克歇尔编号时，阿尔弗雷德·爱因斯坦（Alfred Einstein）称它是"残酷的伤害"。施特劳斯（对尼森）的回应是"让乐评家们

---

[1]. Strauss to B. von Niessen, 1932年2月27日, Grasberger (ed.), *Eine Welt in Briefen*, 338.

说去吧，我比这些绅士们更了解莫扎特，无论如何我比他们更热爱他！"[1]一位《德累斯顿新闻》(*Dresdner Nachrichten*)的撰稿人说："人们总能认出什么时候是莫扎特，什么时候则是施特劳斯。"施特劳斯的敌人们认为他的《伊多梅尼奥》版本是意图表明他有发言权的公共关系试验——因为他之前三部歌剧都不太成功，然后又失去了霍夫曼施塔尔，他需要把自己塑造成德奥文化的旗手，通过把自己和莫扎特联系起来为自己夺回德国舞台，扮演继承了伊多梅尼奥－莫扎特王冠的伊达曼特－施特劳斯。这是对施特劳斯正直人格低估轻视的观点。如今，《伊多梅尼奥》已完全重归保留剧目，施特劳斯"前本真"的爱之果实似乎已失去位置。但它有其戏剧价值，将莫扎特和浪漫主义并置本身就很有趣。自从施特劳斯于1941年12月在维也纳指挥后，它再未上演过。[2] 现在是时候了。

1930年10月，完成《伊多梅尼奥》后，施特劳斯离开加尔米什前往巴黎和布鲁塞尔指挥自己的作品。之前一个月，德国举行了大选，失业人数在夏天攀升至三百万人，阿道夫·希特勒的国家社会党（纳粹）从五十万人增长到两百万人。协约国已于7月撤出莱茵区，当时又出现了恢复德国东部边界的传言。民族主义甚嚣尘上。二十四个党派在大选中角逐。在国会中拥有十二名成员的纳粹党按预计将赢得五十席。英国驻德大使对他们的竞选活动印象深刻："这一运动新鲜而有活力，显然能吸引年轻人。"他还说纳粹支持者"以捣乱为乐"，引发流血事件。最终纳粹党获得了一百零七席，成为第二大党。超过六百万人投票支持他们。他们通过攻击犹太人和知名的共产主义者进行庆祝。法国关注着这一切，变得非常紧张。施特劳斯在巴黎致信给

---

1. Strauss to B. von Niessen, 1932年2月27日, Grasberger (ed.), *Eine Welt in Briefen*, 338.
2. 这场演出包含施特劳斯作曲部分的片段被录制下来，由科赫环球唱片公司（Koch Schwann）作为维也纳国家歌剧院现场录音系列第三辑（3-1453-2）出版发行。

儿子弗朗兹："有人担心民族主义示威，但最后我的音乐会顺利举行，所有人都对我非常友好。总的来说，在这愚蠢的希特勒选举之后，这里的气氛变得紧张；人们只谈论据认为德国将随时发起的战争。"

施特劳斯是旨在促进欧洲联合的"泛欧洲"（Paneuropa）运动的支持者，并希望能和法国外长阿里斯蒂德·布里安（Aristide Briand）讨论这个问题。他致信给宝琳："老克莱蒙梭向我保证，在这里我完全'被接受'，所以这是已实现的最重要的目标。每场法国音乐会都会上演我的交响诗，因此我可以放心地离开。"他在布鲁塞尔告诉她："在这里，大使也把我当成最有力的和平使节来欢迎。"这些写给宝琳的信（他不在家时总是每天给她写信）中也包含令人感动的亲密段落："我不知道你是否也这样——我内心对你的归属感与日俱增。我整天都想着你和孩子们。我只有和你，和我们的家人在一起时才满心欢喜！……（布鲁塞尔）音乐学院的校长还清楚地记得，你在这里演唱我的歌曲是多么美妙——还有你如何支持我的观点，说巴伐利亚和奥地利是最美丽的地方，没有哪里的空气像加尔米什么好，没有哪里像我自己的房子和我心爱的宝琳那么美，她最忠诚的R.极尽温柔地拥抱着她。"还有一段迷人的轶事，发生在施特劳斯和弗朗兹与爱丽丝在维也纳同住期间。三天后他对儿子儿媳说："你们都非常好，承担了这么多麻烦事，但我很心烦！我要回家去找妈妈。"

他回到加尔米什创作《阿拉贝拉》，同时准备《伊多梅尼奥》的首演。1931年10月17日，他向克劳斯保证《阿拉贝拉》的创作很"顺利"，第三幕已基本完成（他于11月26日完成草稿）。之后他告诉奥托·埃尔哈特"别问我总谱什么时候完成！对这样一首作品来说时机还未成熟，我不能太过仓促行事。他突然犹豫的原因可能是出版商岛屿出版社（Insel-Verlag）的经理安东·基彭贝格（Anton Kippenberg）夏天来访。基彭贝格提到他旗下的一位作家斯蒂芬·茨威格，这位五十岁的奥地利小说家和传记作家正如日中天。"问问他是否愿意为我写一部歌剧脚本。"施特劳斯说。10月29日，住在萨尔茨堡的茨威格给施特劳斯寄去了莫扎特一封写给堂妹的稍微不雅的信件的副本，这是五十份非公开影印版中的第三十一份（茨威格以收集作家和音乐家手迹闻名）。他还说："我在考虑是否要拜访您并向您提交一个音乐计划。"施特劳斯非常高兴，马上试图用自己心爱的关于"女冒险家、作为间谍的贵妇、阴谋戏剧"的歌剧计划吸引他的兴趣。但茨威格和霍夫曼施塔尔一样对此并不感冒。两人于11月20日在慕尼黑四季酒店见面，施特劳斯正在当地指挥《埃莱克特拉》。他们决定创作一部以本·琼生（Ben Jonson）的《阴阳人，或沉默的女人》（*Epicoene, or the Silent Woman*）为基础的喜剧；施特劳斯明确表示，他最早要到1932年夏天才能开始写作。茨威格对施特劳斯的印象为我们提供了一幅生动的肖像：

> 困难并不会压倒他，而是为他伟大的创造力提供消遣……当他睁大双眼时，可以感到某些超凡的气质潜藏在这位杰出人物的深处，他的守时、他有条不紊的处事、他的体面、他的高超技艺、他看起来工作时的毫不费力，他一开始令人不大信任的感觉，就好像他的脸因孩子般的胖脸颊、相当平凡的圆脸型和犹豫地皱起的眉毛给人留下几乎平庸的第一印象一样。但只要一看他的双眼，那明亮、湛蓝、闪着光芒的双眼，马上就能察觉到这位资产者面具下某些魔法般的力量。或许这是我见过的最具觉醒力量的音乐家的双眼，不算超凡入圣，但有种极富洞察力的感觉，这是了解他的使命的一切意义的人的双眼。[1]

---

1. S. Zweig, *Die Welt von gestern* (Stockholm, 1942); 英文版：*The World of Yesterday* (London, 1943), 280.

1932年2月初，施特劳斯告诉被他选中担任《阿拉贝拉》首演指挥的弗里茨·布施，他已经完成了前一百页的配器。第一幕完成于3月6日，第二幕完成于6月6日，第三幕完成于10月12日。这与他通常夏日作曲、冬日配器的习惯不同。在这段时间内，他4月去佛罗伦萨、热那亚和米兰指挥，8月在萨尔茨堡音乐节指挥了两场《费德里奥》。他11月去苏黎世参加了一个施特劳斯音乐节，指挥了《没有影子的女人》，并和匈牙利小提琴家斯特菲·盖耶尔（Stefi Geyer）合作演奏了他早年间创作的小提琴奏鸣曲。1932年12月，他在斯特拉斯堡指挥。1932年7月，施特劳斯致信给埃尔哈特说他要暂时推迟《阿拉贝拉》的首演："我被这些工作弄得有些疲倦，想要暂时转向一部新作品……其次，经济情况（出版商、剧院和公众都没钱）变得非常困难，因此我认为在目前不确定的情况下用一部大型作品冒险很愚蠢。"

这种不确定性在于德国的政治形势。纳粹在地方选举中持续得势，他们的冲锋队（褐衫党）在光天化日之下杀害对手和妇孺。总理布伦宁博士要求褐衫党解散，但他难以在国会中获得多数支持。他辞职了，总理职位于5月30日被弗朗兹·冯·帕本伯爵（Count Franz von Papen）接替，后者解散了国会，取消了对褐衫党的禁令。巴伐利亚坚持保留禁令，但被帕本否决了。接下来，7月31日举行了大选，纳粹党获得了二百三十席和一千三百五十万张选票。他们成为最大的单一党派，但未能获得国会内的绝对多数支持。帕本没有邀请他们加入政府，希特勒加剧了街头暴力。8月13日，帕本邀请希特勒担任副总理，回应是总理或免谈。9月，在其主席赫尔曼·戈林巧妙的程序性提议后，国会再次解散，新的选举于1932年11月举行。纳粹党这次失利了，只赢得了一百九十七席和全国三分之一的选民支持。帕本再次邀请希特勒入阁，但再次遭拒绝。无法在国会中获得多数席位的他辞职了。之前拒绝任命希特勒为总理的德国总统兴登堡此时不得不让希特勒组阁。希特勒说他只会在没有国会的情况下通过"总统内阁"

来执政。兴登堡说这意味着独裁,邀请前国防部长库特·冯·施莱歇尔将军(General Kurt von Schleicher)担任总理并试图组阁。1933年初,帕本在科隆会见希特勒,提议他们可以联手对抗施莱歇尔并共同担任总理。希特勒回答,他只愿意加入这样一个政府:由他担任总理且不受限制。1月28日,未能获得多数票的施莱歇尔要求兴登堡解散国会,遭到拒绝后,他辞职了;兴登堡走投无路,只能在1月30日任命希特勒为总理。不管有没有国会、有没有多数票,德国现在都落入了独裁者的统治中。

虽然看起来很遥远,但这是施特劳斯接下来一年的生活背景。《阿拉贝拉》的德累斯顿首演日期已经确定:1933年7月1日。其他歌剧院也争相提出邀请。富特文格勒想在柏林、汉斯·克纳佩茨布施想在慕尼黑、克劳斯想在维也纳指挥首演。因此,它直到10月1日才开始大范围上演。在德累斯顿,布施担任指挥,约瑟夫·吉伦(Josef Gielen)担任制作,莱昂哈德·范托担任(Leonhard Fanto)舞台设计。施特劳斯和布施与歌剧的另一位被题献人,德累斯顿歌剧院经理阿尔弗雷德·罗伊克尔(Alfred Reucker)就演员人选问题进行了讨论。与此同时,1932年,茨威格给施特劳斯寄去了《沉默的女人》(Die schweigsame Frau)的剧情草稿。施特劳斯很高兴:"它很迷人——天生的喜歌剧——第一流的喜剧——甚至比《费加罗》和《塞维利亚理发师》更适合谱曲。请允许我请求您在其他重要事务允许的情况下尽快完成第一幕。我等不及要集中精力去研究它了。"9月,他创作了《掼奶油》的八乐章组曲(11月8日他在曼海姆指挥了首演)。10月,他修改了《沉默的女人》的第一幕脚本。当时在德累斯顿,纳粹褐衫党已经开始找弗里茨·布施的麻烦,他虽然并非犹太人,但公开批评冲锋队的暴行,被指责偏袒犹太人且长时间请假。1933年2月,施特劳斯去德累斯顿为罗伊克尔、布施和范托试奏《沉默的女人》前两幕("他们的反应非常热烈")。两周后的3月7日,褐衫党发动了一场反对布施的示威。他的职位被助手赫尔曼·库奇巴赫（Hermann Kutzschbach）接替，然后被要求为一群包括嘲笑他的纳粹在内的听众指挥《弄臣》。第二天，同样并非犹太人的罗伊克尔被解职，取而代之的是保罗·阿道夫（Paul Adolph）博士。

同年2月，在柏林的会面中，施特劳斯告诉布施和普鲁士国家剧院经理海因兹·蒂津，只有在被题献人在位的情况下，《阿拉贝拉》才能在德累斯顿首演。如果布施因纳粹拒绝指挥，就必须另找一个地方首演。"施特劳斯这么说时，"布施在他的自传中写道，"没人觉得他是在说笑。"[1] 施特劳斯在3月27日写给克劳斯的信中坚称，如果没有布施和罗伊克尔，7月的首演就要取消。但他也在同一封信中透露，长袖善舞的蒂津在背后活动，纳粹要求他解决问题，以免因世界级作曲家撤回新歌剧首演而造成恶劣的公众影响。"一些友好的建议，"施特劳斯写道，"不要和德累斯顿扯上关系！如果那里显然对柏林的发展不太熟悉的管理层直接来邀请您，就拿我这个'在原则上您必须首先获得同意'的人当借口。这样，德累斯顿一事就能拖延下去，直到蒂津同意。"克劳斯接到这封信的当天，纳粹党就宣布自4月1日起开始抵制犹太人。由此可以推断，施特劳斯受到了一些压力，尤其是德累斯顿歌剧院管理层要求他遵守他们合同的法律条款，而这意味着放弃布施。施特劳斯4月4日致信给范托时仍表示7月1日首演是不可能的。如果克劳斯要指挥，他必须加入德累斯顿歌剧院，但因他的维也纳职务显然无法做到。"我们也没有找到曼德里卡、埃莱默尔或瓦尔德纳的演员……因此7月是不可能的……我是否能履行秋天在德累斯顿首演的诺言必须依……德累斯顿新的音乐管理层的人员而定。"但到4月20日，施特劳斯和德累斯顿以及维也纳（关于克劳斯）之间

---

1. F. Busch, *Aus dem Leben, eines Musikers* (Zürich, 1949); 英文版: *Pages from a Musical Life*, tr. M. Strachey (London 1953), 169ff.

达成了某种协议。尽管作曲家并不情愿，但是首演必须在7月1日举行。根据与德累斯顿的合同，阿拉贝拉的角色被安排给女高音维奥里卡·乌尔苏利克。她也是克劳斯的情妇（他们在1945年后结婚），经常去维也纳客座演出。维也纳男中音阿尔弗雷德·耶格尔被选为德累斯顿和维也纳演出中的曼德里卡。考虑到准备时间不足，施特劳斯邀请了1911年《玫瑰骑士》中的奥克塔维安扮演者，德累斯顿的女高音爱娃·冯·德奥斯滕（Eva von der Osten）担任舞台顾问。她的丈夫，男低音弗里德里希·普拉奇克（Friedrich Platschke）扮演阿拉贝拉的父亲瓦尔德纳伯爵。顺便说下，布施是希特勒和戈林都非常欣赏的指挥家。在柏林负责这部歌剧（令戈贝尔懊恼）的后者希望他能担任普鲁士国家歌剧院的指挥。布施直接从德累斯顿前往柏林，和戈林会面三次。布施愿意接受职位，但富特文格勒有最终决定权，希特勒支持的是富特文格勒而不是戈林。希特勒自己试图让德累斯顿纳粹改变对布施的态度，但令人惊异的是，他失败了。最终，布施在布宜诺斯艾利斯和格林德伯恩找到了工作，但仍收到（他拒绝了）去德国指挥的邀请。[1]

施特劳斯参加了《阿拉贝拉》的全部排练。乌尔苏利克描述了她的独特经历："剧院完全关闭了三周，排练从清早进行到深夜。所有人，包括最普通的舞台工作人员都深深地被作品感动，这段经历令人难忘，它的成功非同寻常。"[2] 施特劳斯作品的首演仍然引发了热潮，是一个在艺术上，同时也是社会上的重大事件。德累斯顿杂志《美丽萨克森》(Das schöne Sachsen) 报道说："好几周以来，音乐圈里的人们都没有谈论其他事情。德累斯顿的民众在不遗余力地确保首演的那一

---

1. M. H. Kater, *The Twisted Muse: Musicians and their Music in the Third Reich* (New York, 1997), 122.
2. R. Schlötterer, *Ursuleac, singen für Richard Strauss* (Vienna, 1986), 15.

天成为施特劳斯及其音乐的节日。"[1]尽管价格上涨，门票还是被销售一空，有些人甚至是长途跋涉而来。第三幕开场时，"所有人很快就感到在旅馆前厅那戏剧性的场景犹如在图画中一般，一切最美妙、最神圣的戏剧要素都聚集在一处……作品在暴风雨般的喝彩声中结束，这在歌剧首演的历史上甚是罕见"。施特劳斯几天后告诉卡尔帕特："克劳斯的指挥如此出色，按照维也纳的老传统，是时候把他打发走了！"施特劳斯在1934年1月写给茨威格的信中显现出他的震惊：

> 说真的——我对《阿拉贝拉》的期望并不高。我努力创作它，而它取得了巨大的成功，迄今为止几乎不逊色于《玫瑰骑士》。这很奇怪。公众难以理解。一个人可能对艺术了如指掌，但是对自己究竟能做什么却知之甚少……最适合我这个南德意志资产者的是多愁善感的工作；但《阿拉贝拉》二重唱和《玫瑰骑士》三重唱这样正中靶心的情况并不是每天发生的。一定要活到七十岁才能认识到自己最大的长处是创作媚俗之作吗？

1933年10月，维也纳和柏林的《阿拉贝拉》首演在同一天举行。柏林首演由乌尔苏利克演唱，富特文格勒指挥。维也纳首演中阿拉贝拉的扮演者是洛特·莱赫曼。她的母亲在当晚去世，但她的演唱仍然精彩，尽管乌尔苏利克在接下来四场演出中接替了她。乌尔苏利克1934年5月在伦敦，然后在欧洲各地扮演这一角色。施特劳斯1934年11月20日在阿姆斯特丹初次指挥这部作品。排练时，乌尔苏利克被他在最后一场阿拉贝拉走下旅馆楼梯，端着一杯水给曼德里卡那段

---

1. *Das schöne Sachsen* (Dresden, 1933), 162–163.

的速度难住了。"博士先生,"她解释,"如果您今晚用这种速度指挥,我就得跑下楼梯了……这样很不雅,因为音乐如此美丽。"他低声抱怨道:"啊,这些四六和弦。"当晚,他"以诗意的宽广"指挥了这一场。第二天乌尔苏利克在阿姆斯特丹国家博物馆感谢了他。"一切归功于您,"他说,并送给她一枚戒指,"这是为了您的阿拉贝拉。"[1]在1935年1月的布达佩斯首演上,年轻的乔治·索尔蒂担任声乐指导,他后来成为这部歌剧的杰出诠释者。弗里茨·布施在布宜诺斯艾利斯指挥了它。

《阿拉贝拉》虽然在德国和奥地利大获成功,但在英国和美国反响不佳(巴黎直到1981年才上演)。人们将其归咎于政治局势,但我对此表示怀疑。多数伦敦和纽约的乐评家认为它不如《玫瑰骑士》,施特劳斯只是在自我重复。恩斯特·纽曼(Ernest Newman)承认,他在1934年"遗憾地误判了"这部歌剧,并在1953年提到:"许多心理和音乐描绘罕见且精致细腻,这是一种安静的艺术,很大程度上来说是一种对话作品。"[2]一语中的!

---

1. Schlötterer, *Ursuleac, singen für Richard Strauss*, 15.
2. *Sunday Times*, London, 1953年9月20日。

第四部分

1933—1949
黑暗年代

[第二十章]

接替瓦尔特

试图在六十五年后解读1933年的形势,这简直困难得令人沮丧。1990年代,事后诸葛般的道貌岸然令我们可以以手抚胸发誓我们绝不会在纳粹政权下生活,绝不会以任何方式为它工作。但我们现在已经知道结果。而1933年的国内和国际氛围,需要大量的历史想象才能够理解。尽管有些眼光长远的人马上就知道希特勒掌权最终意味着战争,但更多人,尤其是德国人,相信纳粹不过是个噩梦,很快就会过去。他们会令国家破产,但也到此为止了。然而数百万德国年轻人失业了,他们眼中唯一的希望是纳粹的政策。德国受《凡尔赛条约》压迫,1920年代的魏玛共和国政府软弱不堪,通货膨胀使得物价上涨到天文数字。通过激发民族主义狂热,希特勒令千百万人相信德国有一个光明的未来。但是,伴随宣传而来的反犹太人暴动和其他疯狂的行为呢?街头暴力、打砸犹太人商店橱窗呢?无论是恶毒的(来自狂热者)还是通常未经考虑的各种反犹主义在德国司空见惯。英国国王爱德华七世的私人秘书埃舍尔勋爵在回忆录中记录了德皇威廉二世和英国外交部秘书爱德华·格雷爵士在1907年的一段对话:"格雷和他长谈了两次。第一次时,他激烈地抨击犹太人:'在我的国家里,他们的数目太多了。公众想要驱逐他们。如果我不限制我的人民,犹太人会被折磨死的。'"[1]1933年那会儿可没人会像今天一样一天二十四小时每半小时就被最新消息轰炸一次。即使有无线广播，新闻也不多。那时没有电视，只有新闻电影。人们依赖报纸，但并非所有人都阅读。

理查·施特劳斯早已习惯父亲的反犹言论。但也就是英格兰人说"该死的苏格兰人"或"威尔士蠢货"的程度。施特劳斯有许多犹太朋友，他的信件或其他资料中毫无反犹情绪的迹象。事实上，从齐格弗里德·瓦格纳在1893年9月和10月写给施特劳斯的信中就可以看出，施特劳斯"显然"毫无反犹倾向，因为他拒绝支持齐格弗里德对赫尔曼·莱维的恶毒辱骂。第二次世界大战后，施特劳斯拒绝在公开场合为自己的反犹指控辩护，因为他认为这有损于他的尊严。指挥家奥托·克伦佩勒讲述了1932年去加尔米什喝茶，受到施特劳斯、宝琳和爱丽丝款待的经历："自然，谈话转向了当时的主题——显然即将掌权的纳粹。施特劳斯说：'但是请告诉我，如果犹太人离开，德国剧院和歌剧院又会怎么样呢？'施特劳斯太太对我说：'博士先生，如果纳粹找您麻烦，请告诉我。我会给这些先生点颜色看看。'施特劳斯惊讶地看着她。'这正是支持犹太人的时候！'无耻得毫不掩饰，让人无法生气。"[2]或许无耻，但毫不虚伪。这是他父亲会说的那种话，而不是基于对大屠杀的了解，并且这番话是在他心爱的犹太儿媳在场时说出来的。本书已经多次强调过，施特劳斯的生活中心是他的家庭，然后才是他的音乐。此外，他是个自豪的德国人——不喜欢普鲁士人的巴伐利亚人——但很清楚他是德奥文化的一部分，而德奥文化是他存在的主要根源：歌德、席勒、贝多芬、莫扎特、舒伯特和瓦格纳。因此有人问他，1933年为何不像许多人一样离开德国时，他回答道，他没有理由让家人和自己离开心爱的家乡、放弃令德意志文化薪火长传

---

1. Lord Esher, *Journals and Letters*, 4 vols. (London, 1934–1938).
2. Heyworth (ed.), *Conversations with Klemperer*, 45, 46.

的希望。另外，他厌恶魏玛共和国的无能。1928年，他对霍夫曼施塔尔和凯斯勒伯爵说，德国需要一个独裁者（他并不是唯一一个有这种想法的德国人）——当然，他指的是一个能够实践他（施特劳斯的）关于德国音乐生活应如何组织的观念的独裁者。施特劳斯常被嘲讽为"机会主义者"，尽管他（对罗兰）说自己"软弱"，但他还是认为自己有爱国的责任。非犹太人离开德国是因为他们无法在邪恶政权下自由呼吸。施特劳斯从未将他这方面的感受诉诸文字，但他会赞同富特文格勒1945年所说的话："所有离开德国或要求离开的人都让希特勒证明了一点：他宣称他是德意志民族的真正代表。他们认为人们**必须**离开纳粹德国，但这是错的。德国从来不是纳粹德国，而是被纳粹征服的德国。"

1946年，"并非施特劳斯朋友"的阿诺德·勋伯格说："我不相信他是个纳粹，W.富特文格勒也一样。他们都是德意志民族主义者（Deutsch-Nationale），他们都热爱德国、德国的文化和艺术、风景、语言和人民，还有他们的同胞。如果有人敬祝'德国万岁'，他们都会举杯，尽管他们高度尊敬法国和意大利的音乐和绘画，但他们认为一切德国的东西都更好"。[1]赫伯特·冯·卡拉扬认为，对施特劳斯来说，"纳粹是一群非洲野人"。[2]

1933年，施特劳斯对家人说："我在皇帝和艾伯特[3]治下从事音乐——现在我也能活下去。"他是最后一位担任过宫廷作曲家的伟大作曲家——在魏玛为公爵工作、在柏林为不喜欢他的音乐但不干涉他的皇帝工作。他知道如何对付这些人——他们来来去去。但他一定也知道"现在这个"有所不同，犹太人正受到越来越严重的威胁。这也

---

1. H. H. Stuckenschmidt, *Arnold Schoenberg, His Life, World and Work* (London, 1977), 544-545.
2. Osborne, *Conversations with Karajan,* 113.
3. 弗里德里希·艾贝尔特是魏玛共和国第一任总统，1919年当选上任。

影响到了爱丽丝和她的两个孩子（她的次子克里斯蒂安生于1932年）。施特劳斯在1933年就知道要准备好向政权妥协，不惜一切代价保护好他心爱的家庭。然而，在许多人看来这影响了他的名誉，但付出最大代价的是爱丽丝，实际上她必须忘掉自己的犹太人身份，克制对这种局势的任何情感，特别是当她的许多亲戚消失在集中营时。她知道她会被认为是——也确实如此——德国最不受欢迎的犹太人，因为她用与生俱来的权利换来了微不足道的东西。像克伦佩勒这样冷酷无情的人对施特劳斯的行为有另一种看法："他为何不走？他是理查·施特劳斯，世界知名，如果他离开德国，那么人们就会意识到那里一片黑暗。但相反，他留下来了。为什么？因为德国有五十六个歌剧院，美国只有两个——在纽约和旧金山。他对自己说，'这会影响我的收入'。"对，他的音乐带来的收入对他再重要不过。七十岁时，他想要保证家人的优厚生活。可以说，全世界都知道德国一片黑暗。托马斯·曼等人离开了，但尽管他们受到敬仰，也并没有什么影响。施特劳斯关注自己的版税收入也很正常——他在这一方面已为他的作曲家同事们斗争多年——是他全身心投入音乐的一部分。他自己的歌剧是他和家人的生计所在。对他来说没有什么比家人更重要。对施特劳斯行为的另一种常见解释可以忽略——他天真而不懂政治。如本书引用的许多信件片段所显示的那样，他非常关注德国和外国的事务。从俾斯麦到希特勒，他清楚局势的发展。他敬仰罗曼·罗兰参与世界事务，而他本人也是欧洲联盟的早期支持者之一。

德国和施特劳斯收到了纳粹关于犹太人政策的最初预警。希特勒上台时，犹太人指挥家布鲁诺·瓦尔特还在美国。1933年3月，他回到德国继续履行莱比锡布商大厦乐团指挥的职责。布商大厦的一个经理告诉他，警察想要阻止他的音乐会。瓦尔特提出辞职，但被要求留任。第二天早上去排练时，他发现音乐厅大门紧锁，一张海报上写着音乐会已被取消。他回到柏林指挥由犹太经纪人露易丝·沃尔夫（Louise Wolff）组织的系列音乐会中的"布鲁诺·瓦尔特音乐会"。她告诉他，戈培尔的宣传部虽然没有明令禁止音乐会，但如果音乐会上演，音乐厅就会被破坏。正在柏林指挥《埃莱克特拉》的施特劳斯接到代替瓦尔特的邀请。施特劳斯最初严词拒绝，但露易丝·沃尔夫让她的女儿莉莉·布兰登堡（Lili Brandenburg）博士去找了纳粹党成员，柏林法学家、作曲家和指挥家尤利乌斯·科普什（Julius Kopsch）博士，请他说服施特劳斯指挥，否则乐队将遭受严重的经济损失。沃尔夫夫人还说，布鲁诺·瓦尔特个人特别希望施特劳斯能够接替他的工作，这是他离开柏林前最后的要求。于是施特劳斯答应指挥，条件是他的一千五百马克酬金能由瓦尔特支付给管弦乐团。[1]令人费解的是瓦尔特为何不宣布这是他的要求，以令施特劳斯不致受人憎恶。同样，施特劳斯本人为何也从没提过？两人一直关系不佳，这可以追溯到瓦尔特在慕尼黑任职期间，当时施特劳斯和霍夫曼施塔尔对他们歌剧的演出方式很是不满。1946年，在苏黎世的一场音乐会上，施特劳斯见到了沃尔夫夫人还在世的女儿伊迪特·施塔尔加特－沃尔夫（Edith Stargardt-Wolff），并对她说："您知道的，不是么，我那时完全不想指挥。"

威尔海姆·富特文格勒因此事致信给戈培尔表示："瓦尔特、克伦佩勒、莱因哈特等人在德国必须有艺术上的发言权。"戈培尔回应，音乐和政治不可分割，抹杀"外来"，即犹太因素，为在魏玛共和国时代受到忽视或压制的艺术家们敞开门路是国家的责任。

施特劳斯在他自己的笔记本上写下了对瓦尔特事件的评论，开头是："现在我可以检视一下没能从一开始就和国家社会主义运动保持距离所付出的代价了。"他描述他的行为是"受科普什与拉什（胡

---

1. Internationale Richard-Strauss-Gesellschaft, Berlin, *Mitteilungsblätter*, 1955年5月, Vol.7.

图18　施特劳斯与孙子小理查和克里斯蒂安

戈·拉什［Hugo Rasch］，支持希特勒的《人民观察家报》（Völkischer Beobachter）的音乐编辑，但和施特劳斯是多年的好友）的敦促，帮助爱乐乐团"。接替"那个卑鄙低劣的无赖"瓦尔特，他

> 给我带来了国外，特别是维也纳犹太媒体的攻击，这在所有体面人的眼中对我的伤害不管德国政府怎么做也无法弥补。我被诋毁成奴颜婢膝的自私的反犹主义者，而事实上我总是抓住一切机会向在座的所有的人强调（这对我不利），我认为施特莱歇-戈培尔对犹太人的折磨是对德国的侮辱，是无能的证据——没有天赋、懒惰的庸人对更有智慧和天赋者的最低劣的攻击。我在此公开证明，我获得了犹太人如此多的支持、如此多自我牺牲的友谊、如此多慷慨的帮助和充满智慧的启发，如果不心怀感恩地承认这些，是一种罪过。确实，有些犹太媒体与我为敌……但我最坏、最恶毒的敌人是"雅利安人"——我只需要提到珀法尔、奥斯卡·梅尔兹（Oscar Merz，《慕尼黑新闻报》）、提奥多·多赫林（《收集者》[Der Sammler]）、菲利克斯·莫特尔、弗朗兹·沙尔克、魏因加特纳和整个纳粹党的报纸——《民族观察家报》，等等。

他没有提到他的出版商是犹太人，霍夫曼施塔尔也有犹太血统。

他在柏林时似乎有些纳粹高官联系了他。他们需要利用他为纳粹政权带来尊重与体面，而他需要他们来保护他的家人。3月29日，他致信给基彭贝格："我在柏林留下了深刻的印象和对德意志艺术未来的真正希望，只要革命风暴的最初阵痛停歇下来。"[1] 考虑到当年11月后

---

[1]. *R. Strauss–A. Kippenberg, Briefwechsel*, in *Richard Strauss Jahrbuch* 1959/60, 120.

续发生的事情，这封信很重要。

完成《阿拉贝拉》后，施特劳斯1932年最后几周的主要工作是和洛塔尔·瓦勒施泰因与克莱门斯·克劳斯合作修订《埃及的海伦》，并准备在1933年萨尔茨堡音乐节上演。第一幕基本保持不变，但第二幕做了许多改动，包括瓦勒施泰因修改和添加的台词。施特劳斯允许修改一些剧情，于1933年1月15日完成工作。克劳斯则并不完全满意，提出更多的修改意见，但施特劳斯不愿妥协。这一"维也纳版"于8月14和24日在萨尔茨堡上演两场，另外上演的还有令施特劳斯激动不已的《没有影子的女人》。继1926年的《阿里阿德涅在纳索斯》后，1929年克劳斯在萨尔茨堡开始了施特劳斯歌剧系列演出，这也成为音乐节的特色，特别是1929至1935年间，每年的《玫瑰骑士》演出都是由洛特·莱赫曼或乌尔苏利克扮演玛莎琳、阿黛拉·科恩（Adele Kern）扮演索菲、理夏德·迈尔和弗里茨·克伦（Fritz Krenn）扮演奥克斯，还有一个接一个出色的奥克塔维亚扮演者——简直是梦幻阵容！（克劳斯离开维也纳到慕尼黑任职后，《玫瑰骑士》于1936年停演，然后除1940年外，又在1937至1941年间恢复，指挥为克纳佩茨布施或卡尔·伯姆，演员包括莱赫曼、雷特贝格、希尔德，玛莎琳则由安妮·科内茨尼（Anny Konetzni）扮演。克劳斯和鲁道夫·哈特曼于1935年在柏林、1937年在慕尼黑上演了《埃及的海伦》的第二次修订版，但不同之处主要在于第一幕开头的地点从艾特拉宫殿中的一个房间改到宫殿前的露台上，以大海作为背景，因此有必要将这一幕分为两个部分。1996年作为舞台作品全集出版的歌剧总谱，恢复到1928年的最初版本。

1933年9月，他为乌尔苏利克给自己的四首歌曲配器——《春之庆典》（*Frühlingsfeier*, Op. 56, no. 5）、《我的眼睛》（Op. 37, no. 4）、《自由了》（Op. 39, no. 4）和《女性之歌》（Op. 68, no. 6，他在七年前就为Op. 68的前五首歌曲进行了配器）。10月13日，他指挥，她演唱，一起在柏林举行了首演。而这发生在一次轰动事件之后：7月，他自1894年离开后第一次回到拜罗伊特，指挥了五场《帕西法尔》的演出——7月22日和31日、8月2日、10日和19日——取代的是托斯卡尼尼，后者在前一年5月告诉维妮弗里德·瓦格纳，"伤害我作为人和艺术家感受的可悲局势"毫无改善。换句话说，只要纳粹统治德国，他就不会去那里指挥。拜罗伊特的总监海因兹·蒂津预料到了托斯卡尼尼的辞职，但令人惊讶的是，他曾接触过弗里茨·布施，尽管后者已遭德累斯顿示威抗议。施特劳斯接到并接受了邀请。因为他已知道接替瓦尔特引发了多少仇恨，没有理由怀疑施特劳斯在1935年6月17日写给茨威格信中袒露的诚实："谁告诉您说我**已经在政治上**暴露自己了？……因为我接替了那个'非雅利安人'托斯卡尼尼——我是为拜罗伊特而做的。我和政治毫无关联。"对他来说是毫无关联，但他应该已经意识到其他人会怎么看了。然而瓦格纳是他心中的神，拜罗伊特则是圣地。他没有理由为瓦格纳家族负责。自他1896年和齐格弗里德争吵以来，双方关系冷淡。科西玛说《莎乐美》是淫秽的。但这两人都已去世，无论如何，令施特劳斯沉迷的是瓦格纳和瓦格纳的音乐。他一直对《帕西法尔》怀有特别的情感，反对它在1913年后被公之于世，遭到"每个无论多么小的乡下歌剧院的糟蹋"。他认为它应该正如瓦格纳所愿，只在拜罗伊特上演。这种施加限制的信仰现在看来很疯狂，但这是他的真心，显示出他对拜罗伊特和这部作品胜过一切歌剧的观念。1933年，他在那里见到了音乐节的赞助人希特勒，建议新政府补贴拜罗伊特，对德国每次瓦格纳作品的演出收取百分之一的版税，而希特勒说法律上没有这样的先例。希特勒在万弗里德举行了欢迎会。爱丽丝·施特劳斯想要拒绝邀请，但维妮弗里德·瓦格纳坚持让她参加，以免让自己成为笑柄。尽管知道她是犹太人，希特勒在接见她时还是吻了她的手。而他也已被维妮弗里德说服，允许犹太歌手——包括埃曼纽尔·李斯特（Emanuel List）和亚历山大·基普尼

图 19　海因兹·蒂津、维妮弗里德·瓦格纳、施特劳斯和埃米尔·普莱托利乌斯，拜罗伊特，1934 年

斯（Alexander Kipnis）——在音乐节中演唱。结果施特劳斯这次指挥《帕西法尔》还引发了一则音乐界丑闻。他的用时是 4 小时 8 分，而托斯卡尼尼 1931 年的用时是 4 小时 48 分。恩斯特·纽曼在《星期日泰晤士报》的评论中称施特劳斯"不过是二流的"，不配指挥这支乐团。但施特劳斯的"快速"《帕西法尔》仅存在于和托斯卡尼尼的对比中（后者仅在第一幕就多用了二十分钟）。莱维 1882 年的用时是 4 小时 4 分，比施特劳斯快四分钟，而富特文格勒 1936 年 4 小时 12 分钟的用时也仅仅慢四分钟。真正的快枪手是克莱门斯·克劳斯（1953 年，3 小时 48 分钟）和皮埃尔·布列兹（1970 年，3 小时 39 分钟）。施特劳斯一次不明日期的指挥用时 3 小时 56 分钟，比起布列兹仍是慢了十七分钟。

维妮弗里德·瓦格纳给施特劳斯寄去了瓦格纳《罗恩格林》的一页亲笔手稿。9月23日，他在写给她的信中感谢道："我对拜罗伊特的小小帮助不过是我心中对这位伟大的大师，特别是为我带来的一切而表达的一点敬意。要为这个机会感谢您的是我，在我生命的尽头能够在这神圣的地方再次指挥他的崇高作品——这对我来说是一种荣誉和满足。"1933年的制作使用了几乎已经散架的1882年原舞台布景。1933年底，维妮弗里德、蒂津和舞台设计师埃米尔·普莱托利乌斯（Emil Preetorius）决定在1934年重新制作《帕西法尔》的舞台布景。这引起了骚动，由瓦格纳的女儿爱娃和达妮拉率领的瓦格纳"禁卫军"们发动了请愿，要求保护原有布景。签名的一千人中包括托斯卡尼尼和施特劳斯——以及恩斯特·纽曼。希特勒支持新制作，并要求让阿尔弗雷德·罗勒尔进行设计，结果与原有的布景差异很小。施特劳斯指挥了1934年的几次演出，从此再未回到拜罗伊特。

施特劳斯对瓦格纳音乐的崇拜令他签署了由汉斯·克纳佩茨布施牵头并于1933年4月16日发表在《慕尼黑新闻报》上的抗议书。这是对托马斯·曼为纪念瓦格纳逝世五十周年演讲的激烈回应。这次演讲于1933年2月10日在慕尼黑大学举行，在演讲中他提出警告：纳粹会为"邪恶的权力和文化联盟"而利用瓦格纳。他后来又在阿姆斯特丹、巴黎和布鲁塞尔重复了演讲。激怒施特劳斯和其他瓦格纳主义者的是托马斯·曼对瓦格纳天才的描述——夹杂在许多赞美之中——"半吊子成就的集合"和"资产阶级庸俗的干花插花"。时任巴伐利亚国家歌剧院音乐总监的克纳佩茨布什写道："敢于公开贬低少数几位在世界上代表德国精神力量的人物，会遭到报应的。"他邀请包括施特劳斯在内的慕尼黑艺术界的主要人物，以及一些重要的亲瓦格纳纳粹分子签署抗议书。

[第二十一章]

帝国文化部

《沉默的女人》进展如何？茨威格在1933年4月13日的一封信中表示，他很高兴施特劳斯的工作进展顺利。他说："政治会过去，艺术会长存，因此我们应该为永恒之物奋斗，把宣传留给那些满足于此的人。历史证明，艺术家们在动荡不安的时刻工作最为专注；因此我无时无刻不在为您能把歌词谱成音乐而高兴，这令您超越时间，为后人带来益处和灵感的来源。请记住，这是由一位居住在奥地利的犹太作家所写。

自纳粹上台以来，约瑟夫·戈培尔博士就卷入了和外务部长阿尔弗雷德·罗森伯格（Alfred Rosenberg）争夺国内文化活动控制权的斗争。罗森伯格于1929年创建了"为德意志文化斗争同盟"，是狂热的反犹主义者，是反动观念的化身，而戈培尔在意识形态上不那么顽固。胜利的是戈培尔，因为他的政治手腕更灵活。他常常，但并非总是能够得到希特勒的支持。希特勒对音乐的态度难以预料。比起他的多数同伙，他对音乐更为了解，也更有品位。他独揽资助拜罗伊特的权力，自己花钱推广布鲁克纳。他对施特劳斯的态度像是个英雄的崇拜者：他于1906年听了《莎乐美》的格拉茨首演，认为施特劳斯是瓦格纳的继承人。因此尽管施特劳斯遭到戈培尔的嫉恨、令纳粹政权难堪，但希特勒总是不顾政权的脸面而不愿针对这位德国伟人。罗森伯格被赶下台后，戈培尔得以建立帝国文化部，下设七个分局，分别是音乐、美术、戏剧、文学、媒体、广播和电影。每个分局都有自己的局长、副局长和业务经理。帝国文化部成立于1933年11月1日，第一次会议于11月15日召开，就在当天施特劳斯指挥了他的《节日前奏曲》。戈培尔邀请同样并非纳粹党成员的施特劳斯和富特文格勒担任音乐局的正副局长，无疑，他相信并希望两人的名字能够为组织带来信誉。为施特劳斯辩护说他是在某种压力下接受职务显然没什么意义。施特劳斯多次说过、写过他并未被询问过是否愿意接受职位，但这并非事实。戈培尔1933年11月10日在电报中邀请他上任。[1] 施特劳斯是否收到电报并不清楚。但它确实被发出了。在他1935年的个人备忘录上，施特劳斯说他会担任局长——尽管他说没人咨询他选举委员会的人选——"是因为我希望我能做些善事，阻止不幸的发生，如果德国音乐生活自此如人们所说，会被外行和无知的官迷们'重新组织'的话"。在他11月15日在帝国文化部的公开演说中，他代表"全德国音乐同胞"，向希特勒和戈培尔为音乐和人民能够重新像十六世纪时一样亲近的前景，致以"真挚的感谢"。他认为，他的领导职位能为他带来实现毕生愿望的权力，可以修改德国版权法，延长三十年版权期限，保证作曲家的收入更为稳定。当德国同意遵守保护版权五十年的伯尔尼公约时，他终于获胜了。但他为这场胜利斗争了许久。施特劳斯1934年在拜罗伊特向希特勒发出延长版权请求。希特勒要求宣传部采取行动，但戈培尔要求将额外二十年的版权费用支付给特别的官方基金。施特劳斯指出，纳粹在上台前就承诺五十年期限，戈培尔在这一点上无法与希特勒为敌。帮助施特劳斯对付戈培尔的是巴伐利亚司法部长汉斯·弗兰克（Hans Frank）博士。施特劳斯的反对者们喊道，这是机会主义，他只为自己的银行

---

[1]. G. Splitt, *Richard Strauss 1933–1935: Aesthetik und Musikpolitik zu Beginn der nationalsozialistischen Herrschaft* (Centaurus Verlagsgesellschaft, Pfaffenweiler, 1987), 81.

账户着想。他为作曲家同事们斗争的记录反驳了这种低劣的指控。

施特劳斯对目标的热忱令他做了许多作曲家在同样情况下做过的事——他在1933年12月3日写了一首歌曲《小溪》(*Das Bächlein*)，将它题献给戈培尔，"纪念1933年11月15日"。这曾被错误地归于歌德名下的歌曲，描写了一条小溪，歌词结尾是：

> Der mich gerufen aus dem Stein
> der, denk ich, wird mein Führer sein
> 从岩石中将我召唤出的人
> 我相信，将会成为我的向导

没有证据表明施特劳斯在世时这首歌曲的原版被上演过，但它的存在曾被当作对他不利的证据，特别是因为"我的向导"歌词重复了三次。但施特劳斯从来都不是一个会拒绝使用影射和文字游戏的人，而这次似乎也让他无法抗拒。无论如何，这是一首令人愉快的歌曲。战争期间，当人们考虑编订他的歌曲全集时，施特劳斯却要求撤回它的题献。他已在1935年4月为它配器，并把这一版本题献给维奥里卡·乌尔苏利克，"来自感谢您的《埃及的海伦》作者"。七年后她在柏林举行了首演。

施特劳斯并非唯一一个认为新政权可能有利于艺术的人。多数德国艺术工作者都对提议中的改变表示欢迎——在魏玛共和国的混乱和衰退后，情况不可能更糟了。战后被问及为何接受副局长的职位时，富特文格勒答道："因为当时我希望拥有了官方地位，能令我实现之前作为个人无法实现的目标。当时许多德国人相信，纳粹只有在所有正派人都逃避责任的情况下才能完全掌权。"[1] 纳粹选择这些国际知名的要

---

1. H.-H. Schönzeler, *Furtwängler* (London, 1990), 61.

人担任音乐分局的正副长官，大概是希望表现出他们将把音乐事务留给音乐家们自己处理。施特劳斯还认为他获得了重提他喜欢的话题的机会。其一是关于拜罗伊特《帕西法尔》的保护。另一个是针对温泉乐队（他每年"疗养"时都听）"低劣至极的节目质量"发动的斗争。他希望音乐分局能为温泉乐队推荐些"优质娱乐音乐"，并禁止让十六人的乐队"杀害"齐格弗里德《葬礼进行曲》一类的乐曲。他们可以演奏点（约翰和约瑟夫）施特劳斯、莫扎特、舒伯特和"迷人的法国和意大利作品"。毫无疑问，用心可嘉，但毫无希望。谁会愿意不再演奏《风流寡妇》中的圆舞曲（施特劳斯想要排除的"最低劣的维也纳轻歌剧垃圾"）而只为公众演奏莫扎特的嬉游曲和舒伯特的舞曲呢？（他在写给约瑟夫·格雷戈尔的信中轻蔑地提到："维也纳的阿尔方斯·罗斯柴尔德（Alphonse Rothschild）女士在一个冬天里看了三十二次某部最愚蠢的轻歌剧。我的司机和女仆安娜都宁愿看《纽伦堡的名歌手》而非《风流寡妇》，如果他们能选择的话。"）他更坚定地相信"滥用艺术作品就是盗窃民族的精神财富，必须受到惩罚"。他所指的是无良出版商的肆无忌惮。他总是说："只要像《丁香花时刻》（Lilac Time）[1]这样的东西还存在，就没人能说作曲家们真的受到了保护。"这是审视施特劳斯对其他作曲家态度的机会——相当高傲，乃至自命不凡地对其音乐不屑一顾。他喜爱小约翰·施特劳斯的音乐，但厌恶莱哈尔，认为其作曲技术很糟。这或许有些嫉妒之嫌。莱哈尔的轻歌剧非常赚钱，到处上演，甚至还在严肃作品乏人问津之时被搬上维也纳歌剧院的舞台。仅在《莎乐美》之后几天"诞生"的《风流寡妇》有可能对贯穿《玫瑰骑士》的圆舞曲产生了影响，而且达尼洛伯爵和曼德里卡之间也有相似之处。在生命的最后时刻，施特劳斯对儿媳说："我对莱哈尔不公。

---

1. 一部完全使用舒伯特音乐的轻歌剧。——译者注

我一直太不愿妥协了。"普契尼是他的另一位票房竞争者。施特劳斯声称自己从未完整看过普契尼的任何一部歌剧。克莱门斯·克劳斯称赞《波西米亚人》美妙时，施特劳斯讽刺地回应道："哈哈，非常美妙，全是旋律，全是旋律！"他对维奥里卡·乌尔苏利克说："人们都说我对普契尼有敌意。这不是真的。但我听不了他的歌剧，因为听完后我没法把旋律赶出脑中。我也不会写普契尼式的施特劳斯。"

施特劳斯还认为外国作品上演得太多了。"威尔第和普契尼的作品麻烦较少、难度较低，而我们德意志的作品对表演者和听众来说都要难得多……兴趣广泛、心地善良的德国人对有价值的外国艺术作品慷慨地欢迎，但这必须多少依外国表现出的欢迎态度而定……外国作品应该占据节目安排的三分之一，或者偶尔作为例外，一半，这比起外国给我们的机会来说还是多得多。"他说得有道理，但他忽略了公众的品位（1932至1940年间，德国最流行的五位歌剧作曲家依次为瓦格纳、威尔第、普契尼、莫扎特和洛尔青。当时最流行的歌剧是《卡门》《自由射手》和《漂泊的荷兰人》。其中唯一上榜的施特劳斯歌剧——居于末位——尽管脚本作者有犹太血统但仍幸存下来。前十五位中没有莫扎特歌剧。另一方面，从1919至1933年间，再从1933至1945年间，施特劳斯是在世作曲家中管弦乐作品最流行的那位）。在谴责施特劳斯的民族主义和沙文主义观念之前，别忘了1940年，十位英国作曲家（包括沃恩·威廉斯、班托克［Bantock］、埃塞尔·史密斯［Ethel Smyth］、约翰·艾尔兰［John Ireland］和康斯坦特·兰伯特［Constant Lanbert］）向BBC抗议，"英国作曲家需要在广播节目中占据更重要的位置"，且"每天播放的22小时严肃音乐中，有18小时安排给外国人！难以置信哪个公正的听众会认为这是当今时代对本民族音乐的充分认可"。[1]

---

1. L. Foreman, *From Parry to Britten: British Music in Letters* 1900–1945 (London, 1987), 239.

施特劳斯担任帝国音乐分局局长时的另一项计划是教育，他认为这是提升音乐接受能力最重要的因素。他反对学校和希特勒青年团"没头脑地"吼叫爱国歌曲和远足歌曲。他希望所有学生都能学习和声和乐理、演奏乐器和音乐欣赏——这些需要由音乐教师，而非教数学的业余音乐爱好者们教授。但他在1933年写了一篇名为《当代音乐教育评论》（Zeitgemässe Glossen für Erziehung zur Musik）的文章，称赞纳粹宣传和文化机构是世界第一。当这篇文章被收入施特劳斯《思考与回忆》（Betrachtungen und Erinnerungen, 1949, 1957, 1981）各版时，这一段称颂被威利·舒赫删掉了——1953年的英文版没有收录，也没有留下任何痕迹。施特劳斯大概是基于相信新政权能解决版权和多年以来他关注的其他问题而于1933年写下这段恭维，他的赞美意在通过奉承以令自己方便行事。

1934年初施特劳斯获得了第二个领导职位，即新组建的国际作曲家合作组织永久议会（Permanent Council for International Cooperation among Composers）议长。施特劳斯促成了这个各国作曲家为打破国家界限、促进音乐演出和交流的组织的成立。议会计划1935年9月在维希举行庆典。施特劳斯认为它是重中之重："为我们还未能获得在国外演出机会的作曲家们敲开通向国际道路的第一步。"

没过多久，施特劳斯就意识到他的职位带来的危险。1933年12月13日，上任音乐局局长不到一个月，他就致信给他的副手富特文格勒："法兰克福的一个文化监察禁止了德彪西《夜曲》的演出。戈培尔部长刚告诉我要直接向他汇报任何地方行政的越权行为，但我认为这几乎没有必要，因为您拥有音乐会节目的最高决定权。请书面告知施皮斯顾问，《夜曲》的演出不应遭遇障碍，马勒交响曲也是如此。"他收到委托，让他为《仲夏夜之梦》创作新的配乐以取代门德尔松原作，他吓坏了，严词拒绝了委托。1934年7月，狂热的反犹主义者尤利乌斯·施特莱歇编辑的一篇题为《理查·施特劳斯与犹太人——我们不愿相信》的文章出现在《狂怒者》(*Der Stürmer*)上。文章宣称施特劳斯正在和一个犹太脚本作家合作一部新歌剧，并攻击同意上演这部作品的德累斯顿歌剧院经理保罗·阿道夫——在今日的德国，让犹太人写歌剧台词是"不合适"的。至于施特劳斯，如果他确实和犹太人合作，那可不是什么好消息："因此，我们暂时无法相信。"施特劳斯被告知，他不能在1934年的萨尔茨堡音乐节上指挥《费德里奥》，原因是德奥政府间因7月25日两名纳粹分子暗杀奥地利首相陶尔斐斯而产生了分歧。他仅被允许在克劳斯指挥8月17日《埃莱克特拉》之前在当地停留几天。他登台谢幕，还和斯蒂芬·茨威格与布鲁诺·瓦尔特（他似乎并不记恨）散步谈话。他居住在加尔米什而非柏林，并未监督音乐局的日常事务，也没有参与制订一些法令。1934年秋，他致信给曾帮助他在版权纠纷中对抗戈培尔的尤利乌斯·科普什："10月16日我没法到柏林。无论如何，会议不会有结果。我听说关于雅利安人的政策将被收紧，《卡门》将被禁止！无论何种场合，作为创作艺术家的我不希望主动参与任何这类愚行……我的时间如此珍贵，不值得浪费在这种业余蠢事上。我那关于大规模严肃改革的提议被戈培尔否决了。"他已经意识到自己落入了陷阱。

他正忙于完成《沉默的女人》总谱。第一幕完成于1934年1月19日，第二幕完成于8月24日。3月，他和宝琳前往法国蓝色海岸，住在茹安勒潘，去蒙特卡洛指挥《阿拉贝拉》。他和5月去伦敦参加《阿拉贝拉》首演的茨威格保持联系，后者描述听众的反应"激起了相当不像英国人的热情"。6月11日施特劳斯迎来了七十大寿。他获得了德累斯顿市荣誉公民的称号，德累斯顿、柏林、慕尼黑和维也纳都举行了施特劳斯音乐周。兴登堡总统授予他德国鹰勋章，戈培尔赠给他一尊格鲁克胸像，希特勒赠给他一幅题有"带着真诚的敬意献给伟大的作曲家理查·施特劳斯"的照片。7月10日，施特劳斯为汉斯·罗斯鲍德指挥的柏林广播一场音乐会演出完成了他的第一部歌剧《贡特拉姆》的修订版（主要为删节，这一版于1940年10月29日首先由保罗·西克斯特［Paul Sixt］在魏玛搬上舞台。1942年它在柏林上演，犹太人爱丽丝·施特劳斯和戈培尔坐在听众席的同一个包厢中）。

1934年5月，第一抹乌云出现了，施特劳斯——并未意识到其全部意义——5月25日致信给茨威格："您能设想吗，宣传部某天问我是不是在为阿诺德·茨威格（Arnold Zweig, 1887—1968, 剧作家和小说家）脚本谱曲。我儿子马上说出了真相……然后我问戈培尔是否有针对您的'政治禁令'，他说没有。好吧，莫罗苏斯不会为我们带来什么问题……[1]一切缓和针对犹太人规定的努力都被这样的答案所抵消：不可能，除非外部世界停止诋毁希特勒。"他们的第一次合作快要完成时，施特劳斯已经在考虑第二次合作。1934年8月，宝琳刚动完一次手术，茨威格提议创作一部独幕剧《1648年10月24日》，背景为三十年战争的最后一日。它后来成为《和平之日》(Friedenstag)。他说，他想结合三个要素："悲剧性、英雄主义和人性，以一首歌颂国际和解和创造力之美的赞美诗结尾，但我不想把帝王搬上舞台，想让所有角色匿名。"剧情发生在被围攻的城堡中。指挥官无法继续坚守，但已发誓决不投降。他给手下将士两个选择：要么离开，要么留下和他一起炸毁城堡。他的妻子猜到了他的意图，和他一同留下。导火索正要点燃时，礼炮声和钟声响起，和平到来。敌军指挥官登场。两人怒目而视，但最终拥抱在一起。"我完全不介意，"茨威格写道，"如果您把这个创作计划转交他人……以令您免于所有该死的政治麻烦。"施特劳斯对卡斯蒂[2]的脚本《音乐第一，然后是歌词》(*Prima la musica, poi le parole*) 很是喜欢和着迷。关于这部《1648》歌剧，他

---

1. 莫罗苏斯爵士是《沉默的女人》主角。施特劳斯和茨威格总是用他的名字称呼这部歌剧。
2. Giovanni Battista Casti (1724—1803), 意大利脚本作家。——译者注

希望能引入这样的情节：指挥官的妻子和另一位军官相爱，指挥官开枪自杀。"有些太歌剧化了，我是指这个词的贬义的那一面。"茨威格回答。同时，施特劳斯说（9月21日），希特勒读过脚本后允许《沉默的女人》在德累斯顿上演。7月，他在拜罗伊特对戈培尔提起此事，对他说"这整件事太丢脸了"。

1934年10月，茨威格在伦敦写给施特劳斯的一封信有着特别的意义，因为它提到了关于这一时期施特劳斯最常被引用的轶事之一。据说托斯卡尼尼曾说："我向作曲家施特劳斯脱帽致敬。但我面对施特劳斯这个人时会重新戴上帽子。"茨威格写道："一份外国报纸讲述了一个愚蠢的故事，说托斯卡尼尼在伦敦一次为我举行的欢迎会上对您进行了挖苦诽谤。这个故事编造得如此愚蠢（它的标题是"托斯卡尼尼的帽店"），我甚至从未在伦敦遇到托斯卡尼尼；他一年来从没到过这里，当然，他也从来没说过这样的话。不幸的是，总有人喜欢把高出他们一千倍的人牵扯进这种泥潭。现在，如果您听说了这个愚蠢的谎言，我不希望您会埋怨托斯卡尼尼，我知道他从未说过这种蠢笑话，至少绝对没在我面前说过，因为他知道我对您的敬重。"这并不能证明托斯卡尼尼从未说过这句讽刺的话，但至少证明了现在仍在流传的这个说法的来源。而且即使施特劳斯对此做出了回应，也并没有留存下来。

11月去阿姆斯特丹指挥《阿拉贝拉》后，施特劳斯回到加尔米什投入他知道无法避免的例行工作。12月21日，他告知茨威格："我通过为无产阶级创作一首奥林匹克赞歌来打发降临节期间的无聊——我，所有人中最讨厌、鄙视体育的我。唉，无聊是一切罪恶之母。"这首赞歌的委托方是国家奥委会而非政府。柏林奥运会将在1936年8月1日开幕，因此施特劳斯有很多时间来完成这令他反感的任务。他为混声合唱和大型乐队基于罗伯特·卢班（Robert Lubahn）的一首诗谱曲，并分别改编为钢琴、男声合唱和人声与钢琴的形式。但他也向国家奥委会主席直言不讳地表达了自己对体育的看法，引发了后者的愤怒和足足五页的回信。最终，（当时已经丢脸的）施特劳斯在奥林匹克体育场指挥了这首作品，但应希特勒要求，他没有指挥希特勒在场的那次排练。1936年在加尔米什举行的冬奥会上，没有一个纳粹党和政府成员去拜访施特劳斯，尽管他会见了一些外国使节。

1934年11月和12月爆发了纳粹政权下的第一次政治-音乐危机，主角是保罗·欣德米特。前一年3月，他用尚未完成的同名歌剧素材创作的交响曲《画家马蒂斯》由富特文格勒指挥在柏林首演，大获成功并在德国各地上演，还推出了商业录音。欣德米特是帝国音乐局的顾问之一，因此得到戈培尔的支持，但同时又因他和犹太人的关系，遭受戈培尔对手罗森伯格的敌对；在后者的示意下，罗森伯格的喉舌，《音乐》(*Die Musik*)的编辑发起了抵制欣德米特音乐的运动，并取得了一定的成功。当富特文格勒参与进来，并于11月25日在《德意志大众日报》(*Deutsche Allgemeine Zeitung*)上发表了一篇为欣德米特辩护的文章后，戈培尔和罗森伯格谁胜谁败已经变得毫无意义。富特文格勒的目的是确保希特勒允许歌剧《画家马蒂斯》1935年在柏林举行世界首演。但富特文格勒在文章结尾对政治谴责在艺术事务中应用的危险提出了警告。这被视为对纳粹文化政策的攻击，戈培尔别无选择，只能和罗森伯格重新联手。12月6日，富特文格勒被迫辞去音乐局副局长和柏林爱乐乐团与国家歌剧院指挥的职位。1935年的大部分时间里，欣德米特的音乐都遭受冷遇。他前往英国并接受了一份土耳其的职位。但到1936年，他恢复了名誉，尽管《画家马蒂斯》直到1938年5月才得以在苏黎世首演。

施特劳斯被卷入这次事件是从12月6日，富特文格勒被免职当天戈培尔的一次演讲开始的。戈培尔没有指名富特文格勒或欣德米特，而是把无调性说成音乐上的破产。施特劳斯当时在荷兰，但他的儿子弗朗兹了解父亲对无调性作品的看法，于是起草了一封给戈培尔的庆祝电报，请施特劳斯斟酌字句后发出。果然，这封电报出现在12月11日的报纸上。施特劳斯似乎真的相信，他正在从德国音乐生活中驱除他讨厌、认为有害的元素。他此时对于音乐的最新发展，已经几乎像他父亲曾对瓦格纳、马勒、布鲁克纳，乃至自己儿子的音乐那样，充满敌视。这种态度不值得尊敬，但它是由音乐品位而非政治考量决定的。在英国和美国关注着这一切的茨威格问施特劳斯，是否应该推迟《沉默的女人》的首演，"以避免和音乐世界中这些事件（富特文格勒等）的关联……理查·施特劳斯歌剧的世界首演必然是有着最高艺术意义的**大事**，而非**事故**"。施特劳斯回复，因为希特勒和戈培尔已经批准，所以没有任何理由推迟首演。

是时候讨论一下施特劳斯的儿子弗朗兹所扮演的角色了。在一本关于第三帝国时期音乐的书中，他被描述为"热衷于炫耀党员地位的狂热纳粹分子"。[1]他从来不是纳粹党员，也没加入过任何纳粹组织，甚至从未被要求接受去纳粹化程序。[2]弗朗兹在家中被宠坏了，受到过度保护。他曾想学医，但父亲不同意。他感到很难违抗父亲强硬的个性，实际上成了施特劳斯的管家，而他的妻子爱丽丝则成了施特劳斯的秘书和档案管理员。他目睹了魏玛共和国的悲惨后果、巨额国债和高失业率。1930至1937年，他深受强人希特勒吸引。他和许多其他人（不只是德国人）一样，沉浸在时代的兴奋中。很少有人读过《我的奋斗》。1936至1938年间，反犹法律更加严厉，他自己的家人也开始受到影响，他摆脱了幼稚的理想主义。面临遭迫害的残酷现实、妻儿生命的威胁，弗朗兹幡然醒悟。1937年后，正如他的儿子克里斯蒂安对我所说的那样："人们低下头颅，希望能尽可能低调地活过这段时间。"很快弗朗兹就发现他的儿子小理查被高中开除，理查·施特劳

---

1. Kater, *The Twisted Muse: Musicians and their Music in the Third Reich*, 209.
2. 克里斯蒂安·施特劳斯以书面和口头方式向作者提供信息。

斯需要写一封求情信让小理查能够接受他熟悉的歌德和席勒的教育。1936年后，弗朗兹一直忠于妻儿，勇敢地保护他们。

讽刺的是，1935年2月，施特劳斯第一次遭受官方冷酷的拒绝。纳粹眼中理想的德国作曲家是汉斯·普菲茨纳，亲纳粹的乐评家瓦尔特·阿本德罗特（Walther Abendroth）当月推出了一本关于他的新传记。在涉及《帕莱斯特里纳》的一章中，阿本德罗特抨击了所有现代德国作曲家，其中显然也包括施特劳斯，因为他悲叹标题音乐的发展。文字极具煽动性："无论谁把汉斯·普菲茨纳音乐语言中崇高的男子气概当成禁欲主义，只能说明一点：他们腐败的耳朵从中徒劳地寻求女性化的感官享乐，并涂抹上来自其他影响他们的早已习惯的油脂的音乐麻醉剂。"这显然是在针对施特劳斯，并引发了另一名纳粹分子彼得·拉贝（Peter Raabe）在莱比锡《大众音乐杂志》（*Allgemeine Musikzeitung*）上的反驳。为感谢他的支持，施特劳斯谱写了一首歌德的短诗，来自他已选用过的"哈菲兹之书"中的"整齐的节奏"（Zugemessne Rhythmen）。他把它题献给拉贝，并一语双关地提到阿本德罗特的名字和他说过的话："来自涂抹油脂的标题音乐制造者，在女性化的十九世纪的余晖之中。"（Ein im Abendrot des femininen 19 Jahrhunderts auf klanglichen Fettpolstern duseldner Programmusiker.）诗中说，尽管一个有才能的诗人可能会喜欢已有的形式和韵律，但它们很快就成为"没有血色和意义的空洞面具"，他必须用创造性的形式取代它们。在音乐中，施特劳斯引用了勃拉姆斯《第一交响曲》的终曲旋律以代表才能。然后他引用了阿拉贝拉的"正确的"主题和《死与净化》中的思想主题代表新形式，结尾则是以《纽伦堡的名歌手》开头为基础的钢琴后奏曲。它是施特劳斯和拉贝之间私下里的玩笑，从未演出，直到1954年才（在《理查·施特劳斯年鉴》中）出版。它于1935年2月25日作于加尔米什。前一天，他还为八声部无伴奏合唱给克特的诗《闺房中的女神》（*Die Göttin im Putzzimmer*）谱了曲，而这是他最优美的合唱曲之一。几周前他曾以男低音和钢琴的形式开始了这首歌曲的创作,后来才转为合唱形式。歌词是一则关于艺术创作的寓言,是他最爱的主题,特别是它和《阿里阿德涅在纳索斯》序幕一样,混乱和喧嚣。"家中多么混乱!一片狼藉的欢场。"这是诗歌的开头,施特劳斯用错综复杂的对位描述了"小架子、堆满粉扑的小橱……哪位高强的女巫能令混沌重归和谐"?当然是创作的缪斯。而关于"突然"(plötzlich)一词,因女神已穿起"色彩缤纷的艳服"且"她周围的一切获得生机",混沌的音乐变成了大块和声的抒情长线条。魔法般的结尾显示出施特劳斯对待艺术问题的正直内心,他赞美缪斯和爱——"你们都变成……天堂之光的衣衫。"在这首杰出的小型作品中,我们初次听到了《达芙妮》和《随想曲》的痕迹。直到1952年3月2日,这首作品才由克劳斯指挥维也纳国家歌剧院合唱团首演。

[第二十二章]

离 职

1935年2月20日,施特劳斯致信给茨威格:

> 关于未来——如果我有幸能得到您的新脚本,那么请不要让任何人知道它们、知道我要为它们谱曲。谱曲完成后,我会妥善保管,直到我们都认为时间合适时再公开。如果这样的话,您会尝试为我——或许为我的遗作——写一些新东西吗?[1]

还有哪位伟大艺术家会对另一位艺术家提出比这更奇怪的要求呢?施特劳斯是认真的吗?他真的认为这种怪异的安排会有意义吗?这难道不是进一步说明他确实相信自己能够"反抗体制"吗?茨威格并不抱幻想。他2月23日的回信非常巧妙:

> 有时我觉得您并没有完全意识到——这是您的荣耀——您在历史上的伟大地位,您对自己太低估了。您所做的一切

---

1. Schuh (ed.), *A Confidential Matter*, 67.

必将产生历史意义。总有一天,您的信件、您的决定将属于全人类,就像瓦格纳和勃拉姆斯那样。因此,我认为您的人生、您的艺术中不应有秘密行为。即使我甚至缄口不提为您写作,后来人们也会发现我是在秘密行事。我认为,这会有损您的尊严。理查·施特劳斯有权把他的权利公布于众;他不应乞灵于秘密……我认为如果我创作脚本,新作品将会遇到什么样的困难:它会被当作挑衅。如我所说,一同秘密工作对我来说是在侵犯您的尊严。不过,我很高兴能为任何可能和您工作的人提供建议……我会和您提出的任何人选合作,不求名利。[1]

施特劳斯不愿放弃。三天后他写道:"如果连您都抛弃了我,那我将开始过起疾病缠身、无所事事的退休生活。相信我,没有哪个诗人能为我写出有用的脚本,即使您慷慨无私地与之'合作'。"他说,他告诉戈培尔和戈林,他已花了五十年的时间寻找脚本作家。

发现《莎乐美》是交了好运,《埃莱克特拉》为我带来了无可比拟的霍夫曼施塔尔,但在他离世后,我想我要彻底退休了。然后,我偶然(可以这么说吗?)发现了您。我不会仅仅因有一个反犹政府而放弃您。我相信这个政府不会对第二部茨威格的歌剧设置障碍、不会感到受它威胁,如果我和对我很友好的戈培尔博士商量的话。为什么要提出这种在两三年内就会自行解决的毫无必要的问题呢?[2]

---

1. Schuh (ed.), *A Confidential Matter*, 67–68.
2. 同上,68–69。

因此他再次提出秘密合作的请求。这封信表明，施特劳斯仍然认为他可以像之前对付皇帝一类的统治者那样对付纳粹。他没有意识到自己正在被戈培尔"利用"，也不知道戈培尔在他的日记中写下："不幸的是我们还需要他，但总有一天我们会有自己的音乐，而不再需要这个堕落的神经过敏者。"施特劳斯显然还相信纳粹不会掌权太久。

3月14日，茨威格再次拒绝了施特劳斯的请求，并建议他可以考虑把西班牙悲喜剧《塞莱斯蒂娜》（Celestina）当作歌剧题材。但施特劳斯4月2日又回到这个话题，这时他不得不告诉茨威格，与他第二次合作已不可能："我认为应该让部长（戈培尔）而非其他人知道因我无法找到其他脚本作家而继续秘密为茨威格的脚本谱曲，这不至于损害名誉。没有人会知道……我仅仅为我的抽屉、我的享受、我的遗产工作。"[1]还能更轻信点、更天真点吗？施特劳斯的下一封信表示出对《塞莱斯蒂娜》的微弱兴趣，如果能做出许多改动的话。茨威格很高兴，并表示："我会写一点，然后您可以交给别人继续。我想再次重复，因为我对您的敬仰，我很高兴无偿为任何人提供建议，且我的匿名能帮助为您提供有用脚本的人……与此同时，《沉默的女人》的演出会展露公众对我们合作的态度。"[2]

施特劳斯仍然坚持己见：

> 您慷慨地提出要帮助另一位作家，真是令人敬佩——您和我一样清楚，没有别人了……请别离开我，和我一起工作……没人会听到这件事——无论如何，只要戈培尔博士在位我就能受到完全的保护……您为我"写下的"绝不会"被交给其他人继续"，因为重要的并不是材料，而是这样"继

---

1. Schuh (ed.), *A Confidential Matter*, 71.
2. 同上，73–74。

续"的人。您自己也清楚。让我们忘记这些吧。"[1]

茨威格的回复非常实际。他请施特劳斯在《沉默的女人》钢琴缩编谱和总谱上写下他开始和结束这部歌剧创作的时间。"这将轻易驳斥多数愚蠢的争论,因为这将证明……您在政治局势变化开始很久之前就已经在创作这部歌剧了。这将令我们免于愚蠢的议论和猜测"。施特劳斯在手稿上写下"开始于1932年10月1日,完成于1934年10月20日"。序曲(集锦曲)的日期为"1935年1月17日"。之后他试图用曾对霍夫曼施塔尔提起过的创作计划激起茨威格的兴趣——《塞米拉米斯》——请他考虑哪些方面"能与我们的当代思想相关。现在的听众甚至不愿为海伦和梅内劳斯买账,天知道,他们已经足够现代了"。茨威格建议,他可以和当代剧作家莱内特-霍勒尼亚(Lernet-Holenia)一同创作脚本。施特劳斯"愤怒地"读了两部莱内特-霍勒尼亚的"所谓喜剧"之后评论道:"您怎能真的认为,发表这种愚蠢、毫无品位和智慧的东西的人能为我创作脚本?……不,亲爱的茨威格先生,这行不通。如果您现在抛弃我……我别无选择,只能退休。"他滔滔不绝地谈论着《塞米拉米斯》("我还想再写一部大歌剧,包括芭蕾舞曲、异教徒进行曲、战争音乐等等")。[2]

施特劳斯在基辛根的一家疗养院休养时收到了茨威格的回信,茨威格再次表示他无法"全力提供帮助"。但他提议让"我的密友之一""最好的戏剧专家"约瑟夫·格雷戈尔(Joseph Gregor)加入。关于格雷戈尔,他说,"我可以和他详细讨论每个场景的计划和执行……我相信他能成为您最好的合作者,您会知道我,作为他的友人和您的仰慕者,将带着真正的热忱参与他的工作"。施特劳斯多少还是让

---

[1]. Schuh (ed.), *A Confidential Matter*, 75-76.
[2]. 同上,79-80。

图20　施特劳斯与约瑟夫·格雷戈尔

步了。"如果您认为您能和那个好伙计格雷戈尔一同工作，我当然完全同意。"格雷戈尔1888年出生，1907年进入维也纳大学学习哲学，同时私下又随作曲家罗伯特·富克斯（Robert Fuchs）和音乐学家圭多·阿德勒学习。1910年他成为宫廷歌剧院的"制作学徒"，结识了马克斯·莱因哈特，并在柏林协助他制作了一场《浮士德》。退伍后，他于1918年到奥地利国家图书馆工作，并开始组织图书馆的戏剧部，1922年至1953年担任领导，建立起可观的收藏档案。他是一位小说家和剧作家，但他最好的文学作品是《世界戏剧史》（*Weltgeschichte des Theaters*, 1933），施特劳斯对这本书赞赏有加。

1935年春，茨威格和格雷戈尔进行了一次关于《塞米拉米斯》的长谈，格雷戈尔给施特劳斯写了一封"充满热忱的信"，施特劳斯告诉茨威格："我对格雷戈尔不像对我那久经考验的茨威格那样确信。"因此他请茨威格"积极参与"《塞米拉米斯》，让他不要忘记《1648》

和所谓的《音乐第一》。同时，茨威格提出一个关于"被尊为圣人的传奇人物"的墨西哥主题，却收到了来自巴特基辛根的指责："您可能没发觉我是多么激烈地反对基督教，我对这种真正救世主的厌恶大概和对那个白人的厌烦差不多……不，这种被动的先知和大祭司斗争、最后是可恶的科尔特兹：我觉得这不适合我……如果必须选择，我宁愿要恶魔般的塞米拉米斯，她至少还有点作为将军和国君的伟大气质。我也并非需要一直创作'甜蜜的维也纳女孩'。"[1] 5月17日，施特劳斯收到了格雷戈尔的《塞米拉米斯》脚本。他致信给茨威格："您现在应该已读过格雷戈尔的'胚胎'了。任何批评都是多余的。文献学家的幼稚童话。如果您无法从卡尔德隆的作品中为我'锻造'出一部'大歌剧'，那我只好忘记它。但我要对亲爱的格雷戈尔怎么说呢？说什么呢？请您不要抛弃我！……到此为止，请不要再给我推荐新的诗人了。"[2]

茨威格告诉格雷戈尔，他的脚本"不可行"。茨威格还最后一次对施特劳斯重申，他无法"完全公开地"为其工作，尽管，他重复道，他将一直提供建议。

> 但官方的措施并没有缓和下来，反而更加严厉。某些措施不可能不影响到人们的荣誉感，人们真心希望和感到必须希望的事被证明落空。我担心，您会自己发现文化发展将越来越走向极端……作为无法抵抗整个世界的意志或疯狂的个人，怨恨和憎恶足够了。这本身已是一种成就，几乎比写书还难。[3]

---

1. Schuh (ed.), *A Confidential Matter*, 90.
2. 同上，91-92。
3. 同上，93。

而他的出版商岛屿出版社最近告诉他,因为他是犹太人,他们无法(在合作了三十年后)继续与他合作。

施特劳斯回复:"您的信令我非常受伤。我可以理解您的担忧。但您的担忧不可能超过我的疑虑。我们都不能走上与我们的艺术意识不符的道路。我们面前只有一个要求:为人类的福祉而创作。"[1] 一周后的5月28日,他离开加尔米什去慕尼黑指挥《火荒》和《阿拉贝拉》,并参加了克纳佩茨布施即将指挥的《没有影子的女人》排练。6月2日,他在布雷根茨和茨威格会面,讨论了歌剧《1648》和"两部独幕剧"。6月12日,他抵达德累斯顿的美景酒店,准备监督《沉默的女人》的排练。次日,他带着每次听到一部作品初次奏响时洋溢的天真致信给宝琳:"亲爱的!歌剧太棒了:作品本身及其处理……它在舞台上和乐团中都进行顺利……台词无与伦比:如我之前所说,这是博马舍以来最好的喜歌剧……我希望罗森伯格和那几个与他相似的人会气炸。因身边发生的一切蠢事,我必须自我安慰。你不需要担忧:没人会对这部歌剧提出任何反对。可能对于现在这个时代来说,它太过风趣幽默了!……如果你不能亲自来看演出,那就太可惜了。如果可以的话,来看正式彩排吧。"指挥卡尔·伯姆说,施特劳斯坚持"所有人必须理解茨威格的词句"。伯姆抗议道:"博士先生,看看乐谱吧!切波塔里的话能听到吗?"施特劳斯把乐谱带回酒店,划掉双音,把 mf 改成 p,"这样每个词都能听清楚了"。[2] 他在德累斯顿收到了茨威格一封关于《塞米拉米斯》的信。施特劳斯被激怒了:"您和好伙计格雷戈尔的合作令我直起鸡皮疙瘩。您为何要坚持把一个博学的文献学家强加于我?我的脚本作家是茨威格:他不需要合作者——在昨天第一幕排练后您也可以确信这一点。您的脚本完全是一流的,每段终曲都妙极

---

1. Schuh (ed.), *A Confidential Matter*, 94.
2. Böhm, *A Life Remembered*, 80.

了……'沉默的人'7月8日将在广播中播出，不加删节。"

茨威格6月15日回信，但信已佚失。它引来了施特劳斯17日的激烈回应：

> 您15日的信令我绝望！这犹太人式的顽固！足以令人变成反犹主义者！这种族的骄傲，这抱团感！您认为我的哪一行为是出自自认为"德国人"（或许吧，谁知道）的想法呢？您认为莫扎特作曲时想着"雅利安人"吗？我只承认两种人：有才能和没有才能的。"人民"（Volk）对我来说只有成为听众时才存在。无论他们是中国人、巴伐利亚人、新西兰人还是柏林人，对我来说都毫无意义，只要他们买了全票。请不要再用那个好伙计格雷戈尔折磨我了。[1]

然后他提到了瓦尔特和托斯卡尼尼**事件**（见前文），回答了"谁告诉您我暴露了自己的政治一面"的问题，并提到作为音乐局局长的"沧桑磨难"。他以一段附言作为结束："这里的演出一定妙极了。所有人都兴高采烈。有了这一切，您让我放弃您？绝不会。"

这封信原本是要寄给在苏黎世的茨威格的。然而它被萨克森的一个盖世太保从美景酒店的邮箱中取出，寄给了萨克森州长马丁·穆奇曼（Martin Mutschmann）。接下来的几天内什么也没发生。但6月20日，文化发展办公室对纳粹文化机构的各地负责人发出了一份关于《沉默的女人》的秘密备忘录。它声称："和几乎所有的施特劳斯作品一样，它是由犹太音乐出版商费尔斯特纳出版，奥地利犹太人茨威格作词的；另外，据外国媒体所说，后者还把他的版税赠给了犹太'慈善机构'。声乐谱由犹太人菲利克斯·沃尔菲斯（Felix Wolfes）改编。

---

1. Schuh (ed.), *A Confidential Matter*, 99–100.

德累斯顿国家歌剧院的总经理阿道夫议员的妻子一家都是犹太人……国家社会主义文化机构有充分的理由和这部作品保持距离。"施特劳斯6月22日再次致信给茨威格,告诉他这部歌剧有多么好——如果茨威格能看到,他将"卸下对我来说难以理解的、毫无必要地施加在您的艺术家心灵上的一切种族的负担和政治的担忧"。他认为由扮演莫罗苏斯的弗里德里希·普拉什科(Friedrich Plaschke)、扮演阿明塔的玛丽亚·切波塔里、制作人约瑟夫·吉伦、指挥卡尔·伯姆和布景、服装莱昂哈德·范托领衔的演职人员无可挑剔。"周一将携夫人一同出席的戈培尔博士将提供政府津贴。正如您所见,邪恶的第三帝国也有好的一面……还没有关于希特勒是否出席的消息。无论如何,这部歌剧棒极了,确实完美无瑕,是一部成熟的杰作;如果我现在停止作曲,那就太可惜了。"茨威格在6月24日首演当天致信给格雷戈尔:"尽管他对排练表现得非常热情,但即使在开演的前一刻,演出仍然遭到非常强烈的反对。好心的他很快就会发现卷入政治的人最后都会如坐针毡……在那些褐衫党徒背后一定正在发生激烈的冲突。"[1]

虽然茨威格当时不可能知道,但"激烈的冲突"确实发生在正式彩排的6月22日。《火荒》《莎乐美》《埃莱克特拉》和《玫瑰骑士》首演指挥恩斯特·冯·舒赫的儿子弗里德里希·冯·舒赫是主管保罗·阿道夫领导下的萨克森国家剧院的行政负责人。阿道夫决定,节目单上不能出现茨威格的名字。总谱上的描述是:"斯蒂芬·茨威格自由改编自本·琼生。理查·施特劳斯作曲。"阿道夫将其改为"源自本·琼生的英文版",但并没有告诉施特劳斯,尽管其他人,尤其是范托曾警告他应该这么做。22日下午,施特劳斯在美景酒店和舒赫、范托还有德累斯顿的男高音迪诺·帕蒂埃拉(Tino Pattiera)一起打斯

---

1. K. Birkin, *Friedenstag and Daphne: an Interpretative Study of the Literary and Dramatic Sources of Two Operas by Richard Strauss* (New York and London, 1989), 77.

卡特牌。"突然，令牌友们惊异的是，施特劳斯毫无预兆地说：'我想看看节目单。'[1]我们不清楚是谁引发了这个问题，但嫌疑人一定是范托（几乎可以肯定范托是犹太人，但他告诉纳粹自己是个弃婴，完全不知父母是谁）。阿道夫接到电话，不情愿地同意给施特劳斯看印刷校样。收到校样后，施特劳斯的脸变得通红，宣称：'你们要这样做的话，我明天就走，演出可以在没有我的情况下进行。'然后，他亲自改回了原先的用词。第二天，国家官署召开了一次会议，我和施特劳斯都不在场。结果还是遵循了施特劳斯的愿望。"阿道夫几天后被解职。

演出获得成功。之后在美景酒店举行的晚会上，唯一到场的政府代表是希特勒的故交恩斯特·汉夫施坦格尔（Ernst Hanfstaengel）。他是巴伐利亚人，后来成为纳粹对外媒体部门的领导。他很富有，上过哈佛大学，在美国生活了十年。他弹得一手好钢琴，个性诙谐。1930年代中期，他因被认为太过温和，且曾对纳粹领导人发表过一些坦率的评论而深陷麻烦。据伯姆说，在德累斯顿的晚会上，汉夫施坦格尔"发表了关于《沉默的女人》——包括台词——价值的演说，严厉谴责了政府，以至于后来我对妻子说：'一周内，他要么被关进集中营，要么去瑞士。'不久后，他确实去了瑞士"[2]（1937年他流亡英国，战争期间在美国度过，担任罗斯福总统关于第三帝国的顾问）。

另一后果是，希特勒和戈培尔都没有参加6月24日的世界首演——"要么是故意的，"施特劳斯在这段时间的一份私人备忘录中写下，"要么是真的像官方通告所说，航班在汉堡受暴风雨所阻。州长辛克尔（Hinkel）之后在市政厅发表了热情洋溢的演说。"真是可悲，像我这样显赫的艺术家需要问一个无知的官员可以创作什么、可以上

---

1. von Schuch, *Richard Strauss, Ernst von Schuch und Dresdens Oper*, 134.
2. Böhm, *A Life Remembered*, 87.

演什么……我几乎都要嫉妒我的朋友斯蒂芬·茨威格了,因他的种族遭受迫害,他拒绝与我公开或秘密合作,因为如他所说,他不想在第三帝国中拥有任何'特权'。说实话,我不理解这种犹太人的团结,并为'艺术家'茨威格抵不过'政治潮流'而惋惜。如果我们自己不能维护艺术自由,又怎能乞怜于小酒店里的肥皂箱演说家们?《沉默的女人》似乎彻底宣告,我的创作生命已经走到了尽头。否则我还可能创作出一些并非完全没有价值的作品。"

他于7月3日写下这些词句。这种自怜的情绪,加上显然对犹太人面临的危险缺乏认识,对施特劳斯来说并不常见。德累斯顿首演后发生的事件顺序意义重大,但前人并未明确列出时间线。从他28日写给茨威格的信中可以看出,施特劳斯6月27日回到加尔米什:"今日凌晨0点30分从德累斯顿乘汽车回到家。尽管天气非常热,也并非预售票演出,第二场的观众仍然多到惊人;这次第二幕的接受度比第一场更好,非常成功……啊,您的想法多奇怪啊!我为何要不惜一切代价追求流行,也就是说,和愚民扯上关系、在随便哪个下等剧院演出?一年以来,我努力让宣传部禁止所有那些长满跳蚤的歌剧院用三十人的乐团和十五人的合唱团毁灭《罗恩格林》。"他希望大中型歌剧院能够"用作曲家希望的方式上演我们德国传统中的杰作。这需要更多津贴,通过编制更大的乐团、人数更多的合唱团、更多的布景预算等,来确保剧目的高标准和最高艺术价值的制作"。至于他自己的作品,"我不是在为乡下舞台上不到五十人的乐团或旅行剧团写作……《沉默》的困难不能以违背我要求的方式减轻。让他们努力工作吧,太懒的人最好不要碰它而是去演轻歌剧。我从来就没有那种能够写出轻易上演的作品的天赋:这是低劣的音乐家独有的才能"。他再次向茨威格询问《1648》和喜剧《音乐第一》,"但不要格雷戈尔,我绝对拒绝和他合作……茨威格的脚本,我只为茨威格名下的东西谱曲。之后一切都由我承担,求求您"。

6月26日第二场演出之后的某天，萨克森州长穆奇曼把被拦截的施特劳斯（6月17日）写给茨威格的信直接寄给了希特勒，并说："《沉默的女人》世界首演听众爆满，包括五百名受邀嘉宾；第二场演出则罕有人问津，以至于剧院免费赠票；第三场演出被取消了，据称因女主角患病。"他指的应该是切波塔里。假若真的如此——但没有相关记录——那么显然演出被取消的原因并非作品遭禁，因为穆奇曼直到原计划第三场演出之后才寄出之前被拦截的信。茨威格在7月4日写给格雷戈尔的信中提出了自己的猜测："阿道夫似乎对我们的朋友弃之不顾，"他写道，"现在似乎演出已被取消。如果S.就此和他们争辩，我不会惊讶，因为他们以一切卑劣的手段对付他，他在世界面前尝到了与他们妥协带来的悲惨后果。"

7月6日，施特劳斯前往贝希特斯加登小镇，7日和格雷戈尔见面。据他在7月10日私人备忘录上所写，同样在6日，"受宣传部书记冯克（Funk）委派，内阁顾问奥托·冯·科伊德尔（Otto von Keudell）召见了我，要求我因'健康原因'辞去帝国音乐局局长的职务。我马上遵命。"科伊德尔还带上了一份施特劳斯给茨威格的信的复本。"我不知道，我这个帝国音乐局局长还要受到国家安全部门的直接监视，也不知道，在创作了'全世界公认'的伟大作品之后，我并没有被认为是无可非议的'优秀的德国人'。但如此荒谬的事还是发生了：戈培尔部长甚至都不给我机会解释这封遭拦截的信，就辞退了我。"

《沉默的女人》还未遭禁演。7月8日的演出按原计划广播播出，我们知道，茨威格希望能听到它，但他发现因为纳粹的干扰，信号只能在萨克森境内收到。之后，它被禁止登上第三帝国的舞台。因此，可以推测它是在原计划中的第四场演出（实际上只演了三场）后遭禁的。必须指出的是，卡尔·伯姆在此期间一直不敢出头。他支持纳粹，尽管从未加入纳粹政党，但这次他显然认为保持慎重并非怯懦。歌剧后来在格拉茨、米兰、苏黎世、布拉格和罗马上演。在维也纳，

1935年12月15日和1936年1月10日由维也纳理查·施特劳斯协会赞助举行了两次"小规模"的非公开演出。茨威格没有去听任何一场演出。他在首演后两天致信给妻子：

> 现在我对德累斯顿的情况有了一些概念。只能确定一点，这座城市正受到温度奇高的热浪侵袭……关于歌剧，可以确定的是它**实在太**长了，而且难度太大，因此和我原先的构思完全相反——不是轻歌剧，反而太过充实而显得太过**压抑**。据说某些段落非常好，第一幕平衡匀称。然后它就开始令人厌烦，就像《阿拉贝拉》和《埃及的海伦》一样。他的技术仍然完美，但不再有活力。[1]

当然，这只是道听途说。

施特劳斯在关于《沉默的女人》的记录中写道，他的谱曲对于脚本是"原封不动，只字未改。我之前的歌剧没有哪部这么容易，或者让我感到如此轻松愉悦"。茨威格在《昨日的世界》(*Die Welt von Gestern*)中说，他对施特劳斯的戏剧知识深感惊讶："我从来没有见过有人能如此超然、冷静地客观对待自己……他知道作为一种艺术形式，歌剧已经完结了。瓦格纳是一座巨大的高山，无人能够超越。'但是，'他说，带着巴伐利亚式的宽厚笑容，'我得以绕开他。'"他们的合作表现出一切类似与霍夫曼施塔尔的合作的迹象，但两人关系没那么紧张，大概这也是施特劳斯如此不愿放弃合作机会的原因吧。

《沉默的女人》是另一段关于加尔米什家庭生活的片段——可爱的老人和吵闹烦人的妻子。施特劳斯还从茨威格的脚本中看出了重新

---

1. H. G. Alsberg (ed.), *Stefan and Friderike Zweig: Their Correspondence 1912–1942*, tr. Alsberg (New York, 1954).

探索《玫瑰骑士》滑稽的一面和《阿里阿德涅在纳索斯》序幕朗诵调风格的机会——它很好，但也没有作曲家说的那么好。在《沉默的女人》中十八世纪的伦敦，我们再次看到同一群歌手和演员。第一女高音阿明塔是另一位泽比内塔。让富有的因听力下降而厌恶噪音的退休老将军莫罗苏斯爵士和一个沉默的女人（最后变成泼妇）假结婚的诡计，令人想起奥克斯——当然，还有唐·帕斯夸莱。施特劳斯向他常常刻薄对待的意大利喜歌剧体裁致敬很奇怪，也相当令人感动。但他敬仰威尔第的《法尔斯塔夫》，他集锦曲式的序曲也是在间接向罗西尼致敬——当幕布升起时，出现的第一位男性角色是个理发师！脚本（在许多方面与琼生的戏剧不同）还为施特劳斯最喜欢的引用游戏提供了许多机会——引用自己、威尔第、蒙特威尔第、莫扎特、瓦格纳、韦伯等人的作品，还有《菲茨威廉维吉纳琴曲集》。[1]然而，尽管施特劳斯是在重游过去的领地，但他仍在音乐中加入了令人夺目的新鲜感，毕竟，他从未尝试过创作传统形式的喜歌剧。尽管这部歌剧太长了——但不应像卡尔·伯姆战后的演出（其一已转制为CD）那样大刀阔斧地删节——它风趣而迷人。它的亮点包括：第一幕中莫罗苏斯的侄儿亨利和妻子阿明塔（后来把自己扮作"沉默的女人提米迪亚"）的二重唱、同一幕中的七重唱、第二幕的六重唱、以及第三幕的九重唱等非常出彩的重唱；第二幕开头优雅的小步舞曲和诗意的终场，其中莫罗苏斯在幕后低八度的降D调演唱，同时亨利阿明塔在台上以高八度的降D调演唱。正如约翰·考克斯在格林德伯恩的作品中所展示的那样，女演员伊索塔和卡洛塔之间的喜剧性互动也演得很有意思。第二幕有着铃声、拍门声和火药爆炸声的"噪音"场景堪称一绝。歌剧在莫罗苏斯（像法斯塔夫一样）发现针对自己的玩笑后以温

---

1. *Fitzwilliam Virginal Book,* 十六世纪末至十七世纪初重要的英国键盘乐器文献。——译者注

馨的尾声结束，莫罗苏斯-施特劳斯满足地唱道："音乐多美妙，但它结束时才真正美妙。生活多美妙，但除非你不笨，懂得如何生活。"乐团编制多达九十五人，但大部分时间还是被当作室内管弦乐团使用。虽然并不是所有旋律的创作都达到了施特劳斯的最高水准，但它仍是一部值得搬上舞台的喜歌剧——而且可以引起共鸣。保罗·亨利·朗称施特劳斯"表面的平庸会掩盖完全不平庸的价值"，这句话对《沉默的女人》特别适用。朗还指出，其重唱部分"噩梦级的难度——难到只有最出色的技巧大师才能处理好它们"。[1]如今，大多数歌剧院都有能力应对。歌剧显然体现出施特劳斯创作时有多享受。讽刺的是，这样一部轻松愉悦、充满生活情趣的作品是在这样阴暗逼人的阴影下创作出来的。当它于1946年在德累斯顿上演时，施特劳斯致信给指挥家约瑟夫·凯尔伯特（Joseph Keilberth）："因此现在，十（十一）年后可敬的莫罗苏斯爵士被从帝国戏剧局的集中营中释放出来、重返故乡，而十二（十一）年前，我在那里为了把脚本作家的名字写上节目单而大费周章。"这对茨威格来说太晚了，1942年2月，他在六十岁时和妻子一同在巴西自杀。他在遗言中希望朋友们"能够看见曙光。太没耐心的我先走一步了"。

---

1. P. H. Láng, *Critic at the Opera* (New York, 1971), 261–262.

[第二十三章]

与格雷戈尔合作

被免去帝国音乐局局长的职位对施特劳斯的打击只是令他突然发觉自己暴露了。他支持一个犹太人,而他现已因此失去了纳粹的信任,这将对爱丽丝和她的孩子们有什么影响呢?心中充满畏惧的施特劳斯马上致信给希特勒解释,他6月17日写给茨威格的信中"不经思考的话"是在"心情恶劣时"随手写下的,这些话不代表他的世界观,也并非他的真心。"我的整个人生都贡献给了德国音乐和对提升德国文化的不懈努力。我从未参与政治活动、也从未表达过我的政治观点。因此我相信您,德国社会生活的伟大建筑师能够理解我……我将在有生之年仅仅追求最纯粹、最理想的目标……我请求您,我的领袖,能屈尊亲自和我进行一次私人会谈。"这是一种屈辱可耻的奴颜婢膝,没有其他解释。这位老人确实被吓住了。但希特勒无视了他的请求。

在关于这些事件的私人备忘录中,施特劳斯承认,他做局长时改善德国音乐生活的努力毫无成效。没人就指挥和经理的人选咨询过他。他的预算计划被忽视了。"我的职位从来不过是毫无意义的标签,为我带来的只有国外的敌意和攻击,却并没有给我带来能够为德国戏剧和音乐实施任何决定性措施的满足感。我出于德国文化良知的一切请愿都石沉大海。他们一直在重组,但毫无成果。"接替他的是纳粹党成员彼得·拉贝，他更为活跃，参加了许多音乐局的会议，对法令施加影响。但并不是拉贝，而是宣传部的汉斯·辛克尔于1935年9月发布了第三帝国官方第一批禁演曲目的名单。1936年6月，戈培尔和拉贝因全德意志音乐节曲目选择问题发生争执后，就开始逐渐削减音乐局的权力。音乐局成为官方的橡皮图章。值得赞赏的是，拉贝和1938年的堕落音乐（Entartete Musik）展完全保持距离，拒绝去参观。

施特劳斯有可能是因为感到沮丧而自己辞去了职务。但同样有可能的是，即使没有那封写给茨威格的信，戈培尔也会找个借口让他下台。戈培尔已经意识到把职位交给一个在许多方面过于专断的人是个错误——他不会同意针对犹太作曲家的法令也不会同意放逐欣德米特——而且他在执行戈培尔的命令时不够无情。例如，施特劳斯曾建议他不应把欣德米特逐出帝国音乐局。

至少在这场危机中，施特劳斯没有丧失他的幽默感。1935年12月12日，他收到了一份官方调查问卷以确定他作为作曲家的品行。他用打字机打出了所有答案，除了最后一题要求列举两名能够证明他的作风的作曲家。施特劳斯提笔写道："莫扎特和理奇·瓦格纳。"

施特劳斯用工作治愈一切伤痛，但在1935年7月，他手头没有任何可写的东西。8月，他曾承诺为科隆男声合唱协会指挥欧根·帕普斯特（Eugen Papst）创作三首基于吕克特的诗谱曲的作品，并于8月完成了前两首，10月完成了第三首。它们于1936年4月5日首演，由被题献人指挥，每首歌曲都被听众要求返场。《三首男声合唱》（*Drei Männerchöre,* o.Op. 123）近乎杰作。前两首歌曲显然涉及到了施特劳斯个人的困境。音乐中有着自从母亲患病以来困扰着他的"阴暗思想"。在轻快的第三首歌曲中，它们消散了。施特劳斯的男声合唱作品鲜为人知，但值得探索。7月7日，施特劳斯在贝希特斯加登与格雷戈尔的会面由茨威格促成，目的是为建立某种工作关系奠定基础。格雷戈尔带来了六份脚本草稿，施特劳斯选中了三份。其中两份后来成为《和平之日》（《1648》）和《达芙妮》。关于第三份脚本两人说法不一：格雷戈尔说是《达妮埃的爱情》，但施特劳斯予以否认。它很有可能是《塞米拉米斯》。施特劳斯焦急地催促《1648年10月24日》（当时仍被这么称呼）的创作，邀请格雷戈尔自7月30日起去加尔米什居住，以便开始创作。格雷戈尔在那里致信给勋伯格："在加尔米什的工作很困难，自然，这并非这位本性完全正直且因这次个人接触令我越来越珍视尊敬的老绅士自己的错。相反，问题主要源于他周围的人。"显然他和宝琳或弗朗兹与爱丽丝发生了冲突。茨威格建议他"做些笔记，因为我们确实必须认识到大师是一位历史伟人，在某种程度上，我们有责任将我们对他的印象保存下来。"

格雷戈尔于8月15日回到维也纳时已完成了后来成为《和平之日》和《达芙妮》的脚本初稿。他马上开始修订前者，并把新版寄给施特劳斯，后者在8月24日承认它"有了巨大的进步"。在取得进一步的进展之前，施特劳斯于9月前往维希参加国际作曲家合作组织永久议会的第一次音乐节。施特劳斯努力为音乐节做准备，上演了包括几个月前刚去世的保罗·杜卡斯在内的犹太作曲家的作品。施特劳斯指挥了他的歌剧《阿里亚娜和蓝胡子》（*Ariane et Barbe-bleue*）与交响诗《小巫师》。德国驻法大使拒绝参加音乐节。施特劳斯致信给留在家中的宝琳："开化的法国确实令人得以休息。"

施特劳斯从一开始就不喜欢和格雷戈尔合作。他对茨威格的退出很是不满，但仍坚持他在脚本上质疑的一切都要转交茨威格看过。10月6日他致信给格雷戈尔：

> 我刚看完了《和平之日》（现在的版本）的第二部分。
> 我不认为我能为它谱写音乐，这里面没有真实的人物：指挥官和他的妻子——全部不食人间烟火。霍尔施泰纳（敌方指

挥官）登台那一整场的结构都是错的，两个指挥官的对话毫无戏剧性。这就像两个中小学老师以三十年战争为题的高谈阔论。

10月31日，他又对茨威格提出了大致相同的观点：

> 我不觉得这是我期望中的音乐。总之，整个主题有些太平庸了——士兵、战争、饥馑、中世纪的英雄主义、同归于尽——这不太适合我，无论我多么努力。我们的朋友无疑很有天赋，但他缺乏那种不太寻常的高超的创造力和思想。这在他的《达芙妮》中特别明显，吸引人的要旨完全没有展现出来。太冗长了，一本正经的废话，无法集中于一点，毫无扣人心弦的人性冲突……我是在蒂罗尔寄出这封信的，希望您若寄信给我，信不要越过德国边界，因为所有信件都会被拆开。请署名为亨利·莫罗苏斯；我会署名罗伯特·斯托尔赫（《间奏曲》中代表施特劳斯本人的角色）。

11月20日，施特劳斯告诉格雷戈尔他正"勤奋工作"。1936年1月13日，作品草稿完成。6月16日，总谱完成。配器完成之前的六个月期间，施特劳斯在国外进行了一次长时间的旅行演出。2月他去热那亚指挥了《阿拉贝拉》，又去米兰指挥了《沉默的女人》意大利首演。他计划从那里前往安特卫普，皇家弗兰芒歌剧院将上演他的一些歌剧。他还打算乘车通过里维埃拉前往蒙特卡洛，再沿法国东部北上。在施特劳斯离开米兰之前，希特勒于3月7日无视《凡尔赛条约》重占莱茵兰地区。法国政治家们要求军事行动，军方则希望克制。战争传言四起。比利时的反德情绪高涨，安特卫普官方希望取消施特劳斯音乐季：《阿里阿德涅在纳索斯》的首场演出确实被取消了。但没人敢联系施特劳斯，而后者此时还不知道马奇诺防线上的法国士兵为何惊讶地盯着他的慕尼黑车牌。他在完全不知道欧洲陷入危机的情况下抵达了安特卫普。[1]安特卫普市长卡米尔·于斯曼（Camille Huysmans）决定音乐节照常举行。正如施特劳斯对宝琳所说:"《阿里阿德涅在纳索斯》……仍将于今天（3月25日）上演，因为我周一以《莎乐美》大获成功，票被销售一空。周日在安特卫普最富有的人家中举行了奢华的五十人晚宴；整个城市的显贵全部出席。我为我的一些歌曲弹了伴奏。周二在市政厅将举行正式的欢迎仪式，市长将用**德语**演讲，闻所未闻！"

于斯曼和市议会举行了欢迎仪式。施特劳斯是两次世界大战期间唯一一位在这里获得荣誉市民称号的德国人。施特劳斯对于斯曼演说的即席回应提到所有优秀欧洲人都应具有的人性："正如歌德创造了世界文学的概念，我们应该相信有一天音乐能够团结世界上的伟大心灵。"他对宝琳详述：

> 毫不夸张地说，我完全通过我自己、我的作品、我的指挥和我的表现为德国获得了一次成功。媒体赞不绝口。我希望能有其他德国艺术家像我一样——在这样的时刻、在充满敌意的外国。我值得接受宣传部的最高勋章。在五十年后，我仍将作为德国音乐的先锋昂首挺胸！

但宣传部要求德国媒体不可报道这位失去纳粹政府信任的作曲家的成功。在比利时期间，施特劳斯前往根特和布鲁日的画廊，花了很长时

---

1. 施特劳斯3月8日在米兰、3月17日在第戎写给宝琳的信中并没有提到这一危机，而假如他已听说，应该会提到——特别有效地展现出1936年广播新闻的缺乏，并显示出施特劳斯离家时没有读报的习惯。

间细细研究梅姆灵和凡·艾克的画作。1944年的黑暗时刻,他在维也纳对一位朋友说:"1936年的比利时!那真是一个值得生活的世界。"

格雷戈尔1935年7月寄给施特劳斯的另一份脚本草稿是《达芙妮》。虽然后者表示"非常欣赏"它(9月15日信),但十天后他又告诉可怜的格雷戈尔,他读得越多,就越不满意:"您仍然一直沉迷于您自己的想法。"格雷戈尔写作时,卡尔·伯姆也在加尔米什。他和施特劳斯坐在室外的躺椅上,而在施特劳斯书房内工作的格雷戈尔写出的一页页手稿由弗朗兹·施特劳斯带给他们。"施特劳斯先读一遍,然后交给我,"伯姆回忆,"然后,简直让我难以置信的事情发生了,可以说令我亲身经历了创作的过程。纸页的边缘已经写下了——我要重复,他只读了一遍——节奏细节,通常还有调性,而且如果涉及多个角色,甚至还有对音乐形式的精确标识。施特劳斯的创作过程比起我阅读文本的速度似乎慢不了多少。"[1]

很快,施特劳斯对脚本草稿的批评开始了。格雷戈尔根据阿波罗追求皮尼奥斯和盖亚的女儿、山林女神达芙妮的希腊神话改编了这个故事。盖亚救下了达芙妮,把她摄去克里特岛,并召唤出一株月桂树替代了她,阿波罗用它的树叶编织成花环戴在头上作为慰藉。觊觎达芙妮很久的阿波罗想杀害他的情敌琉喀浦斯,于是提议山林仙女们裸体沐浴以确保她们中间没有混入男人。结果琉喀浦斯被发现并被撕成了碎片。在歌剧中,琉喀浦斯对达芙妮的爱没能获得回报,因为她毫无情欲。阿波罗扮成放牛郎来到村子里。他追求达芙妮,但她躲避了他热情的吻。琉喀浦斯按达芙妮女仆的建议男扮女装去参加酒神节。他和达芙妮跳舞,但阿波罗揭穿了他的伪装并杀死了他。达芙妮拒绝跟阿波罗走,阿波罗请求宙斯实现达芙妮的愿望。在月光下,她变成

---

1. E. Krause, 'The Singing Laurel Tree' in *Richard Strauss-Blätter* No. 3 (Vienna, 1972), 43.

了一株月桂树。

"宙斯的猪倌形象不好，"施特劳斯9月15日表示反对，"像是失败的沃坦。"十天后他又说："完全没有阿波罗、琉喀浦斯和达芙妮之间的宏大冲突……结局需要暴烈得多，不需要完全肤浅的宙斯那种说教式的废话。简而言之，这种现在连荷马都模仿不好的东西在剧院里连一百个观众都吸引不了。"可怜的格雷戈尔。他深受打击，过了两周才回复。施特劳斯知道自己太过分了，指出他的苛刻并不意味着他认为不能创作出一部"可爱的独幕剧"。格雷戈尔太敬畏施特劳斯了，无法抵御他常常高高在上、盛气凌人的批评。霍夫曼施塔尔知道辩论能激发施特劳斯正面的创作回应，而格雷戈尔担心会引发争端。在10月31日写给茨威格的最后一封信中，施特劳斯感叹格雷戈尔的无能，最后一次徒劳地请求："即使是现在，**您**也不给我写一部新作品吗？"

在施特劳斯创作《和平之日》时，格雷戈尔与茨威格合作重写了《达芙妮》。施特劳斯和格雷戈尔于12月11日在慕尼黑会面，之后是更多的修改。第一场改头换面，按照茨威格的建议加入了达芙妮开场时的一大段独白。1月中旬，脚本获得通过，施特劳斯的兴趣被完全激发出来，开始详细严谨地审视台词："用来凑字数的肤浅多余的词语必须删去，还有以'在其中'和'在期间'开头的附属从句——您明白我的意思吗？还请您不要感到厌烦。"1936年1月，施特劳斯开始起草《达芙妮》；2月初，他为格雷戈尔试奏了《和平之日》，后者狂喜地形容，终场比贝多芬第九的终曲"更简洁、更纪念碑般、更激动人心"。施特劳斯什么也没说。1936年2月中旬到4月7日，施特劳斯在意大利（洛塔尔·瓦勒施泰因正在米兰制作《阿拉贝拉》）——他在这段时间内想尽可能多地离开德国。他在出国期间和格雷戈尔保持着密切的联系，但他已开始和克莱门斯·克劳斯与瓦勒施泰因讨论这部歌剧，这令格雷戈尔十分烦恼，并在4月的一封信中对茨威格表示："我已经按照他和瓦勒施泰因的讨论结果改写了——突然一切又都要按照克莱门斯·克劳斯的意见重新来过。"格雷戈尔几乎需要因财务原因暂停《达芙妮》的工作——他正在写的一本书以便更快地为他带来收入。听说此事之后，施特劳斯预先支付了他的版税，就像之前对《和平之日》所做的那样。施特劳斯一直在修改《达芙妮》第一首咏叹调的歌词。他越来越关注《达芙妮》的心理象征主义。这对他来说已经开始具有自传性的含义了。他在思索达芙妮通过阿波罗之光离开她不理解的人类世界的黑暗时，认识到这是他自己对纳粹的态度。他越来越远离尘世，隐入作曲就是一切的加尔米什田园生活。只要去参观施特劳斯的加尔米什别墅，就能感到他在那里是多么与世隔绝。"施特劳斯博士，世界和您在加尔米什的书房中设想的非常不同。"戈培尔曾对他说。他越来越自视为伟大德意志艺术传统最后的守护者和倡导者，延续德意志文明对古希腊的敬仰和他自己对歌德与尼采的崇敬。1936年3月，他问格雷戈尔："达芙妮不能代表着自然本身的人类象征吗，处于阿波罗和狄奥尼索斯两位神祇、艺术的对立要素之间？她有预感，但无法理解；只有通过死亡，她才能成为永恒艺术作品的象征。她能够再次成长为完美的月桂树吗？"强调这种尼采式的象征时，施特劳斯将达芙妮父亲皮尼奥斯的角色视为他自己的另一幅音乐肖像——他的女儿象征着他对艺术成就的理想，一生为艺术奉献的标志。霍夫曼施塔尔会多么欣赏这些啊！

4月初，克劳斯的影响力进一步增强。施特劳斯致信给格雷戈尔："我和克莱门斯·克劳斯都认为……琉喀浦斯的男扮女装不应被修改……关于达芙妮、阿波罗和琉喀浦斯之间的最后对抗——他的死……她被两人背叛了，'兄弟'阿波罗和'姐妹'琉喀浦斯！她无法再活下去，因为狄奥尼索斯的酒令她背叛了自己的本性。在此神发现了将她化为月桂树的美妙，令他纯洁、令她满足！您喜欢吗？"似乎一切顺利。达芙妮变成月桂树发生在合唱终曲和皮尼奥斯的长咏叹调之前。写给格雷戈尔的信在4月中旬后停止了。《和平之日》的总谱完成于6月16日，题献给"我的朋友维奥里卡·乌尔苏利克和克莱门斯·克劳斯"。他已经准备好全身心投入《达芙妮》缩编谱的写作。8月他还要去柏林指挥《奥林匹克颂歌》。11月，他前往伦敦，5日在阿德里安·鲍尔特指挥《查拉图斯特拉如是说》的音乐会之前，皇家音乐学院院长休·艾伦（Hugh Allen）爵士授予了他皇家爱乐协会金质奖章。次日晚，施特劳斯在科文特花园指挥德累斯顿国家歌剧团上演《阿里阿德涅在纳索斯》。他还指挥德累斯顿管弦乐团在音乐会上演奏了莫扎特和施特劳斯的作品。乐团中的小提琴手、后来成为指挥的阿图尔·特罗贝尔回忆道："不知为何，在演奏莫扎特的《G小调交响曲》时出现了严重的不稳定。从作曲家的手势中可以看出，他也和我们一样紧张起来。不过，英国人几乎像南欧人一样一直热情地鼓掌。理查·施特劳斯在这次伦敦访问期间大概有些心烦意乱，因为在德国大使（里宾特洛甫）举行的欢迎会上，他在演说中称赞了乐团成员，然后举杯为'他心爱的维也纳爱乐'干杯。一位同事及时喊道'我们是德累斯顿人！'大家都笑起来。"[1]

在伦敦期间，施特劳斯重新认识了原为富特文格勒在柏林的秘书、时任比彻姆秘书的贝尔塔·盖斯马尔（Berta Geissmar）。她在1933年后严厉批判施特劳斯未能尽到职责，在科文特花园与他会面时，她也打算这么做。"但我犹豫了，"她写道。"我必须承认，我完全被他的个人魅力迷住了。"[2] 人们在施特劳斯的作品中不常读到这种品质，但它一定深深影响了伊丽莎白·舒曼、玛丽亚·耶里查和维奥里卡·乌尔苏利克。

1937年春，施特劳斯告诉克劳斯，他无法在《达芙妮》终曲的创作中取得进展。克劳斯回复："我告诉他，让人们走上舞台对着变形后

---

1. Tröber, 'Strauss-Erinnerungen eines Dresdener Kammermusikers', 1–6.
2. B. Geissmar, *The Baton and the Jackboot* (London, 1944), 230.

图 21 在奥林匹克体育场排练《奥林匹克颂歌》，柏林，1936 年

的树唱歌的想法很荒谬。人们围绕着变形后的树,这样的场景和达芙妮毫无关系,只是一种剧场效果。"5月12日,施特劳斯把克劳斯的解决方案转述给格雷戈尔:

> 我们都同意,在阿波罗的告别歌曲之后,除了达芙妮,舞台上不应有别人——没有皮尼奥斯、没有独唱歌手、没有合唱。总之,没有清唱剧……在阿波罗最后的倾诉过程中,震惊的达芙妮渐渐把目光从琉喀浦斯的尸体上抬起,因神准备离开,她也想追上他,但走了几步就停了下来,好像是在地上生根了一般。此时,清晰可见,在月光下,她的变形奇迹般地缓慢生效——但**只有乐团**……在最后,树完全展现时,她应该无词歌唱——作为自然的声音,再唱出八小节的月桂树动机!

格雷戈尔5月28日对茨威格抱怨道:"我煞费苦心地试图说服施特劳斯,我们原计划中的《达芙妮》结尾要好得多。他的反对意见总是一样的:'谁来唱?显然只有男女声合唱!'"格雷戈尔一直认为《和平之日》和《达芙妮》是一个整体,应该作为二联剧在一个晚上演出。施特劳斯大概是因为意识到这种想法并不现实,从未在通信中对此发表过评论。两部作品原先都以合唱赞歌结束,但克劳斯的想法令这种联系中断了。

《达芙妮》已大致成形,但还未全部完成,施特劳斯在1936年夏天就已开始构思他的下一部歌剧。格雷戈尔重提《塞米拉米斯》和《塞莱斯蒂娜》。施特劳斯并不考虑和格雷戈尔合作《塞米拉米斯》,而《塞莱斯蒂娜》则是悲剧结尾。"《达芙妮》后我真的想写些高兴的东西!悲剧已经足够了。"和往常一样,对于对比的渴望和需求。此时,他的朋友、瑞士乐评家和音乐学家威利·舒赫寄来了一封信。别

图22 "家庭交响曲":施特劳斯与儿子弗朗兹和孙子小理查与克里斯蒂安

忘了,1920年4月霍夫曼施塔尔曾寄给施特劳斯一部"三幕轻松小品,非常接近轻歌剧"的大纲,名为《达妮埃,或权宜婚姻》(*Danae, oder die Vernunftheirat*)。施特劳斯当时正忙于《间奏曲》和维也纳歌剧院的工作,所以把它暂时搁置,直到1933年,霍夫曼施塔尔全集的出版商要求将它发表在名为《科罗娜》(*Corona*)的期刊上。舒赫寄给他的就是这份期刊。施特劳斯很高兴,让格雷戈尔读它。碰巧,格雷戈尔在他们刚开始合作时就交给施特劳斯一份《达妮埃》的剧情,但施特劳斯已经不记得了。格雷戈尔仍在坚持《塞莱斯蒂娜》,但施特劳斯只想要霍夫曼施塔尔的《达妮埃》。格雷戈尔在其中加入了他自己的一些剧情,但施特劳斯马上发现了,弃之不用——太沉重、太学究、太怪诞。"您又一次想走得太远,但这个题材不适合。"奥伯的《魔鬼兄弟》,轻盈松快——这才应该是格雷戈尔的榜样。还有一次,施特劳斯带格雷戈尔去看博尔盖塞别墅中科雷吉欧的画作《达妮埃》。"我寻求的就是这种轻盈、欢乐的感觉。"他说。

1937年，施特劳斯在法兰克福和慕尼黑度过了几周。当时克劳斯已在慕尼黑歌剧院担任音乐事务总监，鲁道夫·哈特曼担任首席制作人，这让施特劳斯非常高兴。1937年，克劳斯指挥了《玫瑰骑士》《莎乐美》和《阿里阿德涅在纳索斯》。歌手阵容包括乌尔苏利克、汉斯·霍特、希尔德加德·兰查克（Hildegarde Ranczak）、路德维希·韦伯（Ludwig Weber）、格奥尔格·汉（Georg Hann）、阿德勒·科恩（Adele Kern）、尤利乌斯·帕查克（Julius Patzak）和托尔斯滕·拉尔夫（Torsten Ralf）。施特劳斯本想参加1937年9月在他心爱的巴黎举行的世界博览会，但他在夏末生病了。1937年10月至1938年4月，他在意大利度过，唯一的烦扰是听到爱丽丝说他十一岁的孙子小理查因其犹太血统在加尔米什的学校中被同学殴打。1935年7月下台后，施特劳斯仍遭纳粹利用，在1936年奥运会开幕式上被塑造成德国音乐的伟大人物。因此，他觉得自己能够把小理查的事告知某些纳粹高官，甚至希特勒。后来，法令规定小理查和他六岁的弟弟克里斯蒂安应被视为雅利安人，但不可入党、参军或担任公职。他们的祖父，不管在同纳粹的猫鼠游戏中付出了多大代价，总算保护了他们的安全。但这并不容易。在1938年11月9日至10日的水晶之夜大屠杀中，加尔米什的纳粹党计划逮捕爱丽丝，但她当时不在那里（她躲在施特劳斯一家的密友杜塞尔多夫弗里茨·罗恩［Fritz Lönne］医生的妇科诊所里）。小理查和克里斯蒂安再次被殴打、被带到加尔米什的广场上，被迫对聚集在那里的犹太人吐唾沫。而爱丽丝回家时，个人证件遭到没收。此外，从1938年在柏林出版的一本官方图书《德国人，两百幅图片与传记》中可以看出纳粹对施特劳斯冷酷的真实态度。书中列举了1914—1918年第一次世界大战结束前德国人生活中的重要人物。施特劳斯被忽略了。

1937年11月9日，施特劳斯在西西里岛的陶尔米纳完成了《达芙妮》的缩编谱，并在圣诞夜完成了总谱。几周后，他在旅馆的劣质钢琴上为格雷戈里试奏。格雷戈里再次对结尾大加赞美。"得了吧，"尴尬的施特劳斯说，"这只是《女武神》中的魔火音乐，音符不同而已。"回到德国后，也许是出于感激也许是受到强迫，5月28日，他在宣传部于杜塞尔多夫组织的第一次帝国音乐节（Reichsmusiktage）上指挥了自己的作品。5月早些时候，他在加尔米什为维也纳舒伯特协会成立五十周年创作了另一首无伴奏男声合唱曲（o.Op.124），基于安东·维尔德甘斯（Anton Wildgans）的诗歌《通过孤独、通过荒野的森林》(*Durch Einsamkeiten, durch waldwild Geheg*) 谱曲而成。和他1935年谱写的两首吕克特诗歌一样，它谈到对死亡的渴望："一位船夫等待着我，将我的小船划入宁静之地，总是拒绝而总是渴望的：和平"。这样的歌词对于周年纪念来说太奇怪了。

1938年3月14日，希特勒在狂热气氛中驱车抵达维也纳。德奥合并后，在四天内反犹法律就已生效。格雷戈尔并非犹太人，但他担心纳粹知道他和茨威格的友谊。他在国家图书馆的职位受到威胁。纳粹让他对自己能否加入帝国作家局提心吊胆——如果他不能加入，他的书就无法出版。潜在的接替者名单开始流传。1938年6月27日，他致信给施特劳斯求助：

> 您可以想象我现在有多么绝望。长久以来，这'达摩克利斯之剑'一直悬在我的头顶。德雷维斯博士（海因兹·德雷维斯[Heinz Drewes]博士，第三帝国文化部部长）的最后一封信中提到，一切都已决定好了，但我发现什么也没有改变……他们在柏林追究我多年前的行为！我非常、非常担忧地再次请求您，尊敬的博士先生，请帮帮我……原谅我用我的忧心烦扰您，但这对我太重要了，不然我就不会打扰您了。无论您能做些什么，请接受一名同事可怜而卑微的感谢。

施特劳斯是否施以援手不得而知，但格雷戈尔在1939年春天被允许加入作家局。

克莱门斯·克劳斯请求施特劳斯让他担任《和平之日》首演的指挥。这完全可以说是作曲家对指挥家的信任宣言，因为施特劳斯有生以来第一次让他的歌剧在慕尼黑首演，而他自《贡特拉姆》在当地遭受冷遇后发誓绝不再这么做。1938年7月24日首演时，《和平之日》与贝多芬的《普罗米修斯的创造》同台演出，霍特扮演指挥官、乌尔苏利克扮演玛丽亚、路德维希·韦伯扮演荷尔斯泰因指挥官。由彼得·安德斯（Peter Anders）扮演的男高音角色皮德蒙特士兵非常动人地唱出了他的思乡之情。1938年的德国观众面对的是怎样一部的作品啊，如果纳粹知道它在很大程度上是由茨威格创作的，那它一定会被禁演的。施特劳斯的反对者们仍然坚持认为这部歌剧是为纳粹宣传，考虑到剧情出自茨威格，这种言论不值得被认真对待。确实，纳粹或许会欣赏一个不愿完全遵守上命、宁愿牺牲也不愿投降受辱的指挥官，但这只是歌剧的其中一面。它显然传达出反战思想，倾向于和平调解。当它于1995年在德累斯顿上演时，节目单中并排出现了茨威格和格雷戈尔的名字。

《和平之日》是施特劳斯最严肃的歌剧，只有一位重要的女性角色。它因苍凉阴郁的情绪在施特劳斯的歌剧中独树一帜。尽管施特劳斯内心相信军国主义和反军国主义并非他的"菜"，但是音乐的真诚毋庸置疑。最抒情的两个片段是皮德蒙特意大利青年的民歌和玛丽亚的大型咏叹调。最动人的段落则是阴暗、绝望、带有马勒《第六交响曲》中《葬礼进行曲》式固定低音的开场合唱，以及挨饿的市民们恸哭着"饥饿"和"面包"的憔悴音乐。指挥官回顾马格德堡战役，问两个士兵是否愿意和他一起牺牲的咏叹调因其民歌风格同样效果出色。施特劳斯敏锐的戏剧感体现在城堡等待着新一轮的进攻，然而和平钟声响起的场景。荷尔斯泰因的军队到达时，伴随着以路德宗众赞歌《上帝是我们坚定的堡垒》作为低音的冷酷的进行曲——施特劳斯显然希望借此谴责人类战争中的宗教层面。但贝多芬《费德里奥》的巨大阴影笼罩着《和平之日》。深爱丈夫的妻子、囚徒（市民们）合唱、关键时刻的号角召唤、宣告和平与友好的结尾C大调颂歌——相似之处多得难以将之视为偶然。施特劳斯在终曲合唱中无法和贝多芬一样达到狂喜境界，它不过是修辞式的，而非慷慨的宣言或狂热的传道。不过，《和平之日》也有自己的价值，尽管它在施特劳斯歌剧中属于二流水准，但绝不至于微不足道，而且进一步证明了他的多才多艺。在慕尼黑首演后，它于1938年在德累斯顿、格拉茨、布雷斯劳、卡塞尔、马格德堡、卡尔斯鲁厄、奥尔登堡和柯尼斯堡上演，圣诞节还在柯尼斯堡上演。1939年，它在十四座城市首演，包括柏林（3月8日）和维也纳（6月10日）。维也纳首演时正值施特劳斯的七十五岁生日，希特勒出席了首演，这表明施特劳斯不再被视为不受欢迎之人。希特勒和霍特进行了一次长谈，问他《托斯卡》中斯卡皮亚的音调对他来说是不是太高了（"第二幕中那个降G音？"）。希特勒还说他希望能在慕尼黑建立一座新歌剧院。1940年1月，《和平之日》同一天在罗斯托克和威尼斯首演。之后它就在德国和奥地利的剧院中消失了，直到1950年在格拉茨重演，但1949年巴黎和布鲁塞尔都举行了演出。在维也纳的生日欢迎会上，施特劳斯试图讨好新上任的维也纳市长巴尔杜·冯·希拉赫（Baldur von Schirach）。纳粹逮捕了施特劳斯的密友、工业家曼弗雷德·莫特纳·马克霍夫。施特劳斯对希拉赫说，他的生日愿望就是释放莫特纳·马克霍夫——"无论如何，他被逮捕一定是个错误。"他的愿望实现了。

　　1938年10月15日，格雷戈尔理想中《和平之日》与《达芙妮》同台上演的计划在德累斯顿实现了，指挥是被题献人卡尔·伯姆。就在1937年圣诞节之前，伯姆收到了施特劳斯寄来的一张明信片，上面画着贝尼尼的达芙妮雕像。作曲家写道："我的《达芙妮》进行顺利。

如果我把它作为圣诞礼物赠给您，您会高兴吗？"伯姆回答："多傻的问题！"在德累斯顿的正式彩排上，宝琳吻了伯姆，说道："我可不会再吻您了，您流了太多汗。"在她丈夫的所有歌剧中，《达芙妮》是她最喜爱的那一部。伯姆说，他绝不会再在同一晚指挥这两部歌剧。尽管如此，1938—1939乐季，二联剧在德国和奥地利还是上演了十九场。扮演达芙妮的是玛格丽特·特歇马赫尔（Margarete Teschemacher，按照施特劳斯的构思，她穿着根据波蒂切利的《春》制作的戏服），托尔斯滕·拉尔夫扮演阿波罗。

《达芙妮》绝对属于施特劳斯歌剧中的一流水准。与《阿里阿德涅在纳索斯》序幕相同，他一开始对它也完全不感兴趣，但在创作过程中逐渐受主题吸引。它标志着他的风格的新发展，他的所谓"小阳春"的开始（尽管《达芙妮》的源头——田园风的双簧管开头主题——可以追溯到《闺房中的女神》）。我们已经了解到这部作品在他1930年代的孤独境遇中对他的意义、它的尼采式暗示、当然还有他对希腊神话题材的着迷。但人们对《达芙妮》的兴趣缓慢而稳定增长的原因在于音乐的抒情之美、主角女高音演唱的旋律线条（声乐线条完全和器乐一样灵活多变）、令作品有着近乎透明织体的清越和声、两位男高音（琉喀浦斯和阿波罗）的精巧音乐。同《莎乐美》与《埃莱克特拉》一样，《达芙妮》几乎是一部声乐音诗，使用了壮观的拱形结构。音乐中有大量精彩的声乐片段——酒神狄奥尼索斯的宴会、阿波罗-达芙妮在他们接吻时神秘的阴暗和声达到高潮的爱情二重唱、达芙妮对琉喀浦斯的哀悼——但乐团升F大调的最终变形场景是清晰的器乐谱曲的绝佳范例，而这在他生命最后十年的音乐中占统治地位。它听上去轻松自如而流畅，但指挥家奥特玛尔·绥特纳（Otmar Suitner）认为管弦乐谱曲细节和重唱的困难程度远超施特劳斯的其他歌剧。《达芙妮》显然是第一部由年迈而忧虑的、内心渴望逃避、追求理想艺术作品，摒弃世俗世界的施特劳斯带来的作品。

[第二十四章]

达妮埃与马德莱娜

整个1938年,施特劳斯和格雷戈尔都在忙于创作当时还被称为《弥达斯与达妮埃》的脚本。和往常一样,施特劳斯在修订霍夫曼施塔尔交给他的作为轻歌剧的大纲时扮演了重要角色——正如《埃及的海伦》!歌剧的最终形式以波鲁克斯国王说他正在寻找一个有钱人来追求他的女儿达妮埃并打发走他的债权人开始。世界上最富有的人——利底亚国王弥达斯已经表现出了对达妮埃的兴趣,正在前来。达妮埃梦到自己被一场金雨像爱人一样拥抱,她只对能够给她带来梦中金雨的追求者有兴趣。弥达斯抵达,但自称克里索菲尔,说自己是来为弥达斯的到来提前做准备的。他们去港口等待他——由朱庇特假扮的弥达斯。达妮埃认出这就是梦中的爱人。四名正在装饰达妮埃婚床的妇人认出了朱庇特——他曾以不同的伪装先后和她们发生过关系。他发现她们已到中年,并担忧达妮埃会受弥达斯/克里索菲尔的吸引。他警告弥达斯,如果他试图追求达妮埃,就会回到原本赶驴人的生活。四名妇人告诉达妮埃她们之前与朱庇特的风流韵事,建议她追求克里索菲尔。但克里索菲尔告诉她自己其实是弥达斯,并把她房间里的东西变成了黄金以作证明。他们拥抱在一起,突然响起雷声,达妮埃被变成一座金像。朱庇特让雕像在弥达斯和他之间做出选择,她选择了弥达斯,重获生命。接下来,她和弥达斯出现在荒野中。他失去了点金手,向达妮埃解释,朱庇特在她父亲的使者带着她的肖像抵达利底亚时取代了他的位置。达妮埃受到感动,忘掉了她对黄金的梦想,记起她选择的是与弥达斯的贫穷生活,而非与朱庇特的奢侈生活。墨丘利登场并告诉朱庇特,奥林匹斯山上的所有神,特别是他的妻子朱诺,都在嘲笑他无法赢得达妮埃。朱庇特向四名妇人告别。波鲁克斯和债权人因各种理由都憎恨朱庇特,墨丘利建议他可以用一场金雨来安抚他们,然后再去找弥达斯和达妮埃。最后一幕发生在弥达斯的小屋中,达妮埃歌唱着她的欢乐。朱庇特登场,试图引发她的不满,但最终承认了自己的失败。

施特劳斯在1937年初就拒绝了格雷戈尔的第一份大纲:"对我来说远远算不上轻松……为什么朱庇特**不是直接以点金手弥达斯的形态**出现在穷困而又如此热爱黄金的达妮埃面前,就像他以公牛、天鹅等形态出现在其他情人面前一样呢?必须明确地指出,在其他方面全能的朱庇特唯独对他更强大的配偶赫拉怕得不行(就像沃坦一样)。因此,他必须变成赫拉没法马上认出的形态才能出现在情人面前。"诸如此类。"它丢失了霍夫曼施塔尔那种简单寓言的全部效果,也就是说,达妮埃的拜金症被治好了,她最后满足于贫穷的赶驴人。"格雷戈尔建议的一切都被否决了。完全太沉重了。"听听卡鲁索演唱多尼采蒂《爱之甘醇》咏叹调的录音吧("偷洒一滴泪"[Una furtive lagrima]),"他劝戒道,"我爱这首曲子。《达妮埃》必须像这样才行!"歌剧原计划为两幕。后来克莱门斯·克劳斯指出,第二幕终曲的结尾不够完美。他说,歌剧"是一场关于朱庇特完全失败的冒险,无法通过……让他回到奥林匹斯、让他的雷电被偷走来结尾——这会让天神变成一个荒唐的角色"。因此加上了弥达斯小屋中的第三幕,这部分解释了音乐中的角色们为何在更抒情的这一幕中有如此巨大的转变。1938年6月,施特劳斯开始投入开头场景的创作。在此过程中,他发现了越来越多的问题。"朱庇特和弥达斯的关系完全不清楚……

朱庇特在第一幕结尾为何能以朱庇特-弥达斯的形态出现呢？所有人都能看出他是朱庇特，而**不是**弥达斯？"克莱门斯·克劳斯解决了这最后一幕的问题。当格雷戈尔按照克劳斯的修改重写之后，施特劳斯完全拒绝了他的草稿。对话太高深了，他再也不想读到"心爱的"（Geliebter）一词了。格雷戈尔非常沮丧，他好几周都无法写作，也没有参加《达芙妮》的首演。但施特劳斯安慰了他，新的终场终于写成。他此时已完全着迷于朱庇特的角色：在前两幕中遭到嘲讽后，朱庇特最终成为一幅仁慈的自画像、进一步象征了施特劳斯对于自己在纳粹德国的艺术家地位的态度。"关于歌剧结尾，"他写道，"我需要一段朱庇特优美的告别演说，就像《纽伦堡的名歌手》结尾汉斯·萨克斯那样。内容：快乐地隐退。"两个月后他又说："现在，他已经回到了舒适的活动领域，再次掌管他所创造的美丽世界的事务，并因他成功地在人们心中制造出甚至无法进入他自己梦境的珍宝而欣喜，在它面前，他的一切力量、黄金的一切魔力都毫无作用……'我爱我自己'一语可以和——如果您记得——莎乐美的叠句'我要施洗约翰的头！'一样。这类东西在歌剧中一直效果不错！您不需要限制规模。如果它包含真正的智慧和魅力的诗意，那么就算再多，我也一定配合！对于遗作来说，百无禁忌。"施特劳斯相信《达妮埃的爱情》——乌尔苏利克提议的标题——在他生前不会上演，而且他也会尽力阻止它上演。脚本最终完成后，他继续作曲。他愉悦地致信给格雷戈尔："真心感谢、祝贺。您的所有付出都获得了精彩的回报。我非常高兴。"

1939年伊始，他的第一个任务是在1月3日，也就是完成《达妮埃》第一幕缩编谱的三天前，受市政厅委约，为一部关于慕尼黑文化遗产的电影短片创作一首四分钟的应景圆舞曲（Gelegenheitswalzer），题为《慕尼黑》（München, o.Op.125）。而在电影拍摄完成后，希特勒和戈培尔又禁止它公开上映，他们计划在慕尼黑建造一些宏伟的新建筑，包括重修国家剧院，因此不希望在这之前赞颂它的文化历史。施特劳斯似乎对此并不清楚，也不知道慕尼黑市长允许电影5月24日在摄影棚非公开放映，同时卡尔·爱伦堡（Carl Ehrenberg）指挥一支大型室内乐队演奏施特劳斯的圆舞曲。圆舞曲于1940年3月14日在慕尼黑公开首演，由奥斯瓦尔德·卡巴斯塔（Oswald Kabasta）指挥。这件事施特劳斯一定也没听说，因为在1949年把手稿交给巴伐利亚市政图书馆时，他称它"从未出版或上演过"。关于此事见后文详述。

《达妮埃》第二幕缩编谱完成于2月2日，第三幕完成于3月21日。6月，他的七十五岁生日即将来临，德国音乐家们准备庆祝。庆典音乐周在柏林（一位名叫赫伯特·冯·卡拉扬的年轻指挥家指挥了《莎乐美》）、慕尼黑和德累斯顿举行。可能正是这个时候的德雷斯顿，在伯姆指挥的一次《埃莱克特拉》排练中，施特劳斯在相认场景时紧紧握住伯姆夫人的手不愿松开。她在结束后问他为什么，他回答："我几乎要忘记我写过它了。"[1] 但最重要的庆祝活动发生在远离帝国政治中心的维也纳。维也纳爱乐乐团的经理和前乐手奥托·施特拉塞尔在回忆录中描述了施特劳斯指挥的生日音乐会。它以《资产阶级绅士》组曲开始。就在这里，施特劳斯称它"可以说是用左手写的"。然后施特劳斯十一岁的孙子小理查在《玫瑰骑士》终场二重唱的改编中演奏了长笛。"很好，"他的祖父评论道，"但没有节奏感，和多数长笛手一样。"最后一首作品是《家庭交响曲》。施特拉塞尔和伯姆都描述了施特劳斯如何在他们演奏主题的时候转身望向包厢里的妻子和儿子。施特拉塞尔描述了音乐会末尾狂热欢呼后的情景："我在舞台出口处见到他时，他突然丢掉指挥棒，冲进休息室，坐下来，沮丧地低声说：'现在一切都结束了。'然后开始伤心地哭泣。我深受触动，又不知道该做些什么。他是一个如此享受生活的人——他是在这样无可比拟的时

---

1. Böhm, *A Life Remembered,* 81.

刻想起了人生的终点吗？过了一会儿，他的儿子来了，搂住父亲。他逐渐平静下来，一切都恢复正常。"施特劳斯难得地抛下了他的面具，重要的是，这是由《家庭交响曲》，他最个人化的管弦乐曲引发的。是什么"都结束了"呢？大概是他们在其中如此舒适、如此与世隔绝地生活的世界吧。

但第二天他重新回到过去的那个他，前往德累斯顿指挥《阿拉贝拉》。工作仍然是他最好的解药，尽管他还在为《达妮埃的爱情》配器（第一幕完成于1939年9月7日，当时他正在巴登一个靠近苏黎世的瑞士水疗中心），但是已经开始和格雷戈尔商讨下一个创作计划。在《达芙妮》的工作完成后，格雷戈尔给施特劳斯寄去许多作品大纲——歌剧或芭蕾舞剧，但是都遭到了拒绝。然后，施特劳斯想起了茨威格给他的最后一个建议，吉安巴蒂斯塔·卡斯蒂神父的脚本《音乐第一，然后是歌词》。格雷戈尔对它没什么灵感。茨威格在大英图书馆中偶然发现了它。它曾被萨列里谱曲，1786年时在美泉宫与莫扎特的《剧院经理》同场演出，情节轻松，讲述了一位作曲家和一位诗人应赞助人伯爵的要求为两名歌手（其一是赞助人的情妇）的一场戏创作台词和音乐的故事。施特劳斯告诉茨威格，他的想法是关于古老问题的"一种对话方式的讨论"：歌剧中是音乐还是台词更重要？1933年，他在《阿拉贝拉》排练时就已和克莱门斯·克劳斯讨论过此事，这个问题一直萦绕在他的脑海中。1935年，茨威格决定不再和施特劳斯公开合作，同年6月与格雷戈尔会面时，他为后者写了一份大纲，让他交给作曲家："一群喜剧演员来到一个封建贵族的城堡。他们落入了微妙的境地。一位诗人和一位音乐家争相博取女主人的欢心，而她自己也不知道要选择哪一个。"1935年夏天，格雷戈尔很快据此情节写了一份纲要寄去加尔米什，但除了因作者不是茨威格而引起的愤怒，没有得到任何回应。它被忽视了四年，直到1939年3月，施特劳斯才重拾这一构思。格雷戈尔写了一个新版本。"和我的想法完全不同。"施特劳斯回复。如此继续了六个月,格雷戈尔越来越沮丧,施特劳斯越来越暴躁。施特劳斯把格雷戈尔最新的草稿给克劳斯看,后者的批评非常严厉。施特劳斯认为它"太抒情和诗意了"。他想要的是:"理智的戏剧,有深度的幽默。我真的不想再写歌剧了,但想要用卡斯蒂写出一些完全特别的东西,给予巧妙的戏剧处理、像是戏剧的赋格(甚至是好伙计老威尔第也在《法尔斯塔夫》结尾求助于赋格!)。想想贝多芬的四重奏赋格(Op. 130的原终曲)——这是老年人用以自娱的东西。"1939年10月,施特劳斯给格雷戈尔寄去了他的详细概要,包括了《随想曲》现今版本中的大部分特征。五天后,他在加尔米什和克劳斯与鲁道夫·哈特曼就此讨论了一整天,然后克劳斯写下了一份大纲。之后施特劳斯、格雷戈尔和克劳斯分别写了第一场的一部分对话。如果说这么做是为了证实格雷戈尔不适合这份工作,那确实挺成功。克劳斯建议施特劳斯抛弃格雷戈尔,跟他说自己决定像创作《间奏曲》时那样创作脚本。10月28日,施特劳斯感谢格雷戈尔付出的努力,但"我现在想自己碰碰运气"。

在施特劳斯的概要中,城堡由年轻的伯爵和女伯爵共同所有,他们可能是一对双胞胎。在第一场中,诗人朗诵他献给女伯爵生日的诗篇;第二场中,剧院经理(就像莱因哈特一样)带来了两个意大利歌剧歌手。五场中的第三场,剧院经理、意大利歌手、一个弦乐四重奏乐队、一位女演员、年轻的伯爵、女伯爵和她的追求者诗人和音乐家全部登场。所有人都提出他们对歌词和音乐的看法,音乐家即兴为诗人的诗歌谱曲,最终决定让诗人和音乐家合作一部歌剧在女伯爵生日时演出。结尾时女伯爵独自现身,唱起音乐家的歌曲。施特劳斯在这一大纲上添加细节。歌剧将以弦乐四重奏的行板开始。人们饮茶,开始讨论戏剧:女伯爵受音乐打动,但因她无法理解的感情而心烦意乱。伯爵称赞话剧。女伯爵喜欢诗歌但也并非完全满意。剧院经理说,什么诗人和音乐家,都不如漂亮的姑娘和服饰重要;诗人和音乐家应该提供人们离开剧院时能够哼唱的流行曲调。五个仆人（代表公众）讨论他们听到的内容。还有一段场面宏大的争吵重唱，由此最终决定让诗人和音乐家合作歌剧。"最后，以和解为结局……女伯爵将作出最后的判断。"

这就是后来的《随想曲》的大致情节。施特劳斯开始把"知识分子"的符号变得有血有肉。地点安排在大革命（1770—1789年），之前不久的巴黎附近的一个法国城堡。女伯爵是"一个开明的二十七岁法国女人，比起她的兄弟，对待爱情态度更为自由，美学观念也更为严肃，还是戏剧的哲学之友和艺术爱好者。在此，这部小作品的情节和内容的内在含义将涌现出来，引起公众的兴趣，令他们愿意跟随戏剧讨论……也就是说，关于女伯爵的**感情问题**必须和关于歌词**与**音乐、歌词**或**音乐的艺术问题同时进行。因此，她对诗人和音乐家有着同样的同情，但方式不同。"现在时机成熟，克劳斯在施特劳斯的密切协助下开始为另一部歌剧——可能是《达妮埃》时长四十五分钟的开场戏创作脚本。

但仍有《达妮埃的爱情》需要完成。希特勒于1939年9月1日入侵波兰、3日英国对德国宣战，施特劳斯正在巴登的瑞士温泉水疗中心。他于11月7日完成了第一幕的总谱，11月20日完成了第二幕的总谱。这完全颠覆了他的正常日程。他总是说自己只能在温暖的夏日作曲。他习惯于把配器这种"杂活"留到冬天。而此时的他变得如此焦虑，尽一切可能遁入他的创作世界，甚至克服了对冬天工作的反感。在准备开始下一部作品之时，他生了场小病。他暂时搁置《达妮埃》以完成——一开始不太情愿接受的——日本政府为纪念大日本帝国成立两千六百（实为虚构）年而委托创作的作品。法国、意大利、英国（本杰明·布里顿）和匈牙利的作曲家也收到委托，施特劳斯明白，如果他接下这个来自希特勒的德国友好势力的委托，与保护爱丽丝和孩子们付出的努力并不冲突。酬金是一万帝国马克，并不算丰厚。他

图23 《随想曲》排练时的施特莱斯与克莱门斯·克劳斯

创作了一首单乐章作品,分为"海景""樱花节""火山爆发""武士攻击"和"天皇颂歌"等部分。日本寺庙大锣的使用增添了地方色彩。对于能写出"阿尔卑斯暴风雨"的作曲家来说,火山爆发也不成问题。作品使用了编制庞大的乐团。他应该又是用左手写的,但依然利用他如同第二天性般的精巧技艺,没费太多力气就于1940年4月22日完成了他的Op. 84。首演于1940年12月14日在东京歌舞伎厅举行,由曾任汉堡歌剧院合唱指挥的赫尔穆特·菲尔默尔（Helmut Fellmer）指挥。第二天又重演了这场还有皮泽蒂（Pizzetti）、伊贝尔（Ibert）和桑多尔·维莱斯（Sándor Veress）作品的音乐会。作品的欧洲首演于1941年10月27日在斯图加特举行，由赫尔曼·阿尔伯特（Hermann Albert）指挥。完成委约任务后，施特劳斯于1940年6月28日完成了《达妮埃的爱情》。作为"休息放松"，他在7月3日至8月2日间为自己的布伦塔诺歌曲，Op. 68中的五首配器——《爱神》（Amor）、《我想扎一个花束》、《当我听到你的歌声》、《致夜晚》（An die Nacht）和《颤动吧，亲爱的爱神木！》。他把《爱神》的这一版本题献给阿德勒·科恩，她接替伊丽莎白·舒曼扮演施特劳斯较轻松的作品中的角色。舒曼已经退出施特劳斯的生活。1933年她和卡尔·阿尔文离婚后，支持阿尔文的施特劳斯夫妇和她绝交。她在加尔米什附近山中散步时曾遇到过施特劳斯。他简短礼貌地向她致意，仅此而已。在创作《随想曲》期间，克劳斯对他提起自己曾于1923年2月在维也纳指挥作为芭蕾舞剧演出的库普兰的《舞蹈组曲》。难道不能为新的芭蕾舞剧《逝去的节日》（*Verklungene Feste*）添加一些新的音乐吗？施特劳斯在1940年9月和10月增加了六段新音乐，芭蕾舞剧于1941年4月5日在慕尼黑首演。1941年9月，施特劳斯选择了十七首库普兰的小品，编成了他那八个乐章的《嬉游曲》（*Divertimenton*, Op. 86）。

施特劳斯此时将《随想曲》视为他歌剧生涯的简短尾声。他认为《达妮埃的爱情》将会是他的最后一部大型歌剧，并且至少要等战争结束两年后才能上演。"也就是说，"他致信给格雷戈尔，"在我死后。这是需要让我的灵魂安息的时长。"但他承诺无论首演何时举行，都会交给克劳斯；他还允许接替犹太人费尔斯特纳为他出版作品的约翰内斯·奥尔特尔（Johannes Oertel）印刷总谱。他收到校样后，寄给克劳斯校对。克劳斯马上请求在萨尔茨堡音乐节上演出。"您真的认为，"施特劳斯问他，"如此困难艰深的《达妮埃》在节日音乐厅的骑术学校马棚里的演出,在视觉和听觉上可行吗?"他仍然坚持"战争结束后两年"的期限,又说:"《没有影子的女人》至今仍因在上次战争结束不久后就被太快搬上德国剧院舞台而遭受不公。即使是第二次在德累斯顿的演出(当时)也是个灾难。"不过,1942年秋,施特劳斯妥协了,同意在萨尔茨堡首演。克劳斯告诉他,自己准备在1944年指挥,"以庆祝您的八十大寿"。

1939年底、1940年整年和1941年的前八个月,施特劳斯一直在创作《随想曲》——当时还不是这个名字。克劳斯创作了与现今歌剧情节几乎无异的大纲,然后和施特劳斯一起开始打磨脚本的细节,直到1941年1月完成。作品的关键时刻是作曲家为诗人的一首十四行诗谱曲,这大大激怒了诗人。诗人说,他已不再清楚十四行诗属于自己还是作曲家。女伯爵说,它属于我,无论是否喜欢,你们的名字将永远被它联系在一起。施特劳斯和克劳斯希望能找到一首这一时期的"真正的"十四行诗,他们请年轻的指挥家、在慕尼黑为克劳斯做文学顾问的汉斯·斯瓦洛夫斯基(Hans Swarowsky)帮忙找一首。后者发现1774年时法国诗人并不创作爱情十四行诗,于是选择了皮埃尔·德龙萨(Pierre de Ronsard,1524—1585)的《我不能爱你》(*Je ne sçaurois aimer que vous*)并译成德语。施特劳斯开心地马上(1939年11月2日)将它谱成与歌剧版相去甚远的人声与钢琴的歌曲。

原先不过是符号的角色们此时被安上了姓名——除了从未透露过名字的伯爵。伯爵夫人叫马德莱娜,剧院经理叫拉·罗什,音乐家叫弗拉芒,诗人叫奥利维耶,女演员叫克莱隆(这个人物真实存在:克莱尔·莱格里·德·拉图德[Claire Legris de Latude],被称为克莱隆夫人)。她现在成了奥利维耶的旧情人。更多的情感纠葛!在排演奥利维耶创作的以十四行诗为结尾的戏剧时,出了差错,因为提词员——陶普(Taupe,法语中意为鼹鼠)睡着了。开头的音乐最初是五重奏,后来改成六重奏。拉·罗什和他资助保护的芭蕾舞者,与两名意大利喜剧演员——唱了一首梅塔斯塔西奥作词的咏叹调的女高音和男高音一同登场。施特劳斯因此得以重复他在《资产阶级绅士》、库普兰舞曲和《玫瑰骑士》中意大利咏叹调的成功。在舞蹈和歌唱中，合作者还插入了施特劳斯的"戏剧赋格"，由主要角色讨论"歌词与音乐"的话题。拉·罗什随后透露了他为庆祝女主人即将到来的生日而制定的奢华计划。但其他人嗤之以鼻。老掉牙的货色，弗拉芒说，这引发了争吵重唱。

然后，拉·罗什唱出了他对制作人角色的精妙阐述。我们在其中听到了施特劳斯自己的声音。"我们父辈的艺术依靠我的信念。我保护旧作品，耐心等待硕果累累的新作品、期待我们这个时代天才的作品！哪里有能够直击人们心灵的作品呢？反映他们灵魂的作品呢？它们在哪？我找不到，无论多么努力。我只能看到苍白的唯美主义者，他们嘲笑旧的，却又做不出新的。"他难道不是在对慕尼黑听众说这些话吗："你们的大声反对永远不会吓住我……就算抛下面罩，欢迎你们的也是鬼脸，而非人格的尊严！你们厌恶这些下流的行为，但又无法与它们分离。因你们的沉默，你们同样负罪。不要对着我愤愤不平地喊叫。"拉·罗什的演说令女伯爵委约她的两位互为情敌的追求者合作一部歌剧。她已经告诉弗拉芒，她将于第二天早上11点在图书馆里向他透露她的选择。此时，家中的晚会结束，人们将回巴黎，她的管家送来奥利维耶的口信：他第二天11点也会来图书馆问她希望歌剧如何结束。

在按照自己的精确要求完成大纲和脚本时，施特劳斯为自己提供了一个以最成熟、最风趣、最抒情的方式展现自己天赋的完美途径。在整部歌剧中，我们可以感受到，他并非沉溺放纵，而是在享受自我。就像《梯尔·奥伦施皮格尔的恶作剧》一样，《随想曲》也在完美的交响平衡中无可比拟地充分混合了诗意和幽默。他的配器不能更贴切了，总谱本身就是一部将影射、引用和微妙之处结合在一起的杰作。施特劳斯通过引用这一体裁的间接历史围绕着歌剧的象征、他美妙的女高音杰作——女伯爵来颂扬歌剧女神。没有哪个作曲家能在引用和自我引用方面超过他，这部作品引用了格鲁克、拉莫、皮钦尼、库普兰、莫扎特、瓦格纳（《特里斯坦与伊索尔德》和《纽伦堡的名歌手》）、威尔第和他自己的作品。它回响着他过去的歌剧的回声，完全是各种歌剧风格的片段汇集，但又绝非二手货色，因为创意从未消失。他将歌剧设计为十三场，每一场都直接与下一场相连，其中有一场以丰富的幻想和创新令人想起《堂吉诃德》。从头至尾，丰富的乐句和旋律相互缠绕形成毫无缝隙的织体，巧妙地进入听众的意识。

施特劳斯设计了作品中最妙的剧情转变。女伯爵委托创作歌剧时，最初的想法是用《达芙妮》。但克劳斯指出，他们的作品早已超出了开场戏的范畴。因此，施特劳斯建议可以让伯爵提议写一部"关于今天下午发生的事"的歌剧——戏中戏，镜像效果。是不是"镜子"一词令施特劳斯产生了他所有作品中最具灵感的自我引用的构思？在《随想曲》的所有旋律中，最好的就是代表歌剧本身的那段。二十多年前的1918年，在讽刺声乐套曲《店主的镜子》中，他在第八首歌曲中为钢琴创作了一段长而复杂的前奏旋律（在最后的第十二首歌曲中再现）。据说施特劳斯忘记了这段旋律，他的儿子弗朗兹对他提起，说它太美丽了，不应该被埋没在并未公开发行的声乐套曲中。要说是施特劳斯忘了它，这不太可能，因为他对音乐的记忆力极为惊人，不管是对自己的还是对别人的音乐。当女伯爵说"戏剧为我们展示真实。它是我们从中发现自我的魔镜（Zauberspiegel）"时，旋律最初从管弦乐的织体中生成。在"镜"一词处，1918年的旋律出现。它直到几页后才完全展现——在施特劳斯最心爱的乐器，圆号上——当时伯爵唱着"歌剧是荒谬的"并开始嘲弄歌剧惯例——"谋杀计划在歌曲中酝酿……自杀在音乐中发生"。因此，施特劳斯使用这段旋律同时强调歌剧展现真实和荒谬的魔力。这种矛盾在《店主的镜子》中也有所体现。在套曲第八首中，歌词"艺术受商人威胁，这就是问题。他们为音乐带来死亡，为自己带来净化。"这句唱词前后都有这段旋律。在最后一首歌曲中，它在歌词"奥伦施皮格尔"（意为"猫头鹰-镜子"）处再现，此时歌手质问谁将停止商人们的恶行，并答道"有个人找到了恶作剧的方式——梯尔·奥伦施皮格尔"。我们会发现，这段旋律是梯尔主要动机的升华版。

当伯爵夫人最后在月光下登场时，正是这段圆号、弦乐和竖琴的旋律，使剧院充满了美妙的音响。对于他最可爱、最吸引人的女主角——她和兄弟的斗嘴和对追求者温柔的嘲弄同样动人——施特劳斯写下的音乐，正如他自己所说，是他无法重复的遗言。他设计了魔法般的场景，一开始是仆人们评论当天事件的谐谑风八重唱，然后是刚睡醒、被男管家照顾的提词员陶普先生的朦胧片段："这不过是一场梦吗？我真的醒了吗？"此时，黄昏笼罩了乐池中发出的音响。在最后一场中，女伯爵望着镜子，试图解决困境："你的心在说什么呢？……你，镜子，让我看到一个受爱情折磨的马德莱娜——啊，请给我建议。帮我找到我们歌剧的结尾——能不能是一个并不平凡的结局？"施特劳斯，音乐中无与伦比的恶作剧诗人，随后呈示了他的同情无可争议的所在。因为歌剧最后的台词简直平凡到不能再平凡："小姐，您的晚餐准备好了。"但这句话配上的是令人难忘的动人、抒情的乐句，由管弦乐延长，是作曲家弗拉芒"创作"的六重奏的一个动机的变形。魔镜给出了回应。

因此，这部歌剧本身就是一种镜像。我们是在看施特劳斯的歌剧，还是同时也在看弗拉芒的？女伯爵能给出答案吗，还是会像罗德尼·米尔纳斯（Rodney Milnes）打趣的那样，"第二天11点，她不会出现在图书馆，而是会在花园深处修剪杂乱的荚蒾"？[1]

---

1. R. Milnes, 'A Comedy of Mirrors'（格林德伯恩节目单，1990），160。

[第二十五章]

《随想曲》之后

1940年7月，施特劳斯已经写完了《随想曲》的六重唱和到拉·罗什第一句台词为止的第一场。总谱完成于1941年8月3日。他告诉克劳斯，他"想要为我们亲爱的朋友（乌尔苏利克）让最后一场的配器特别美妙"。施特劳斯和克劳斯来回交换了好几轮关于标题的意见。施特劳斯的一个想法是《词或曲？》（*Wort oder Ton?*），副标题是"剧院赋格"（*Theatralische Fuge*）。克劳斯1940年12月6日提议《随想曲》。施特劳斯不是特别支持，但最后还是同意了。副标题定为"剧院喜剧"（*Theoretische Komödie*），直到克劳斯再次突发奇想——"一部音乐对话小品"（*ein Konversationsstück für Musik*）。它被采纳了。克劳斯说它会"驳斥所有关于这部作品没有明显情节的反对意见……因为它证明了我们的原意就是创作这样一部作品"。这一次，与《达妮埃的爱情》不同，施特劳斯完全没有阻止作品上演意思，但他也有自己的担心。"切勿忘记，"他告诉克劳斯，"我们的《随想曲》并非为广大公众创作的，它也不应在只有三分之一台词能被理解的大型歌剧院上演。"他将歌剧描述为"为文化美食家创作的精致小点，音乐并不丰盛——无论如何，如果公众不喜欢这部剧的脚本，那音乐也不足以满足他们脚本的胃口……我并不相信它会有通常意义上的戏剧效果"。克劳斯则对完成的歌剧非常欣赏，开始对施特劳斯提出下一次合作的计划。原来，总是不满足的人是施特劳斯——"您有新东西给我吗？"这是他在将要完成一部歌剧时不断向脚本作家提出的要求——但这次他的想法不同。7月28日，完成《随想曲》的六天前，他致信给克劳斯："关于新歌剧，当然'考虑一下'是很愉快的事。但您真的相信在《随想曲》，或'赋格'或'缪斯'或'缪斯马德莱娜'或'爱情诗缪斯'之后……还能有更好，哪怕是同样好的东西吗？这降D大调难道不是为我的戏剧生涯所作出的最好的总结吗？总之，一个人只能留下一封遗书！"

他们享受与彼此合作。有一次，施特劳斯在加尔米什为克劳斯弹奏了他刚写的一些音乐。克劳斯建议作出一处改动，他们就此争辩，分别弹奏自己喜欢的版本。宝琳走进房间，随口说了句"克劳斯弹得更好"。施特劳斯让步了。

毋庸置疑，施特劳斯尊敬克劳斯的人格和音乐，尽管有人怀疑他是否有时被指挥家要求他修改作品的强烈欲望所激怒——他想让《达芙妮》成为全本长度的歌剧、他想修改《间奏曲》、他实现了《阿拉贝拉》和《埃及的海伦》的重大修订。1942年，施特劳斯对自己选定的传记作家威利·舒赫指出："克劳斯对他的脚本非常自豪，直到今天我都非常愿意把著作权归于他，至少如果他宣布这是他的作品，我也不会说什么。对于他为我和我的作品付出的其他巨大努力，我将继续不发表评论——不过，在传记中需要一些谨慎的短小陈述，比如说指出主要构思大部分出自我，台词非常精巧的结构（某几场的全部）主要出自克劳斯。"这是不是也带着点恶意？（总谱的扉页上，作者是"克莱门斯·克劳斯和理查·施特劳斯"。）

上文中有一句重要的话——"他为我付出的其他巨大努力"，指的是音乐之外的方面。克劳斯当时在德国炙手可热。希特勒支持他1937年接管慕尼黑。但他从未加入纳粹，反而帮助许多受迫害的犹太人逃亡。罗森伯格对希特勒报告克劳斯"意识形态上并不可靠"。克劳斯对施特劳斯音乐的热爱确保了他的作品能一直在德国和奥地利演出，尽管作曲家已经不被当局信任。施特劳斯对舒赫所说的话无疑表明，克劳斯是保护施特劳斯一家免受纳粹统治者迫害的重要原因之一。1942年2月，施特劳斯和其他作曲家被召去柏林见戈培尔，因为他在写给同事们的信中贬低莱哈尔，还说"戈培尔博士无权干涉"。戈培尔对他强调，他的处境岌岌可危。在场的作曲家之一维尔纳·埃克（Werner Egk）描述施特劳斯被单独叫去面见戈培尔。其他人听到戈培尔对他咆哮。随后他们也被召入。戈培尔大声朗读施特劳斯写给他们的信，对他喊道："安静！您根本不知道您是什么人，也不知道我是什么人。您胆敢把莱哈尔说成街头音乐家。莱哈尔有人民大众，您没有。马上停止您关于严肃音乐重要性的空头大话。您，施特劳斯先生，属于过去！"脸色惨白的施特劳斯离开了房间。有人听到他低声说："我应该听妻子的，留在加尔米什。"这是戈培尔被施特劳斯关于德国音乐生活的其他书面表达激怒的顶峰。"我在施特劳斯的耳边就他那傲慢无礼的信轻声说了几句甜蜜的空话，"他在1941年的日记中写道，"下次我会让他好好想想。"

因此，施特劳斯能留在维也纳，弗朗兹、爱丽丝和两个孩子住在他美景宫的住宅中，也就并不令人惊讶了。1941年12月，他在那里指挥了自己版本的《伊多梅尼奥》（这次演出的一些片段收录在科赫国际［Koch International］公司出品的维也纳国家歌剧院现场录音系列专辑的第三辑中）。在柏林事件之前，他也在维也纳，为维也纳爱乐乐团2月18日的百年庆典做准备。他曾在写给乐团的信中表示希望创作一首带合唱终曲的音诗《多瑙河》（*Die Donau*）："情感不像过去大师们的时代那样容易转变成音乐了……我想在短短的（大概语带双关？）一句话中表达我今日的赞美之意：'只有**指挥过**维也纳爱乐乐团的人才懂得他们！'但这将是我们之间的秘密！"2月15日，他在国家歌剧院指挥了《莎乐美》，这里提到它是因为，它的片段录音也被收录在科赫国际公司的维也纳国家歌剧院现场录音系列专辑的第三辑中。它们证实了施特劳斯对扮演女主角的艾尔莎·舒尔兹（Else Schulz）歌喉的赞赏。4月16日，他指挥爱乐乐团演奏了他的《节日前奏曲》和《阿尔卑斯交响曲》。同年2月在维也纳时，他为男低音阿尔弗雷德·博埃尔（Alfred Poell）创作了《圣米迦勒节》（*Sankt Michael*, o.Op.129），并为乌尔苏利克创作了《在美景宫上眺望》（*Blick vom oberen Belvedere*, o.Op.130），尽管首演者是希尔德·科内茨尼。两首歌曲都是基于奥地利诗人（和纳粹支持者）约瑟夫·魏因赫贝尔（Josef Weinheber）的诗歌谱曲。3月9日，在罗布科维茨宫殿举行音乐会庆祝他的生日时，举行了首演。

1941年底，施特劳斯不得不面对一个不太愉快的任务——告诉卡尔·伯姆，他已把《达妮埃的爱情》和《随想曲》的首演交给了克劳斯。考虑到施特劳斯和德累斯顿方的长时间合作、且因伯姆已经指挥了《沉默的女人》和《达芙妮》的首演，伯姆完全有理由感到失望。1941年12月12日，施特劳斯致信给克劳斯："在一次非常痛苦的对话中，伯姆博士最终消化了《达妮埃》和《随想曲》的苦药！因为他真的心地善良，他甚至没有断绝我们的友谊关系（他的许多优秀同事都会这么做）。感谢上帝，这将是我生命中最后的首演：它们确实可以让我完全停止作曲了。"施特劳斯倾向于让《随想曲》在萨尔茨堡首演，但刚被聘为音乐节艺术总监的克劳斯，却另有打算。他希望《随想曲》的首演能成为1942年秋慕尼黑一次大型施特劳斯音乐节的高潮。据鲁道夫·哈特曼说，通过"曲折的秘密方式"进行的交涉谈判持续了一周。[1]1942年，克劳斯在萨尔茨堡音乐节上指挥了《阿拉贝拉》（施特劳斯指挥维也纳爱乐乐团演奏莫扎特的作品），并计划于10月28日在

---

1. R. Hartmann, *Die Bühnenwerke von der Uraufführung bis heute* (Fribourg, 1980); 英文版: *Richard Strauss: the Staging of his Operas and Ballets,* tr. G. Davies (Oxford, 1982), 261.

图24 《随想曲》首演后,施特劳斯与维奥里卡·乌尔苏利克在慕尼黑,1942年

慕尼黑国家剧院上演《随想曲》。

作为制作人的哈特曼写道,在排练过程中,"我学会了如何集中精力让我完全忘记战争,以及像《随想曲》这样非常特别的作品是如何在它的脚本作家和作曲家手中成形和获得生命的。我还能回忆起当时的激动。"[1] 在一次排练中,克劳斯告诫歌手们:"清晰!如果没人能

---

[1] R. Hartmann, *Die Bühnenwerke von der Uraufführung bis heute* (Fribourg, 1980); 英文版: *Richard Strauss: the Staging of his Operas and Ballets,* tr. G. Davies (Oxford, 1982), 253.

听懂歌词，歌剧就毫无意义。"有人听到施特劳斯低声说："唉，如果能偶尔听到我的音乐，那我就没什么可说的了。"奥利维耶和弗拉芒也"如是说"（also sprach）！慕尼黑已几乎每晚都有空袭。《随想曲》原计划中安排了中场休息，但克劳斯建议连续演出，这样听众就可以在晚上9:30左右离开歌剧院——盟军的炸弹通常在10点到11点间落下。哈特曼又说："这一代的年轻人，谁能真的想象出慕尼黑这样的大城市会完全陷入黑暗，或者说剧院观众在黑暗的城市中通过从窄小缝隙中散发着暗淡蓝色火光的小火炬引路？这一切都是《随想曲》首演的真实经历。他们冒着遭受可怕空袭的危险，但他们对于听到施特劳斯音乐的渴望、参加节日庆典的渴望、体验没有战争的美好世界的渴望令他们克服了一切物质上的困难。"

歌剧受到了极为热烈的欢迎，第二天晚上，施特劳斯指挥了《达芙妮》，这是他最后一次登上这个剧院的舞台。他不再那么坚持《随想曲》只属于懂行者的观点。"难懂它不是真的'直指人心'吗？"他引用了拉·罗什的话问克劳斯。女伯爵由乌尔苏利克扮演，弗拉芒和奥利维耶由霍尔斯特·陶布曼（Horst Taubmann）和汉斯·霍特扮演，拉·罗什由格奥尔格·汉扮演，克莱隆由希尔德加德·兰查克扮演。到1943年6月17日为止，它又上演了十五场，有时会使用不同的演员阵容。这部新歌剧还在汉诺威、达姆施塔特、比勒菲尔德和德累斯顿演出。维也纳首演于1944年3月1日举行，由伯姆指挥。慕尼黑首演两天后，蒙哥马利的沙漠军团在阿拉曼向隆美尔的部队发起了进攻。五天内，德军完全溃败——除了在俄罗斯前线的斯大林格勒受挫之外，这是德国人自1939年以来的第一次撤退。很难想象还有哪部与它诞生的世界如此格格不入的歌剧了，但那又怎样呢？

常有人问施特劳斯是如何在达豪集中营仅离慕尼黑几英里的情况下创作出这样一部作品的。让我们分析一下施特劳斯当时的家庭状况，以回答这个不上心的问题。1941年，爱丽丝年过八十的祖母宝拉·纽曼（Paula Neumann）身处布拉格"隔都"（ghetto)，被剥夺了个人财产。她的女儿玛丽·冯·格拉布（爱丽丝的母亲）在卢塞恩，希望能把母亲接到身边。尽管瑞士已发放了签证，但德国却不肯放人离开。宝拉在布拉格滞留到1943年，然后被送到特雷津集中营，并在那里死去。与此同时，1942年夏，她的孩子也被从布拉格送去特雷津。施特劳斯致信给布拉格的党卫队为他们求情，但被忽略了。他和爱丽丝以为特雷津是个"劳动营"，犹太人在那里被集合起来，然后送去其他地方重新安置。"我们对灭绝一无所知，也不会相信，"爱丽丝说，"我们时不时会收到写有几句问候语的明信片。"在从维也纳到德累斯顿的旅程中，施特劳斯在特雷津停下，走到门前说："我叫理查·施特劳斯，我要见纽曼女士"。门卫认为他是个疯子，让他滚开。爱丽丝的其他亲戚被送到罗兹"隔都"，然后又被带到了灭绝营。到1945年，纽曼家族已这样失去了二十六名成员。

另一个答案则是，即使人们不接受施特劳斯采取"独善其身"的原则，他仍继续坚持以他所知的唯一方式来保护他眼中象征真正文明的德意志传统。主题的选择已无关紧要——《随想曲》的构思在他脑海里已存在多年，他感到完全实现它的时机已经成熟，无论在他的加尔米什书斋之外发生了什么。如果施特劳斯不在1940年至1941年创作《随想曲》，世界会有什么不同，有什么改善吗？不，只会更坏。他完全可以引用叔本华的话："在世界史边上是无罪的、没有被鲜血玷污的哲学、学术和艺术史。"恩斯特·云格尔（Ernst Jünger）的话也很适合："艺术是过去的温室——人们就像在水景花园或生长着棕榈的客厅里漫步。这不应被指责，因为毁灭的恐惧太有力、太可怕了，因此拯救哪怕是一个影子的意愿也是完全可以理解的。"施特劳斯最伟大的歌剧不需要更多的无罪证明。

《随想曲》开头的六重奏于五个月前的5月7日就在巴尔杜·冯·希拉赫家里举行了首演。这位希特勒青年团1933年至1940年间的前领导人于1940年8月被任命为维也纳市长。1941年后担任希特勒副官的马丁·鲍曼一直不喜欢希拉赫，而希拉赫也因他在奥地利的非正统文化政策失去了希特勒的信任。但他平安无事。身为歌剧院主管兼作曲家的儿子，他有志于令维也纳恢复作为欧洲文化中心的地位。他在那里为施特劳斯、剧作家格哈特·豪普特曼等人提供了某种庇护。他忽视了柏林要求抵制他们作品的命令。施特劳斯与他合作——条件是当施特劳斯和宝琳自己也处于某种不利状态时，爱丽丝和她的儿子们依然能够受到保护。宝琳告诉希拉赫："战争输掉后，我们会让你来加尔米什避难，但至于那伙人的其他成员……" 1942年9月，施特劳斯为基于歌德的《和平警句I》(*Zahme Xenien I*)谱写了六小节的歌曲《警句》(o.Op.131)，作为豪普特曼的八十大寿礼物。他还创作了《随想曲》之后的系列器乐作品中的第一部——《第二圆号协奏曲》(o.Op.132)，11月28日完成于维也纳。在写给维奥里卡·乌尔苏利克的信中，他说 $\frac{6}{8}$ 拍回旋曲式的第三乐章"写得特别好"。

协奏曲代替了未成形的音诗《多瑙河》。他原先计划写一首可以和斯美塔那《沃尔塔瓦河》相媲美的作品，引子描述多瑙辛根的城堡，G大调段落描述畅流的河水、《家庭交响曲》的宝琳主题代表她的故乡因戈尔施塔特、然后是瓦豪的葡萄酒节，最后以合唱魏因赫贝尔关于维也纳的诗篇结尾。他无法写出这样的音乐，但协奏曲轻松地从他的笔下倾泻而出，他似乎奇迹般地重新找回了年轻时的流畅，以及他六十年前为父亲创作同为降E大调的协奏曲的情绪。几乎可以说他这是在与父亲的保守主义和解。但在多年经验的加持下，他现在能够轻松自如而又别出心裁地掌控新作品的形式了。主题毫不费力地融合在一起，曲中再现了他的风格的许多方面，独奏声部要求很高。作品一点也不冗长。它属于过去的时代，说明施特劳斯已不再对他那个时代的人，而是对所有时代的人感兴趣。正如他对威利·舒赫所说："我一生的工作以《随想曲》结束，我之后创作的音乐是为了我的后人的利益、锻炼我的手腕（赫尔曼·巴尔对他每日的口授创作也是这么说的），从音乐史角度来看毫无价值，就和所有其他交响曲和变奏曲作者的作品一样。我只是想打发无聊的时间，因为我没法一整天读维兰德或打斯卡特牌。"协奏曲于1943年8月11日在萨尔茨堡音乐节上首演。卡尔·伯姆指挥维也纳爱乐乐团演奏，乐团的首席圆号手戈特弗里德·弗莱堡（Gottfried Freiberg）独奏。

考虑到施特劳斯此时生活中的外部环境，协奏曲中那仁慈、轻松的心境就更令人惊异了。宝琳患上了痛苦的带状疱疹，她的眼睛也出了问题。而他经常遭受流感折磨。加尔米什的生活越来越受到纳粹官僚的滋扰。施特劳斯需要向政府部门提出琐碎的申请，这使他不得不长时间在等待室里停留，还要受到神气活现的小职员对老人粗鲁、傲慢的对待。这些申请多数是为了让施特劳斯日常生活中不可缺少的司机提奥多·马丁延缓服役，或获得燃油配给而提出的。有一次，马丁告诉施特劳斯，他的申请遭到拒绝，施特劳斯气得满脸通红。鲁道夫·哈特曼当时在场，听到马丁试图安抚施特劳斯，解释说当时所有德国人都是如此。"我不想理解！"老人喊道，"为了委约我必须前往各地。就这样告诉那些穿着制服开着豪车的褐衫蠢货！"马丁轻声回答："博士先生，我不能这么说。"

1942年至1943年的冬天，施特劳斯在维也纳度过。他在那里完成了协奏曲。他去听了许多音乐会和歌剧，非常关注新作品。施特劳斯不喜欢1920年以后的大部分现代音乐，但他仍会去听，尽管他承认自己无法理解。然而，他在维尔纳·埃克携《哥伦布》(Columbus)于1942年（它1933年原为广播而作）登台演出后说："他可以成为20世纪的梅耶贝尔。"他赞赏卡尔·奥尔夫的《博伊伦之歌》，并于1942年2月致信给作曲家："风格的纯净和独一无二的音乐语言，不受姿态限制、不偏不倚，令我确信只要您能找到适合您个性的主题，就能创作出有价值的舞台作品。我认为只有在剧院里，才能看到您所说的未来发展的可能性"。[1]他提出歌剧可以回溯其哑剧起源的新方向，随后奥尔夫在《月》(*Der Mond*) 和《智慧》(*Die Kluge*) 中做出尝试。1942年底，施特劳斯获得维也纳市贝多芬奖章；1943年1月，他创作了十支小号、七支长号、两支低音大号和定音鼓的《维也纳市庆典音乐》(*Festmusik der Stadt Wien*, o.Op.133) 作为感谢。这是施特劳斯最有效果的庆典作品之一。他于4月9日指挥了首演，八天后又为同一批乐手改编了短得多的另一个版本（不到两分钟）。1943年1月初，他开启了另一项愉悦的任务——写下一首舒伯特1826年为友人利奥波德·库佩尔韦瑟（Leopold Kupelwieser）的婚礼创作的圆舞曲。舒伯特从未写下它，但是就像民歌那样，曲调在库佩尔韦瑟家族中流传下来。曼弗雷德·莫特纳·马克霍夫的妻子玛丽来自库佩尔韦瑟家族，她为施特劳斯弹奏了它。这是一首充满渴望的作品，显然舒伯特自己爱上了新娘。

为维也纳歌剧院的号手们作曲令施特劳斯想起年轻时为十三件管乐器创作《小夜曲》，然后又受彪罗委约创作《组曲》的往事。他常常感到自己对木管和圆号的平衡处理不太理想。因此，1943年2月他为包括巴塞特管和低音单簧管在内，但只有两支圆号的十六件管乐器创作了浪漫曲与小步舞曲。3月他加上了一段"中速的快板"，5月又写了快板终曲。在患流感期间创作的这部作品成为《F大调第一小奏鸣曲》(o.Op.135)，副标题为"来自病人的工作室"。这是另一个流畅的、回顾过去的、在老年穿越回青年时代的重要范例。曲中有某种夸张的喋喋不休，但总体来说构思新颖、技术完美无瑕。记起1882年首演《小夜曲》的是德累斯顿音乐家协会，他请他们首演《小奏鸣曲》，卡尔·埃尔门多夫（Karl Elmendorff）1944年6月18日在施特劳斯的

---

1. Grasberger (ed.), *Eine Welt in Briefen*, 408−410.

图25 施特劳斯与爱丽丝在维也纳，1943年

八十大寿庆典时指挥了它。但他拒绝广播这首作品。1945 年 1 月 10 日，施特劳斯在加尔米什致信给德累斯顿国家管弦乐团总监阿图尔·特罗贝尔说：

> 真的很抱歉，但我不能同意您广播管乐小奏鸣曲的请求。我希望在我死前，我的工作室最后出品的这些作品能够远离公众，我不想改变意图。因和埃尔门多夫的友谊，我已经允许《第二圆号协奏曲》作为例外，但我必须请求您放过《小奏鸣曲》。我自己还没有听过它，因此无法判断它是否会在录制效果不佳的广播中给人留下不好的印象……我必须请求您永远仅在杰出的音乐家协会的私人演出中上演它。

这首小奏鸣曲是于 1943 年 7 月在加尔米什创作的。当时，克劳斯准备于 1944 年 8 月在萨尔茨堡指挥六场《达妮埃的爱情》演出以庆祝施特劳斯八十大寿，并为此征求他的意见。施特劳斯最初不太情愿，但他内心希望能在去世前听到这部作品，所以还是同意了。克劳斯找到了布景和服装需要的材料和织物。他在德国碰壁时就去意大利。他还召集了一批演员，由霍特扮演朱庇特。（宝琳提醒霍特："别让他为你的声部写太多高音段落。他的要求太高了。他对人声一点也不懂！"）然后，1943 年，莱比锡印刷商遭受火灾，管弦乐分谱被烧毁，必须重新制作。

盟军的战线继续向德国推进。在 1943 年 10 月 2 日的慕尼黑空袭中，国家剧院被摧毁了。不久前还去剧院参加了《埃及的海伦》演出的施特劳斯极为悲痛。他第二天致信给守寡的妹妹约翰娜："我今天写不下去了。我心烦意乱。"（在后来的一次慕尼黑空袭中，约翰娜的家被炸毁了。她去加尔米什别墅避难，一直住到战争结束，但她和宝琳始终不对付。）10 月 8 日，施特劳斯致信给威利·舒赫：

> 我很忧伤。可怜的克劳斯。多年来最有价值的文化工作化为灰烬。悲哀和绝望令人话多。《特里斯坦与伊索尔德》和《纽伦堡的名歌手》在那里首演，七十三年前我在那里初次听到《自由射手》，我亲爱的父亲曾在那里做了四十九年首席圆号手，在我生命的尽头，克劳斯在那里用十次新制作满足了我的作家梦想，慕尼黑宫廷剧院被摧毁是我一生中最大的灾难。在我这个年纪，没有任何安慰，也没有任何希望。

德军在俄国和北非接连失败，相比和他们讨厌的老作曲家讨价还价，纳粹政权有更重要的事要关心。施特劳斯受到越来越大的压力。1943年夏天，他在加尔米什唯一的作品是为1898年的歌曲《我爱你》（Op. 37/2）配器。考虑到爱丽丝和她的儿子们受到的威胁已迫在眉睫，李利恩克龙的词句字面以外的暗示让人不寒而栗："我们的双手会流血／我们的双脚会疼痛／四堵无情的墙／狗都认不出我们……／如果你在痛苦中死去／我将从鞘中抽出匕首／我会随你而去。"同年秋天，加尔米什地区指挥官席勒（Schiele）来找施特劳斯，表示司机马丁的入伍无法再推迟，而施特劳斯的别墅也必须接纳被疏散者和其他无家可归的人。此时身体不适的宝琳已经八十岁了，施特劳斯也七十九岁了。他强烈反对，在提到"希特勒先生"时惹恼了席勒："说'元首'。""我用名字称呼人，"施特劳斯回答，"我就要说希特勒先生。"席勒要求老人为人民的英勇斗争作出牺牲——"您要想想在前线，成千上万的德国人正在牺牲。"施特劳斯回答："没人需要为我而死。我不想要战争，它和我无关。"席勒无法自控地怒吼："除了你以外，已经有人掉了脑袋，施特劳斯博士先生！"

这次遭遇令施特劳斯又惊又怒。他是不是太过分了？汉斯·弗兰克的介入帮助了他。年轻时在慕尼黑当律师的弗兰克在1933年前的几次诉讼中为希特勒辩护，后来成为巴伐利亚的司法部长。但他从来不是希特勒小圈子的一员。1940年他被任命为波兰总督。残酷的政策加上参与消灭成千上万犹太人令他在纽伦堡被判死刑，他在那里认罪、皈依天主教、攻击希特勒。但1942年，他在德国大学演讲，要求恢复宪法的权威。这令他被剥夺了纳粹党成员的一切荣誉和法律职位，尽管仍在波兰工作。他自学生时代起就极为热爱施特劳斯的音乐，并于1920年代在慕尼黑第一次见到这位作曲家。巧合的是，加尔米什事件之后不久他正在慕尼黑，还打电话给施特劳斯请他喝茶。施特劳斯察觉到了机会，把席勒的威胁告诉了弗兰克。结果，马丁的入伍被推迟，接纳被疏散者一事也被取消。但弗兰克的行为并非无人知晓。他不再受到信任，显然为了帮助施特劳斯冒了一些风险（他还帮助了豪普特曼和普菲茨纳）。希特勒的副官马丁·鲍曼非常愤怒。他在所有纳粹官僚组织的领导人之间散发一份关于席勒和施特劳斯争端的报告，其中写道："施特劳斯甚至专横地拒绝了地方指挥官礼貌提出的申请——在小屋（包括门房的住所，以及两个带厨房和洗手间的房间）里腾出两个房间供在军火工厂工作的工程师居住。此事在加尔米什被公众讨论，且受到批评。元首……马上决定征用整个小屋……以供被疏散者和空袭受害者避难所用。"之后的结果是1944年1月16日由鲍曼签署的党部命令："我们领导人和理查·施特劳斯博士的个人接触必须停止。不过，经帝国部长戈培尔博士提出，元首今天决定不应阻碍他的作品上演。"纳粹的最初计划是禁止庆祝施特劳斯的八十大寿，但从未特别仰慕过施特劳斯的富特文格勒告诉戈培尔，他仍被当作仍在世的最伟大的作曲家，禁止庆祝他的生日只会让他被当成烈士。

为了感谢弗兰克，施特劳斯（11月3日）为自己所写的六行诗谱曲，诗的开头是："来的是谁，多么潇洒倜傥？是我们的朋友，弗兰克部长"（*Wer tritt herein so fesch und schlank? Es ist der Freund Minister Frank*, o.Op.136）。这是一首无伴奏人声作品，演唱起来非常轻松。他大概认为它完全值得偿付保护加尔米什别墅不受侵犯的代价。这六行诗是：

> 来的是谁，多么潇洒倜傥？
> 是我们的朋友，弗兰克部长。
> 就像罗恩格林是上帝的使者，
> 他从不幸中拯救我们。
> 因此我高声赞美、千恩万谢
> 我们亲爱的朋友弗兰克部长。

施特劳斯大概从未想过要发表这样的小玩意儿。但它的手稿或抄本现身洛杉矶，1945年7月1日，K.路易斯·弗拉陶（K. Louis Flatau）在《洛杉矶时报》的文章"理查·施特劳斯的耻辱"（Richard Strauss's Shame）中引用了它。二十年后的1966年8月31日，纽约大学音乐教授马丁·伯恩斯坦（Martin Bernstein）致信给曾与弗朗兹·特伦纳（Franz Trenner，在埃里希·缪勒·冯·阿索［Erich Müller von Asow］去世后）一同编辑施特劳斯作品主题目录的阿尔冯斯·奥特（Alfons Ott）博士：

> 根据《洛杉矶时报》1945年7月1日的一篇文章，当时在德国的一名美国士兵寄给地址为洛杉矶市南曼斯菲尔德大道809号的阿道夫·斯特恩（Adolpf Stern）寄去一封施特劳斯写给帝国部长汉斯·弗兰克的信，其中包含一首献给后者的歌曲。虽然对残酷的纳粹官员的肉麻吹捧显然对施特劳斯毫无好处，但我想您需要把它加入主题目录（Thematisches Verzeichnis），因此我寄给您一份报纸插图的副本。

不难看出，1945年的这篇文章助长了美国的反施特劳斯情绪。

加尔米什事件发生之后，施特劳斯马上回到维也纳；11月15日，他去布格剧院参加豪普特曼的戏剧《伊菲姬妮在奥里斯》（Iphigenie in Aulis）的首演，与剧作家和希拉赫坐在一起。两天前，他在加尔米什创作了一首献给格雷戈尔的谢罪礼，以九声部混声合唱经文歌形式创作的《达芙妮》后记《致达芙妮树》（An den Baum Daphne, o.Op.137）。6月，维也纳歌剧院合唱音乐会协会的指挥维克托·梅因瓦尔德（Viktor Mainwald）邀请他创作一首无伴奏作品，他想起了已被放弃的《达芙妮》合唱终曲。他请格雷戈尔为他重写，后者在经历了惯常的催促和刺激后终于从命。施特劳斯为维也纳童声合唱团在通常的二重合唱中添加了一个高音声部。歌剧的主题在这首令人兴奋的作品中被"循环利用"，作品的形式为引子、几个段落和一个升F小

图26　施特劳斯与巴尔杜·冯·施拉赫和格哈特·豪普特曼一起参加豪普特曼《伊菲姬妮在奥里斯》在布格剧院举行的首演，维也纳，1943年11月15日

调的延长尾声。在尾声的第二段，变形场景中是人声无词歌唱，童声和女高音独唱相互交替，就像歌剧中达芙妮的声音和双簧管一样。结尾并不像歌剧一样逐渐淡出，而是热情地回到作品开头的主题——"心爱的树"（Geliebter Baum）——唱起一首爱和永恒之歌。《致达芙妮树》和《德意志经文歌》与 Op. 34 的"夜"和"赞美诗"一样，都是施特劳斯无伴奏合唱创作的至高范例。首演于 1947 年 1 月 5 日在维也纳举行，由菲利克斯·普罗哈斯卡（Felix Prohaska）指挥。这里还应提到《达芙妮》的另一个分支，G 大调的《达芙妮练习曲》（*Daphne Etude*, o.Op.141），施特劳斯于 1945 年 2 月 27 日带着对祖父的爱创作了它，并题献给"我亲爱的小提琴学生克里斯蒂安，祝贺他的十三岁生日"。

1944 年 1 月 9 日，鲍曼法令签署的几天前，施特劳斯开始创作另一首管乐器作品——"引子与快板"。两个月后，他又加上了一段"有活力的快板"。它们后来分别成为第二首小奏鸣曲的末乐章和第一乐章，但全曲又过了一年才完成。

[第二十六章]

八十大寿

鲍曼法令的最初后果表明,即使是在维也纳的希拉赫也暂时放松了警惕。当弗朗兹和爱丽丝·施特劳斯在某天晚上离开维也纳雅金街的住宅去和朋友们打牌时,八个盖世太保在他们的房间里搜查了一个小时,却没有告诉仆人们原因。半夜两点,弗朗兹和爱丽丝被逮捕并被带到盖世太保总部问话,但没人告诉两人犯了什么罪。听到消息的施特劳斯和希拉赫等人交涉,家人们在两天后得以释放。这令他饱受惊吓。他所受的影响从3月3日写给孙子克里斯蒂安的信的语调可以看出,这是施特劳斯最私密、最感人的话语之一:

> 你的十二岁生日,却正好赶上美丽的帝国城市(法兰克福)几乎完全被摧毁的悲惨时刻。一百六十五年前[1],人们认为里斯本地震是历史的转折点,忽略了格鲁克《伊菲姬妮在奥里德》首演更重要的意义,它标志着一段持续三千年的音乐发展进程的终结,并从天堂中召唤出了莫扎特的旋律,比几千年来思想家们所做的更能展现人类精神的秘密。同样,

---

1. 施特劳斯记错了,里斯本地震实际发生于1755年。——译者注

当你回忆起这次生日时，你可能会一直厌恶地想起把我们可爱的德国化为废墟灰烬的野蛮行径。如果你在三十年后重读这些悲伤的话，想想你那近七十年中为了德国文化、为了祖国的名誉和光荣竭尽全力的祖父吧。

春天，全家人聚集在维也纳，准备庆祝施特劳斯6月11日的八十大寿。他的歌剧将从6月1日至6月15日相继上演。他的传记作家罗兰·滕歇尔特描绘了一幅愉快的图景，6月1日，他应施特劳斯和宝琳邀请去他家花园里喝茶。吃东西时，花园里有一根软管在给草坪浇水。宝琳叫女仆："安娜，让他们把软管拿开。"——"也就是说，是我必须这么做。"安娜回答。施特劳斯向他解释，这就是《间奏曲》中著名的安娜："她（自十三岁起就）和我们在一起，到现在已经三十八年了。"滕歇尔特说："这在现在已经很罕见了。""没错，"施特劳斯说，"而且我妻子可能有点易怒！"后来，滕歇尔特还目睹了施特劳斯和安娜关于坐汽车去听歌剧的讨价还价。安娜原以为她要和施特劳斯与宝琳一起去，但他以为应该和孙子们一起走。安娜开始不高兴。"好好好，"施特劳斯让步了，"你和我们一起，男孩子们可以走过去。"[1]

6月8日，也就是盟军登陆欧洲的两天后——有一场《约瑟传奇》的演出——作曲家承认它"还是被低估了"。但他又说："我在加尔米什对音乐太饥渴了，即使我自己的作品也能取悦我！"9日和10日，维也纳爱乐乐团举行了生日音乐会的排练，10日下午1点，乐团在布里斯托尔酒店为施特劳斯举行了一场"早餐会"，宾客包括即将在《阿里阿德涅在纳索斯》中扮演作曲家的年轻女高音伊尔姆加德·西弗里德（Irmgard Seefried）。也正是在这里，宝琳对小提琴家沃尔夫冈·施耐德汉举杯，说："啊，我们什么时候去美国呢？"11日的音乐

---

1. R. Tenschert, *Memories of Richard Strauss*, 12–18.

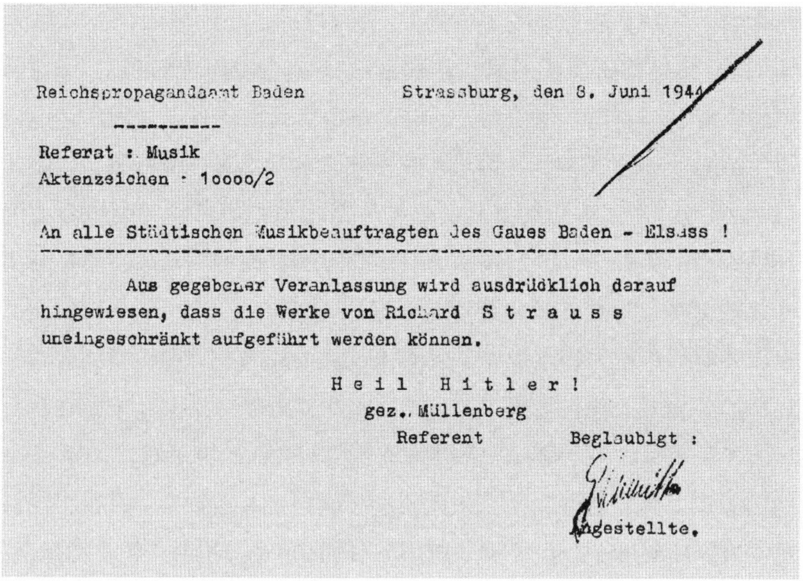

```
Reichspropagandaamt Baden        Strassburg, den 8. Juni 1944

Referat : Musik
Aktenzeichen · 10000/2

An alle Städtischen Musikbeauftragten des Gaues Baden - Elsass !

    Aus gegebener Veranlassung wird ausdrücklich darauf
hingewiesen, dass die Werke von Richard  S t r a u s s
uneingeschränkt aufgeführt werden können.

                    H e i l   H i t l e r !
                    gez. Müllenberg
                        Referent        Beglaubigt :

                                        Angestellte.
```

图27　关于施特劳斯八十大寿的纳粹"强制命令"，1944年6月11日颁布于斯特拉斯堡：
致巴登-阿尔萨斯州所有地方音乐专员！理查·施特劳斯的作品允许在此特别时刻无限制上演。

会11:30在金色大厅拉开帷幕。先是卡尔·伯姆指挥了《纽伦堡的名歌手》第一幕前奏曲，再是乐团主席演讲，然后伯姆指挥了《玫瑰骑士》圆舞曲，并交给施特劳斯一根维也纳市赠送的镶嵌着钻石的乌木和象牙指挥棒（价值八万马克。希拉赫已决定不顾鲍曼法令中关于不可荣待施特劳斯本人的要求）。施特劳斯用它指挥了《梯尔·奥伦施皮格尔的恶作剧》，但在中场休息时他对伯姆说："它重得要命，我不会用它指挥《众神的黄昏》。再给我找一根指挥棒用来指挥《家庭交响曲》。"[1]

---

1. Böhm, *A Life Remembered*, 89.

当晚一家人前往国家歌剧院，伯姆指挥了《阿里阿德涅在纳索斯》，西弗里德扮演作曲家、玛丽亚·莱宁（Maria Reining）扮演阿里阿德涅、马克斯·洛伦兹（Max Lorenz）扮演巴库斯、阿尔达·诺尼（Alda Noni）扮演泽比内塔（这次伟大的演出被广播播放、转制成LP和CD发行）。演出结束后，施特劳斯赠给伯姆一份《阿里阿德涅在纳索斯》的总谱，以及包括前奏曲和终场在内的手稿。在希拉赫离开之前，听众被禁止走出歌剧院。据恩斯特·克劳瑟（Ernst Krause）说，齐格弗里德·梅尔辛格（Siegfried Melchinger）"在检票处被堵住入口的一大群人挡住去路"："我转过身去，看到一个大高个站在我身后，一只手举着一个男孩。那就是施特劳斯和他的孙子们。"[1] 在接下来的四天里，施特劳斯和爱乐乐团录制了自己的一些作品——6月12日是《资产阶级绅士》组曲和《唐璜》、13日是《查拉图斯特拉如是说》和《死与净化》、15日是《梯尔·奥伦施皮格尔的恶作剧》和《英雄生涯》（他去年2月和维也纳爱乐乐团录制了《家庭交响曲》）。全都已被重制为CD发行。此外，6月12日晚，他参加了一场室内音乐会，并在音乐会上演奏了他年轻时创作的钢琴四重奏。次日晚，他前往歌剧院，先听了《没有影子的女人》开头，再去音乐厅听格雷戈尔的祝贺演说，然后又回到歌剧院！14日晚他听了伯姆指挥的《英雄生涯》（他对滕歇尔特说，他不赞成指挥家在音诗中的渐慢——"我感觉它没完没了——还有《没有影子的女人》也是这样"）。对于一位八十高龄的老人来说，这日程简直令人难以置信。6月5日，他还抽出时间创作（或完成）了一首为羽管键琴而作的《随想曲》组曲，加上音乐会结尾。它由三段芭蕾舞音乐构成——帕斯皮耶舞曲、吉格舞曲、加沃特舞曲。组曲是为伊索尔德·阿尔格里姆（Isolde Ahlgrimm）而作，

---

1. E. Krause, *Richard Strauss: Gestalt und Werk* (Leipzig, 1955); 英文版：*Richard Strauss: the Man and his Work*, tr. J. Coombs (London, 1964), 57.

并题献给她。她曾在《随想曲》1944年3月1日的维也纳首演中弹奏羽管键琴。施特劳斯非常喜欢她的演奏,请她在独奏会中演奏芭蕾舞音乐。她认为难度很高,因为缺了两个弦乐演奏者的声部。"您能搞定的。"施特劳斯回答。4月,她请他创作一段音乐会结尾,他问她喜欢喧闹的还是轻柔的尾声;然后她收到了一段喧闹的尾声。1946年11月7日,她在维也纳首演了这首作品。

生日庆祝活动结束后,施特劳斯开始期待萨尔茨堡《达妮埃的爱情》原计划8月举行的首演。但歌剧制作的问题仍未得到解决。某些布景和服装材料在初夏慕尼黑遭受空袭时被损毁了。克劳斯6月28日致信给施特劳斯:"布拉格的艺术家们在为第三幕制作三场布景,按计划下周送到。因经常没有电力和照明而无法在慕尼黑工作,整个服装部门带上已经开始制作的全部服装和余下服装的原材料,于上周搬到了萨尔茨堡的临时工作室。"这是《随想曲》之前的慕尼黑形势的重现。所有与首演相关的人都全身心投入。朱庇特、弥达斯和达妮埃的世界就是一切。但现实世界不容忽视。盟军已深入法国——战斗异常激烈。红军攻入波兰,逼近华沙。7月20日,一枚炸弹在希特勒东普鲁士的总部引爆,炸死了三名官员,但元首逃过一劫。

萨尔茨堡音乐节原本安排三部歌剧上演:《女人心》《魔笛》和8月5日的《达妮埃的爱情》首演。克劳斯告诉施特劳斯,《达妮埃的爱情》被推迟到8月15日,正式彩排是在首演的两天前。7月29日,当月早些时候要求停止德国一切节庆以专注于"全面战争"的戈培尔明确下令,要求取消他所说的萨尔茨堡"戏剧与音乐夏日"。萨尔茨堡的大区长官古斯塔夫·谢尔(Gustav Scheel)博士特别向戈培尔的宣传部申请允许施特劳斯的首演继续举行。宣传部仅允许《达妮埃的爱情》在8月16日正式彩排、富特文格勒指挥一场柏林爱乐音乐会(布鲁克纳的《第八交响曲》)。施特劳斯8月6日在加尔米什致信给文化部部长海因兹·德雷维斯博士,请他代为感谢戈培尔为自己带来聆听自己作品的"快乐"。第二天他前往萨尔茨堡参加排练。在那里度过的十天中，他情绪阴暗消沉：他知道这将是他最后的一次歌剧首演，他让宝琳留在家中，他太了解这种环境下的情况了。

歌剧的制作人鲁道夫·哈特曼描述了最后一次乐队排练中一个难忘的场景：

> 将近第二场（第三幕）结尾时，施特劳斯站起来，走到音乐厅的第一排。他不可能被错认的脑袋在乐池发出的灯光下投射出孤独的剪影。维也纳人在最后一场（施特劳斯曾称它为"朱庇特的放弃"）前美妙的间奏曲中奏出了无法超越的美妙音响。他一动不动地站着聆听，完全忘记了一切。

随后哈特曼描述了最后一场进行中发生的一切。

> 完全触到我们的内心深处、几乎是真的感受到我们的神性、艺术……在最后的音符消散后是一段深刻的沉默……克劳斯讲了几句话，指出萨尔茨堡最后这几天的意义。施特劳斯望向乐池，举起手来做出感谢的姿势，含着泪水用哽咽的声音对乐团说："也许我们会在更好的世界中重逢。"他无法再说更多了……当他在我小心地陪同下离开音乐厅时，所有人留在座位上，深受感动，寂静无声。

在节日音乐厅外面，施特劳斯拉住哈特曼的手说："走吧，让我们去找我心爱的莫扎特！"

16日的演出结束后，施特劳斯多次被请上台，但他没有说话。在休息室中，他读了总谱，指向天空说："当我去那儿时，我想带上它一起，希望能被宽恕。"9月25日，他给威利·舒赫写了一封长信——一

份"事实报告"——热情地描述了演出,并评论了自己的音乐:

> 开头:非常生动,柔和的灰褐色彩的合唱场景、由强烈的对比引至魔法黄金场景,伴以朱庇特闪亮的小号和长号……两位女性非常快乐的二重唱,流入极其独特的一小节五拍的进行曲风,四位王后和随从们登场,其中圆号摇摆的节奏几乎令听众迷醉,直到船只抵达——一切都有着非常好的戏剧性结构和出色的对比、速度和表达的新鲜感。然后,在弥达斯登场后,有些衰退——或许这一场对情节很有必要,也确实呈示了之后将变得重要的一些新主题,但除了黄金衣装登场的段落,我对它并不是特别欣赏。或许应该受到指责的是相当枯燥的歌词,霍夫曼施塔尔为我写的台词一定会更令人兴奋。这一幕的结尾,几乎完全与我最严重的担心相反,效果又变得非常出色。

他认为第三幕是他写过的最好的音乐("七十五岁的人真正值得骄傲的东西"),特别是管弦乐前奏和达妮埃与朱庇特的二重唱。在致信给被禁止参加歌剧演出、同时又是被题献人的海因兹·蒂津时,施特劳斯将第三幕描述为"非常感人,这是我对希腊的最后一次致敬,也是德意志音乐和希腊精神的最后一次相遇"。

就算施特劳斯自己也承认,这部歌剧有薄弱之处,但它也比许多评论者所断言的要好得多。许多主题和动机的处理都体现出惊人的创意,管弦乐色彩炫目——有着希腊的黄金和地中海的阳光。在开场的债权人场景中甚至还有一点库特·魏尔的音调,《美丽的海伦》式的轻歌剧风格,尤其是在四个王后的音乐中,比在《埃及的海伦》中更为明显。但情绪色彩一直模糊,直到第三幕才转变为忧郁的顺从,朱庇特-施特劳斯变成仁慈的沃坦,达妮埃-宝琳回顾《间奏曲》的结

356 尾。在这一幕中，很难不注意到施特劳斯再次暗示对德国人心灵状况的失望。《达妮埃的爱情》不应被忽略。它仅靠第三幕就足以跻身施特劳斯的一流作品。

后来呢？在离开萨尔茨堡时，施特劳斯向音乐节的管理者承诺可以把首演安排在1945年举行。"但是，"正如1946年12月8日他在未发表的《歌剧〈达妮埃的爱情〉历史》中所写，"他们甚至没有在1946年音乐节上利用这一机会。"1945年底，苏黎世国家剧院、阿姆斯特丹歌剧院和斯德哥尔摩歌剧院都向施特劳斯请求首演机会。他考虑了在三地同时首演的可能性，但因"重大的技术困难"而放弃（在当时找到三班人马不是唯一的问题！）"与此同时，苏黎世的经理施密特－布洛斯（Schmid-Bloss）一直请求我把首演交给那里的国家剧院，但我无法改变心意。回想起萨尔茨堡那美妙的正式彩排令我再次希望让萨尔茨堡音乐节的管理层以那正式彩排的形式，把首演安排给同样的指挥，我还告知了克莱门斯·克劳斯。"但他又改变了主意，再次坚持首演必须推迟到战争结束至少两年以后，那时"音乐节恢复到原先状况……我承诺，在这以前，我不会在没有征得萨尔茨堡同意的情况下把首演交给任何其他剧院。"他对克劳斯强调："《达妮埃的爱情》的首演推迟到猴年马月了。或许五年或十年过后，新的维也纳歌剧院可以用它开幕。然后墨丘利可以亲自送去我的祝贺电报。"正式首演于1952年8月14日在萨尔茨堡音乐节上举行。克劳斯指挥了四场演出；朱庇特由保罗·肖弗勒（Paul Schöffler）扮演，达妮埃由安妮利瑟·库培尔（Anneliese Kupper）扮演。从那以后它再未在那里上演过。

[第二十七章]

《变 形》

1944年8月的《达妮埃的爱情》排练结束后，施特劳斯回到加尔米什。他致信给哈特曼："自9月1日起，我的生命就走向终结；如果伟大的奥林匹斯众神们能在8月17日把我召去该多好啊！" 9月1日的意义在于，戈培尔在这一天关闭了所有的剧院和音乐厅。德国人输掉了战争，尽管他们还不愿承认。对施特劳斯来说，纳粹大概已不再关心他们和他的一切交易，将要对爱丽丝和孩子们，乃至弗朗兹采取行动，因为他们被归于"半血种，第一类"（Mischlinge 1. Klasse）。像往常一样，在陷于绝望时，他求助于歌德。他再次阅读了他拥有"神殿门廊"（Propyläen）版的歌德全集，除了《色彩论》之外。"我是按他的发展和最终成就的顺序阅读的，而不是到处浅尝辄止。"他告诉一位访客，"现在我已年迈，我要和歌德一同回到少年，再和他一起变老——以他的方式，用他的双眼。因为他眼光敏锐——他看到我所听到的"。他找到了两首《和平警句》，并把它们抄写在他的一本随身笔记中：

> Niemand wird sich selber kennen 没人能真正认识自己，
> Sich von seinem Selbst-Ich trennen; 令自己与自己的内在分离；

Doch probier'er jeden Tag 但他必须每天检视那些

Was nach aussen endlich, klar, 客观而最终会变得清晰的问题：

What he is and what he was, what he 他现在是谁？他过去是谁？

Was er kann und was er mag. 他会做什么？又能做什么？

Wie's aber in der Welt zugeht, 但在世界上发生的事，
Eigentlich niemand recht versteht, 没有人能真正理解，
Und auch bis auf den heutigen Tag. 而且直到今天。
Niemand gerne verstehen mag. 没有人真心希望理解。
Gehabe du dich mit Verstand. 要有洞察力，
Wie dir eben der Tag zur Hand; 就像百日对你展现的；
Denk immer: 'Ist's gegangen bis jetzt, 要总是想着："这令一切顺利，
So wird es auch wohl gehen zuletzt.' 所以一直会持续到最后。"

施特劳斯1944年8月为第一首诗谱曲，大概是为男声合唱而作。当时，瑞士音乐家和慈善家保罗·萨赫尔（Paul Sacher）请他为萨赫尔的苏黎世音乐学院（Zürich Collegium Musicum）写一首弦乐队作品。委约是在萨赫尔、卡尔·伯姆和威利·舒赫的一次会面中安排的。显然，施特劳斯在8月至9月期间将歌德的作品谱曲，作为受萨赫尔委约的成品。9月30日他致信给伯姆："我已经工作了好一段时间了……为大约十一件独奏弦乐器而作的柔板，它大概会发展成快板，这样我

就不必以布鲁克纳的方式把它拖得太长。"[1]这首作品进展顺利,直到10月初他遇到了困难,将它暂时搁置。他和宝琳当时正在加尔米什,弗朗兹和爱丽丝在照看维也纳的住宅。因此,9月10日家人们没有团聚庆祝金婚纪念。施特劳斯在9日致信给弗朗兹和爱丽丝:

> 在经过好几周的担心和麻烦后,我们应该用眼泪和悲痛来庆祝。周二早晨,我们可怜的亲爱的安娜离开了我们(大概是永远!)。妈妈早上5点在厨房最后亲吻她告别,之后每天都在哭泣,我也经常一同哭泣……据我们所知,她现在正和姐妹一起在温德斯海姆,因为埃朗根的医院还没有床位可用。纽麦尔(Neumaier,医生)周日给她打了一针,让她舒服了很多,周一她还能把所有家务工作交托给妈妈,还有钥匙,这非常感人。我们自此再无消息,但纽麦尔说希望渺茫。可怜的忠诚的灵魂者,五十一岁,我们伤心欲绝。对不幸的妈妈来说,这是沉重的打击。

安娜·格罗斯纳两个月后因癌症去世。接替她的是安妮·尼茨尔(Anni Nitzl)和她的姐妹蕾西(Resi)。

---

1. 施特劳斯用德语写的是"Brucknerscher Orgelruhe"(布鲁克纳管风琴休止)。虽然施特劳斯于1906年在萨尔茨堡指挥过布鲁克纳的《第九交响曲》,并于1923年在布宜诺斯艾利斯指挥过《第七交响曲》,但他并不喜欢这些音乐。布鲁克纳神秘的宗教感对施特劳斯这样的无神论者来说无法忍受(这使得他对埃尔加的《杰隆休斯之梦》称赞有加更令人惊讶)。1904年,有位作者想要写一本关于施特劳斯编辑的布鲁克纳的作品,施特劳斯在写给这位作者的信中说:"我承认,对我来说任何形式的虔诚都非常讨厌,即使对它最天真的表达我都无法不带偏见。因为我真心仰慕布鲁克纳的旋律,当有人为他拙劣结巴的对位加上大师称号时,我想保持沉默,内心不相信但继续微笑。"在1935年3月写给雷兹尼切克的一封信中,他写道:"老好人安东那烦人的农夫音乐对我来说是完全多余的:感恩赞,当它结束时,赞美上帝!"见G. Brosche, 'Richard Strauss und Anton Bruckner' in *Richard Strauss-Blätter* No. 12 (Vienna, 1978年12月), 27–29.

萨赫尔的委约没有进展，而施特劳斯又找到了其他工作。第一份工作简直难以置信。他于10月3日致信给孙子小理查："前天我开始重新抄写《奥伦施皮格尔》的总谱。这比继续创作老态龙钟的新作品更明智。然后将是《唐璜》和《死与净化》，它们可以成为你们珍贵的圣诞礼物。这部作品为我带来许多快乐，至少它令我不至于想到其他东西，现在我偶尔想靠打斯卡特牌分心也办不到了，可怜的妈妈需要许多安慰。"想到年过八旬的作曲家抄写年轻时的杰作、令孙子们能在财务紧张时出售换钱，真是令人同情。施特劳斯的全部手稿都极为整洁——任何一位指挥家都可以放心用他的总谱演出。

11月25日他致信给海因兹·蒂津：

> 今年8月16日，你们的拜罗伊特《纽伦堡的名歌手》将发出德国歌剧文化的最后一道光芒。9月1日以来，已经开放了二百年的德国音乐之花凋谢了，它的精神被机械延续，而它的至高光荣——德国歌剧，永远消亡了。它的大部分家园已成为残垣断壁，没有被摧毁的已经堕落成了电影院（维也纳国家歌剧院）。我一生的创作成了废墟。我再也听不到我的歌剧了，它们在过去几十年间达到了极高的艺术成熟度，我有幸看到它们由优秀的艺术家、伟大的指挥家和制作人，以及技术精湛的管弦乐队以罕见的完美程度演出……在不幸的慕尼黑，可爱的圣米迦勒宫廷教堂边，我出生时的房子被炸毁了（1944年12月17日）。简单来说，我的生命即将终结，我只能顺从地等待，直到圆舞曲天国那与我同名的上帝召唤我。在过去几周内，为了不至于沉溺于这些天的忧心和痛苦，我完成了心中一直未曾忘怀的一项任务：把一直被不正当地庸俗化、奥托·辛格对它们的拙劣改编一直令我难受的《玫瑰骑士》圆舞曲挑出来，加上歌剧的引子构成一首

新的管弦乐作品，结尾更长更辉煌。这是我对这个美丽的世界的告别。

《玫瑰骑士第一幕和第二幕引子与舞曲》（*Einleitung und Walzer aus Der Rosenkavalier, I and II Akt*）的缩编谱完成于10月26日，总谱完成于11月15日。

大约在这个时候，他还拾起了1939年为被禁演的关于慕尼黑的电影而作的圆舞曲。他把副标题改为"纪念圆舞曲"（*Gedächtniswalzer*, o.Op.140），插入了新的小调中段，再次使用了《火荒》的主题。此时，提到火焰有着悲剧性的时下意义。缩编谱完成于1945年1月23日，总谱完成于2月24日。他没有让这部作品上演，首演直到1951年3月31日才在维也纳举行。同样在1945年1月，施特劳斯致信给约瑟夫·格雷戈尔说自己梦到和霍夫曼施塔尔共进早餐，听到他说："我为您写了一部独幕歌剧的脚本。非常精致，内有山林仙女。"他徒劳地搜索希腊神话寻求解释。因此，格雷戈尔想要起草一部包含狄安娜和恩底弥翁，还有维纳斯和阿多尼斯的假面具式芭蕾哑剧。格雷戈尔开始工作，但施特劳斯和往常一样认为他的努力毫无意义。去试试泰坦神吧，施特劳斯建议。1946年10月，施特劳斯让可怜的脚本作家把脚本拿给克莱门斯·克劳斯看。一些音乐草稿留存至今，但《阿芙洛狄忒的复仇》（*Die Rache der Aphrodite*）在1947年初被放弃了。

1944年，盟军的轰炸机几乎每晚都出现在维也纳的上空。施特劳斯催促家人们回到加尔米什，他们于1944年12月抵达。弗兰克在当地的医院工作。已经十七岁的小理查留在维也纳，被送去曼弗雷德·莫特纳·马克霍夫在施维哈特的工厂工作（雅金街的住宅被塞尔维亚流亡政府占用）。爱丽丝一到加尔米什，逮捕她的命令就被送到了当地的盖世太保办公室。男高音弗朗兹·克拉尔韦因的姐妹警告了她。朋友们建议她应该试试通过布雷根茨的森林逃往瑞士，但她拒绝了。某位在当地政府工作的哈斯先生保证逮捕令不会被执行。和其他地方一样，加尔米什的食品和燃料已经短缺。在寒冷的冬天里，宝琳长时间卧床不起，受到从肺炎到眼睛感染的各种疾病的折磨。施特劳斯在这样的情况下拾起了萨赫尔弦乐作品，1月底，他开始全力创作，1945年3月8日完成缩编谱。然后他又在3月31日完成了另一首作品的缩编谱——为两把小提琴、两把中提琴、两把大提琴和低音提琴而作的《行板》。这首作品的七重奏版本后来在瑞士发现，由慕尼黑的巴伐利亚国家图书馆购得，1994年在加尔米什首演。他创作这一版本的原因不得而知，因为3月13日，他已经开始为如今的《变形》(*Metamorphosen*)创作二十三件独奏弦乐器的总谱了，尽管这一标题当时还不存在。七重奏版本在结尾的转调有些许不同。作品完成于4月21日，演奏乐器包括十把小提琴、中提琴和大提琴各五把，以及三把低音提琴。

值得注意的是，施特劳斯在维也纳国家歌剧院被炸毁后的第二天就开始创作总谱。1月和2月创作缩谱期间，他收到了柏林菩提树大街歌剧院和德累斯顿国家歌剧院被炸毁的消息。他于3月2日致信给格雷戈尔："我痛不欲生。歌德故居（法兰克福），世界上最神圣的地方，被摧毁了！我可爱的德累斯顿——魏玛——慕尼黑，不复存在！"

施特劳斯在第三帝国最后几个月间的私人日记中的评论显示了他的幻灭感。"1939年我写道：布兰登堡的标志回到了帝国。同时，又名大德意志的吹鼓了气的青蛙普鲁士正在爆炸，德国的政治角色正在终结。这和苏拉对雅典的毁灭多么一致。我今天读到，连路德都说过，'德意志已经是过去的东西！'那是他还没看到现代德国的废墟。"然后："3月12日，辉煌的维也纳歌剧院成了炸弹的又一个牺牲品。但自5月1日之后，人类历史中最可怕的时代将结束，在最大的罪犯那兽性、愚昧和反文化的统治下的十二年中，德意志两千年的文化发展面临最终命运，不可替代的建筑和艺术纪念碑被罪恶的军队摧毁。该死的科技！"当欧洲战争宣告结束时，施特劳斯的妹妹约翰娜和他在一起，他们正在听《"英雄"交响曲》的录音。"贝多芬还是德国人呢。"他说。

《英雄》一定深深震撼了他，因为《变形》（o.Op.142）的主要主题致敬了这首交响曲中的"葬礼进行曲"。施特劳斯并非有意地引用——它"从我笔下生出"。他在作品结尾的低音声部原封不动地引用了贝多芬的主题，在音符下面写道"为了纪念"。《变形》是对由十九世纪作曲家和施特劳斯自己所代表的德意志文化的悲歌。它是一首悠长的柔板，中间部分速度较快，织体结构丰富复杂，弦乐谱曲技术精湛；音乐中似乎暗示了瓦格纳（《特里斯坦与伊索尔德》）和勃拉姆斯的作品，但并没有直接引用。作品被构思为宏大的拱形旋律，主题经由交响乐展开。它是施特劳斯情感最深沉、最具灵性的作品，既是作曲艺术的杰作，也是情感的宣泄、忏悔和救赎。标题并非指音乐结构，因为曲中没有变奏形式的主题变形；它取自歌德，他在晚年构思存在心中多年的作品时使用了这个词，并把其和植物的生活史进行对比，种子成长为绽放的花朵、凋谢，然后重归泥土。

总谱完成后，施特劳斯致信给萨赫尔："我完成了《变形》，二十三件独奏弦乐器的练习曲，柔板-快板-柔板，约三十分钟。"他计划将它寄到红十字会摄影保存，"在方便的时候演奏"。但他并未寄出，而是于1945年10月将它带去瑞士交给威利·舒赫。萨赫尔于1946年1月25日在苏黎世指挥了首演。施特劳斯参加了首演前一晚的最终排练。他从萨赫尔手中接过指挥棒，出色地指挥，感谢了乐手，然后离开。第二天晚上，他没去听演出。这一事实告诉我们，这部作品对施特劳斯是多么的个人化，它蕴含的情感又是多么的伤痛。

[第二十八章]

"我是理查·施特劳斯……"

1945年4月,加尔米什。施特劳斯的孙子小理查被禁止离开将要落入红军之手的维也纳。但他骑上自行车在晚间偷偷赶路,一周后抵达加尔米什。一个有两个孩子的家庭正在门房的小屋里避难。施特劳斯的妹妹约翰娜也住在别墅里。30日,也就是希特勒自杀的那天,美军抵达加尔米什。吉普车驶向佐普里茨街42号。美国士兵们要求征用别墅,给居民们十五分钟的时间离开。42号看起来是理想的总部驻地。施特劳斯刚刚起床,宝琳病卧床上。安妮和小理查把情况告诉施特劳斯。爱丽丝开始打包贵重物品和食物。施特劳斯坚持要去前门。他对军官米尔顿·魏斯(Milton Weiss)说:"我是理查·施特劳斯,《玫瑰骑士》和《莎乐美》的作者。"魏斯马上认出了他,命令手下要尊敬他。施特劳斯请他们进屋,向他们展示美国摩根镇发给他的证书,请他们喝酒、吃东西。魏斯1997年回忆道:"施特劳斯马上告诉我,他的儿子娶了犹太妻子,他保护了自己的孙子……我让士兵们征用了另一栋房子。"[1] 士兵们树起了"禁止入内"的标志以防止其他人征用。接下来几周内,许多美军士兵被请来参观别墅和手稿。有些人

---

1. M. Weiss, 'Remembering Strauss',《纽约客》杂志刊登信件,1997年8月25日和9月1日。

指着一个贝多芬胸像问:"这是谁?"——"如果他们再问,"施特劳斯告诉爱丽丝,"告诉他们那是希特勒他爹。"

其中一位访客是匹兹堡交响乐团的双簧管乐手,后来成为费城柯蒂斯音乐学院院长的约翰·德兰西(John de Lancie)。他被施特劳斯的生活条件震惊了:缺少食物,没有肥皂,没有燃料。他请补给部门的朋友们提供帮助。德兰西和施特劳斯一同(用法语)讨论音乐、文学和时事。美国人鼓起勇气问施特劳斯是否考虑过为双簧管写些东西。答案是一个简短的"不"字。但它种下了种子。几周后,他开始起草一首协奏曲,9月14日完成了缩编谱。

还有两位不那么友好的访客。两个说德语的年轻人来到别墅,自称记者。一位是"布朗先生",另一位是库特·里斯(Curt Riess)。施特劳斯"非常热情地"接待了他们,并不清楚"布朗先生"实际上是为美军报纸《星条旗》(Stars and Stripes)撰稿的克劳斯·曼(Klaus Mann, 托马斯·曼的儿子)。他关于做客加尔米什的文章充满敌意,很快广为传阅,甚是有效地塑造了一个纳粹施特劳斯的形象。"他很健谈,毫无羞耻,"克劳斯·曼写道,"羞耻不是问题。他的天真、他的邪恶、几乎是不道德的自我中心几乎可以令人放松戒备……骇人,我想说。如此敏感的艺术家碰到良心问题时沉默了……一个并不伟大的伟人。我面对这样的现象只有恐惧,而且有些恶心。"

前文已提到,施特劳斯感到他没什么好道歉的,认为这么做有辱他的尊严。他的超然态度显然刺痛了克劳斯·曼。他谈到他对鲍曼让他在别墅中接纳避难者的反感、斯蒂芬·茨威格事件、他对歌剧版税的担心。他说他感谢汉斯·弗兰克和希拉赫的帮助。克劳斯·曼把最恶毒的攻击留给了爱丽丝。"我被禁止打猎,甚至不能骑马。"她显然曾这么说过,但不清楚语境为何。"我发誓她确实这么说过,"克劳斯·曼写道,"纽伦堡种族法令、奥斯维辛……世界上最臭名昭著的政权令犹太人落到被猎杀的地步,但理查·施特劳斯的儿媳还在抱怨她没法去打猎。"这篇文章发表后，施特劳斯愤怒地给托马斯·曼写了一封信，但没有寄出。他大概认识到《变形》是最好的回应。这篇文章到底是否准确不得而知，它是否真实反映了采访带来的情绪也不得而知。但是，如果克劳斯·曼敢于体面地公开自己的身份，那么文章的读者会少一些鄙夷。

《变形》完成后，施特劳斯在6月又为他于1944年初开始创作的《第二管乐小奏鸣曲》（o.Op.143）添加了两个乐章。他于6月22日完

图28 《双簧管协奏曲》的构思，施特劳斯与约翰·德兰西谈话，加尔米什，1945年

成了作品，并为其加上"快乐的工作室"的副标题，还在乐谱结尾写下"在生命终点充满感谢地献给神圣的莫扎特的灵魂，理查·施特劳斯"（Der Manen des göttlichen Mozart am Ende eines dankerfüllten Lebens. Richard Strauss）。它已发展为一首大型作品，时长四十分钟，除了缓慢而宁静的引子之外，充满了风趣、欢快和对施特劳斯作品的回顾。特别是最后创作的中间的两个乐章，说明施特劳斯因第三帝国的终结卸下了他生命中的重负而欢欣不已。只有在头尾的乐章中才能从不断丰富的对位中察觉出悲哀的痕迹。无疑，6月创作优雅的"小行板"和莫扎特式的小步舞曲作为中间乐章，令他意识到约翰·德兰西的建议值得采纳。他于7月6日致信给舒赫："在我晚年的工作室里，一首双簧管和小乐队的协奏曲正被'调制'。它来自一位芝加哥双簧管乐手的建议。"这首协奏曲有五份亲笔手稿传世。特别有价值的是1980年才被发现、现藏于奥地利国家图书馆的一份手稿。它介于最初的草稿和缩编谱的中间阶段。所有段落都和定稿相对应，但顺序不同——像是被随便拼凑在一起。

因此，从音乐上来说，在1944年的相对空白之后，1945年的施特劳斯重新变得多产。4月，完成《变形》后，他开始思考德国歌剧生活的未来。27日，他写信给卡尔·伯姆："某种遗言，至少是我的艺术遗产。"然后是一份备忘录："这是我前段时间写下的，1944年6月1日在写给罗兰·滕歇尔特的信中谈到的关于歌剧的重要性，以及我希望它在欧洲文化中心维也纳拥有的未来。"他要求在维也纳、柏林、慕尼黑、汉堡和德累斯顿等城市建立两个规模不同的剧院，一个用于"严肃歌剧"，另一个适合较轻松的歌剧。在较大的歌剧院中需要"以一流的制作和为保持标准而进行持续排练的，几乎永久性展示歌剧文献中最伟大的作品"。

然后，他又列了一个将在这一"歌剧博物馆"中演出的作品清单。清单包括五部格鲁克、五部莫扎特（达·蓬特撰写脚本的歌剧、

《魔笛》和施特劳斯改编的《伊多梅尼奥》)、《费德里奥》、三部韦伯、两部柏辽兹（《特洛伊人》和《本韦努托·切利尼》)、《卡门》、三部威尔第（《阿伊达》、《西蒙·波卡内拉》和《法尔斯塔夫》)、从《黎恩济》到《众神的黄昏》的全部的瓦格纳，以及他自己的八部重头戏，再加上《约瑟传奇》。然后他选择了适合第二种剧院的四十二位作曲家的作品。有些古怪得惊人——五部奥伯、两部夏布里埃、德沃夏克的《雅各宾党人》、迪特斯多夫的《医生和药剂师》(*Doktor und Apotheker*)、两部里特尔，以及莱奥·布莱赫、金策尔和梅于尔的作品。他特别提到《蝙蝠》要"使用原版！"四部威尔第的作品是《弄臣》《茶花女》《游吟诗人》和《假面舞会》。他自己的作品有七部，这令他成为唯一一位所有歌剧作品都登场的作曲家！他认为"因为如

图29 "一个有趣的笑话"，约翰·德兰西抓拍，加尔米什，1945年

今我们无法忍受的许多较早期的歌剧,如《麦克白》《路易莎·米勒》和《西西里晚祷》中,仍有一些天才的段落,我建议可以将各剧的单独场景混合上演,例如麦克白夫人发疯的场景……我非常讨厌《奥赛罗》,还有所有被脚本歪曲的古典戏剧,如古诺的《浮士德》、罗西尼的《威廉·退尔》和威尔第的《唐·卡洛斯》!它们不属于德意志舞台"。唉,伟大的天才也会被蒙蔽双眼——人们会想,为何这最后的指责落下了《埃莱克特拉》![1]

---

1. 完整清单和施特劳斯信件全文作为附录收录于 Böhm, *A Life Remembered*, 157-163。

[第二十九章]

流 亡

1945年至1946年的冬天,加尔米什前景暗淡。没有供取暖的燃煤。食品和药品短缺。施特劳斯面临财务危机。他的版税被盟国管制理事会没收了。因曾担任过帝国音乐局局长,他被告知将接受审判以裁定他的罪行(后来被称为"去纳粹化")——他被自动划为"第一类——有罪"。他习惯于每年去一家瑞士疗养中心休养,但是1943年和1944年,离开德国的申请被纳粹否决了。而此时他的申请再次遭到美国官方阻挠,但在美国和瑞士友人们做出保证后,他和身体仍然欠佳的宝琳获准前往瑞士居住,并于10月初离开德国。

施特劳斯随身带上了新誊抄写的四首音诗的总谱、小步舞曲、慕尼黑圆舞曲、《玫瑰骑士》圆舞曲组曲、《致达芙妮树》、《闺房中的女神》、《第二圆号协奏曲》和未完成的《双簧管协奏曲》。它们都被存入巴登维蕾娜霍夫酒店的保险柜里,作为支付账单的担保。他把《阿尔卑斯交响曲》的总谱赠给法国(现藏于国家图书馆),以感谢爱丽丝把他的一些乐谱带到多恩比恩的亨梅尔勒(Hämmerle)家时受到的帮助。他把他的两首魏因赫贝尔歌曲——《圣米迦勒节》和《在美景宫上眺望》——的手稿赠给法国在萨克森的驻军司令道迪贝尔(d'Audibert)伯爵和副官莫罗(Moreau)少校,以感谢他们对巴登之旅的协助(两份乐谱现藏于奥地利国家图书馆)。他们于10月11日抵达瑞士，受到舒赫的接待。

在日记中，施特劳斯称这家酒店是"人间天堂"。酒店提供了舒适的房间和美味的食物。"对我们这两个仅靠艺术生活，刚逃离混乱、悲惨、奴役和缺少燃煤的悲哀的德国人来说，这就是天堂；因为我们的可怜故乡沦为废墟而被迫离开我们亲爱的儿孙和我们拥有数十年的美好事物、远离我们燃烧殆尽的剧院和缪斯的其他座位——我们可以在和平安宁中、在善人和朋友们的陪伴下度过余生。"两周之后的10月25日，他完成了《双簧管协奏曲》。当时他的一位资助者，温特图尔的维尔纳·莱因哈特（Werner Reinhart）获得了《第二小奏鸣曲》的题献和总谱手稿。

另一位于1945年12月亲自前来拜访的资助者是恩斯特·罗特（Ernst Roth），这位奥地利人曾受雇于维也纳环球出版公司，后来前往伦敦，成为波西与霍克斯公司的经理。施特劳斯并不知道，波西公司1942年从奥托·费尔斯特纳处购得了他的作品的权利。罗特承诺要帮助施特劳斯，但他拒绝以两万英镑的价格将《莎乐美》和《玫瑰骑士》的电影改编权交给亚历山大·科尔达（Alexander Korda）爵士，因为他也无法保证它们不被删改。正在此时，维蕾娜霍夫的经理开始担忧，让瑞士作曲家海因里希·苏特迈斯特（Heinrich Sutermeister）为他保险箱里的乐谱估价。施特劳斯并不感到开心。

"人间天堂"没能长久。他前往瑞士一事遭到巴塞尔的《国民日报》（National Zeitung）攻击。一名瑞士女高音对玛丽亚·切波塔里在苏黎世的《阿拉贝拉》客座演出提出抗议，因为玛丽亚战时在德国演唱过。"纳粹政权的另一项光荣成就，"施特劳斯1946年1月5日在日记中写道，"人们不再是以艺术家们的能力，而是以美国人眼中他们的政治观念来评判他们。"同年晚些时候，等《阿里阿德涅在纳索斯》的苏黎世演出计划被取消后，他致信给舒赫："为什么？因为我是德国人？瓦格纳也是德国人。莱哈尔是匈牙利人。匈牙利人也打俄国人，而他的两部轻歌剧正在上演。意大利人也打盟军，威尔第的三部歌剧正在上演。整个瑞士民族的反德沙文情绪要全部倾泻在我头上吗？"[1]

但至少1946年标志着一系列首演的开始——1月25日苏黎世的《变形》，2月26日苏黎世的《双簧管协奏曲》（马塞尔·塞莱［Marcel Saillet］独奏、沃尔克马尔·安德里埃［Volkmar Andreae］指挥），3月25日温特图尔的《第二小奏鸣曲》（赫尔曼·舍尔欣［Hermann Scherchen］指挥）。《双簧管协奏曲》很快成了双簧管乐手们的最爱，尽管独奏的第一段包括五十六小节不间断的吹奏。它是一部听上去像是永恒存在、只是在完整呈现创作者思想的作品。主题如狂想般奔涌，相互交织。悠长如歌的旋律属于崇高之美的另一个时代。音乐中典型施特劳斯风格的半音滑动和温柔的节奏乐句，将三个乐章联系起来。协奏曲出版前，施特劳斯在1948年2月1日扩充了终曲的尾声。希望听到原版结尾的人可以去找莱昂·古森斯（Léon Goossens）1947年的录音。

尽管有这些演出，施特劳斯还是变得越来越痛苦沮丧。手头上没有大型作品的工作，提升不了他的士气。但他仍然继续写下大量信件。这段时间内他最为动人的信是写给孙子们的。1946年1月20日在给小理查的一封信中，他写道："艺术是上帝赐予的最好的礼物，它超越了一切尘世的痛苦，我们心爱的音乐是最令人愉快的。你的祖父在六十多年间兢兢业业地工作，你和你亲爱的弟弟将分享这一遗产，但你们必须坚持不懈地工作。你的信告诉我你走在正道上，只要我还活在世上，就一直会为你祝福。"[2] 小理查在库特·威尔海姆（Kurt Wilhelm）的"施特劳斯个人肖像"中，描述了老人对两个孩子的人文教育是多么关注——有教养的欧洲人必须懂拉丁文和希腊文、阅读

---

1. R. Strauss, *Briefwechsel mit Willi Schuh,* ed. W. Schuh (Zürich, 1969), 101−102.
2. Grasberger (ed.), Eine Welt in Briefen, 449−450.

图30　施特劳斯与威利·舒赫和保罗·萨赫尔在苏黎世讨论《变形》，1945年

歌德和维兰德、荷马和索福克勒斯（用原文）。虽然也会给孩子们讲故事（多数是歌剧情节），偶尔也会和他们踢足球，但他最关注的还是他们能否以严肃的态度工作。他自己的生活除了打牌之外完全献给了工作，他希望其他人也同样勤勉，尽管他曾承认，自己总是对其他人期望太高。

1946年，施特劳斯读了艾兴多夫的诗《在日落时》(*Im Abendrot*)。它描述了一对老夫妻相濡以沫地牵手前行，知道长眠的时刻已到，"这样我们就不会堕入孤独……我们已经因漂泊而疲倦。那是死亡吗？"这和他与宝琳如此相似，他开始为它谱曲，将最后一行的"那"改成了"这"——把艾兴多夫的"Ist das etwa der Tod?"改成"Ist dies etwa der Tod?"

老夫妻可能因漂泊而疲倦，但宝琳使得漂泊继续。酒店的生活令她不快。她抱怨食物和工作人员。理查并没有问题，只要他有桌子和一些谱纸，对他来说就和家里一样。但她什么也没有。"我什么也没有，"她对恩斯特·罗特说，"我整天无事可做。因此我和人吵架。"1946年3月，他们离开维蕾娜霍夫，前往乌契-洛桑的美岸酒店。4月，施特劳斯做了一个小手术，很快就恢复了。从5月20日写给舒赫的一封信中看出，他的沮丧情绪现在带上了愤世嫉俗的色彩：

> 所有的文化史学家、大学教授、犹太媒体，以及所有德国爱国者们，期盼着在美国和俄国的另一场战争之后，德国作为"世界力量"复兴，红胡子从基夫霍伊泽山，[1] 希特勒从帝国官署的地堡里重生——如果作者（即施特劳斯）在完成了世界的使命、创造和完善德意志音乐之后，写下政治上的德国必须被摧毁的言论，那么所有这些都可能将他撕碎、摔成四瓣、挂在死亡之轮上。[2]

他想念加尔米什、弗朗兹、爱丽丝和孙子们。他试图给他们寄去食物包裹，但这并不容易。1946年，爱丽丝偷偷穿越了瑞士边境，在卢塞恩和她的母亲与姐妹团聚。她给施特劳斯讲述了她去维也纳雅金街住宅取回手稿和档案的经历。俄国人带着警犬和军马占用了住宅，车库被用作屠宰场。家具被摧毁，家当也不见了。1945年6月以后，那里又成为英国军官的一个食堂。施特劳斯非常痛苦，以至于编制了一份清单，详细列出了每个房间都有哪些物品、家具和画作，它们放在何处，他又是在哪里购买的它们。5月30日在乌契，他用《没有影子的女人》主题创作了一首《交响幻想曲》，将与皇帝相关的全部音

---

1. 据传腓特烈一世（红胡子）皇帝葬在此处。——译者注
2. Strauss, *Briefwechsel mit Willi Schuh*, 89.

乐都删除，或许是因为（如前文所述）它太过痛苦地暴露了施特劳斯的内心。幻想曲于1947年6月26日在维也纳首演，由伯姆指挥。《玫瑰骑士》圆舞曲的新（1944年）改编版于1946年8月4日在伦敦首演，由埃里希·莱因斯多夫（Erich Leinsdorf）指挥。

1946年9月13日，施特劳斯夫妇搬到维茨瑙的公园酒店，几周后又回到巴登的维蕾娜霍夫。1947年萨尔茨堡有机会上演《达妮埃》，这令施特劳斯备受鼓舞，但他最喜爱的指挥家直到1947年仍因在纳粹政权下的活动遭受调查而无法指挥。施特劳斯正在创作另一首源自《约瑟传奇》的管弦乐幻想曲和一首单簧管和大管、弦乐和竖琴的二重小协奏曲，这是他承诺为维也纳爱乐乐团的前大管首席，1938年移民美国的胡戈·布格豪瑟（Hugo Burghauer）写的。在1946年10月的一封信中，施特劳斯称他"忙于这部作品的构思……特别考虑到您那美丽的音色"。1946年秋之后，施特劳斯心中一直想着美国，因为演员莱昂内尔·巴里摩尔（Lionel Barrymore）邀请他和宝琳到好莱坞定居。几周后，巴里摩尔致信表示，虽然他十分期待，但美国媒体对施特劳斯在纳粹德国所扮演角色的指控——从1945年7月《洛杉矶时报》一篇关于为汉斯·弗兰克创作歌曲的文章开始——然而施特劳斯对这次旅行并不感兴趣。施特劳斯1947年1月1日回信，称已把巴里摩尔的信交给威利·舒赫，让他转交美国领事，"附上对美国人1945年春以来在报纸和广播中首先通过作家托马斯·曼的儿子散发的恶毒谎言和诽谤性报道的必要描述。我非常了解这个爱国者周围的小圈子……我问心无愧，从不惧怕敌人……您完全不必道歉。因您对大城市记者的谎言和嫉妒您的音乐家小圈子里的阴谋并不了解，您有着最高贵的意图。"

还有一个纽约通信的记者指责他通过指挥为纳粹主义宣传，他回复道：

> 我的一切工作都是在不受当局影响的情况下完成的：例

如，特别是在过去十二年间，指挥柏林、维也纳爱乐乐团和慕尼黑国家歌剧院乐团，是在我自愿的基础上，通过私下的双方协议，为对我的**艺术家朋友们**表示善意而进行的……除了我的歌剧《沉默的女人》遭到完全禁演，除了我使用胡戈·冯·霍夫曼施塔尔脚本的歌剧一直受帝国戏剧局刁难，除了一直骚扰我之外，纳粹政权没有为我带来特别值得一提的严重困难。至于我儿子的家庭，情况则完全不同。他因婚姻被当作犹太人，他的妻儿要受纽伦堡种族法令管辖。我离开德国去瑞士的想法无法实现，因为我费了极大力气也仅能保护我的家人不被纳粹消灭，我多次提出离开德国的申请总是被盖世太保拒绝。人们都清楚我并非纳粹党或与它相关的任何组织的成员。同样广为人知的是，我从未在党的政治活动上、或在任何被占领地区演出（当然，除了我的第二故乡奥地利以外）。

据我所知，这是唯一一份能表明施特劳斯希望在战时离开德国的书面证据。

1947年3月29日至6月13日，施特劳斯夫妇住在卢加诺的桑罗科疗养院。7月25日，他指挥卢加诺广播乐团演奏了他年轻时的管乐《小夜曲》、四首由女高音安妮特·布伦（Annette Brun）演唱的歌曲和《资产阶级绅士》组曲。1945—1948年的草稿本说明施特劳斯正在创作多部作品。除了《阿芙洛狄忒的复仇》外，他还构思了第二首小提琴协奏曲、写下了小步舞曲、柔板和快板的笔记。1947年初，他收到了加尔米什附近的埃塔尔市本笃会高级中学修士校长斯蒂芬·沙勒尔（Stephen Schaller）的一封信。他的孙子克里斯蒂安在那里就读，儿子弗朗兹也是校友。沙勒尔请他创作一部男孩子们能够表演的作品。施特劳斯再次找到格雷戈尔，后者根据歌德同时代人克里斯托弗·马丁·维兰德的短篇小说创作了脚本。

这是一个牙医骑着租来的驴子进城的故事。当天非常炎热，牙医下来躲到驴子的影子里。驴子的主人控告他说租给他的是驴子，不是影子。整个城市为此案而疯狂，最终驴子在法律纠纷期间因疏于照料而死亡。然后，市民们因青蛙成灾而被迫离开了家。施特劳斯接受了脚本，但很快就开始了司空见惯的争论，他又把计划转交给维也纳的作家汉斯·阿德勒（Hans Adler）。施特劳斯计划写作六场、十八段，但也仅仅起草了少数几段。1948年因克里斯蒂安转学到圣加仑的一所瑞士寄宿学校，施特劳斯对此又失去了兴趣。施特劳斯死后，他的家人同意埃塔尔市音乐家卡尔·豪斯纳尔（Karl Haussner）依靠手稿片段完成《驴子的影子》（*Das Esels Schatten*）的演出版。作品于1964年6月7日和14日在埃塔尔上演，以纪念作曲家百年诞辰。但我们不必在意驴子的影子，它不过是施特劳斯的一道影子。

[第三十章]

伦　敦

在施特劳斯流亡瑞士期间，伦敦出版商恩斯特·罗特逐渐获得了他的信任和友谊，他们通信频繁，主要讨论新作品价格交涉等商业事务（他坚持有些作品不应在自己死前出版，尽管《变形》出版于1946年，双簧管协奏曲出版于1948年）。[1] 付给霍夫曼施塔尔寡妻格蒂的《玫瑰骑士》《阿里阿德涅在纳索斯》和《阿拉贝拉》的版税提高了（"我只能再说一遍：5%，即使这样也太多了"）。他回答了罗特关于格雷戈尔和乌尔苏利克是否是纳粹的问题。关于格雷戈尔，他说："不能仅仅因为他不得不和纳粹党有所牵扯而指责他是纳粹。我很确定他是个反对者，尽管当时他负责国家图书馆的戏剧制作和一个关于阿尔弗雷德·罗勒尔的展览……还有我的序曲！"关于乌尔苏利克，他说："她的音色在中音区并不完美，但在高音区绝对完美稳定，有着美妙的弱音——杰出的艺术家，但在和纳粹的关系上很谨慎。"关于切波塔里，他又说："在《埃莱克特拉》乐团面前很脆弱。"而他推荐了伊尔姆加德·西弗里德在维也纳国家歌剧院扮演的《埃莱克特拉》中的克里索忒弥斯。他还向罗特讲述了自己"去纳粹化"的过程。"索

---

1. 慕尼黑巴伐利亚国家图书馆藏有施特劳斯致罗特的九十多封信。

默里奇（Sommerlich）先生（美国调查者之一）几天前刚刚离开，"他写道，"就又来纠缠我要书面证据。最后我很厌烦，只好宣布鲍曼的法令即使对美国人来说也足够了。他们似乎不知道每个体面、有教养的欧洲人都知道的事情，我从来没有加入过纳粹党，并且一直反对纳粹——据戈培尔说这是'不可能的'。索默里奇想要的（帝国音乐局局长）解职的书面记录并不存在。诸如洛特·莱赫曼和天知道什么其他小人物的宣誓书我觉得毫无价值，已经扔掉了。"

这些通信中还有一些可以揭示出内情的要求。他请罗特把香烟寄给他的儿子弗朗兹、染发剂（"第8号亮灰色金发"）寄给宝琳、盘尼西林寄给孙子们、糖果寄给爱丽丝、药品AT10寄给他自己。他请温斯顿·丘吉尔或恩斯特贝文（Ernest Bevin，英国外交部秘书）允许孙子们在他死前来看他。许多信件都提到了施特劳斯前往伦敦的计划。首先是瓦尔特·莱格（Walter Legge）请他在4月或5月到皇家阿尔伯特音乐厅指挥新成立的爱乐乐团（"报酬不够，我要求500英镑"）。他坚持，《双簧管协奏曲》在庞大的阿尔伯特音乐厅（当时伦敦唯一的音乐厅）无法上演。罗特和托马斯·比彻姆爵士加入后，访问团规模越来越大，时间也被推迟到1947年10月。6月从卢加诺移居到蓬特雷西纳后，施特劳斯夫妇于9月22日住进了他们在瑞士最后的"家"——蒙特勒的宫殿酒店。10月4日，施特劳斯飞抵伦敦希斯罗机场。宝琳决定留下，而威利·舒赫在10月11日至16日期间陪同施特劳斯。与1933年七十五岁时第一次乘飞机前往巴黎的埃尔加一样，施特劳斯八十三岁时第一次乘飞机也是飞往巴黎。他住在萨伏伊酒店，高兴地重游圣詹姆斯公园，特别是国家画廊和华莱士典藏馆。他告诉舒赫他把提香与瓦格纳并列，而他自己就像丁托莱托和科雷乔。站在委罗内塞的《圣海伦娜》面前，他告诉舒赫，世纪初他曾构思过一首"绘画交响曲"，柔板是委罗内塞的《特洛伊的海伦》，谐谑曲是霍加斯。皇家爱乐协会为他举办了欢迎会和晚宴。人们欢迎他，没人提到"去纳

图31　在干草巷皇家剧院听托马斯·比彻姆爵士指挥皇家爱乐乐团，1947年10月

粹化"。他参加了比彻姆指挥皇家爱乐乐团在干草巷皇家剧院举行的两场音乐会的排练和演出。10月5日，比彻姆指挥了《资产阶级绅士》组曲、《火荒》终场、《堂吉诃德》（大提琴家保罗·托特利埃［Paul Tortelier］在英国初次登台）和《没有影子的女人》幻想曲的伦敦首演。最后一首作品是由刚开始指挥事业，曾是比彻姆手下的圆号手诺曼·戴尔·马尔指挥的。第二场音乐会的节目单里还有《麦克白》、《间奏曲》的一段间奏、《英雄生涯》和《阿里阿德涅在纳索斯》终场，切波塔里扮演阿里阿德涅、卡尔·弗里德里希（Karl Friedrich）扮演巴库斯。音乐会中场时，哈尔伍德勋爵应罗特邀请来访，[1]罗特"把我带进去，我看到伟人站在小小的休息室的另一端，肩上披着外套……

---

[1]. George Henry Hubert Lascelles，第七代哈尔伍德勋爵，英国歌剧经理。——译者注

我被带到他面前并被介绍给他,而我尽力结结巴巴地用德语说我多么享受他的音乐和听过的其他作品。'您从哪里学的德语？'（Wo haben Sie ihre Deutsch gelernt?）他问……我诚实但毫不相干地回答：'我当过战俘。'（Ich war Kriegsgefangener.）施特劳斯一听就转过身走开。我被赶出包厢,想起据说这位老人对任何能令他想起被传得沸沸扬扬、我认为遭到严重夸大的他与纳粹的联系都非常敏感,但我当时觉得他是,往好里说,反应过度了"。[1] 他在访问伦敦时还遇到了美国作曲家伯纳德·赫尔曼（Bernard Herrmann）,后者和我说,施特劳斯和他谈了半小时拉夫的音乐。赫尔曼对那些默默无闻的作曲家的了解有如百科全书,他一直坚持《阿尔卑斯交响曲》受到拉夫的一首作品影响。[2]

10月19日,在阿尔伯特音乐厅超过六千五百名听众面前,施特劳斯指挥爱乐乐团演奏了《唐璜》《滑稽曲》（阿尔弗雷德·布鲁门［Alfred Blumen］钢琴独奏）、《玫瑰骑士》圆舞曲和《家庭交响曲》（施特劳斯原先想上演《阿尔卑斯交响曲》,因为音乐厅里有架管风琴）。舒赫对当天的回忆是："下午,他上床休息,天色变暗时我坐到他身边。灯光很亮,我就问他是否要关掉。但他说不：'我不喜欢半明半暗,我喜欢光亮。'日常的场合并不能抹去这些话的深刻含义。不难感到即将来临的音乐会对他的压力——他已经好几年不指挥了（事实上上次指挥还是7月25日！）,而且他已经八十四岁了。他静静躺了一会儿,轻轻叹了口气说：'这些离家（in der Fremde）后的音乐会之前的下午！好吧,这样的日子不会持续太久了。'在他漫长的人生中他曾度过多少个这样孤独等待的下午啊！"[3] 就像《没有影子的女人》中的皇帝,远离妻子和家。当晚,在登上指挥台之前,他对罗特说：

---

1. Lord Harewood, The Tongs and the Bones (London, 1981), 93-94.
2. 拉夫写有第七交响曲"在阿尔卑斯"（In den Alpen, 1875）。——译者注
3. W. Schuh, *Ein paar Erinnerungen an Richard Strauss* (Zürich, 1964), 15.

"老马又一次出栏了。"在干草巷的一次排练中,他告诉乐团:"我知道我想要什么,我写这些的时候意味着什么。总之,我可能不是一流的作曲家,但我**是**二流中的一等作曲家。"[1]他应该是用德语说的,因此应该有些懂德语的人听懂了。关键是我们不知道施特劳斯认为有多少一流作曲家。不多,我想。去听音乐会的人无法理解这个几乎不怎么移动指挥棒的老人如何能够引发如此有力、强烈、激动的高潮。之后在休息室里发生了催人泪下的会面。1933年之后就再未见过他的伊丽莎白·舒曼没被他认出来。"您是谁?"他问。"伊丽莎白。"她答。他们谈了几句,她离开了,希望自己从未来过。但他看到格蒂·冯·霍夫曼施塔尔,诗人的寡妻时,眼中充满了泪水。

10月24日,他参加了BBC第三频道两场广播演出中的第一场,由比彻姆在麦达维尔演播室指挥的《埃莱克特拉》。埃尔娜·施吕特尔(Erna Schlüter)和伊丽莎白·勋根(Elisabeth Höngen)扮演埃莱克特拉和克吕泰涅斯特拉。他还旁观了比彻姆指挥皇家爱乐乐团的《堂吉诃德》录音。最后,29日,他在阿尔伯特音乐厅的BBC交响乐团音乐会上指挥了《梯尔·奥伦施皮格尔的恶作剧》,音乐会其他部分由阿德里安·鲍尔特爵士指挥。离开之前,他举行了媒体见面会。被问到他的计划,他回答:"唉,只是等死,我想。"两天后回到瑞士时,他带上了这次伦敦之行的全部收入,税后不到一千英镑。另外,根据最近与奥地利的条约,他重新获得1946年9月之后的版税。伦敦之行令人愉快的结果之一是和萧伯纳重新恢复了联系。施特劳斯丢失了他那本萧伯纳评论《尼伯龙根的指环》的"瓦格纳摘要"(Wagner Brevier),剧作家于1947年圣诞节又给他寄去了一本,上面写着"我终于找到了这本'摘要',代替丢失的那本。我心中特别珍视我们在

---

1. N. Del Mar, *Richard Strauss: a Critical Commentary on his Life and Works*, Vol.I (London, 1962), xii.

伦敦和布里奥尼（1929年）的会面。我已老迈年高（九十一岁半），但我并未忘记。在广播中听到您指挥的《梯尔·奥伦施皮格尔的恶作剧》和《唐璜》令我欣喜万分。多么不一样啊！"施特劳斯热情地给予回复，向萧伯纳介绍了他1935年以来创作的歌剧。

11月11日写给孙子克里斯蒂安的信中，施特劳斯表达出对英国之行的看法，还有他对工党政府治下英国的简朴生活的反应：

> 航班非常安静，只有往下看时才能察觉到是在飞行。比起嘈杂的火车，飞机上的桌子更方便写字。如果没有轰炸机，这种最新发明是值得赞美的。因为英国的食物难吃到极点，什么都没有，我的胃有些不舒服。只有冻牛肉，没有小牛肉、火腿，没有蛋、糖、黄油、植物油。一切都用恶心的人造奶油烹制。难以置信！不过，许多朋友都很照顾我，为我带来必需品。阿尔伯特音乐厅两个小时的音乐会有七千五百名听众，丝毫没有让我感到厌倦。掌声不可思议，媒体上也没有不友好的评论，只有赞赏和认可。乐团表现出色，很欣赏我冷静的指挥风格。简而言之，各方面都大获成功。在伦敦时，我收到了五份去美国旅行演出的邀请，但我都心怀感激地拒绝了。在这之前，克劳斯率领维也纳人上演了《莎乐美》，大受好评。玛丽王后也去了剧院。11月1日，科文特花园用英语上演了《玫瑰骑士》。我没听到，但我宁愿回到可爱的蒙特勒亲爱的奶奶身边。我们在这里期盼你和你亲爱的父母在圣诞时前来……在漂亮的酒店里、对你父亲很有好处的温暖气候中，能和你们在一起该有多么高兴。我们还为你们准备了一些吃的，希望能让我苍老的脑细胞为你们的拉丁文提供些帮助……你喜欢学和声吗，还在弹钢琴吗？

施特劳斯回到瑞士后面对的是更多的麻烦。鲁道夫·门格尔贝格（Rudolph Mengelberg）指挥了《变形》的阿姆斯特丹首演，之后马蒂斯·维尔穆伦（Matthijs Vermeulen）10月11日在《阿姆斯特丹绿报》（De Groene Amsterdammer）上把"为了纪念"与希特勒联系起来（就像贝多芬的"英雄"与拿破仑的联系一样）。"所有听了《变形》的人，"他写道，"还有那些无数被军阀们杀害、被牺牲的人的亲属，被迫因这样的音乐参与对'这位伟人'的纪念活动。"[1]这篇文章于10月15日被巴塞尔的《国民日报》转载。舒赫等人为施特劳斯辩护，报纸于11月8日发表并非真心的声明表示撤回报道，其艺术编辑写道，他等待着施特劳斯被披露为抵抗英雄的一天。为了支持施特劳斯，布鲁诺·瓦尔特在一次采访中称维尔穆伦的说法甚是可笑，他盼望着能在纽约指挥《变形》（"一部高贵的作品"）。但维尔穆伦的理论得到加拿大音乐学家提摩西·L. 杰克逊（Timothy L. Jackson）的支持，他写道："'为了纪念'的题词可以指并非真正英雄而是渴望伟大却堕入兽性的假英雄希特勒。"[2]在读过本书前面各章之后，我想读者们应该完全不至于相信施特劳斯会在他最悲剧性的作品中纪念希特勒。

---

1. M. Vermeulen, 'Een dubbed schandaal: Het Concertgebouw herdenkt Hitler', *De Groene Amsterdammer*, 1947年10月11日, 7.
2. T. L. Jackson, 'The Metamorphosis of the *Metamorphosen*: New Analytical and Source-Critical Discoveries' in B. Gilliam (ed.), *Richard Strauss: New Perspectives*, 193–241.

[第三十一章]

最后的歌曲

施特劳斯从伦敦回归后的第一个任务是完成《二重小协奏曲》（o.Op.147）。12月16日总谱完成，1948年4月4日在卢加诺由卢加诺广播乐队首演，奥特玛尔·努西奥（Otmar Nussio）指挥，阿尔曼多·巴西莱（Armando Basile）演奏单簧管，布鲁诺·贝尔戈马斯基（Bruno Bergomaschi）演奏大管。施特劳斯对克劳斯说，他最初的想法是基于安徒生的《猪倌》，设置一个王子假扮猪倌追求公主的情节。但施特劳斯用音乐描绘出跳舞的公主（单簧管）被一只熊（大管）怪异的姿势吓到了。但当她与它跳舞时，它变成了王子。两个短小乐章之后是长而散漫的回旋曲终曲。作品的开头是弦乐的前奏，延续了《随想曲》六重奏的风格。施特劳斯在写给布格豪瑟的信中谈到这部热情洋溢的作品："我父亲总是说，莫扎特为大管写了最美的音乐。他也是那个有着**一切**最美好的思想，直接从天而降的人！请替我向乐长（乔治·）塞尔致意！他还背谱演出《奥伦施皮格尔》吗？"

1948年，布格豪瑟去蒙特勒和施特劳斯见面，发现他很沮丧。"他的出版商已经支付了宫殿酒店的费用，"大管手写道，"但他对我说：'我连给小费的零钱都没有，我的孙子克里斯蒂安在这里上学。我不知道要怎么办，我的版税被没收了，我没法开支票。'他又说：'您是个外交家。'我说：'是吧，但我懂得并不多。'他说：'每个乐队的首席都是外交家，我父亲也是。无论如何，我这里有三份清晰的手写总谱，《唐璜》《奥伦施皮格尔》和《死与净化》，把它们带走吧。在和平时代，每份我都可以卖一千美元，但现在我把三份一起卖一千美元——金币。'他给了我一份写在酒店稿纸上的书面授权书，这是我要求的，因为我担心会有人质疑我为何能出售这些乐谱。两三周后，我寄给他一万美元——他非常高兴。"[1] 他重抄乐谱的行为令已经购买了《变形》总谱手稿的保罗·萨赫尔有些难堪。后来，又有人想卖给他一份《变形》的总谱手稿。"我已经有了。"但他还是买下了第二份。

尽管在伦敦获得成功、收到去美国旅行演出的邀请、他的歌剧越来越频繁地上演，他仍然沮丧绝望。他写了大量信件（例如，他记得德累斯顿国家管弦乐团1948年7月25日成立四百周年纪念，称它是"世界第一支歌剧乐队"）。他和舒赫长时间讨论。有时他们会因为舒赫支持某些现代音乐而争辩起来。施特劳斯无法忍受。无调性等于犯罪。勋伯格、克热内克（Krenek）和欣德米特不过是"放置音符的人"。他研究贝多芬和海顿弦乐四重奏的乐谱，特别是莫扎特——"《G小调五重奏》，直接来自天堂！"有一次他眼中含泪，抓住舒赫的手说："原谅我，让我们别再争吵了。是我一直太顽固。"弗朗兹去看他，说："爸爸，别再写信，也别再沉思了，这毫无益处。去写几首好歌曲吧。"

他正是这么做的。1948年4月27日，他在蒙特勒完成了他于1946年底或1947年初就开始起草的艾兴多夫《在日落时》的缩编谱。5月6日完成总谱。6月9日他为《安息吧，我的灵魂！》配器，这是他于1894年9月献给宝琳作为结婚礼物的歌曲 Op. 27。这并非偶然，因为两天前，加尔米什仲裁法庭关于他和纳粹关系的判决——去纳粹化裁决——发布了，并立即生效。三位仲裁成员，卡尔·皮佩尔（Karl

---

[1] H. Burghauser, 'Richard Strauss als Wiener Operndirektor. Erinnerungen von Hugo Burghauser', ed. P. Dusek *Richard Strauss-Blätter* No. 12 (Vienna, 1978年12月), 8–23.

Piper）博士（主席）、弗朗兹·海斯（Franz Heiss）和安东·保卢斯（Anton Paulus）认为施特劳斯并未犯罪，诉讼被终止，费用由国家承担。他在五十四年前谱写的亨克尔的诗句一定非常贴切他当时的心境："安息吧，安息吧我的灵魂/你的风暴曾经猛烈/曾暴怒、震动/就像迸裂的激浪/这是有力的时刻/为心灵带来折磨/安息吧，安息吧我的灵魂/忘记对你的威胁。"在管弦乐版中，这首美妙的歌曲更为阴暗激烈，且延长了几个小节。它更加伟大了。

去纳粹化法庭的报告长达八页、排版紧密，它的多数内容本书前面各章已经详细记述。但有些段落值得在此引用：

> 他拒绝艺术中的任何种族主义政策，因而他与党内那些试图在纳粹意识形态上影响艺术的重要纳粹成员越来越疏远。例如，1934年1月30日，施里芬图书馆正在筹划一部关于帝国文化部的作品以表示对戈培尔博士的感谢，并要求施特劳斯捐款，尽管所有其他局长都同意参与，但施特劳斯还是拒绝了。甚至是写几行引言或只写一份个人陈述的要求，都被施特劳斯置若罔闻……
>
> 克拉科夫长官弗兰克的多次邀请总是遭他拒绝。旅行的便利舒适、在克拉科夫宫殿中的奢侈生活等一切都不能令他回心转意。面对这么多诱惑，施特劳斯还是拒绝邀请，弗兰克在他1943年7月11日的最后一封信中甚至屈尊没有在他的签名中加上"希特勒万岁"，这对他一定并不容易……

党卫队安全部的领导人致信给宣传部长："众所周知，施特劳斯即使在1935年也拒绝在公众面前做德国式敬礼，并且和国内外犹太人圈子保持联系。"

法庭的裁决于6月11日，施特劳斯八十四岁生日当天在加尔米什签署。为庆祝此事，舒赫把自己编辑的期刊《瑞士音乐杂志》（*Schweizerische Musikzeitung*）的预印本寄给他。它刊登了鲁道夫·哈特曼的文章《制作施特劳斯作品的原则》（*Grundsätzliches zur Strauss Regie*）。作曲家很高兴。"万分感谢，"他写道，"以不幸被摧毁的德国剧院的名义……您能复印五十或一百份吗，当然是我出钱。像哈特曼这么聪明的家伙被禁止活动三年难道不是对文化的犯罪吗？我们不能再谈了……同时，关于您的礼物，我每天都收到关于去纳粹化的感人的祝贺，即使是来自德国最偏远的角落。讽刺的是，我因这种闹剧而成'名'。不过，您的杂志是一道亮光。"1947年某个时候，施特劳斯读到了当时住在瑞士的赫尔曼·黑塞的诗。黑塞时年七十岁。两人在一家酒店里短暂会面。黑塞于1946年获得了诺贝尔文学奖。施特劳斯认为他的一些诗歌适合谱曲。6月20日，他创作了《春天》（*Frühling*）的缩编谱，7月18日开始配器。6月25日至30日，他住在他的瑞士银行家朋友阿道夫·约尔（Adolf Jöhr）博士在苏黎世的家中，28日，他离开房间去吃午饭时随身带着一叠乐谱。他告诉约尔："这是我刚为赫尔曼·黑塞的一首诗歌谱的曲，我把它献给您和您的夫人。"这首歌曲是《入睡》（*Beim Schlafengehen*）。他和宝琳从苏黎世前往蓬特雷西纳，在当地的萨雷茨酒店度过了夏天。他于8月4日开始在那里为新歌曲配器。他还考虑过黑塞的另两首诗《夜》（*Nacht*）和《盛夏》（*Höhe des Sommers*），但他已为类似的诗歌谱过曲。十天后，他为另一首黑塞诗歌《九月》（*September*）谱写了缩编谱，并于9月1日回到蒙特勒后，20日在当地开始配器。弗朗兹和爱丽丝这次来蒙特勒时，施特劳斯走进他们的房间，把一些乐谱放在桌上，对爱丽丝说："这是你丈夫预订的歌曲。"《九月》题献给西里（Seery）夫妇，即正在美国、曾忠诚地为施特劳斯提供了帮助的玛丽亚·耶里查和丈夫。还有另一首歌曲也即将问世。11月23日，他为人声和钢琴谱写了贝蒂·克诺贝尔（Betty Knobel）的《锦葵》（*Malven*, AV 304）。献词是："心爱的玛丽亚（耶里查），这朵最后的玫瑰。"1949年3月，他把手稿寄给耶里查，她一直将它保留到1982年去世（它的首演于1985年1月在纽约举行，由吉莉·蒂·卡纳瓦［Kiri te Kanawa］演唱）。耶里查3月16日在新泽西州纽瓦克写给施特劳斯的信值得全篇引用。她当时年已六十：

> 亲爱的朋友和尊敬的大师：
>
> 汉斯·萨克斯在《纽伦堡的名歌手》中说：对你，这很简单，对我就很困难。我就是这样。我该怎样感谢您创作出如此绝妙的歌曲呢。人们可以因痛苦而哀嚎，也可以因快乐而哭泣。我的情况是后者。我高兴得哭了。我们因这两首美妙歌曲带给我们的快乐而全心全意感谢您。我很高兴您在日渐好转，我想这是来自亲爱的宝琳的关心和照顾。希望上帝保佑你们。我有一种非常强烈的预感，我很快就会再次在理查·施特劳斯大师的指挥下演唱。我相信，在您指挥的《莎乐美》演出后，我将不得不被抬出剧院，因为我一定会承受不住那巨大的欢乐。那将是我事业的巅峰。我确信在这样的夜晚，我的演唱会最好、最有感情。您怎么想呢，我能请求您在维也纳和我一同登台吗？我可以保证，整个奥地利，乃至更远的地方都会拜倒在您的脚下。"我会把大祭司的长袍给你。"希禄王承诺。作为莎乐美，我保证我将以我一生中从未有过的方式歌唱舞蹈。亲爱的大师，您真的认为我扮演的莎乐美像您说的那么好吗？我全心全意热爱这部歌剧，讨厌任何演出时不像我从您那里学到的那样歌唱跳舞的人。我将停笔，不再继续用废话烦扰您。祝福您和我们心爱的宝琳，您忠诚的玛丽安德尔。

我们难道想象不出施特劳斯在读到这封他的第一位阿里阿德涅和皇后的艺术情书时的苦笑吗？

　　为艾兴多夫和黑塞诗歌谱写的歌曲在施特劳斯死后作为o.Op.150出版，恩斯特·罗特加上了《最后四首歌》（*Vier letzte Lieder*）的标题（实际上并不准确，他并不知道《锦葵》的存在）。没人知道施特劳斯是否将它们作为套曲构思。提摩西·L.杰克逊认为原计划是将《安息吧，我的灵魂！》作为第五首歌曲，但没有文献证据。而女高音基尔斯滕·弗拉格斯塔德（Kirsten Flagstad）的友人和伴奏埃德温·麦克阿瑟（Edwin McArthur）写道，施特劳斯曾选择她"为他现已闻名遐迩的《最后四首歌》进行世界首演，必须由一流的指挥家指挥。'一流的指挥家'正是最受她青睐的富特文格勒"。[1]但这位指挥家并非施特劳斯的最爱。据麦克阿瑟说，弗拉格斯塔德曾于1947年1月和5月、1948年4月在苏黎世演出。提摩西·L.杰克逊猜测，她和施特劳斯可能在当时讨论过歌曲的演出。但施特劳斯在他写给舒赫和罗特的许多信件中并没有提到和弗拉格斯塔德见面，而且直到1948年4月，他还没写出任何一首黑塞的歌曲（《在日落时》的缩编谱是在4月27日完成的）。1950年5月22日在伦敦阿尔伯特音乐厅举行的首演上，富特文格勒指挥爱乐乐团，弗拉格斯塔德演唱。所以更有可能的是，她是被富特文格勒选中的。歌曲首演时的顺序是《入睡》《九月》《春天》《在日落时》，这也是1951年5月塞娜·尤里纳克（Sena Jurinac）在斯德哥尔摩演唱、弗里茨·布施指挥、一年后卡尔·伯姆和丽莎·德拉·加萨（Lisa Della Casa）录音时使用的顺序。但罗特在1950年则是以《春天》《九月》《入睡》《在日落时》的顺序出版。如今的演出通常也是遵循这个顺序。

---

1. E. McArthur, *Kirsten Flagstad* (New York, 1965), 289—290.

首演之后,《最后四首歌》就不仅是施特劳斯,也是所有作曲家最受欢迎的作品之一。名人们无数次把其中某首带上罗伊·普拉姆利(Roy Plomley)神秘的荒岛。[1] 它们是施特劳斯对世界的告别,但最初并非如此构思的。它们是关于死亡的歌曲,但死亡是被顺从接受的。尽管它们都是题献给在瑞士流亡中帮助过施特劳斯的人(《春天》题献给舒赫夫妇),实际上是对他五十多年来的婚姻和艺术伴侣宝琳的最后致意。"我的全身都因您带来的幸福而震颤"是《春天》的结尾。他对宝琳女高音的嗓音长久以来的爱在这部最后的杰作中达到顶点。常有人说它们可以在他生涯中的任何时刻创作出来,但我相信它们只能出自最后的时刻。它们是晚年、智慧和宁静的音乐,死亡和升华的音乐。尤其是像施特劳斯所有的晚期作品一样,它们再次确认了调性的荣光,展现了在传统的自然音和半音风格中还能创造出多么新颖的音乐。它们是以极高的技巧创作的。例如,在《明天!》的配器中用独奏小提琴描绘出相爱之人幸福的灵魂,在《入睡》中它表现了"在神秘的夜之环中不受束缚的灵魂自由地高飞"。《在日落时》中云雀般的颤音正如《玫瑰骑士》中的鸟鸣。在《这是死亡吗?》中,音乐引用了《死与净化》的理想主题。《九月》以圆号的独奏结尾,这是他父亲的乐器,萦绕在他的所有音乐中。《在日落时》宏伟的管弦乐开头展现的是最丰富、成熟、抚慰人心的施特劳斯。这并非不满的冬天,而是满足的秋日收获。

---

1. 罗伊·普拉姆利1942年在BBC开播"荒岛唱片"节目,创造了"荒岛唱片"的概念。——译者注

[第三十二章]

回到加尔米什

1948年12月15日,施特劳斯在洛桑的塞西莉诊所做了一次大手术,取出了一大块膀胱结石。26日,他致信给舒赫:"我自问,他们为何要把我重新带回这个我已经活够了的世界?"他口述信件,由一位护士或弗朗兹(当他在场时)记录。但到了1949年1月13日,他又请舒赫为他带来《特里斯坦与伊索尔德》、贝多芬的《第二交响曲》和《弦乐四重奏》(Op. 127)、海顿的《"皇帝"四重奏》的袖珍总谱。舒赫1月28日感谢他的《春天》题献。有趣的是,他称它是黑塞歌曲中的"第一首"(des ersten Hesseliedes)。4月中旬,施特劳斯进了蒙特勒的弗洛里芒诊所,然后回到宫殿酒店。他计划在5月中旬飞往巴黎,但身体状况不够好。他希望能去巴黎参加由他的朋友古斯塔夫·萨玛佐伊尔(Gustave Samazeuilh)组织的音乐节,那里将举行《和平之日》(Jour de Paix)的音乐会演出,以及其他一些作品的法国首演。施特劳斯致信给萨玛佐伊尔:"《和平之日》的广播恰好与外交部会议同时进行,是一种命运的标志,我愿意把它视为我1938年作为艺术家的幻想……能够从巴黎这个开明的城市照亮整个世界的正面预兆。"就在同一周,《和平之日》在布鲁塞尔的莫奈剧院上演。5月9日,他和宝琳住在苏黎世中央酒店,次日上午乘上火车,在离开三年七个月后重回加尔米什。舒赫和指挥家埃里希·克莱伯去车站送行,祝他们一路平安。

与舒赫的友谊温暖了施特劳斯在瑞士的生活。他在5月11日到达加尔米什的第二天，致信给舒赫：

> 我们一路顺利，在因斯布鲁克，加尔米什的美军指挥官加尔洛克（Garlock）先生开车来接我们。我们在猛烈的暴风雪中前行，抵达家中时，爱丽丝已经把那里装饰得像是精美的展览一般。我们睡得很好，非常开心，感谢亲爱的瑞士，我们恢复了健康。随信附上我儿子刚拍的一张快照。

他已指定舒赫作为他的传记作者，让他自由选用自传文章中的材料。这本书于1949年以《回忆与反思》（*Betrachtungen unde Erinnerungen*）为题出版。施特劳斯看到这本书时"并不太高兴"。他7月11日致信给舒赫：

> 很可惜您没有把手稿先给我校订。我不希望自己不快的日记中那些不负责、不正确的随手记录被不经批判地接受，我应该会修改或删除它们的。例如，理夏德·瓦格纳称老施特劳斯为"不可思议的家伙"可以被理解为他们是对立的；而关于腌黄瓜，或者关于彪罗的故事都能给下流报章提供诋毁大师们的机会。还有那封写给卡尔帕特的信，里面有我从来不曾招待过的一万名仆人。似乎即使像您这样杰出的作家也会堕入耸人听闻的新闻陷阱。显然它会出第二版（1957年），我将寄去一份特别的副本，是否有可能（但肯定是可以的）做一些删节和更正？无论如何，在罗斯博士正在完成的英译本中必须考虑到这些问题。您能想象，如果关于全民公权的言论落入美国歹徒手中，将会造成什么后果？

在他收到的回国贺信中，有一封来自克劳斯，建议他应创作一部以诺亚洪水为主题的清唱剧——"您也用您的音乐制造了一叶方舟，我们在方舟里把我们艺术中所有美好的精神财富从无调性的洪水中拯救出来。"

6月11日是他的八十五岁生日，庆祝活动已经在计划中。他不得不谢绝一些邀请。他对舒赫说："我这辈子都习惯于让身体服从我，可现在我必须服从它了。"有许多人去别墅拜访，高兴地欢迎他回归。6月10日，他前往慕尼黑参加《玫瑰骑士》在摄政王剧院举行的正式彩排，应邀指挥第二幕和第三幕的终场，被拍摄下来收录进关于他的纪录片《音乐人生》（*A Life for Music*）中，这部纪录片还收录了后来拍摄的他指挥的呈献银玫瑰的场景。1946年10月，生于匈牙利的乔治·索尔蒂成为巴伐利亚国家歌剧院的指挥。他在6月10日排练时陪伴施特劳斯进入乐池。施特劳斯问他："圆号坐在哪里？"——左边，小号在右边，索尔蒂告诉他。"我的视力和听力不太好了。"施特劳斯解释。索尔蒂在回忆录中写道："他一开始指挥，年迈的虚弱就被力量和控制力取代。在第二幕结尾的圆舞曲，就在奥克斯的音乐开始之前，施特劳斯尽管已几乎失明，仍自然地望向舞台，就像经验丰富的乐长那样以本能的自信做出指示。"[1]

生日当天上午，巴伐利亚政府和加尔米什市政当局一同资助了在加尔米什市政厅举行的音乐会，上演了他年轻时创作的小提琴奏鸣曲和钢琴四重奏。索尔蒂在奏鸣曲中演奏钢琴。施特劳斯被授予加尔米什荣誉市民称号，以及慕尼黑大学荣誉法律博士（有人会说，这不是早前的事吗）。慕尼黑代理市长宣布在慕尼黑大学设立施特劳斯奖学金。施特劳斯的回应演说被录制下来。他动情地讲述了自己早年在慕

---

1. G. Solti, *Solti on Solti, a Memoir* (London, 1997), 79–80.

尼黑的生活，他如何在那里以《女人心》开始莫扎特复兴，还有父亲的音乐生涯。他将《慕尼黑》圆舞曲第一版（1939）的手稿赠给了巴伐利亚国家图书馆。[1] 6月13日，他去慕尼黑格特纳广场剧院看新制作的《资产阶级绅士》。巴伐利亚政府问他最想看自己的哪部作品，他选择了这一部，这是他和霍夫曼施塔尔对莫里哀戏剧充满苦恼和争吵的长期纠缠带来的成果。"真可惜，霍夫曼施塔尔没法看到它。"他说。这大概是一种赎罪。一个月后的7月13日，他回到慕尼黑指挥广播乐团演奏《随想曲》中的月光音乐（幸运的是，录音保留了下来）。此后他再未指挥过。之后，他和鲁道夫·哈特曼一同乘车穿过伊萨尔河谷回家，一起回忆了他们在哈特曼家中讨论慕尼黑战后歌剧计划的往事。[2] 十天后他们在加尔米什继续会面，加入讨论的还有巴伐利亚国家剧院经理阿洛伊斯·约翰内斯·李普尔（Alois Johannes Lippl）。"施特劳斯再次展现了他清晰的头脑和未受影响的智慧。他满心欢喜地看到，建设计划采纳了他过去经常提出但毫无成果的一些建议。"后来，他们在花园中散步。"他站在那里，沉浸在沉思中，俯视着夏日里盛开的花朵，然后仿佛自言自语般说道：'它们还充满生机，而我已老去。'"

索尔蒂应邀前往加尔米什别墅拜访。[3] 拉响门铃时，他惊讶地发现开门的是施特劳斯自己。老人要求听听"歌剧院的闲言碎语"，这让他放松下来。索尔蒂问起《玫瑰骑士》的速度问题。"很简单，"施特劳斯回答，"我用我的语速给霍夫曼施塔尔的台词谱曲，自然的速度、自然的节奏。只要朗读台词，就能找到正确的速度。"他还说，

---

1. 施特劳斯的演说辞见Schuh, *Betrachtungen und Erinnerungen,* 250–252，但未收录于该书英文版。
2. R. Hartmann, 'The Last Visit to Richard Strauss' in R. Schlötterer (ed.), *Richard Strauss – Rudolf Hartmann: Ein Briefwechsel* (Tutzing, 1984), 91–96.
3. Solti, Solti on Solti, 80–82.

图32 施特劳斯八十五岁生日时在加尔米什演讲，1949年6月11日

第二幕圆舞曲要按每小节一拍而非三拍来指挥。"别像克莱门斯·克劳斯经常做的那样。他按三拍指挥。试着保持一拍——这令分句更加自然。"施特劳斯还建议在排练时离开乐池，"因为在乐池的位置听到的和听众听到的完全不同"。午餐后，宝琳请他离开："理查要睡一会儿。"施特劳斯后来对家人说，"这个年轻人为我带来了一点希望"。

8月12日，他在办公桌前工作了好几个小时。他最后创作的音乐是为黑塞的另一首诗歌《反思》(*Besinnung*)的谱曲，但他告诉罗特，十六声部的赋格段过于复杂了。他大概还在试图解决问题。然而第二天他就卧床不起，越来越虚弱。导尿管一直让他很痛苦。尿毒症发作，他必须吸氧。但在清醒时，他告诉爱丽丝："我听到如此多的音乐。"她说要拿给他一些谱纸。"不，我六十年前已经在《死与净化》里就写过了。就像那样。"27日，他发作了几次剧烈的心绞痛。宝琳也因患病住院。29日，施特劳斯有所好转，要求见哈特曼。次日，弗朗兹和克里斯蒂安去埃博豪森接他，在返回加尔米什的途中，弗朗兹说医生认为施特劳斯只有几天甚至几小时的生命了。1949年10月，哈特曼写下这次访问的感人的长篇记述。爱丽丝带他走进施特劳斯的房间：

> 然后他说："死亡第一次沉重打击了我，给了我最初的信号……"他的思想逐渐转向他一直感兴趣的方面……我听着那深沉而有些沙哑的声音不断重复谈起对欧洲戏剧未来的关注；短暂的休息后，他说："想想看，一百四十年前歌德和拿破仑在埃尔夫特握手！这将会是怎样的发展：拿破仑成为统一欧洲的统治者，歌德成为他的第一任文化部长……"他告诉我，他正在给现今法国的一位重要政治人物弗朗索瓦-庞塞（François-Poncet）写信，[1]口授的草稿件已完成了一半。

在这封口授但未署名信件中，施特劳斯写道：

---

1. 弗朗索瓦-庞塞为二战前后法国驻德国大使。——译者注

图33 最后的照片之一,加尔米什,1949年

> 尊敬的、亲爱的信使先生！请允许我为您作为最值得尊敬的欧洲人之一，接受了驻德高级专员的，请允许我向您表达深切的满意。您在多年的工作生涯中为德国-法国的相互理解付出了很多。因此，在我生命的终点，得知您将担任这一重要职务，我感到非常满足。考虑到这一点，我向您致以最真挚的祝福。在那些灾难性的岁月里，我所希望的就是始终与您密切相关。我想更详细地和您谈谈，希望有一天能在加尔米什见到您。

在与哈特曼的谈话中，施特劳斯再次概述了他寄给伯姆的歌剧保留剧目计划，热情地谈到克劳斯在慕尼黑的时代，以及他对《达妮埃的爱情》萨尔茨堡首演的希望。接下来还是哈特曼的叙述：

> 我猛地一动，外衣上的一颗纽扣绷开了，我恼火地四处寻找它。施特劳斯问"怎么了？"他听说这个小骚乱的原委后，回答道："站起来，它会掉到地上，您就能找到了。"正如他所说。

他又谈到指挥瓦格纳作品的困难，特别是《齐格弗里德》结尾的二重唱。

> "您知道我说的是哪一段……"不等我回答，他就举起双手，一边指挥一边大声唱起乐队的旋律，并用双臂示范。他的脸微微泛红，他明亮的双眼凝视远方，远远越过房间的墙壁……他躺回枕头上，双眼湿润。"您要原谅我，"他说，"但当我这么孤独地躺在这儿，有那么多想法，就会有些多愁善感。"

他们谈到当时的歌剧歌手、重建被摧毁的剧院、谁应担任哪些职位。施特劳斯笑了。

> "这样，我们似乎已经把世界划分得相当好了——我们的世界……"过了一会儿，他的声音再次响起时变得非常温柔："向世界致意（Grüss mir die Welt）——这句话出自哪里？"我突然想到《女武神》中类似的话并且说了出来，他摇摇头："不，不，不是，是在其他地方。"（其实是《特里斯坦与伊索尔德》第一幕第四场中伊索尔德对布兰根娜唱的歌词。）

不久后哈特曼起身离开。

> 他向我伸出手，感谢我来看他，可以看出他在尝试打消一些这次离别太过明显的沉重意义。然后他再次用双手紧紧地握住我的右手："或许我们还能再见；如果不能，您知道一切。"最后一握，他松开手，我很快就离开房间。离开时，我听到理查·施特劳斯低声呜咽，然后大声喊他的儿子。[1]

他又活了九天，常常非常痛苦。但9月8日周四下午2点12分，他平静地离开了。宝琳握着他的手，弗朗兹、爱丽丝、克里斯蒂安（小理查在慕尼黑工作）、安妮·尼茨尔和医生也在床边。

他的葬礼于9月12日在慕尼黑举行。葬礼上没有出现任何基督教符号。天气温和，因此仪式在慕尼黑东公墓的火葬场外举行。许多人

---

1. Hartmann, 'The Last Visit', 91–96.

表达了敬意。犹太人乔治·索尔蒂指挥巴伐利亚国家歌剧院管弦乐团演奏了贝多芬《英雄》交响曲中的葬礼进行曲("听起来不会太好，"他回忆，"我之前从未指挥过它")。最后，按照施特劳斯生前的要求，玛丽安娜·谢希（Marianne Schech, 扮演玛莎琳）、毛德·库尼茨（Maud Cunitz, 扮演奥克塔维安）和格尔达·索默尔舒赫（Gerda Sommerschuh, 扮演索菲）表演了《玫瑰骑士》第三幕的三重唱。"一个接一个，"索尔蒂写道，"歌手都哭了起来，停止了演唱，但随后又恢复过来，我们最后一起结束了演出。"[1]指挥兼作曲家阿洛伊斯·梅利哈尔（Alois Melichar）描述，三重唱开始时，宝琳的脸上显露出"无法忍受的痛苦"。"在第一女高音开始时，她就像被闪电击中了一样双膝跪地，紧紧抓住椅子，仿佛那是一张祈祷凳。三重奏继续进行，熟悉的音响与和声逐渐展开，娇小的她抽搐地呜咽起来。在高潮时，她狂乱地把手伸向棺材，用力握住张开，仿佛在寻求超然的力量收回和抓住什么一样。最后的和弦响起，她摊开双手，仿佛在说：'写出这样作品的人也必须死吗？'"[2]然后她喊道"理查，理查"。伤心欲绝、仍在哭泣的老妇人走到索尔蒂身边感谢他。

宝琳的生命也走向终结。爱丽丝说："我从没想到有人能哭得这么厉害。"施特劳斯在去世之前催促宝琳回到蒙特勒，从1949年10月至1950年3月，她都住在宫殿酒店，由蕾西·尼茨尔照料。她几乎不出门。她的视力衰退了。回到加尔米什后，她在花园里蹒跚而行，一天晚上，她被发现在理查死去的房间里神志不清，哀哀哭泣。1950年5月13日，死亡带来了解脱。九天后，《最后四首歌》首演。

一般来说，作曲家死后，其名声会在近二十年间暂时下跌。但这并没有发生在施特劳斯身上，因为声誉下降这种事情在他在世时就已

---

1. Solti, *Solti on Solti*, 83.
2. Grasberger (ed.), *Eine Welt in Briefen*, 479–480.

经发生过了。多年来，他被写成靠耳朵作曲、1911年后没有写出有意义的东西、与二十世纪音乐发展无关的人。在学术圈内，他不仅被忽视，甚至被回避。他不值得被严肃对待。与斯特拉文斯基和勋伯格相比，他不值一提。如今，关于施特劳斯各个方面的论文大量出现。仿佛突然间气象大变。曾被视为不过是音符编织的作品得到重新评价。真相开始展现：这是一位几乎和巴赫一样能创作一切，与当代潮流并不相关，只为唯一的音乐之神服务的作曲家。

对施特劳斯的学术评价从未影响到他在音乐界的地位。没有哪个乐团可以离开他那为了展现瓦格纳之后交响乐队之光彩的音诗。他的早期室内乐和协奏曲尽管不够成熟，但仍在保留曲目中有一席之地。他晚期的器乐作品一推出就被视为杰作。他创作了两百多首歌曲，旋律之美和歌词的戏剧想象令所有歌曲对歌者和听众来说都同样价值连城，无伴奏合唱作品也是如此。在他的歌剧中，至少有七部在世界各地长演不衰，且指挥和歌手们仍在探索着被忽视的处女地，这个数字正在增长。和所有多产的作曲家一样，施特劳斯并非一直处于创作巅峰的状态。但至少在《滑稽曲》之后的每一部作品，都不可磨灭地刻下了他的音乐个性的印迹。他的音乐强烈、积极、充满人性。正如我之前所写，缺乏灵性或宗教因素。他是一个魔法师，但绝非黑魔法师。他的艺术可以召唤出无尽的人类情感和经验，从家庭生活的快乐到奥斯卡·王尔德脆弱的情感主义、从古希腊悲剧到即兴喜剧、从维也纳的魅力和浅薄到创世的神秘。可别指控他是在编织音符，因为音符被织入的是复杂迷人的网络；即使他谈到创作晚年作品只是为了"手腕练习"，那也是奥林匹克运动员的练习。即使是不那么好的施特劳斯作品，例如《约瑟传奇》和《日本庆典音乐》，仍然能对接受施特劳斯的听众施加恶毒的咒语——不应该享受这种音乐，但却无法不享受！

正如他自己承认的那样，他整天都想着音乐。他抱怨说，他的思想太复杂了，有时令他过于啰嗦。但把他和他心爱的莫扎特相提并论

图34 葬礼上的宝琳，慕尼黑，1949年9月12日。右为弗朗兹，左为弗里德里希弗里茨·伦纳博士教授，背后是孙子小理查和克里斯蒂安

并不太过分，不是说质量——因为他会强烈抗议这种判断——而是纯粹在音乐性上。正是这种变化万千的创造性在他生前就招来如此多的敌意和嫉妒。他在几乎所有方面都强过同时代的同行和对手。他们知道，但不愿承认。他也知道，也并不总是掩饰。

但还有一个谜团，那就是音乐家和普通人之间的差异。在音乐上，几乎没有他做不了的事。他的技术能对付一切。但他的内在是否足够强大、坚韧，足以应付他的技术带来的巨大挑战？他是否恐惧他心中的恶魔——斯蒂芬·茨威格在他身上察觉到的恶魔——对他的索求？这就是"皇帝的咏叹调"令人如此不安的原因吗？这就是为何他不喜欢半明半暗的地方、说自己只能在夏天作曲的原因吗？这就是他为何在指挥、斯卡特牌、加尔米什的家居生活中归隐逃避吗？这可能就是答案。

和所有那些拥有强大创造力的艺术家一样，在他身上有些无法回答的问题。他和霍夫曼施塔尔合作这么长时间是正确的吗？霍夫曼施塔尔是否把无法成功的情节和脚本强加给他？本书引用的书面证据无法支持这一理论。确实，可以说他最成功的歌剧都是他自己选择主题、脚本并将脚本调适至他所需的：《莎乐美》《埃莱克特拉》《间奏曲》《随想曲》。但这不能解释《玫瑰骑士》《没有影子的女人》《阿里阿德涅在纳索斯》和《达芙妮》。他称赞、欣赏《没有影子的女人》和《埃及的海伦》的脚本。他对茨威格的《沉默的女人》感到兴奋不已。他于1894年回到慕尼黑是正确的吗？他于1919年接受维也纳歌剧院共同总监的职位是正确的吗？或许不是，但他不安分的个性需要这些外部刺激，就好像他需要和宝琳的婚姻带来的不断烦扰一样。我们可以嘲笑那些把施特劳斯看作"妻管严"的理论——"我们又要吃古拉什吗，宝贝？""给你什么就吃什么，理查。"——但无疑我们必须承认，是宝琳创造了一个家庭，其唯一目的就是确保施特劳斯拥有时间、精力和健康以尽力作曲。她也曾是音乐家，尽管婚前担心自己无法应对，但仍然成为一位天才的主妇。他的音乐为他们带来许多收入——尽管他们曾两次失去一切——但他们的生活够不上奢侈，倒也舒适。施特劳斯对版税的兴趣一直招来非议，这是对他的天赋嫉妒羡慕的另一方面。它忽略了他为其他作曲家所做的努力，忽略了他对许多同事的帮助，忽略了他赠送手稿和草稿本的慷慨。

当然还有，和纳粹政权无论有什么联系都是错的吗？无疑，按1945年后的世界的观念，是的。但1933年的世界相当不同，正如某位曾为他的去纳粹化调查者提供证据的人所说："不可能要求某位自己领域的大师在其他领域也取得辉煌成就。因此，指控音乐家而非政治家的理查·施特劳斯无法成为政治英雄是荒谬的。作为作曲家，他创作了属于人类精神最伟大的世界级成就的作品，为此人类对他只应尊敬和感谢。"而奥托·克伦佩勒的言行从某些方面来说代表了其他音乐家的态度。1945年秋在德国指挥时，他拒绝和一位曾为富特文格勒辩护的独奏家合作。人们提醒他，按照计划他是要在德国指挥《变形》的。"富特文格勒没写过《玫瑰骑士》。"他回答。[1]

无论1933年发生了什么，施特劳斯都为他的错误判断付出了十年间接、有时不那么间接的迫害的代价；如果无法展现，本书就是失败的。在那个黑暗的时代中，他维护了他受其养育的德意志文化的最高标准，在邪恶之中，真正的艺术之光熠熠生辉。显而易见，施特劳斯在第三帝国时期的行为引起如此多的质疑和争议是对他的名誉的不合理的贬低，而相比之下，斯特拉文斯基和韦伯恩支持法西斯和纳粹的观念却鲜少被人提起。是不是那些被认为是进步的、先锋的作曲家，就可以免于因道德行为而受到谴责呢？

也许有人会问，尽管施特劳斯的音乐有着如此激动人心的性质，

---

1. P. Heyworth, *Otto Klemperer, His Life and Times, Vol.2*, 1933-1973 (Cambridge, 1996), 142.

为何还说他是一个冷漠的人。他当然是克制、漠然，有些时候甚至是粗鲁高傲的。他不是英国人所说的那种"交际型"。他有一个密友的圈子，但人数很少（霍夫曼施塔尔曾如此评论），而且他只有和家人在一起时才能真正感到放松。总体来说他的态度用当代用语来描述的话应该是"悠闲"（Laid back）二字，但马勒认识到在他冷静的外表下蕴藏着火山般的激情。施特劳斯那代人不在公众面前表露情感——他一直记得自己的个性中，存在遗传自父亲的易怒和顽固与敏感的母亲那温柔而懒散的态度的冲突。在他的作品中，可以通过题献来找到其个性中家庭温暖的线索——题献给他的父母（他唯一一首宗教性歌曲《来自东方的三王》（*Die heiligen drei Könige aus Morgenland*，题献给母亲，或许是因为他对母亲是虔诚的教徒而自己不信宗教而感到内疚），他的舅舅和舅妈、他的妻子、他的儿子。他也把作品题献给音乐家同行和在危难时刻帮助过他的朋友。但1901至1911年间在德累斯顿指挥了四次重大首演的恩斯特·冯·舒赫却不在此列，或许是因为施特劳斯对他的删节感到不满。他没有创作过任何纪念死者的作品。如果说他似乎更关心德国建筑被摧毁，而不是成千上万人死去令人沮丧，这不应当被视为冷酷无情的表现。他是个以自我为中心的艺术家：他的人生就是艺术及其圣殿。它们的毁灭是他自己的伤痛。他对人类的悲剧绝非无动于衷，而是通过历史的透镜来对它观察。"历史，"他在生命终点写道，"几乎完全是由一系列愚蠢和邪恶的行为、庸俗、贪婪、欺骗、谋杀和破坏构成的。"

他一直与悲剧保持距离。"我想制造欢乐。"他告诉霍夫曼施塔尔。在《莎乐美》和《埃莱克特拉》之后，他的歌剧中只有两个人物死亡（达-乌德和琥珀浦斯）。在这方面他同样是莫扎特式的——正如莫扎特的欢乐笼罩着阴影，施特劳斯也一样。他将我们带入一系列不朽作品陈列室的内核：唐璜的多情、梯尔·奥伦施皮格尔的顽皮和机智、堂吉诃德无害的妄想、不那么英雄的英雄的家庭生活、少年公主淫荡的纵欲、心胸狭隘的埃莱克特拉的残忍复仇、玛莎琳令人怀念的顺从、轻浮的泽比内塔冷静的机会主义、皇后的高贵和巴拉克的纯粹善良、阿拉贝拉年轻而智慧的头脑、达妮埃从拜金者到最终转变为宝琳化身的表现，以及《随想曲》女伯爵的女声中所达到的一切荣耀的顶点。他为每一位角色找到了适合的音乐，从年轻时的热情持续进步到年长的经验和智慧，在从暴烈到温柔、迷人到庸俗的情感范围中，始终忠实于传统调性的原则，敏锐地回应特定调性的色彩和意义——特别是E大调和降D大调——这对他意义重大，刺激着他多产的音乐心灵。

　　音乐的荣耀在于它是由众多如此不同的天才创作的，每个人都有独特而不可模仿的创作方式。他们可以满足我们自己无法满足的多种多样的需求。我们或许会发现他们的失误、接受他们的缺陷、认清他们的局限，但仍珍视他们对丰富人类精神而做出的特殊贡献。施特劳斯的失误和局限不比其他任何作曲家少，但在我看来，与他一生的伟大创作相比，这些瑕疵根本微不足道。这并非贝多芬式的伟大，也并不想为人类提供精神慰藉。他不相信他能通过自己的艺术改变人类的命运。但他有时可以通过一面黑暗的透镜透视人心。他并不像马勒那样关注永生或必死的暗示。他和莫扎特一样，是音乐的奴隶。"音乐是神圣的艺术。"作曲家在《阿里阿德涅在纳索斯》序幕中唱道。这就是理查·施特劳斯的神与魔。

[附录1]

作为指挥家与钢琴家的施特劳斯

施特劳斯的指挥生涯自1880年代开始，一直延续到去世前的三个月。他几乎将其平均分配给了音乐厅和歌剧院。年轻时，他在指挥台上特别激情洋溢。《曼彻斯特卫报》的阿图尔·约翰斯通这样描述他1902年5月在杜塞尔多夫指挥的李斯特《浮士德交响曲》："这个斯芬克斯般的人，硕大的头颅在他又高又壮的身体上摇摆，伴随着奇妙的姿势，令他的听众陷入一种鬼火般的狂热。"他在指挥中注入了如此多的精力，以至于医生们警告他心脏有可能受损（荒谬的医学预测！）。他走向相反的极端，仅仅把夸张的姿势留给最夸张的段落，通过指挥棒尽可能小的移动获得一场激励和兴奋紧张的效果——"用领带指挥"是施特劳斯对自己方法的描述。听众们说他的《特里斯坦与伊索尔德》是最情色的。在《女人心》中他会即兴演奏键盘通奏低音，常常引用自己的作品。他做得如此轻松，没人会感到冒犯，相反，只会支持这种莫扎特和施特劳斯混合的风趣。

他觉得指挥自己的作品"很无聊"。他说，多年以来他并不愿指挥《玫瑰骑士》："它令我感到厌倦，因为我指挥得太频繁，得不到多少乐趣。"但从录音中可以听出，他的诠释并不无聊。没人能令《唐璜》如此刺激，也没人能为《梯尔·奥伦施皮格尔的恶作剧》欢快的幽默和辛辣的风趣加上如此尖锐的效果。听他指挥《英雄生涯》令人想起音乐中有多少幽默和风趣。我们仅有的他指挥《莎乐美》的唯一片段说明他可以激发出音乐中全部的色欲，而不至于沉溺于此，或令它过分放纵。有人说他在柏林告诉一位扮演莎乐美时声音和动作都过度夸张的女高音："不，不，亲爱的。音乐已经够恶心了。"他指挥自己作品时的速度通常较快：他认为指挥家们不应在带劲的地方磨磨蹭蹭。他并不热衷于排练，如果他认为乐团了解一首作品，他就会放手。他面前总是摆着总谱，但只是作为预防措施——他并不知道乐谱上的排练提示号码。年轻时在魏玛，有一次《唐璜》中的骑士登场太早了。施特劳斯试图挽救，大喊"D小调和弦"，试图让乐团跳过这一段。而乐团不知道发生了什么，也不懂施特劳斯的意思，只能停止了演奏。"自此，"他告诉罗特，"我再也没有在没有乐谱的情况下指挥过。"还有一次，1942年在慕尼黑，他在指挥《达芙妮》时碰到一个标有"一小节三拍"的段落，克劳斯通常在这里是按四拍处理。施特劳斯不管不顾继续打三拍。

罗特说施特劳斯的拍子就像节拍器的摆针。任何乐曲从第一个音开始，速度就已完全确定。"要想指挥《特里斯坦与伊索尔德》前奏曲，"施特劳斯曾说，"就要把最后一小节的节奏完全记在脑子里。"他还说，指挥的关键"是节奏精确的弱拍，它足以提前清楚地确定之后的速度，然后是节奏精确的强拍。一小节的后半部分并不重要，我经常按二分音符处理"。维也纳爱乐乐团的奥托·施特拉塞尔说："对施特劳斯来说，没什么比保持不变更不正常的了……如《莎乐美》和《埃莱克特拉》中频繁的速度变化对他毫无困难可言……渐慢时他常常举起双肘，摆出经典姿势。他的面部表情通常保持轻松，但他的整个姿态却特别紧张。高潮时他会站起来（他晚年是坐着指挥），脸会变得通红……我常常在《玫瑰骑士》的排练中想，其他指挥会在某些美丽的段落中流连忘返，把它们完全榨干，但作曲家的处理却是多么轻盈啊。"

德累斯顿国家管弦乐团的小提琴手阿图尔·特罗贝尔的回忆支持了这一点，他第一次以指挥的身份接触施特劳斯的作品还是1919年12月的《玫瑰骑士》。他回忆道：（见1978年5月出版的《理查·施特劳斯学报》第11期中的回忆录）"施特劳斯指挥时尽可能少用手势，而且不带任何明显的情感表达。有几次，他只要稍微欠身，乐团就会自动加强力度。但总的来说，尽管姿势单调而精练，他的冷静和威严还是令我们心中激发出一种难以描述的张力。我绝不会忘记他从乐谱上抬头扬起眉毛望向台上或某一组乐器时的迷人神态。排练相当轻松，例如有次《莎乐美》的排练。那天早上他快步走上指挥台，但过了十分钟就放下了指挥棒。'你们知道这部作品，我也知道。早上好，先生们。'他敏捷地走下指挥台，跑回美景饭店，他的斯卡特牌友们还在等着他吃早餐。"特罗贝尔还记得1933年的一次《特里斯坦与伊索尔德》差点酿成大祸。"之前我们不清楚音乐中的一处删节，结果证明我们掉进了坑里。施特劳斯马上失去了镇定，直到一分钟后我们再次站稳脚跟，他才平静下来。"

赫伯特·冯·卡拉扬（见理查德·奥斯伯恩［Richard Osborne］《卡拉扬谈话录》［*Conversations with Karajan*］，牛津，1989，112—113页）说施特劳斯的节奏感无可挑剔："不是说他像节拍器那种刻板的感觉，而是指他对音乐真正内部节奏的感觉……施特劳斯总能令人感到音乐在向前发展。这表现在莫扎特的作品中，真是太美妙了。他有时会不太注意……他最小的手势也能产生积极的效果。他指挥时毫不表露感情。他的起拍——你知道许多指挥家会把它做成非常夸张的上扬手势，然后又猛烈地往下挥动——他从不这么做。情感出自音乐。他完全知道每首作品中的高潮所在。"1939年卡拉扬指挥《埃莱克特拉》演出后，施特劳斯称赞他："您不用总谱就能指挥它，我已经做不到了，因为我离这首作品太远了！但别忘记，五年后您的情况也会发生变化。"

阿德里安·鲍尔特爵士提供了关于施特劳斯在伦敦音乐会上言行的生动回忆。1903年12月11日，十五岁时就已经成为敏锐评论家的鲍尔特，在女王音乐厅听到了施特劳斯指挥的一场柏辽兹百年纪念音乐会。他为音乐激动，但没有对指挥做出评论。但1914年6月26日，施特劳斯在同一个音乐厅里指挥了《唐璜》《梯尔·奥伦施皮格尔的恶作剧》《死与净化》和莫扎特的《第四十交响曲》。鲍尔特六十年后在写给我的信中提到："有人告诉我（在排练时）他把一小时安排给自己的三首作品，剩下的五小时则安排给了莫扎特。听起来就是这样——末乐章实在令人惊叹：一开始的十小节似乎很慢；确实，但十小节后就会忘记这个结论，因为节奏和重音如此惊人地轻盈而生动。"施特劳斯于1922年1月回到伦敦时，在皇家阿尔伯特音乐厅指挥了这三首音诗和一些自己的歌曲。鲍尔特注意到施特劳斯"有一种奇妙的本领，他会给人刚好足够的时间来演奏，而战时，我们都一直在赶速度"。

作为一名钢琴家，施特劳斯的能力足以和彪罗合作演奏莫扎特协奏曲，他是个出色，尽管不太稳定的歌曲伴奏，他不仅与宝琳，还与许多其他歌手合作过。第二次世界大战期间，他已年近八旬，而他的伴奏录音依然可以展现出他那娴熟的技艺，但也可以说明岁月带走了许多——从"叮！"（*Kling!*）中就能听出。1920年代，曾经参与了施特劳斯在维也纳和伊丽莎白·舒曼演出的翻谱员阿尔弗雷德·奥雷尔（Alfred Orel）提供了对他鼎盛时期的著名描述。施特劳斯开场时就对他小声说："你不要跟着谱子走，因为我弹得跟谱子很不一样。"奥雷尔说，随后他发现：

> 施特劳斯的演奏是如此自由，同时又能如此精确地配合歌手的演出，还能对她的演唱进行指引和支持，对她何时需要帮助、何时要给她呼吸的时间或帮助她避免在呼吸时过于

紧张，了解得分毫不差。总之，歌手和伴奏之间大概从未有过如此完美的统一。

诚然，同声乐谱一样，伴奏谱上的音符往往不过是帮助作曲家回忆的工具……但他并不局限于谱上的伴奏，而是以几乎无法模仿的方式发掘了钢琴的全部潜能……在《秘密的召唤》中，钢琴的上行跑动在低得多的音域开始，因此比乐谱上的速度快得多……不知多少次，施特劳斯加强了低音线条、增厚了和弦。但他有时也会一丝不苟地遵循乐谱，如在《明天！》中那样。在《塞西莉》中，似乎能听到一整支乐队的演奏……他让歌手自己控制歌曲间的休息时间，当我把下一首歌曲的乐谱放到他跟前时，他似乎是随意把手放到琴键上。我非常惊讶地发现他总是以自己歌剧中的片段开始，再连接到歌曲，特别是音乐上与相应歌曲联系密切的特定段落，但这种密切关系仅仅体现在他的演奏方式中。因此在《你，我心中的王冠》(*Du meines Herzens Krönelein*)之前，他非常轻柔地弹奏了——显然完全为自己而演奏——《玫瑰骑士》最后的二重唱……这无疑说明了施特劳斯所有作品高度统一，而且作曲家本人对此深为了解，甚至是最小的细节。[1]

---

1. A. Orel, 'Richard Strauss als Begleiter seiner Lieder. Eine Erinnerung', *Schweizerische Musikzeitung* 92:1 (1952), 12ff.

[附录 2]

施特劳斯与录音

施特劳斯和埃尔加一样,是最早意识到录音重要性的伟大作曲家。1905年底,他走进弗莱堡的一个录音室,为约五年前在弗莱堡开发出复制技术的威尔特(Welte)公司录制自动钢琴打孔纸卷。他演奏了《莎乐美》(1905年12月才首演)、《火荒》《英雄生涯》片段、《氛围音画》(Op. 9)中的四首和《秘密的召唤》。大约在1914年,他为胡普菲尔德(Hupfeld)的"自动"钢琴打孔纸卷录制了《阿里阿德涅在纳索斯》中的两个片段、《英雄生涯》中的爱情场景和《约瑟传奇》中的一个片段。

1917年,他指挥柏林国家歌剧院乐团录制了《资产阶级绅士》的三个乐章、《阿里阿德涅在纳索斯》序曲、《唐璜》(七十八转唱片的第一、二两面由乔治·塞尔录制,因为施特劳斯迟到了)、《梯尔·奥伦施皮格尔的恶作剧》和《玫瑰骑士》圆舞曲,这也是他第一次与乐队合作录音。1921年,他为男高音罗伯特·胡特伴奏,录制了他的两首歌曲《明天!》和《拂过我的头》(Breit über mein Haupt);又为男中音海因里希·舒鲁斯努斯(Heinrich Schulusnus)伴奏,录制了《回家》(Heimkehr)、《我爱你》《安息吧,我的灵魂!》《献辞》《夜》和《秘密》(Das Geheimnis)。

1921年在美国时,他指挥了一支并未留下名号的乐队(大概是芝加哥交响乐团的部分成员）在芝加哥录制了《莎乐美之舞》和《资产阶级绅士》的两个乐章。也是在这次美国之行期间，他在纽约为"安皮科"（Ampico）钢琴录制了《氛围音画》第二首、《献辞》改编版和《献辞》《万灵节》与《黄昏之梦》的伴奏部分。每段伴奏都分别在两个不同的调上演奏，以适应不同的人声。1922年，他在英国指挥伦敦交响乐团录制了《唐璜》（有删节）和《玫瑰骑士》圆舞曲。

电子录音发明后，施特劳斯于1926年指挥柏林国家歌剧院乐团录制了贝多芬的《第七交响曲》（终曲多有删节）、莫扎特的《第三十九交响曲》和《英雄生涯》。同年，他在伦敦女王音乐厅和"扩增的蒂沃利管弦乐团"录制了《玫瑰骑士》电影音乐（包括"呈献进行曲"）。这份录音已重制为CD（EMI Classics 7 54610 2）。同年晚些时候，他在柏林指挥柏林国家歌剧院乐团录制了莫扎特的《第四十交响曲》《死与净化》《间奏曲》和《玫瑰骑士》圆舞曲，1927年初又回到录音室用不同的录音技术录制了相同的曲目。除莫扎特的作品之外，这些录音已被重制为CD（DG 429 925-2）。1928年初，他和这个乐团重新录制了莫扎特交响曲（两次录音都使用了没有单簧管的第一版），几个月后又录制了贝多芬的《第五交响曲》和《魔笛》序曲。同年年底他录制了科内利乌斯《巴格达的理发师》、瓦格纳《漂泊的荷兰人》、韦伯《欧丽安特》和格鲁克《伊菲姬妮在奥里德》的序曲、《特里斯坦与伊索尔德》第一幕前奏曲与《莎乐美之舞》（已重制为CD：DG 429 925-2）。

1929年，他和同一乐团录制了《梯尔·奥伦施皮格尔的恶作剧》和《唐璜》，1930年又录制了《资产阶级绅士》全曲（九乐章）。接下来是1933年年中录制的《堂吉诃德》，恩里科·迈纳迪担任（Enrico Mainardi）大提琴手（《唐璜》《堂吉诃德》和《资产阶级绅士》重制为CD：DG 429 925-2），还是与柏林国家歌剧院乐团合作。

直到1940年底，他才在慕尼黑指挥巴伐利亚国家歌剧院乐团录制了《日本节日音乐》（重制为 CD：Preiser 90205 和 DG 429 925-2）。可能这就是世界首演，因录音日期在东京首演之前。一年后，他和同一乐团录制了《英雄生涯》《堂吉诃德》（奥斯瓦尔德·乌尔［Oswald Uhl］大提琴）和《玫瑰骑士》圆舞曲（重制为 CD：Preiser 90205，《英雄生涯》和《玫瑰骑士》第三幕圆舞曲重制为 CD：DG 429 925-2）。当年晚些时候他还录制了《阿尔卑斯交响曲》（重制为 CD：Preiser 90205）。

1942 至 1943 年间，他在维也纳为玛丽亚·莱宁（Maria Reining）伴奏了《我的孩子》《友谊的幻象》《塞西莉》《黄昏时的梦》《献辞》和《摇篮曲》，为莉亚·皮尔蒂（Lea Piltti）伴奏了《回家》《小夜曲》《我飞翔》（Ich schwebe）、《叮！》《我的一切想法》《林中极乐》和《跳动的心脏》（Schlagende Herzen），为安东·戴尔莫塔（Anton Dermota）伴奏了《秘密的邀请》《夜》《献辞》《我爱你》《自此我望着你的眼睛》（Seitdem dein Aug' in meines Schaute，两次）、《拂过我的头》《我负着我的爱》《我心中的王冠》《回家》《我的一切想法》《足够幸运》（Glückes genug）、《在金色的丰饶中》（In goldener Fülle）和《思乡》（Sehnsucht），为希尔德·科内茨尼伴奏了《坏天气》《在美景宫上眺望》《你，我心中的王冠》和《啊，亲爱的，我现在要离开了》（Ach, Lieb, ich muss nun scheiden），为阿尔弗雷德·博埃尔伴奏了《啊，我这不幸的男人》（Ach weh mir unglückhaftem Mann）、《为什么，姑娘》（Wozu noch, Mädchen）、《玫瑰花环》（Das Rosenband）、《冬之爱》《安息吧，我的灵魂！》和《秘密的邀请》。这些歌曲录音收录在普雷瑟唱片公司的两张 CD（93261/2）中。

1944 年 2 月他和维也纳爱乐乐团录制了《家庭交响曲》磁带（重制为 CD：Preiser 90216 和 DG 435 333-2）。6 月，在八十大寿庆祝活动期间，他和同一乐团录制了《查拉图斯特拉如是说》《唐璜》《梯尔·奥伦施皮格尔的恶作剧》《英雄生涯》《死与净化》和《资产阶级绅士组曲》（重制为CD：Preiser 90216，《梯尔·奥伦施皮格尔的恶作剧》还重制为CD：DG 435 333-2）。同在1944年，他还和柏林广播交响乐团录制了《掼奶油》的一首圆舞曲。1944年9月，施特劳斯在慕尼黑和尤利乌斯·帕查克录制了他的四首管弦乐伴奏的歌曲。它们是《我负着我的爱》《秘密的邀请》《明天！》和《小夜曲》。合作乐团可能是巴伐利亚国家歌剧院乐团。1944年（日期不明），《纽伦堡的名歌手》第一幕前奏曲在一场维也纳爱乐公众音乐会中被录制下来（重制为CD：DG 435 333-2）。

其他已知现存的施特劳斯录音包括：《节日前奏曲》（柏林，1930年）指挥德累斯顿国家管弦乐团的广播录音《堂吉诃德》和《梯尔·奥伦施皮格尔的恶作剧》片段（伦敦，1936年），卢加诺广播乐团广播电台完整播放的《小夜曲》（Op. 7）、《明天！》《万灵节》《我负着我的爱》《玫瑰花环》（女高音是安妮特·布伦）与《资产阶级绅士》组曲（1947年7月25日），阿尔弗雷德·布鲁门（钢琴）与爱乐乐团的滑稽曲广播录音（1947年10月19日）。

施特劳斯指挥联邦广播大交响乐团在1935年11月5日录制的《F小调交响曲》（Op. 12）的录音已经佚失。

部分参考书目

Armstrong, Thomas, *Strauss's Tone-Poems* (Oxford, 1931).
Ashley, Tim, *Richard Strauss* (London, 1999).
Asow, Mueller von, *Richard Strauss: Thematisches Verzeichnis* (Vienna, 1954–68).
Beecham, Thomas, *A Mingled Chime* (London, 1944).
Birkin, Kenneth, *Friedenstag and Daphne: an Interpretative Study of the Literary and Dramatic Sources of Two Operas by Richard Strauss* (New York and London, 1989).
  Arabella (Cambridge, 1989).
  (ed.) *Stefan Zweig-Joseph Gregor Correspondence 1921–1938* (Dunedin, 1991).
Blaukopf, Herta, (ed.) *Gustav Mahler-Richard Strauss Briefwechsel 1888–1911* (Munich, 1980); English version *Gustav Mahler-Richard Strauss Correspondence 1888–1911*, tr. Edmund Jephcott (London, 1984).
Böhm, Karl, *Ich erinnere mich ganz genau* (Vienna, 1970); English version *A Life Remembered*, tr. J. Kehoe (London, 1992).
Boyden, Matthew, *Richard Strauss* (London, 1999).
Brosche, Günter, 'The Concerto for Oboe and Small Orchestra (1945): Remarks about the Origin of the Work' in Gilliam, (ed.) *Richard Strauss: New Perspectives* (Durham and London, 1992).
  Richard Strauss: Bibliographie (Vienna, 1973).
Brosche, Günter, and Karl Dachs, *Richard Strauss: Autographen in München und Wien: Verzeichnis* (Tutzing, 1979).
Brosche, Günter, (ed.) *Richard Strauss – Clemens Krauss. Briefwechsel* (Tutzing, 1997).
Busch, Fritz, *Aus dem Leben eines Musikers* (Zürich, 1949); English version *Pages from a Musical Life*, tr. M. Strachey (London, 1953).
Caullier, Joëlle, *La Belle et la Bête: L'Allemagne des Kapellmeister dans l'imaginaire français (1890–1914)* (Charente, 1993).
Del Mar, Norman, *Richard Strauss: a Critical Commentary on His Life and Works*.

Three volumes (London, 1962, 1969, 1972; rev. 1978).
English National Opera Guide No.8, *Der Rosenkavalier*, ed. N. John (essays by P. Branscombe, M. Kennedy and D. Puffett) (London, 1981).
English National Opera Guide No.30, *Arabella*, ed. N. John (essays by K. Forsyth, W. Mann, M. Ratcliffe and P. J. Smith) (London, 1985).
English National Opera Guide No.37, *Salome/Elektra*, ed. N. John (essays by P. Banks, J. Burton, K. Segar and C. Wintle) (London, 1988).
Erhardt, Otto, *Richard Strauss* (Olten, 1953).
Forsyth, Karen, *Ariadne auf Naxos by Hugo von Hofmannsthal and Richard Strauss, Its Genesis and Meaning* (London, 1982).
Gilliam, Bryan, *Music and Performance During the Weimar Republic* (Cambridge, 1994). (ed.) *Richard Strauss and His World* (essays by L. Botstein, B. Gilliam, J. Hepokoski, T. L. Jackson, D. Puffett, M. P. Steinberg, and reprints of various articles) (Princeton, 1992).
(ed.) *Richard Strauss: New Perspectives on the Composer and his Work* (essays by K. Agawu, G. Brosche, B. Gilliam, S. E. Hefling, J. Hepokoski, T. L. Jackson, L. Lockwood, B. A. Petersen, P. M. Potter, R. Schlötterer, R. L. Todd) (Durham and London, 1992, 2nd edition 1997 with introduction by M. Kennedy).
Richard Strauss's Elektra (Oxford, 1991).
The Life of Strauss (Cambridge, 1999).
Gould, Glenn, 'An Argument for Richard Strauss' and 'Strauss and the Electronic Future' in *The Glenn Gould Reader*, ed. T. Page (New York, 1984; London, 1987).
Grasberger, Franz, *Eine Welt in Briefen* (Tutzing, 1967).
(ed.) *Richard Strauss und die Wiener Oper* (Munich, 1969).
Gray, Cecil, 'Richard Strauss' in *Survey of Contemporary Music* (London, 1924).
Gregor, Joseph, *Richard Strauss, die Meister der Oper* (Munich, 1939; 2nd edition 1943).
Hartmann, Rudolf, *Die Bühnenwerke von der Uraufführung bis heute* (Fribourg, 1980); English version *Richard Strauss: the Staging of his Operas and Ballets*, tr. Graham Davis (Oxford, 1982).
Hofmannsthal, Hugo von, *Briefe der Freundschaft*, correspondence with Eberhard von Bodenhausen (Frankfurt, 1953).
Jaacks, Gisela, and Jahnke, A.W., (eds.) *Richard Strauss, Musik des Lichts in dunkler Zeit* (essays by K. Böhm, G. Brunner, W. Geierhos, R. Hartmann, G. Jaacks, S. Kohler, E. Krause, W. Schuh, F. Trenner) (Mainz, 1980).
Jackson, Timothy L., 'The Metamorphosis of the *Metamorphosen*: New Analytical and Source-Critical Discoveries', in Gilliam, (ed.) *Richard Strauss: New Perspectives* (Durham and London, 1992).
'Ruhe, meine Seele! and the *Letzte Orchesterlieder*, in Gilliam, (ed.) *Richard Strauss and His World* (Princeton, 1992).

Jameux, Dominique, *Richard Strauss* (Paris, 1986).
Jefferson, Alan, *The Lieder of Richard Strauss* (London, 1971).
  The Life of Richard Strauss (Newton Abbot, 1973).
  The Operas of Richard Strauss in Britain, 1910–1963 (London, 1963).
  Richard Strauss (London, 1975).
  Der Rosenkavalier (Cambridge, 1985).
Kaminiarz, Irina, *Richard Strauss Briefe aus dem Archiv des Allgemeinen Deutschen Musikvereins 1888–1909* (Weimar, 1995).
Kämper, D., *Richard Strauss und Franz Wüllner im Briefwechsel* (Cologne, 1963).
Kapp, Julius, *Richard Strauss und die Berliner Oper* (Berlin, 1925).
Kater, Michael H., *The Twisted Muse: Musicians and their Music in the Third Reich* (New York, 1997).
Kennedy, Michael, 'Comedy for Music' in *Der Rosenkavalier*, ENO Guide No.8, ed. N. John (London, 1981).
  Richard Strauss (London, 1976; rev. Oxford, 1995).
  'Richard Strauss' in *The New Grove Dictionary of Music and Musicians*, Vol.18 (with work-list and bibliography by Robert Bailey) (London, 1980). Reprinted (rev.) in *The New Grove Turn-of-the-Century Masters* (London, 1985).
  'Richard Strauss' in *The Viking Opera Guide*, ed. A. Holden (London, 1993).
  Strauss Tone Poems (London, 1984).
Krause, Ernst, *Richard Strauss: Gestalt und Werk* (Leipzig, 1955; 2nd edition 1956; 3rd edition rev. 1963); English version (of the 1963 edition) *Richard Strauss: the Man and his Work*, tr. John Coombs (London, 1964).
Lehmann, Lotte, *Singing With Richard Strauss* (London, 1964).
Levi, Erik, *Music in the Third Reich* (London, 1994).
Mahler, Alma, *Gustav Mahler: Memories and Letters*, ed. D. Mitchell, tr. B. Creighton (3rd English edition) (London, 1973).
Mann, William, *Richard Strauss: a Critical Study of the Operas* (London, 1964).
Marek, George R., *Richard Strauss: the Life of a Non-Hero* (London, 1967).
Messmer, Franzpeter, *Richard Strauss: Biographie eines Klangzauberers* (Zürich, 1994).
Newman, Ernest, *Richard Strauss* (London, 1908).
Nice, David, *Richard Strauss* (London, 1993).
Osborne, Charles, *The Complete Operas of Richard Strauss* (London, 1988).
Ott, A., *Richard Strauss und Ludwig Thuille: Briefe der Freundschaft 1877–1907* (Munich, 1969). Substantial selections in English, tr. S. Gillespie in *Richard Strauss and His World*, ed. B. Gilliam, 193–236.
Pander, Oscar von, *Clemens Krauss in München* (Munich, 1955).
Panofsky, Walter, *Richard Strauss, Partitur eines Lebens* (Munich, Piper, 1965).
Petersen, Barbara A., *Ton und Wort: the Lieder of Richard Strauss* (Ann Arbor, 1977).
Prawy, Marcel, *The Vienna Opera* (London, 1969).

Puffett, Derrick, (ed.) *Richard Strauss: Elektra* (essays by C. Abbate, T. Carpenter, P. E. Easterling, K. Forsyth, R. Holloway, D. Puffett and A. Whittall) (Cambridge, 1989).

(ed.) *Richard Strauss: Salome* (essays by C. Ayrey, T. Carpenter, R. Ellmann, R. Holloway, D. Puffett, M. Praz, R. Tenschert and J. Williamson) (Cambridge, 1989).

Puritz, Gerd, *Elisabeth Schumann*, tr. Joy Puritz (London, 1993).

Richard Strauss-Blätter (Journal of the International Richard Strauss Society), published several times a year since 1978. Contains many important contributions.

Rolland, Romain, *Richard Strauss et Romain Rolland: Correspondance, Fragments de Journal* (Paris, 1951); English version *Richard Strauss & Romain Rolland, Correspondence, Diary & Essays*, ed. Rollo H. Myers (London, 1968).

Roth, Ernst, *Musik als Kunst und Ware* (Zürich, 1966); English version *The Business of Music* (London, 1969).

Schlötterer, Reinhold, *Die Texte der Lieder von Richard Strauss* (Munich, 1988).

Schuch, Friedrich von, *Richard Strauss, Ernst von Schuch und Dresdens Oper* (Leipzig, 1953).

Schuh, Willi, *Hugo von Hofmannsthal und Richard Strauss* (Munich, 1964).

Richard Strauss: Jugend und frühe Meisterjahre. Lebenschronik 1864–1898 (Zürich, 1976); English version *Richard Strauss: a Chronicle of the Early Years, 1864–1898*, tr. Mary Whittall (Cambridge, 1982).

(ed.) *Richard Strauss, Stefan Zweig: Briefwechsel* (Frankfurt, 1957); English version *A Confidential Matter: the Letters of Richard Strauss and Stefan Zweig, 1931–1935*, tr. Max Knight (University of California Press, 1977).

(ed.) *Richard Strauss und Anton Kippenberg: Briefwechsel* (Bonn, 1960).

Straussiana aus vier Jahrzehnten (Tutzing, 1981).

Über Opern von Richard Strauss (Zürich, 1947).

Schuh, Willi and G. K. Kende, (eds.) *Richard Strauss und Clemens Krauss: Briefwechsel* (Munich, 1964).

Specht, Richard, *Richard Strauss und sein Werk* (Leipzig, 1921).

Splitt, Gerhard, *RichardStrauss1933–1935:AesthetikundMusikpolitikzuBeginndernationalsozialistischen Herrschaft* (Centaurus Verlagsgesellschaft, Pfaffenweiler, 1987).

Steinitzer, Max, *Richard Strauss* (Berlin, 1911).

Strauss, Franz and Alice Strauss, (eds.) *Richard Strauss und Hugo von Hofmannsthal: Briefwechsel* (Zürich, 1952); English tr. H. Hammelmann and E. Osers (London, 1961; Cambridge, 1980).

Strauss, Gabriela, *Lieber Collega* (Selection of letters from Strauss to musicians) (Berlin, 1997).

Strauss, Richard:

Briefe an die Eltern 1882–1906, ed. W. Schuh (Zürich, 1954).

Betrachtungen und Erinnerungen, ed. W. Schuh (Zürich, 1949 and 1981); English

version, *Recollections and Reflections*, tr. L. J. Lawrence (London, 1953).
Briefwechsel mit Hans von Bülow, ed. W. Schuh (Bonn, 1954).
Briefwechsel mit Willi Schuh, ed. W. Schuh (Zürich, 1969).
Tenschert, Roland, *Anekdoten von Richard Strauss* (Vienna, 1945).
Richard Strauss und Wien (Vienna, 1949).
Richard Strauss und Joseph Gregor: Briefwechsel 1934–1949 (Salzburg, 1955). Substantial selections in English tr. by S. Gillespie in *Richard Strauss and His World,* ed. B. Gilliam, 237–70.
Trenner, Franz, (ed.) *Cosima Wagner – Richard Strauss: Ein Briefwechsel* (Tutzing, 1978).
Richard Strauss: Dokumente seines Lebens und Schaffens (Munich, 1954).
Richard Strauss Werkverzeichnis (Munich, 1993).
Die Skizzenbücher von Richard Strauss aus dem Richard-Strauss-Archiv in Garmisch (Tutzing, 1977).
Tuchman, Barbara W., *The Proud Tower* (London, 1966).
Ursuleac, Viorica, and Roswitha Schlötterer, *Singen für Richard Strauss* (Vienna, 1987).
Wanless, Susan, *Vier letzte Lieder* (Leeds, 1984).
Wellesz, Egon, 'Hofmannsthal and Strauss' in *Music and Letters*, Vol. xxxiii (1952).
Werbeck, Walter, *Die Tondichtungen von Richard Strauss* (Tutzing, 1996).
Wilhelm, Kurt, *Fürs Wort brauche ich Hilfe: die Geburt der Oper Capriccio* (Munich, 1988).
Richard Strauss persönlich (Munich, 1984); English version *Richard Strauss: an Intimate Portrait*, tr. Mary Whittall (London, 1989).
Williamson, John, *Strauss: Also sprach Zarathustra* (Cambridge, 1993).
Wurmser, Leo, 'Richard Strauss as an Opera Conductor', in *Music and Letters*, Vol.xlv, January 1964.
Zweig, Stefan, *Die Welt von gestern* (Stockholm, 1942); English version *The World of Yesterday* (no translator named) (London, 1943)

索 引

此表所附均为原著页码，即中译本页边码。

Aagard-Oestvig, Karl 卡尔·阿加尔－奥斯特维格, 196, 212
Abendroth, Walther 瓦尔特·阿本德罗特, 290, 291
Adam, Adolphe 阿道夫·亚当, 105
Adler, Guido 圭多·阿德勒, 295
Adler, Hans 汉斯·阿德勒, 374
Adolph, Dr Paul 保罗·阿道夫博士, 262, 285, 298, 299
Adorno, Theodor, on R.S. 提奥多·阿多诺论理查·施特劳斯, 224
Ahlgrimm, Isolde 伊索尔德·阿尔格里姆, 353
Ahna, Major General Adolf de (father-in-law) 阿道夫·德阿纳少将（岳父）, 58, 81—83
Ahna, Mädi de (sister-in-law) 梅迪·德阿纳（小姨）, 81, 82
Ahna, Maria de (mother-in-law) 玛丽亚·德阿纳（岳母）, 58
Ahna, Pauline de. See Strauss, Pauline 宝琳·德阿纳，见宝琳·施特劳斯
Aibl, Joseph 约瑟夫·埃布尔, 34, 109
Albert, Eugen d' 欧根·达尔伯特, 32, 56
Albert, Hermann 赫尔曼·阿尔伯特, 328
Allen, Sir Hugh 休·艾伦爵士, 312
Allgemeiner Deutscher Musikverein 全德意志音乐家协会, 73, 108, 153, 306
Allgemeine Musikzeitung《大众音乐》杂志, 33, 62, 290
Altenberg, Peter (Richard Englander) 彼得·阿尔滕贝格（理夏德·恩格兰德）, 148
Alvary, Max 马克斯·阿尔瓦里, 68
Alwin, Carl 卡尔·阿尔文, 94, 212, 222, 224, 238, 255, 256, 329
Ampico (piano rolls, Chicago 1921) 安皮科（纸卷钢琴，芝加哥，1921）, 406
Amsterdam. See Concertgebouw Orchestra 阿姆斯特丹，见音乐厅乐团
Anders, Peter 彼得·安德斯, 318
Andersen, Hans 汉斯·安徒生, 381
Andreae, Volkmar 沃尔克马尔·安德里埃, 369

Andrian-Werburg, Baron Leopold von 利奥波德·冯·阿德里安-维尔堡男爵, 205
Annunzio, Gabriele d' 加布里埃莱·德安南齐奥, 175, 187
Arnim, Achim von 阿西姆·冯·阿尔尼姆, 103, 202
Artôt de Padilla, Lola 罗拉·阿尔托·德帕迪拉, 193
Aschenbrenner, Carl 卡尔·阿申布伦纳, 19, 27
Asow, Dr Erich Müller von 埃里希·缪勒·冯·阿索博士, 18, 347
Astruc, Gabriel 加布里埃尔·阿斯特鲁克, 144
Auber, Daniel 丹尼尔·奥伯, 16, 17, 32, 48, 130, 316, 366
Audibert, Comte d' 孔特·道迪贝尔, 368
Bach, Johann Sebastian 约翰·塞巴斯蒂安·巴赫, 4, 128, 395
 Well Tempered Clavier《平均律键盘曲集》, 15
Baden-Baden 巴登-巴登, 28
Bahr, Hermann 赫尔曼·巴尔, 96, 199, 231, 341
 Works on R.S. libretto 关于理查·施特劳斯脚本的著作, 196
Bakst, Léon 莱昂·巴克斯特, 186
Bantock, Sir Granville 格兰维尔·班托克爵士, 284
Bärmann, Carl 卡尔·贝尔曼, 20
Barrymore, Lionel, invites R.S. to Hollywood 莱昂内尔·巴里摩尔邀请理查·施特劳斯去好莱坞, 372, 373
Basile, Armando 阿尔曼多·巴西莱, 381
Bayreuth 拜罗伊特, 8, 26, 47, 54, 55, 57, 60, 61, 68, 83, 85, 86, 143, 281, 287
 R.S. first conducts at 理查·施特劳斯初次在此指挥, 78
 R.S. conducts Parsifal at 理查·施特劳斯在此指挥《帕西法尔》, 276, 277
 Pauline sings at 宝琳在此演唱, 66, 78
Beardsley, Aubrey 奥布雷·比尔德斯莱, 148
Becker, Carl 卡尔·贝克尔, 33
Beecham, Sir Thomas 托马斯·比彻姆爵士, 133, 143, 182, 314, 376, 379
 on Josephs Legende 论《约瑟夫传奇》, 187
Beethoven, Ludwig van 路德维希·范·贝多芬, 4, 5, 7, 8, 14, 15, 16, 17, 32, 40, 45, 46, 47, 49, 62, 101, 129, 184,191, 270, 318, 325, 361, 363, 387, 394, 407
 Fidelio《费德里奥》, 66, 106, 107, 211, 286, 318, 319, 366
 R.S. conducts Leonore 理查·施特劳斯指挥《莱昂诺拉》, 130
 Die Ruinen von Athen《雅典的废墟》, 228
 Symphony No. 5 as 'Götz' 作为"戈茨"的《第五交响曲》, 236, 237
 Violin Concerto 小提琴协奏曲, 15
Begas, Grethe 格蕾特·贝加斯, 34
Bekker, Paul 保罗·贝克尔, 220
Berg, Alban 阿尔班·贝尔格, 201, 210, 224, 231
Berger, Dr Anton 安东·贝格尔博士, 112, 236
Berger, Elly Félicie 爱丽·菲利切·贝格尔, 239

Bergomaschi, Bruno 布鲁诺·贝尔戈马斯基, 381
Berlin 柏林, 29, 38, 56, 69, 74, 90, 95, 96, 105,112, 126, 136, 139, 150, 152, 173, 177, 179,184,191, 193, 201, 229, 239, 244, 258, 262,271, 275, 286, 324
 first visit by R.S. 理查·施特劳斯初次访问, 31—34
 Court Opera 宫廷歌剧院, 106, 134, 135, 143, 154, 164, 170
 R.S. becomes conductor of 理查·施特劳斯成为柏林指挥, 106, 127—129
 R .S. First Rosenkavalier in《玫瑰骑士》首演, 170
 R.S. work-load at 理查·施特劳斯在此的工作负担, 196
 R.S. leaves 理查·施特劳斯离开, 207
 Philharmonic Orchestra 爱乐乐团, 32, 79, 202, 247, 274, 289, 354,
 R.S. conductor of 理查·施特劳斯的指挥, 101, 102
 Tonkünstler-Orchester concerts 音乐协会乐团音乐会, 130, 131
Berlioz, Hector 埃克托·柏辽兹, 16, 101, 366, 403
 R.S. views on 理查·施特劳斯的评价, 61, 145
Bernhardt, Sarah 萨拉·伯恩哈特, 104
Bernstein, Martin 马丁·伯恩斯坦, 347
Bethge, Hans 汉斯·贝特格, 255
Bierbaum, Otto Julius 奥托·尤利乌斯·比尔鲍姆, 20, 119, 120, 125
Bilse, Benjamin 本杰明·比尔瑟, 33
Bischoff, Hermann 赫尔曼·比绍夫, 132
Bismarck, Otto, Prince von 奥托·冯·俾斯麦大公, 106, 117, 205,272
Bispham, David 大卫·比斯帕姆, 138
Bittner, Julius 尤利乌斯·比特纳, 211, 223
Bizet, Georges 乔治·比才, 101, 366
Blech, Leo 莱奥·布莱赫, 164, 192, 366
Blumen, Alfred 阿尔弗雷德·布鲁门, 378, 408
Böckmann, Ferdinand 费迪南德·博克曼, 28, 30, 31
Böckmann, Helene 海伦·博克曼, 30, 31
Bodman, Emanuel von 埃曼纽尔·冯·伯德曼, 120
Böhm, Karl 卡尔·伯姆, 92, 111, 235, 275, 297, 298, 299, 302, 303, 309, 324, 337, 338, 339, 341, 352, 353, 358, 366, 372, 386, 393
 dedicatee of Daphne 受赠《达芙妮》, 319
Bohnen, Michael 米夏埃尔·博赫能, 239, 240
Boieldieu, François 弗朗索瓦·布瓦尔迪埃, 17, 48, 215
Boosey & Hawkes 波西与霍克斯, 201, 369
Bormann, Martin 马丁·波尔曼, 340, 349, 350, 352, 364
 edict against R.S. 针对理查·施特劳斯的敕令, 346
Bote & Bock 博特与博克, 33, 200, 201
Boulez, Pierre 皮埃尔·布列兹, 4, 278
Boult, Sir Adrian 阿德里安·鲍尔特爵士, 312, 379

on R.S.'s conducting 评论理查·施特劳斯的指挥, 403, 404
Brahms, Johannes 约翰内斯·勃拉姆斯, 4, 30, 42, 47, 79, 101, 184, 291
　　advice to R.S. 对理查·施特劳斯的建议, 35, 41
　　Symphony No. 4, première《第四交响曲》首演, 41
Brain, Dennis 丹尼斯·布莱恩, 28
Brandenburg, Dr Lili 莉莉·布兰登堡爵士, 272
Brecher, Gustav 古斯塔夫·布雷歇尔, 132, 210
Breitkopf & Härtel 布赖特科普夫和黑泰尔, 18, 201
Brentano, Clemens 克莱门斯·布伦塔诺, 198
Briand, Aristide 阿里斯蒂德·布里安德, 259
Britten, Benjamin 本杰明·布里顿, 247, 328
Bronsart, Hans 汉斯·布隆萨特, 53, 54, 64, 66, 67, 68, 75
　　conflicts with R.S. 与理查·施特劳斯的冲突, 59, 60
Bruckner, Anton 安东·布鲁克纳, 4, 116, 132, 222, 280, 289, 354
　　R.S.'s opinion of 理查·施特劳斯的评价, 420
Brüll, Ignaz 伊格纳兹·布吕尔, 101
Brun, Annette 安妮特·布伦, 408
Brüning, Dr Heinrich 海因里希·布伦宁博士, 261
Bülow, Hans von 汉斯·冯·彪罗, 7, 18, 31, 32, 33, 40, 41, 43, 46, 47, 49, 50, 52, 53, 55, 56, 59, 67, 342, 404
　　on R.S. 理查·施特劳斯, 34, 40, 41
　　谈评论 R.S. début 理查·施特劳斯首次登台, 35
　　appoints R.S. at Meiningen 请理查·施特劳斯去迈宁根任职, 38
leaves Meiningen 离开迈宁根, 42; rejects Burleske 拒绝接受滑稽曲, 44
　　on Aus Italien 评论《自意大利》, 51
　　on Macbeth 评论《麦克白》, 56, 79
　　death 逝世, 79
Bülow, Maria von 玛丽亚·冯·彪罗, 43
Burghauser, Hugo 胡戈·布格豪瑟, 372
　　sells MSS for R.S. 帮理查·施特劳斯出售手稿, 381, 382
Busch, Fritz 弗里茨·布施, 26, 105, 229, 235, 244, 247, 260, 262, 263, 264, 276, 386
　　removed by Nazis 被纳粹驱逐, 262
Busoni, Ferruccio 费卢乔·布索尼, 181
Busse, Carl 卡尔·布瑟, 120
Buths, Julius 尤利乌斯·布茨, 51
Carmu, Maria 玛丽亚·卡尔姆, 187
Carré, Albert 阿尔贝·加莱, 144
Caruso, Enrico 恩里科·卡鲁索, 322
Cassirer, Paul 保罗·卡西雷尔, 201
Casti, Abbé Giambattista 吉安巴蒂斯塔·卡斯蒂神父, 287, 325

Catelain, Jaque 雅克·卡特伦, 239
Caullier, Joëlle 乔埃尔·考利埃, 144
Cebotari, Maria 玛丽亚·切波塔里, 146, 147, 297, 298, 301, 369, 375, 377
Cervantes, Miguel de 米格尔·德·塞万提斯, 135
Chabrier, Emmanuel 埃曼纽尔·夏布里埃, 62, 63, 130, 132, 366
Chamisso, Adelbert von 阿德尔贝·冯·夏米索, 22
Cherubini, Luigi 路易吉·凯鲁比尼, 48, 66
Chicago Symphony Orchestra 芝加哥交响乐团, 36, 406
Cologne 科隆, 28, 50, 51, 69, 84, 150, 169, 261
    Gürzenich concerts 古尔泽尼希音乐会, 36
Concertgebouw Orchestra of Amsterdam 阿姆斯特丹皇家音乐厅乐团, 104
Corinth, Lovis 洛维斯·柯林斯, 151
Cornelius, Peter 彼得·科内利乌斯, 48, 105, 407
Correck, Josef 约瑟夫·科雷克, 229
Couperin, François 弗朗索瓦·库普兰, 215, 329, 331
Couvray, Louvet de 洛维·德·库弗雷, 163
Cox, John 约翰·考克斯, 229, 303
Cunitz, Maud 毛德·库尼茨, 394
Czerny, Carl, Schule der Fingerfertigkeit 卡尔·车尔尼《手指灵巧练习曲》, 15
Dahn, Felix 菲利克斯·丹恩, 51, 68
d'Annunzio, Gabriele. See Annunzio, Gabriele d' Debussy, Achille-Claude 阿西尔-克劳德·德彪西, 145, 285
Dehmel, Ida 伊达·戴默尔, 99
Dehmel, Richard 理夏德·戴默尔, 23, 99, 119, 120, 125, 126, 148
De Lancie, John 约翰·德兰西, 363, 366
    suggests Oboe Concerto 建议双簧管协奏曲, 364
Delibes, Léo 莱奥·德利布, 48
Della Casa, Lisa 丽莎·德拉·加萨, 386
Del Mar, Norman 诺曼·戴尔·马尔, 28, 87, 99, 230, 236, 252, 376
Denza, Luigi 路易吉·邓扎, 51
Dermota, Anton 安东·戴尔莫塔, 408
Destinn, Emmy 艾米·德斯丁, 130, 135, 143, 181
Diaghilev, Serge 谢尔盖·贾吉列夫, 182, 183, 186, 187, 208
Diepenbrock, Alphons 阿尔冯斯·迪彭布洛克, 104
Dillmann, Alexander 亚历山大·迪尔曼, 90
D'Indy, Vincent 梵尚·丹第, 132
Dittersdorf, Karl Ditters von 卡尔·迪特斯·冯·迪特斯多夫, 366
Döhring, Dr Theodor 提奥多·多赫林博士, 116
Donizetti, Gaetano 加埃塔诺·多尼采蒂, 48, 322
Dresden 德累斯顿, 27, 29, 57, 69, 98, 134, 139, 181, 193, 199, 200, 201, 228, 239, 247, 324

first visit by R.S. 理查·施特劳斯首次访问, 30, 31
R.S. freeman of 理查·施特劳斯成为荣誉市民, 286
Court Orchestra (Staatskapelle) 宫廷乐队（国家管弦乐团）, 28, 31, 32, 36, 69, 177, 344, 382
R.S. conducts in London 理查·施特劳斯在伦敦指挥, 312, 314, 408
Semperoper 森珀歌剧院, 28, 212, 213
 first performances of Feuersnot 首演：《火荒》, 135
 Salome《莎乐美》, 142
Der Rosenkavalier《玫瑰骑士》, 162, 166, 167
 Intermezzo《间奏曲》, 229
Die ägyptische Helena《埃及的海伦》, 242—244
 Arabella《阿拉贝拉》, 262—264
Dieschweigsame Frau《沉默的女人》, 297—299
Daphne《达芙妮》, 319
 Tonkünstlerverein 音乐家协会, 27, 30, 344
Dresdner Nachrichten《德累斯顿晚报》, 258
Drewes, Dr Heinz 海因兹·德雷维斯博士, 317, 354
Droescher, Dr Georg 格奥尔格·德罗歇尔博士, 207
Duflos, Huguette 雨格特·杜弗洛斯, 239
Dukas, Paul 保罗·杜卡斯, 145
 R.S. conducts Ariane et Barbe-Bleue 理查·施特劳斯指挥《阿丽安娜与蓝胡子》, 307
Dux, Claire 克莱尔·杜克斯, 199
Dvor̆ák, Antonin 安东宁·德沃夏克, 101, 148, 366
Eberlein, Gustav 古斯塔夫·埃贝莱因, 33
Egk, Werner 维尔纳·埃克, 336, 342
Ehrenberg, Carl 卡尔·爱伦堡, 323
Eichendorff, Joseph 约瑟夫·艾兴多夫, 248, 371, 382
Einstein, Alfred 阿尔弗雷德·爱因斯坦, 258
Elgar, Sir Edward 爱德华·埃尔加爵士, 5, 111, 132, 219, 376, 406
Elman, Mischa 米沙·埃尔曼, 15
Elmendorff, Karl 卡尔·埃尔门多夫, 344
Engel, Erich 埃里希·恩格尔, 146
Erdmannsdörfer, Max 马克斯·埃尔德曼斯多菲尔, 102
Erhardt, Otto 奥托·埃尔哈特, 244, 259, 261
Erlanger, Camille 卡米尔·埃兰热, 144
Esher, Lord 埃舍尔勋爵, 269
Eysoldt, Gertrud 格特鲁德·艾索尔特, 136, 152
Fallersleben, August Heinrich Hoffmann von 奥古斯特·海因里希·霍夫曼·冯·法勒斯莱本, 23

Fallières, Armand 阿尔芒·法利埃, 144
Fanto, Leonhard 莱昂哈特·范托, 262, 263, 298, 299
Farrar, Geraldine 杰拉尔丁·法拉尔, 130
Fauré, Gabriel 加布里埃尔·福雷, 144
Fellmer, Helmut 赫尔穆特·菲尔默尔, 328
Field, John, Nocturnes 约翰·菲尔德,《夜曲》, 15
Fingesten, Michael 米夏埃尔·芬格斯坦, 201
Fischer, Franz 弗朗兹·费舍尔, 52, 55, 113
Fitzwilliam Virginal Book《菲茨威廉维吉纳琴曲集》, 303
Flagstad, Kirsten 基尔斯滕·弗拉格斯塔德, 385
Flatau, K. Louis K. 路易·弗拉陶, 347
Flotow, Friedrich von 弗里德里希·冯·弗洛托, 48
Fokine, Michael 米夏埃尔·福金, 186
François-Poncet, R.S. letter to 理查·施特劳斯致弗朗索瓦-庞塞信, 393
Franckenstein, Baron Clemens von 克莱门斯·冯·弗兰肯斯坦男爵, 191
Frankfurt 法兰克福, 29, 38, 50, 51, 69, 74, 86, 105, 113, 135, 190, 244, 256, 316
Frank, Dr Hans 汉斯·弗兰克博士, 281, 364, 373, 383
    protects R.S. 保护理查·施特劳斯, 345, 346
    R.S. song for 理查·施特劳斯为他写的歌曲, 346, 347
Franz Ferdinand, Archduke 弗朗兹·斐迪南大公, 221
Franz Josef, Emperor 弗朗兹·约瑟夫皇帝, 142, 250
Franz, Oscar 奥斯卡·弗朗兹, 31, 36
Freiberg, Gottfried 戈特弗里德·弗莱堡, 341
Freud, Sigmund 西格蒙德·弗洛伊德, 151
Fried, Oskar 奥斯卡·弗里德, 120
Friedel, Rudolf 鲁道夫·弗里德尔, 224
Friedrich, Karl 卡尔·弗里德里希, 377
Fuchs, Robert 罗伯特·富克斯, 295
Funk, Walther 瓦尔特·芬克, 301
Fürstner, Adolph 阿道夫·费尔斯特纳, 51, 64, 157, 202, 329
Fürstner, Otto 奥托·费尔斯特纳, 369
Furtwängler, Wilhelm 威尔海姆·富特文格勒, 94, 95, 207, 233, 262, 264, 271, 274, 278, 281, 282, 285, 288, 314, 346, 354, 385, 386, 398
    defends Hindemith 为欣德米特辩护, 289
Garden, Mary 玛丽·加登, 142
Garmisch 加尔米什, 75, 88, 91, 92, 93, 99, 136, 154, 174, 178, 185, 187, 196, 197, 200, 207, 208, 221, 222, 230, 235, 240, 248, 258, 259, 270, 286, 296, 307, 309, 311, 316, 326, 336, 340, 344, 346, 357, 368, 372, 395
    R.S. builds villa in 理查·施特劳斯建造别墅, 150—151
    moves into villa 搬进别墅, 157

  in wartime 战争期间, 341, 342
  R.S. refuses evacuees 理查·施特劳斯拒绝避难者, 346
  Americans in 美军进入, 363, 364
  R.S. leaves 理查·施特劳斯离开, 368
  R.S. returns to 理查·施特劳斯回到, 387, 388
  85th birthday celebrations 八十五岁生日庆典, 389
Geibel, Emanuel 埃曼纽尔·盖贝尔, 24
Geissmar, Berta 贝尔塔·盖斯马尔, 314
Gerhardt, Elena 埃莱娜·格哈特, 90, 199
Gerhäuser, Emil 埃米尔·盖尔霍伊瑟, 72
Gericke, Wilhelm 威尔海姆·格里克, 51
Geyer, Stefi 斯特菲·盖耶尔, 261
Gide, André 安德烈·纪德, 144
Gielen, Josef 约瑟夫·吉伦, 262, 298
Giessen, Hans 汉斯·吉森, 88
Gilliam, Bryan 布莱恩·吉廉, 231, 232
Gilm, Hermann von 赫尔曼·冯·基尔姆, 23, 43
Glossner, Anna 安娜·格罗斯纳, 97—99, 283, 351
  death 死亡, 358
Gluck, Christoph Willibald von 克里斯托弗·威利巴尔德·格鲁克, 64, 105, 331, 350, 366, 407
  R.S. version of Iphigénie en Tauride 理查·施特劳斯修订《伊菲姬尼在陶里德》, 64
Glyndebourne Opera 格林德伯恩歌剧院, 105, 229, 264, 303
Goebbels, Dr Josef 约瑟夫·戈培尔博士, 272, 274, 285, 286, 287, 288, 289, 298, 300, 302, 306, 311, 323, 335, 338, 346, 383
  sets up Reich Culture Chamber 建立帝国文化局, 280—291
  R.S. dedicates song to 理查·施特劳斯题献歌曲, 282
  R.S. 'decadent' 理查·施特劳斯"堕落", 293
  Shouts abuse at R.S. 对理查·施特劳斯大声吼叫, 336
  closes theatres 关闭剧院, 354
Goering, Hermann 赫尔曼·戈林, 261, 264, 293
Goethe, Johann Wolfgang von 约翰·沃尔夫冈·冯·歌德, 23, 27, 35, 68, 71, 77, 78, 111, 118, 162, 201, 216, 234, 236, 240, 255, 270, 282, 290, 309, 311, 340, 391
  and Metamorphosen 与《变形》相关, 357, 358, 362
Goldmark, Károly 卡罗利·戈德马克, 48
Goossens, Léon 莱昂·古森斯, 370
Gorky, Maxim 马克西姆·高尔基, 147
Gould, Glenn 格伦·古尔德, 3, 4, 160
Gounod, Charles 夏尔·古诺, 58, 62, 118, 366

Grab, Alice von. See Strauss, Alice 爱丽丝·冯·格拉布，见爱丽丝·施特劳斯
Grab, Emanuel von 埃曼纽尔·冯·格拉布, 221, 235
Grab, Marie von 玛丽·冯·格拉布, 339
Grab, Mizzi von 米奇·冯·格拉布, 202
Graf, Max 马克斯·格拉夫, 135, 212
Grasberger, Franz 弗朗兹·格拉斯贝格, 212
Grasenick, Mary 玛丽·格拉塞尼克, 199, 201
Gravina, Count Biagio 比亚乔·格拉维纳伯爵, 78
Gravina, Countess Blandine, née Bülow 布兰丁·格拉维纳伯爵夫人，原姓彪罗, 78
Gregor, Hans, attacks R.S. Vienna appointment 汉斯·格雷戈尔，攻击理查·施特劳斯在维也纳的工作, 211
Gregor, Joseph 约瑟夫·格雷戈尔, 67, 118, 283, 298, 301, 317, 319, 329, 347, 348, 353, 360, 375
    Zweig recommends to R.S. 被茨威格推荐给理查·施特劳斯, 294, 295
    R.S. agrees to set 3 librettos 理查·施特劳斯同意为他的三部脚本谱曲, 306, 307
    R.S. dissatisfaction 理查·施特劳斯对他不满, 307, 308
    R.S. critical of Daphne 理查·施特劳斯对《达芙妮》的批评, 308, 309—312
    fear for his job 担心自己的工作, 317
    revisions of Danae libretto 修订《达芙妮》脚本, 321—323
    excluded from Capriccio 被排除出《随想曲》创作团队, 326
Grey, Sir Edward 爱德华·格雷爵士, 269
Gropius-Mahler, Alma. See Mahler, Alma 阿尔玛·格罗皮乌斯-马勒，见阿尔玛·马勒
Grünfeld, Heinrich 海因里希·格伦菲尔德, 136
Gung'l, Joseph 约瑟夫·冈格尔, 14
Gutheil, Gustav 古斯塔夫·古泰尔, 80
Gutheil-Schoder, Marie 玛丽·古泰尔-朔德尔, 76, 146, 190, 196
Hafiz (Shams-ud-den Mohammed) 哈菲兹（沙姆斯丁·穆罕默德）, 255
Halir̆, Carl 卡尔·哈利日, 106, 130
Halir̆ Quartet 哈利日四重奏, 35
Hallé Orchestra, R.S. conducts 理查·施特劳斯指挥哈莱乐团, 219, 239
Hammerstein, Oscar 奥斯卡·哈默施泰因, 142
Hanfstaengel, Ernst 恩斯特·汉夫施塔格尔, 299
Hann, Georg 格奥尔格·汉, 316, 339
Hanslick, Eduard 爱德华·汉斯利克, 47, 64, 84, 89, 135
Harbni Orchestra 哈布尼乐队, 13, 19
Harewood, Earl of 哈尔伍德勋爵, 377
Hart, Heinrich 海因里希·哈特, 119
Hartleben, Otto Erich 奥托·埃里希·哈特莱本, 119
Hartmann, Rudolf 鲁道夫·哈特曼, 94, 230, 253, 275, 316, 326, 338, 341, 383, 384,

389, 390
　　Describes Danae rehearsal 描述《达妮埃》排练, 354;
　　last visit to R.S. 最后一次探望理查·施特劳斯, 391—394
Hasse, Max 马克斯·哈塞, 74
Hauptmann, Gerhart 格哈特·豪普特曼, 224, 340, 347
Hausegger, Friedrich von 弗里德里希·冯·豪瑟格尔, 46, 102, 103
Hausegger, Siegmund von 西格蒙德·冯·豪瑟格尔, 48, 105, 132
Haussner, Karl 卡尔·豪斯纳尔, 374
Haydn, Franz Joseph 弗朗兹·约瑟夫·海顿, 7, 14, 15, 24, 101, 387
　　The Creation《创世纪》, 15
Heckmann, Robert 罗伯特·海克曼, 51
Heger, Robert 罗伯特·黑格尔, 74
Heilbrunn 海尔布伦, 29
Heine, Heinrich 海因里希·海涅, 23, 202
Heiss, Franz 弗朗兹·海斯, 382
Hempel, Frieda 弗里达·亨佩尔, 177
Henckell, Karl 卡尔·亨克尔, 119, 120, 382
Herrmann, Bernard 伯恩哈德·赫尔曼, 377, 378
Hertz, Alfred 阿尔弗雷德·赫尔茨, 169
Herzogenberg, Heinrich von 海因里希·冯·赫尔佐根伯格, 30, 32
Hesse, Hermann 赫尔曼·黑塞, 384, 391
Heyse, Paul 保罗·海泽, 40
Hindemith, Paul 保罗·欣德米特, 210, 216, 231, 306, 382
　　proscribed by Nazis 遭纳粹禁演, 288, 289
Hindenburg, President Paul von 保罗·冯·兴登堡总统, 261, 262, 286
Hinkel, Hans 汉斯·辛克尔, 300, 305
Hitler, Adolf 阿道夫·希特勒, 143, 258—259, 264, 269, 272, 276, 277, 280, 281, 286,
287, 288, 289, 298, 299, 300, 301, 308, 316, 319, 323, 335, 340, 345, 346, 363, 380
　　path to power 掌权道路, 261, 262
　　R.S. letter to 理查·施特劳斯写给他的信, 305
　　bomb plot against 炸弹暗杀计划, 353
Hochberg, Count von 冯·霍赫伯格伯爵, 135
Hofmannsthal, Gerty von 格蒂·冯·霍夫曼施塔尔, 256, 375, 378
Hofmannsthal, Hugo von 胡戈·冯·霍夫曼施塔尔, 31, 96, 99, 118, 187, 211, 213,
215, 219, 220, 238, 240, 241, 242, 255, 256, 257, 260, 270, 274, 275, 310, 315, 321,
360, 389, 397
　　meets R.S 与理查·施特劳斯见面, 126
　　war service 参战, 189, 190
　　opposes R.S. Vienna post 维也纳抵制理查·施特劳斯, 205, 206
　　fiftieth birthday 五十大寿, 225, 226

tribute to R.S. 为理查·施特劳斯庆祝, 227
On Intermezzo 论《间奏曲》, 233, 234
death 死亡, 251
collaboration with R.S. on: Elektra 与理查·施特劳斯的合作:《埃莱克特拉》, 151—153, 155—158
Der Rosenkavalier《玫瑰骑士》, 161—172
Ariadne I《阿里阿德涅I》, 174, 177—182
Ariadne II《阿里阿德涅II》, 184—185, 191—195
Die Frau ohne Schatten《没有影子的女人》, 174, 175, 185, 186, 188, 189 190, 191, 194, 195, 199, 200
Josephs Legende《约瑟传奇》, 182, 183, 185
Le bourgeois gentilhomme《资产阶级绅士》, 199, 200
Die ägyptische Helena《埃及的海伦》, 221, 222, 223, 240, 241, 242, 245, 246
Arabella《阿拉贝拉》, 248, 250—252
Hölderlin, Johann Friedrich 约翰·弗里德里希·荷尔德林, 210, 240
Höngen, Elisabeth 伊丽莎白·勋根, 379
Hörburger, Bertha (née Pschorr) 贝尔塔·霍尔布格（原姓普肖尔）, 13
Hörburger, Carl 卡尔·霍尔布格, 13, 56, 61
Hotter, Hans 汉斯·霍特, 118, 235, 240, 316, 318, 319, 338, 344
Hoyer, Bruno 布鲁诺·霍耶尔, 28
Huber, Hans 汉斯·胡贝尔, 132
Hülsen, Botho von 博托·冯·许尔森, 31, 143, 170, 186, 205, 206, 207
Hummel, Johann Nepomuk 约翰·内波穆克·胡梅尔, 17
Humperdinck, Engelbert 恩格尔伯特·洪佩尔丁克, 79, 101, 127, 130, 133;
    R.S. conducts première of Hänsel und Gretel 理查·施特劳斯指挥《亨瑟尔与格雷泰尔》首演, 72
Hupfeld's "Animatic" piano rolls 胡普菲尔德的"自动"钢琴卷轴, 406
Hutt, Robert 罗伯特·胡特, 198, 406
Huysmans, Camille 卡米尔·于斯曼, 308, 309
Ibert, Jacques 雅克·伊贝尔, 328
Iffland, Wilhelm 威尔海姆·伊夫兰, 69
Ireland, John 约翰·艾尔兰, 284
Italy 意大利, 47, 50, 56, 143, 260, 308, 311, 316, 344
Jackson, Timothy L. 提摩西·L. 杰克逊, 380, 385
Jacquingasse, R.S. house in 理查·施特劳斯的雅金街住宅, 228
    Wartime damage to 战时的损伤, 372
Jahn, Wilhelm 威尔海姆·雅恩, 27
Janáček, Leoš 莱奥什·雅纳切克, 224
Jerger, Alfred 阿尔弗雷德·耶格尔, 209, 229, 263
Jeritza, Maria (Mizzi) 玛丽亚（米奇）·耶里查, 94, 146, 181, 193, 196, 207, 212, 245,

248, 314

 crisis over Helena 关于《埃及的海伦》的危机, 242—244;

 letter to R.S. about Malven 关于"锦葵"致理查·施特劳斯的信, 384, 385

Joachim, Joseph 约瑟夫·约阿希姆, 32, 79

Joachim Quartet 约阿希姆四重奏团, 32

Johanson, Sigrid 西格里德·约翰森, 201

Johnstone, Arthur, on R.S. conducting 亚瑟·约翰斯通论理查·施特劳斯的指挥, 62, 401;

 on R.S. as composer 论作曲家理查·施特劳斯, 136, 137

Jöhr, Dr Adolf 阿道夫·约尔博士, 384

Jonson, Ben 本·琼生, 260, 299, 303

Jünger, Ernst 恩斯特·云格尔, 340

Jurinac, Sena 塞娜·尤里纳克, 386

Kabasta, Oswald 奥斯瓦尔德·卡巴斯塔, 324

Kahn, Otto H. 奥托·H. 卡恩, 144,

Kalbeck, Max 马克斯·卡尔贝克, 27, 211

Karajan, Herbert von 赫伯特·冯·卡拉扬, 147, 256, 271, 324

 on R.S.'s Mozart 论理查·施特劳斯的莫扎特, 403

Karpath, Ludwig 路德维希·卡尔帕特, 211, 228, 254, 257, 264, 388

Karsavina, Tamara 塔玛拉·卡尔萨维纳, 187

Keilberth, Joseph 约瑟夫·凯尔伯特, 304

Keldorfer, Viktor 维克托·凯尔多菲尔, 247, 248

Keller, Hans 汉斯·凯勒, 148

Kemp, Barbara 芭芭拉·肯普, 98, 146, 198, 207, 210

Kern, Adele 阿德勒·科恩, 275, 316, 328

Kerr, Alfred 阿尔弗雷德·科尔, 201, 210

Kessler, Count Harry 哈里·凯斯勒伯爵, 99, 126, 162, 183, 270

 and Rosenkavalier 与《玫瑰骑士》, 163 164

Keudell, Otto von 奥托·冯·库伊德尔, 301

Kienzl, Wilhelm 威尔海姆·金策尔, 366

Kipnis, Alexander 亚历山大·基普尼斯, 277

Kippenberg, Anton 安东·基彭贝格, 260, 275

Kirchhoff, Anton 安东·基尔赫霍夫, 40

Klarwein, Franz 弗朗兹·克拉尔韦因, 235, 360

Kleiber, Erich 埃里希·克莱伯, 387

Kleist, Heinrich von 海因里希·克莱斯特, 44

Klemperer, Otto 奥托·克伦佩勒, 105, 209, 270, 272, 398

Klimt, Gustav 古斯塔夫·克里姆特, 148, 151

Klopstock, Friedrich Gottlieb 弗里德里希·戈特利布·克洛普斯托克, 44

Klose, Hermann 赫尔曼·克洛瑟, 33

Knappertsbusch, Hans 汉斯·克纳佩茨布施, 229, 235, 262, 275, 278, 296
Knaus, Ludwig 路德维希·克瑙斯, 33
Kniese, Julius 尤利乌斯·科尼瑟, 55
Knobel, Betty 贝蒂·克诺贝尔, 384
Knözinger, Amalie von 阿玛莉·冯·克诺津格, 19, 28
Knözinger, Anton von 安东·冯·克诺津格, 19
Knözinger, Ludwig von 路德维希·冯·克诺津格, 19
Knüpfer, Paul 保罗·克纽普菲尔, 130, 198, 231
Konetzni, Anny 安妮·科内茨尼, 275
Konetzni, Hilde 希尔德·科内茨尼, 275, 336, 408
Königsthal, Hildegard von 希尔德加德·冯·柯尼希斯塔尔, 29
Kopsch, Dr Julius 尤利乌斯·科普什博士, 272, 273, 286
Korda, Sir Alexander 亚历山大·科尔达爵士, 369
Körner, Theodor 提奥多·科尔纳, 23
Korngold, Erich 埃里希·科恩戈尔德, 209, 222, 247
    clash with R.S. and Schalk 与理查·施特劳斯和沙尔克的争端, 220—221
Korngold, Julius 尤利乌斯·科恩戈尔德, 220, 223
Kosak, Dr Ernst 恩斯特·科萨克博士, 228
Krasselt, Alfred 阿尔弗雷德·克拉塞尔特, 28
Kraus, Ernst 恩斯特·克劳斯, 202
Kraus, Karl 卡尔·克劳斯, 227, 228
    on Schlagobers 论《掼奶油》, 226
Krause, Ernst 恩斯特·克劳斯, 352
Krauss, Clemens 克莱门斯·克劳斯, 214, 229, 230, 253, 257, 262, 275, 278, 283, 286, 291, 312, 325, 329, 337, 345, 356, 360, 372, 388, 391, 393, 402
    becomes Vienna Opera director 成为维也纳歌剧院总监, 256
    conducts Arabella première 指挥《阿拉贝拉》首演, 263, 264
    R.S. consults him on Daphne 理查·施特劳斯就《达芙妮》咨询他, 311, 312
    suggests ending of Daphne 建议《达芙妮》的结尾, 314
    becomes Munich Opera director 成为慕尼黑歌剧院总监, 316
    conducts Friedenstag première 指挥《和平之日》首演, 318
    intervenes in Danae libretto 干涉《达妮埃》脚本创作, 322
    collaborates on Capriccio libretto 合作《随想曲》脚本, 327, 328, 334, 335
    helps protect R.S. 帮助保护理查·施特劳斯, 335
    conducts Capriccio première 指挥《随想曲》首演, 338, 339
    conducts Danae première 指挥《达妮埃》首演, 353, 354
Krenek, Ernst 恩斯特·克热内克, 382
Krenn, Fritz 弗里茨·克莱恩, 275
Kreutzer, Conradin 康拉丁·克鲁采, 48, 101
Krzyzanowski, Rudolf 鲁道夫·克日扎诺夫斯基, 64

Kubrick, Stanley 斯坦利·库布里克, 113
Kuhač, Franjo Z. 弗兰乔·Z. 库哈奇, 248
Kupelwieser, Leopold 利奥波德·库佩尔韦瑟, 342
Kupelwieser, Marie. See Mautner Markhof, Marie 玛丽·库佩尔韦瑟，见玛丽·莫特纳·马克霍夫
Kupper, Anneliese 安妮利瑟·库培尔, 356
Kurz, Selma 塞尔玛·库尔兹, 177, 211, 215
Kutzschbach, Hermann 赫尔曼·库奇巴赫, 262
Kuznetsova, Marie 玛丽·库兹涅佐娃, 186
Lachmann, Hedwig 海德维希·拉赫曼, 135, 136, 142, 147
Lachner, Franz 弗朗兹·拉赫纳, 7, 43
Lambert, Constant 康斯坦特·兰伯特, 284
Lancie, John de. See De Lancie, John 约翰·德兰西，见 De Lancie, John
Láng, Paul Henry 保罗·亨利·朗, 304
Lassen, Eduard 爱德华·拉森, 53, 55, 61, 66, 68, 75
Le Borne, Fernand 斐迪南·勒伯恩, 130
Legge, Walter 瓦尔特·莱格, 376
Legris de Latude, Claire (Mme Clairon) 克莱尔·莱格里·德·拉图德（克莱隆夫人）, 330
Lehár, Ferencz [Franz] 费伦茨·（弗朗兹·）莱哈尔, 168, 283, 336, 369
Lehmann, Lotte 洛特·莱赫曼, 92, 98, 193, 212, 229, 230, 265, 275, 376
Leinhos, Gustav 古斯塔夫·莱因霍斯, 35, 36, 38, 40
Leinsdorf, Erich 埃里希·莱因斯多夫, 372
Leipzig 莱比锡, 28, 30, 37, 49, 50, 69, 105, 108, 193, 239, 344
    Gewandhaus Orchestra 布商大厦乐团, 41, 272
Lenau, Nikolaus 尼古拉斯·莱瑙, 23, 69
Lenbach, Franz von 弗朗兹·冯·伦巴赫, 47
Lessmann, Otto 奥托·莱斯曼, 33
Levi, Hermann 赫尔曼·莱维, 7, 8, 18, 24, 26, 29, 31, 42, 47, 49, 52, 53, 67, 68, 72, 78, 86, 106, 270, 278
Levin, Willy 威利·莱文, 231, 235
Liliencron, Detlev von 迪特列夫·冯·李利恩克龙, 119, 345
Lindner, Anton 安东·林德纳, 135
Lindner, Eugen 欧根·林德纳, 70
Lippl, Alois Johannes 阿洛伊斯·约翰内斯·李普尔, 389
List, Emanuel 埃曼纽尔·李斯特, 277
Liszt, Ferencz 费伦茨·李斯特, 43, 46, 49, 66, 79, 85, 86, 105, 140
    R.S. influenced by 对理查·施特劳斯的影响, 46, 47
    R.S. views on 理查·施特劳斯的评价, 61, 62
    R.S. conducts Faust Symphony 理查·施特劳斯指挥《浮士德交响曲》, 62, 101

London 伦敦, 137, 139, 169, 187, 193, 219, 239, 265, 286, 372, 404
    R.S.'s first visit 理查·施特劳斯初次访问, 105
    R.S. conducts Dresden Opera in 理查·施特劳斯指挥德累斯顿歌剧院乐团, 312
    R.S. last visit 理查·施特劳斯最后一次访问, 376—380
Lönne, Professor Dr Friedrich (Fritz) 弗里德里希（弗里茨）·伦纳博士教授, 316
Lorenz, Max 马克斯·洛伦兹, 352
Lortzing, (Gustav) Albert（古斯塔夫）·阿尔伯特·洛尔青, 48, 101, 284
Losch, Tilly 蒂利·洛什, 215
Löwe, Ferdinand 费迪南德·勒韦, 211
Lubahn, Robert 罗伯特·卢班, 288
Lubin, Germaine 热尔梅因·鲁宾, 239
Ludwig I of Bavaria, King 巴伐利亚国王路德维希一世, 6, 12
Ludwig II of Bavaria, King 巴伐利亚国王路德维希二世, 12, 43
Lully, Jean-Baptiste 让-巴蒂斯特·吕利, 199
McArthur, Edwin 埃德温·麦克阿瑟, 385
Mackay, John Henry 约翰·亨利·麦凯, 69, 111, 119
Maeterlinck, Maurice 莫里斯·梅特林克, 145
Mahler, Alma 阿尔玛·马勒, 87, 8, 125, 154, 173, 211, 218
Mahler, Gustav 古斯塔夫·马勒, 5, 76, 88, 93, 96, 105, 110, 125, 132, 138, 139, 140, 148, 149, 166, 173, 175, 177, 196, 211, 218, 222, 244, 255, 285, 289, 318, 400
    R.S. and Die drei Pintos 理查·施特劳斯与《三个平托斯》, 49, 62
    Symphony No. 6, first performance of《第六交响曲》首演, 153, 154
    and Feuersnot 与《火荒》, 87, 88, 135
    and Salome 与《莎乐美》, 142, 143
Maillart, Aimé 艾梅·梅拉尔, 101
Mainardi, Enrico 恩里科·迈纳迪, 407
Mainwald, Viktor 维克托·梅因瓦尔德, 347
Makart, Hans 汉斯·马卡尔特, 250
Manchester Guardian《曼彻斯特卫报》, 62, 136, 401
Mandyczewski, Eusebius 欧塞比乌斯·曼迪切夫斯基, 211
Mann, Klaus 克劳斯·曼, 373
    interview with R.S. 采访理查·施特劳斯, 364
Mann, Thomas 托马斯·曼, 272, 364, 373
    On Rosenkavalier 论《玫瑰骑士》, 170, 172
    row over Wagner lecture 举办瓦格纳系列讲座, 278, 279
Mann, William 威尔海姆·曼, 252
Mannstädt, Franz 弗朗兹·曼斯泰特, 33, 38, 42
Marnold, Jean 让·马尔诺德, 145
Marquartstein 马库阿尔茨泰因, 58, 71, 78, 82, 83, 86, 93, 106, 117, 136, 137, 153
Marschalk, Max 马克斯·马尔沙尔克, 23, 103, 202

Marschner, Heinrich 海因里希·马施纳, 66
Martin, Theodor (chauffeur) 提奥多·马丁（司机）, 98, 235, 285, 341, 342, 345, 346
Martucci, Giuseppe 朱塞佩·马尔图奇, 52
Mascagni, Pietro 皮埃特罗·马斯卡尼, 62, 132
Massenet, Jules 儒勒·马斯内, 38, 66
Massine, Leonide 莱奥尼德·马辛, 186
Maugham, W. Somerset W. 萨默塞特·莫冈, 187
Mautner Markhof, Manfred 曼弗雷德·莫特纳·马克霍夫, 88, 235, 319, 342, 360
Mautner Markhof, Marie (née Kupelwieser) 玛丽·莫特纳·马克霍夫（原姓库佩尔韦瑟）, 342
Mayr, Richard 理夏德·迈尔, 166, 209, 212, 275
Meader, George 乔治·米德尔, 199
Meggendorfer, Lothar 洛塔尔·梅根多菲尔, 18
Méhul, Étienne-Nicolas 埃蒂安-尼古拉·梅于尔, 366
Meiningen 迈宁根, 22, 36, 43, 44, 46, 47, 55, 56, 78
    R.S. at, 施特劳斯在迈宁根, 38—44
        Duke and Duchess of 公爵夫妇, 38, 40, 42, 44, 189, 190
        Princess Marie of 玛丽公主, 38, 42
Meiningen Orchestra 迈宁根乐队, 33, 34, 35, 38, 42, 46, 189, 190
Melchinger, Siegfried 齐格弗里德·梅尔辛格, 352
Melichar, Alois, describes R.S. funeral 阿洛伊斯·梅利哈尔描述理查·施特劳斯的葬礼, 394, 395
Mendelssohn, Felix 菲利克斯·门德尔松, 7, 14, 15, 24, 25, 50, 101, 161, 285
Mengelberg, Rudolph 鲁道夫·门格尔贝格, 380
Mengelberg, Willem 威廉·门格尔贝格, 154
Merian-Genast, Emilie 埃米莉·梅里安-格纳斯特, 64
Merz, Oskar 奥斯卡·梅尔兹, 73, 275
Messiaen, Olivier 奥利维埃·梅西安, 4
Meyer, Friedrich Wilhelm 弗里德里希·威尔海姆·梅耶尔, 14
Meyerbeer, Giacomo 贾科莫·梅耶贝尔, 130
Meysenheim, Cornelia 科内莉亚·迈森海姆, 24
Michelangelo 米开朗琪罗, 47, 51
Mikorey, Max 马克斯·米科雷, 73
Mildenburg, Anna von 安娜·冯·米尔登堡, 196
Milnes, Rodney 罗德尼·米尔纳斯, 3, 333
Mitropoulos, Dimitri 德米特里·米特罗波洛斯, 110
Molière (Jean Baptiste Poquelin) 莫里哀（让·巴蒂斯特·波克伦）, 163, 174, 177, 179, 184, 185, 187, 199, 200, 389
Monteux, Pierre 皮埃尔·蒙特, 186
Monteverdi, Claudio 克劳迪奥·蒙特威尔第, 303

Moralt, Linda 琳达·莫拉尔特, 19
Moralt, Rudolf 鲁道夫·莫拉尔特, 143
Moreau, Major 莫罗少校, 368
Morgan, J. Pierpont J. 皮尔蓬特·摩根, 143
Mottl, Felix 菲利克斯·莫特尔, 47, 55, 61, 66, 68, 72, 85, 86, 102, 106, 125, 143, 170, 171
Mozart, Leopold 利奥波德·莫扎特, 25
Mozart, Wolfgang Amadeus 沃尔夫冈·阿玛德乌斯·莫扎特, 4, 7, 8, 13, 14, 15, 24, 40, 41, 105, 108, 148, 161, 168, 196, 198, 256, 270, 283, 303, 331, 365, 366, 397, 400, 401, 407
 41st Symphony (Jupiter)《第四十一交响曲》(朱庇特), 16
 Die Entführung aus dem Serail《后宫诱逃》, 105
 Die Zauberflöte《魔笛》, 13, 32, 64, 101, 146, 198, 211
 Don Giovanni《唐璜》, 66, 105, 146, 198, 209
 Le nozze di Figaro《费加罗的婚礼》, 66, 215
 R.S. conducts Così fan tutte 理查·施特劳斯指挥《女人心》, 48, 105, 130, 209, 215, 389, 401
 R.S. version of Idomeneo 理查·施特劳斯的《伊多梅尼奥》版本, 257, 258
 R.S. soloist in concerto 理查·施特劳斯在协奏曲中独奏, 40
Muck, Karl 卡尔·穆克, 106
Mücke, Mieze 米泽·缪克, 95, 96, 100, 137, 196, 229
Mühlfeld, Richard 理夏德·缪菲尔德, 40
Münchner Neueste Nachrichten《慕尼黑最新新闻》, 24, 73, 74, 275, 278
 reviews Guntram 评论《贡特拉姆》, 73, 74
Munich 慕尼黑, 6, 7, 12, 15, 19, 22, 27, 28, 29, 31, 35, 36, 38, 42, 46, 47, 53, 54, 57, 61, 69, 83, 85, 90, 93, 119, 121, 132—134, 169, 170, 185, 191, 214, 229, 235, 260, 262, 275, 296, 310, 316, 329, 335, 346
 R.S. composes Munich waltz 理查·施特劳斯创作《慕尼黑圆舞曲》323, 324
 Nationaltheater bombed 国家剧院被炸毁, 344, 345
 R.S.'s 85th birthday celebrations 理查·施特劳斯的八十五岁生日庆典, 388, 389
 R.S. conducts for last time 理查·施特劳斯最后一次指挥, 389
 R.S. funeral in 理查·施特劳斯的葬礼, 394, 395
 Centralsäle 中央大厅, 18
 Court Opera 宫廷歌剧院: 52, 389
  R.S. appointed 3rd conductor 理查·施特劳斯被聘为第三指挥, 43
  R.S. début at 理查·施特劳斯的首次登台, 47, 48
  R.S. leaves 理查·施特劳斯离开, 53
  R.S. offered post 邀请理查·施特劳斯就职, 72
  Guntram fiasco《贡特拉姆》失败, 73—75
  conductor 指挥, 78

  chief conductor 首席指挥, 86
  R.S. leaves 理查·施特劳斯离开, Krauss music director 克劳斯成为音乐总监, 62, 401, 316
  Friedenstag première《和平之日》首演, 318
  Capriccio première《随想曲》首演, 338, 339
  Court Orchestra 宫廷乐队, 6, 8, 12, 13, 14, 23, 24, 46, 50, 75
  Ludwigsgymnasium 路德维希高级中学, 13, 22, 26
  Museumssaal 博物馆音乐厅, 23
  Musical Academy concerts 音乐学会音乐会, 24, 78, 101, 113
  R.S. dismissed from 理查·施特劳斯被免职, 102
  Odeonssaal 音乐大厅, 13, 24, 29, 34
  Philharmonic Association 爱乐协会, 13
  Residenztheater 皇宫剧院, 105
  Royal School of Music 皇家音乐学院, 15, 20, 22, 58
  University, R.S. attends 理查·施特劳斯上慕尼黑大学, 27
  Wilde Gung'l 野冈勒乐队, 14, 18, 24, 35
    R.S. plays in 理查·施特劳斯参与演奏, 27
Musical Times, The《音乐时报》, 220
Mutschmann, Martin 马丁·穆奇曼, 298, 301
Muzio, Claudia 克劳迪亚·穆齐奥, 216
Napoléon I, Emperor 拿破仑一世皇帝, 5, 198, 391
Naumann-Gungl, Virginia 弗吉尼亚·瑙曼-冈勒, 67
Neue Freie Presse, Vienna 维也纳《新自由报》, 56, 220
Neumann, Angelo 安杰洛·纽曼, 109
Neumann, Paula 宝拉·纽曼, 339
Newman, Ernest 恩斯特·纽曼, 4, 265, 277, 278
New York, 纽约 30, 35, 69, 96, 106, 142, 143, 169, 218, 244, 265, 347, 406
  Strausses' visits to 施特劳斯夫妇在纽约, 138, 139, 218
  Philharmonic Society 爱乐协会, 35, 36
Nicodé, Jean Louis 让·路易·尼古德, 49
Nicolai, Otto 奥托·尼古拉, 48
Niessen, Bruno von 布鲁诺·尼森, 257, 258
Niest, Carl 卡尔·尼斯特, 17
Nietzsche, Friedrich Wilhelm 弗里德里希·威尔海姆·尼采, 71, 103, 111, 112, 128, 175, 311
Nijinsky, Vaclav 瓦茨拉夫·尼金斯基, 183, 186, 187
Nikisch, Arthur 阿图尔·尼基什, 102
Nikisch, Grete 格蕾特·尼基什, 229
Nitzl, Anni 安妮·尼茨尔, 358, 363, 394
Nitzl, Resi 蕾西·尼茨尔, 358, 395

Noni, Alda 阿尔达·诺尼, 352
Nussio, Otmar 奥特玛尔·努西奥, 381
Oestvig, Karl. See Aagard-Oestvig, Karl 卡尔·厄斯特维格, 见卡尔·阿加尔-厄斯特维格
Offenbach, Jacques 雅克·奥芬巴赫, 167, 194
Oertel, Johannes 约翰内斯·奥尔特尔, 329
Orel, Alfred 阿尔弗雷德·奥雷尔, 90
    on R.S. as accompanist 谈理查·施特劳斯的伴奏, 404, 405
Orff, Carl, R.S. likes Carmina burana 理查·施特劳斯欣赏卡尔·奥尔夫的《布兰诗歌》, 342
Osten, Eva von der 爱娃·冯·德奥斯滕, 263
Ott, Dr Alfons 阿尔冯斯·奥特博士, 347
Papen, Count Franz von 弗朗兹·冯·帕本伯爵, 261
Papst, Eugen 欧根·帕普斯特, 306
Paris 巴黎, 8, 15, 31, 105, 169, 170, 265, 278, 319
    R.S. visits to 理查·施特劳斯访问巴黎, 129, 130, 140, 258, 259
    Salome première in《莎乐美》首演, 143—145
    Josephs Legende première in《约瑟传奇》首演, 186, 187
Pataky, Koloman von 柯罗曼·冯·帕塔基, 255
Pattiera, Tino 迪诺·帕蒂埃拉, 299
Patzak, Julius 尤利乌斯·帕查克, 316, 408
Paulus, Anton 安东·保卢斯, 382
Perfall, Baron Carl von 卡尔·冯·珀法尔男爵, 35, 42, 43, 52, 55, 73, 106, 113, 275
Pester Lloyd《佩斯特·罗伊德》, 189
Pfitzner, Hans 汉斯·普菲茨纳, 132, 172, 209, 210, 222, 223, 241
    Palestrina《帕莱斯特里纳》, 209, 290
Piccinni, Niccolò 尼可洛·皮钦尼, 331
Pierné, Gabriel 加布里埃尔·皮尔纳, 239
Pierson, Georg Henry 格奥尔格·亨利·皮尔森, 106, 134
Piltti, Lea 莉亚·皮尔蒂, 407
Piper, Dr Karl 卡尔·皮佩尔博士, 382
Pizzetti, Ildebrando 伊尔德布兰多·皮泽蒂, 328
Plaschke, Friedrich 弗里德里希·普拉什科, 263, 298
Poell, Alfred 阿尔弗雷德·博埃尔, 336, 408
Pollak, Fräulein 波拉克小姐, 34
Pollini, Bernhard 伯恩哈德·波利尼, 81, 93
Possart, Ernest von 厄内斯特·冯·博萨特, 73, 85, 90, 93, 105, 106
Preetorius, Emil 埃米尔·普莱托利乌斯, 278
Prey, Hermann 赫尔曼·普莱, 229
Pringsheim, Klaus 克劳斯·普林斯海姆, 153, 154

Prohaska, Felix 菲利克斯·普罗哈斯卡, 348
Prokofiev, Sergei 谢尔盖·普罗科菲耶夫, 174, 247
Pschorr, Georg (1) 格奥尔格·普肖尔（1）, 6
Pschorr, Georg (2) (uncle) 格奥尔格·普肖尔（2）(舅舅), 6, 10, 13, 18, 26
 death, 死亡, 78
Pschorr, Johanna (aunt) 约翰娜·普肖尔（舅妈）, 13, 19, 23, 43, 58, 198
Pschorr, Joseph 约瑟夫·普肖尔, 6
Pschorr, Josepha. See Strauss, Josepha 约瑟法·普肖尔, 见约瑟法·施特劳斯
Pschorr, Robert 罗伯特·普肖尔, 51
Puccini, Giacomo 贾科莫·普契尼, 5, 134, 142, 211, 220, 230, 241, 284
 R. S. on 理查·施特劳斯提到, 283
Raabe, Peter 彼得·拉布, 290, 305, 306
Radecke, Robert 罗伯特·拉戴克, 33
Raff, (Joseph) Joachim 约瑟夫·（约阿希姆·）拉夫, 32, 378
Ralf, Torsten 托尔斯滕·拉尔夫, 316, 320
Rameau, Jean-Philippe 让-菲利普·拉莫, 101, 331
Ranke, Leopold von 利奥波德·冯·兰克, 175
Ranczak, Hildegarde 希尔德加德·兰查克, 316, 339
Rasch, Hugo 雨果·拉什, 274
Raucheisen, Michael 米夏埃尔·劳海森, 201
Rauchenberger, Lt. Otto 奥托·劳亨贝格尔上尉, 10
Rauchenberger-Strauss, Johanna (sister) 约翰娜·劳亨贝格尔-施特劳斯（妹妹）, 5, 6, 10, 11, 19, 23, 24, 28, 37, 57, 58, 81, 82, 344, 345, 361, 363
Ravel, Maurice 莫里斯·拉威尔, 144, 160, 187, 247
Reger, Max 马克斯·雷格尔, 132, 172, 189
Reich Music Chamber 帝国音乐局, 288, 298, 305, 306, 368, 383
 established 成立, 281
 R.S. as president 理查·施特劳斯任局长, 281—283, 284, 285
 R.S. disenchanted with 理查·施特劳斯失望, 285, 286
 R.S. dismissed from presidency 理查·施特劳斯离职, 301, 302
Reinhardt, Max 马克斯·莱因哈特, 136, 152, 177, 178, 179, 180, 181, 190, 191, 196, 208, 295
 Produces Rosenkavalier 制作《玫瑰骑士》, 166
Reinhart, Werner 维尔纳·莱因哈特, 369
Reinicke, Karl 卡尔·赖内克, 30
Reining, Maria 玛丽亚·莱宁, 352, 407
Reszke, Jean de 让·德雷什科, 144
Rethberg, Elisabeth 伊丽莎白·雷特贝格, 243, 244, 275
Reucker, Alfred 阿尔弗雷德·罗伊克尔, 262, 263
Rezniček, Emil Nikolaus von 埃米尔·尼古拉斯·冯·雷兹尼切克, 104, 132

Rheinberger, Joseph 约瑟夫·赖因贝格尔, 20, 43, 48
Ribbentrop, Joachim von 约阿希姆·冯·里宾特洛甫, 312
Richter, Hans 汉斯·里希特, 8, 27, 32, 55, 64, 68
Riess, Curt 库特·里斯, 364
Rimsky-Korsakov, Nicolai 尼古拉·里姆斯基-科萨科夫, 186
Ritter, Alexander 亚历山大·里特尔, 48, 49, 51, 56, 62, 66, 70, 74, 78, 91, 104, 132, 366
  influences R.S. 对理查·施特劳斯的影响, 46
  rift over Guntram 关于《贡特拉姆》的摩擦, 71
Ritter, Franziska 弗兰齐斯卡·里特尔, 46, 58, 64
Rolland, Clotilde 克洛蒂尔德·罗兰, 130
Rolland, Romain 罗曼·罗兰, 5, 8, 15, 92, 112, 115, 118, 126, 141, 150, 169, 186, 187, 196—198, 271, 272
  meets R.S. 与理查·施特劳斯会面, 66
  on R.S. in Berlin and Paris 关于在柏林和巴黎时的理查·施特劳斯, 128—130
  on Domestica 论《家庭交响曲》, 140
  Paris Salome 巴黎的《莎乐美》, 144, 145
  on R.S.'s music 论理查·施特劳斯的音乐, 148, 149
  on R.S. in Vienna 关于维也纳时期的理查·施特劳斯, 226, 227
  Sixtieth birthday 六十大寿, 240
Roller, Alfred 阿尔弗雷德·罗勒尔, 166, 181, 208, 211, 212, 213, 215, 239, 278, 375
Ronsard, Pierre de 皮埃尔·德龙萨, 330
Rosbaud, Hans 汉斯·罗斯鲍德, 74, 286
Rösch, Friedrich 弗里德里希·罗什, 70, 95, 108, 117, 201, 207
Rosenauer, Michael 米夏埃尔·罗森瑙尔, 241
Rosenberg, Alfred 阿尔弗雷德·罗森伯格, 280, 289, 297, 335
Rossini, Gioachino 乔阿基诺·罗西尼, 47, 366
Roth, Ernst 恩斯特·罗特, 88, 369, 371, 375, 376, 377, 378, 385, 388, 391, 402
  on R.S.'s business sense 谈理查·施特劳斯的商业头脑, 218
Rothschild, Alphonse 阿尔冯斯·罗斯柴尔德, 283
Rothschild, Baron Henri de 亨利·德·罗斯柴尔德男爵, 144
Royal Philharmonic Society 皇家爱乐协会, 376
  Gold Medal for R.S. 颁发给理查·施特劳斯金质奖章, 312
Rubinstein, Anton 安东·鲁宾斯坦, 14, 101
Rubinstein, Arthur 阿图尔·鲁宾斯坦, 144
Rubinstein, Ida 艾达·鲁宾斯坦, 187
Rückert, Friedrich 弗里德里希·吕克特, 178, 184, 257, 291, 306, 317
Rüdel, Hugo 胡戈·吕德尔, 184
Sacher, Paul 保罗·萨赫尔, 358, 360, 362, 382
Saillet, Marcel 马塞尔·塞莱, 369

Saint-Saëns, Camille 卡米尔·圣-桑斯, 16, 145
Salieri, Antonio 安东尼奥·萨列里, 325
Salzburg Festival 萨尔茨堡音乐节, 229, 253, 256, 260, 275, 329, 338, 341, 344, 356, 393
    R.S. joins artists' council 理查·施特劳斯加入艺术家委员会, 208
    R.S. first conducts at 理查·施特劳斯初次指挥, 209
    R.S. operas at 理查·施特劳斯的歌剧上演, 275
    ban on R.S. 理查·施特劳斯遭到禁止演, 285, 286
    première of Danae《达妮埃》首演, 353—355
Samazeuilh, Gustave 古斯塔夫·萨玛佐伊尔, 387
Sardou, Victorien 维多利安·萨尔杜, 31, 32, 151
Sawallisch, Wolfgang 沃尔夫冈·萨瓦利什, 28
Schack, Count Adolf Friedrich von 阿道夫·弗里德里希·冯·沙克伯爵, 51
Schalk, Franz 弗朗兹·沙尔克, 170, 193, 207, 208, 209, 211, 212, 215, 223, 227, 228
    on Die Frau ohne Schatten 谈《没有影子的女人》, 214
    clashes with R.S. 与理查·施特劳斯的摩擦, 216, 217, 219, 220
    dismissed from Vienna 被维也纳解职, 256
Schaller, Stephen 斯蒂芬·沙勒尔, 374
Scharwenka, Franz X. 弗朗兹·X.沙尔文卡, 32
Schech, Marianne 玛丽安娜·谢赫, 394
Scheerbart, Paul 保罗·谢尔巴特, 125, 126
Scheel, Dr Gustav 古斯塔夫·谢尔博士, 354
Schéhafzoff, Sonja von 索尼娅·冯·谢哈夫佐夫, 78
Schellendorf, Hans Bronsart von. See Bronsart, Hans 汉斯·布隆萨特·冯·谢伦多夫，见汉斯·布隆萨特
Scherchen, Hermann 赫尔曼·舍尔欣, 370
Schiele, Egon 埃贡·西勒, 148
Schiele (Kreisleiter) 西勒（区长）, 345, 346
Schiller, Johann Christoph Friedrich von 约翰·克里斯托弗·弗里德里希·冯·席勒, 68, 178, 270, 290
Schillings, Max von 马克斯·冯·席林斯, 101, 104, 105, 128, 130, 132, 181, 207, 222
Schirach, Baldur von 巴尔杜·冯·希拉赫, 132, 319, 347, 350, 352, 364; protects R.S. in Vienna 在维也纳保护理查·施特劳斯, 340
Schirach, Carl von 卡尔·冯·希拉赫, 132
Schleicher, General Kurt von 库特·冯·施莱歇尔将军, 261, 262
Schlusnus, Heinrich 海因里希·舒鲁斯努斯, 406
Schlüter, Erna 埃尔娜·施吕特尔, 379
Schmid-Bloss, Karl 卡尔·施密特-布洛斯, 356
Schmidt, Franz 弗朗兹·施密特, 222, 247
Schneiderhan, Franz 弗朗兹·施耐德汉, 255

Schneiderhan, Wolfgang 沃尔夫冈·施耐德汉, 352
Schnitzler, Arthur 阿图尔·施尼茨勒, 185, 211
Schoenberg, Arnold 阿诺德·勋伯格, 119, 140, 174, 210, 224, 231, 382, 395
    relationship with R.S. 与理查·施特劳斯的关系, 172, 173
    praise for Intermezzo 赞美《间奏曲》, 233
    defends R.S. on Nazism 为理查·施特劳斯的纳粹指控辩护, 271
Schöffler, Paul 保罗·肖弗勒, 356
Scholz, Bernhard 伯纳德·朔尔兹, 130
Schöne, Lotte 洛特·勋纳, 209, 242
Schopenhauer, Arthur 阿图尔·叔本华, 46, 71, 77, 103, 111, 175, 340
Schreker, Franz 弗朗兹·施雷克尔, 209, 223, 231
Schubart, Christian Friedrich Daniel 克里斯蒂安·弗里德里希·丹尼尔·舒巴特, 13
Schubert, Franz 弗朗兹·舒伯特, 7, 14, 16, 32, 41, 101, 108, 270, 283
Schuch, Ernst von 恩斯特·冯·舒赫, 29, 30, 31, 128, 134, 299, 399
    conducts Feuersnot 指挥《火荒》, 135
        Salome《莎乐美》, 142
        Elektra《埃莱克特拉》, 158
        Der Rosenkavalier《玫瑰骑士》, 166, 170
    R.S. anger with 理查·施特劳斯对其发怒, 170
Schuch, Friedrich von 弗里德里希·冯·舒赫, 235, 299
Schuh, Willi 威利·舒赫, 117, 284, 285, 315, 335, 341, 355, 358, 362, 366, 368, 371, 373, 382, 383, 385 386, 387
    in London with R.S. 和理查·施特劳斯在伦敦, 376, 378
    R.S. appoints him official biographer 被指定为他的官方传记作者, 388
Schulz, Else 艾尔莎·舒尔兹, 336
Schumann, Clara 克拉拉·舒曼, 17
Schumann, Elisabeth 伊丽莎白·舒曼, 90, 94, 146, 209, 255, 256, 257, 314, 328, 329, 404
    first works with R.S. 第一次和理查·施特劳斯合作, 198, 199
    Vienna controversy 维也纳争端, 212
    Sings Helena aria 演唱海伦的咏叹调, 240
    me USA tour with R.S. 和理查·施特劳斯去美国巡演, 218
    ets R.S. in London 在伦敦遇见理查·施特劳斯, 378
Schumann, Robert 罗伯特·舒曼, 7, 17, 50, 101, 186
    R.S. on Piano Concerto 理查·施特劳斯论钢琴协奏曲, 14
Schumann-Heink, Ernestine 埃尔纳施蒂娜·舒曼-海因克, 156
Schwarzkopf, Dame Elisabeth 伊丽莎白·施瓦茨科普夫女爵, 30
Scribe, Eugène 尤金·斯克里布, 32, 164
Seebach, Count Nikolaus von 尼古拉斯·冯·西巴赫伯爵, 166, 177, 185
Seefried, Irmgard 伊尔姆加德·西弗里德, 352, 375

Seidl, Arthur 阿图尔·塞德尔, 67
Seiff, Elise 爱丽丝·塞弗, 6
Serafin, Tullio 图里奥·塞拉芬, 170
Sert, José-Maria 何塞-玛丽亚·塞尔特, 186
Shakespeare, William 威廉·莎士比亚, 27, 31, 111, 149, 190
Shaw, George Bernard 萧伯纳, 219, 250, 379
Shostakovich, Dimitri 德米特里·肖斯塔科维奇, 272
Sibelius, Jean 让·西贝柳斯, 130
Singer, Otto 奥托·辛格, 238, 359
Sixt, Paul 保罗·西克斯特, 74, 286
Smetana, Bedřich 贝德利希·斯美塔那, 101
Smyth, Dame Ethel 埃塞尔·史密斯女爵, 284
Sokolova, Lydia 莉迪亚·索科洛娃, 186
Solti, Sir Georg 乔治·索尔蒂爵士, 265, 389, 394
    visits R.S. in Garmisch 去加尔米什拜访理查·施特劳斯, 391
    conducts at R.S.'s funeral 在理查·施特劳斯的葬礼上指挥, 394
Sommer, Hans. See Zincke, H. F. A. 汉斯·索默尔，见 H. F. A. 金克
Sommerschuh, Gerda 盖尔达·索默尔舒赫, 394
Sophocles 索福克勒斯, 151
Specht, Richard 理夏德·施佩希特, 189, 211, 241
Speyer, Sir Edgar 埃德加·斯佩耶尔爵士, 144, 208
Speyer, Lotti 洛蒂·斯佩耶尔, 33, 50, 51
    romance with R.S. 与理查·施特劳斯的恋情, 29, 30
Spielhagen, Friedrich 弗里德里希·施皮尔哈根, 34
Spitzweg, Edmund 埃德蒙·施皮茨维格, 34
Spitzweg, Eugen 欧根·施皮茨维格, 34, 38, 40, 51, 52, 79, 109
Spohr, Ludwig 路德维希·施波尔, 7, 14
    Violin Concerto No. 8《第八小提琴协奏曲》, 15
Stanford, Sir Charles Villiers 查尔斯·维利尔斯·斯坦福爵士, 132
Stargardt-Wolff, Edith 艾迪特·施塔尔加特-沃尔夫, 274
Stauffer-Bern, Karl 卡尔·施陶菲尔-伯恩, 127, 175
Stefan, Paul 保罗·斯蒂芬, 211
Steffek, Hanni 韩妮·斯特菲克, 229
Stein, Fritz 弗里茨·施泰因, 202
Steinbach, Fritz 弗里茨·施泰因巴赫, 38, 55
Steiner, Franz 弗朗兹·施泰纳, 199, 218
Steinitzer, Max 马克斯·施泰尼策尔, 23, 24, 49, 58, 125
Stern, Ernst 恩斯特·斯特恩, 181
Stieler, Karl 卡尔·施蒂勒, 29
Stirner, Max 马克斯·施蒂纳, 69, 71

Stransky, Josef 约瑟夫・施特兰斯基, 96
Straram, Walter 瓦尔特・斯特拉拉姆, 142
Strasser, Otto 奥托・施特拉塞尔, 80, 324, 402
Straus, Oscar 奥斯卡・施特劳斯, 95
Strauss, Alice (née von Grab) 爱丽丝・施特劳斯（原姓冯・格拉布）, 94, 202, 221, 222, 228, 247, 259, 270, 286, 290, 305, 316, 328, 336, 345, 357, 363, 384, 391, 394, 395
    marriage 结婚, 224
    isolation as Jew in Nazi Germany 在纳粹德国作为犹太人被孤立, 271, 272
    meets Hitler 会见希特勒, 277
    evades arrest 逃脱逮捕, 316
    family victims of Nazis 家人成为纳粹受害者, 339
    arrested by Vienna Gestapo 被维也纳盖世太保逮捕, 350
    order for arrest in Garmisch 要求在加尔米什将其逮捕的命令, 360
    attack by Klaus Mann 被克劳斯・曼攻击, 364
    recovers MSS from Vienna house 从维也纳住宅找回手稿, 372
Strauss, Dr med. Christian (grandson) 克里斯蒂安・施特劳斯医学博士（孙子）, 93, 271, 290, 336, 340, 345, 348, 357, 374, 394
    beaten up at school 在学校遭殴打, 316
    R.S. letters to 理查・施特劳斯写给他的信, 350, 379, 380
Strauss, Edmund von 埃德蒙・冯・施特劳斯, 95
Strauss, Franz (father) 弗朗兹・施特劳斯（父亲）, 11, 12, 13, 14, 15, 17, 18, 19, 20, 22, 24, 25, 26, 27, 28, 31, 33, 35, 36, 41, 42, 43, 44, 48, 49, 50, 59, 61, 66, 67, 70, 71, 72, 116, 127, 345
    early life 早年生活, 6
    R.S.'s view of 理查・施特劳斯的看法, 7
    on Wagner 关于瓦格纳, 8
    At home 在家中, 8, 10
    advice on Dora Wihan 对多拉・维汉的建议, 38
    dismissal 离职, 53
    on Macbeth 谈《麦克白》, 56
    On Salome 谈《莎乐美》, 140
    death 死亡, 140
Strauss, Franz (son) 弗朗兹・施特劳斯（儿子）, 88, 93, 94, 137, 146, 208, 215, 221, 228, 235, 247, 256, 259, 289, 309, 332, 336, 360, 374, 382, 384, 391, 394
    born 出生, 90, 91
    excused war service 入伍被拒, 191, 194
    accompanies R.S. to America 陪伴理查・施特劳斯去美国, 218
    engaged 订婚, 222
    marriage and illness 结婚与患病, 224, 225
    attitude to Nazis 对纳粹的态度, 290

Arrested by Gestapo 遭盖世太保逮捕, 350
Strauss II, Johann 小约翰·施特劳斯, 101, 130, 168, 283
Strauss, Johann Urban 约翰·乌尔班·施特劳斯, 6
Strauss, Johanna (sister). See Rauchenberger-Strauss, Johanna 约翰娜·施特劳斯（妹妹），见约翰娜·劳亨贝格尔-施特劳斯
Strauss, Josef 约瑟夫·施特劳斯, 283
Strauss, Josepha (née Pschorr) (mother) 约瑟法·施特劳斯（原姓普肖尔）（母亲）, 6, 13, 15, 17, 37, 38, 69, 100, 106, 399
 mental illness 精神病, 10, 11, 36, 113, 114
Strauss, Pauline Maria (née de Ahna)(wife) 宝琳·玛丽亚·施特劳斯（原姓阿纳）（妻子）, 57, 58, 68, 69, 76, 79, 104, 105, 106, 107, 108, 117, 119, 132, 137, 138, 143, 150, 157, 174, 178, 188, 191, 196, 199, 200, 205, 207, 216, 218, 235, 251, 270, 286, 297, 307, 308, 309, 335, 340, 344, 345, 351, 352, 354, 371, 376, 382, 386, 391, 398, 400, 404
 R.S.'s pupil 和理查·施特劳斯学习, 58
 sings with R.S. at Weimar 与理查·施特劳斯在魏玛演唱, 64—68
 sings at Bayreuth 在拜罗伊特演唱, 66, 78
 engaged to R.S. 与理查·施特劳斯订婚, 73
 doubts about marriage 对婚姻的怀疑, 80—83
 wedding 结婚, 83
 character 性格, 84—100
 Munich contract 与慕尼黑的合同, 85, 86
 as a singer 歌手生涯, 89, 90
 tour of USA 去美国巡演, 89, 90
 birth of son 生子, 90, 91
 divorce threat 离婚威胁, 95, 96
 Dyer's Wife modelled on 染工妻子原型, 99
 Munich début 在慕尼黑首演, 101
 remarks in Paris 在巴黎的言论, 144
 And Trio of Rosenkavalier 关于《玫瑰骑士》三重唱, 169
 on Ariadne I venue 谈《阿里阿德涅 I》演出场所, 181
 on Die Frau ohne Schatten 谈《没有影子的女人》, 195
 in Vienna controversy 维也纳争端, 212
 on R.S. quitting Vienna post 谈理查·施特劳斯辞去维也纳职位, 228
 As 'Christine' in Intermezzo 作为《间奏曲》中的克里斯蒂安, 229, 230
 at Helena rehearsals《埃及的海伦》排练, 244
 Hofmannsthal death 霍夫曼施塔尔之死, 256
 operation 手术, 287
 liking for Daphne 喜欢《达芙妮》, 319
 remark to Schirach 与希拉赫的谈话, 340

    ill at Garmisch 在加尔米什患病, 360, 363, 368, 391
    bored in Switzerland 在瑞士感到厌烦, 371
    at R.S.'s death-bed 在理查·施特劳斯临终的床边, 394
    at R.S. funeral 在理查·施特劳斯的葬礼上, 394,395
    death 死亡, 395
    R.S. letters to quoted 引用的理查·施特劳斯给她的信件: 66, 86, 86,87, 93,94, 95,96, 99, 100, 104, 106, 107, 108, 113, 200, 205, 207, 216, 218, 244,259, 297, 307, 308, 309
Strauss, Richard (grandson) 理查·施特劳斯（孙子）, 24, 94, 248, 290, 324, 336, 340, 345, 357, 358, 360, 363, 395
  beaten up at school 在学校被殴打, 316
  on R.S. as grandfather 谈祖父理查·施特劳斯, 371
Strauss, Richard Georg 理查·格奥尔格·施特劳斯,
  LIFE: birth 生平：出生, 6
    mother's illness 母亲患病, 10,11
    schooldays 上学, 13
    first compositions 最初的作品, 13,14
    hears first operas 最早听到的歌剧, 13
    first Lieder 第一首歌曲, 13, 14
    composition lessons 作曲课, 14
    youthful enthusiasms 年轻的热情, 16,17
    illnesses 患病, 17,18, 66, 68, 143,144, 150, 196, 257, 316, 328, 371, 387
    first publication 发表第一首作品, 18
    youthful works composed 年轻时创作的作品, 19, 20, 22, 23
    early performances 最初的演出, 23, 24
    conversion to Wagner 转向瓦格纳, 26
    leaves school 离开学校, 26
    at university 上大学, 27
    visits Vienna 维也纳之行, 27, 28
    romance with Lotti Speyer 与洛蒂斯佩耶尔的恋情, 29, 30
    visits Dresden and Berlin 前往德累斯顿和柏林, 30—34
    learns Skat 学打斯卡特牌, 33
    conducting début 初次指挥, 35
    romance with Dora Wihan 与多拉·维汉的恋情, 37,38, 54,55, 565—568
    Meiningen appointment 去迈宁根任职, 38
    at Meiningen 在迈宁根, 38—44
    3rd conductor in Munich 在慕尼黑任第三指挥, 43, 47—53
    meets Ritter 结识里特尔, 46
    Liszt influence 李斯特的影响, 46, 47
    opera conducting début 初次指挥歌剧, 47,48

Ritter's influence 里特尔的影响, 48, 49
meets Mahler 结识马勒, 49
Weimar appointment 去魏玛任职, 53
invited to Bayreuth 受拜罗伊特邀请, 55
meets Pauline 结识宝琳, 58
friendship with Cosima Wagner 与科西玛·瓦格纳的友谊, 758—760
conflict with Bronsart 与布隆萨特的冲突, 59—61
with Pauline de Ahna at Weimar 与宝琳·德阿纳在魏玛, 64—68
at Bayreuth 在拜罗伊特, 66
meets Rolland 结识罗兰, 66
first Tristan 第一次指挥《特里斯坦与伊索尔德》, 67
Guntram libretto《贡特拉姆》脚本, 70, 71
trip to Egypt 去埃及旅行, 71
completes Guntram 完成《贡特拉姆》, 71
offered Munich post 受慕尼黑邀请, 72
leaves Weimar 离开魏玛, 75, 76
visits Greece 希腊之行, 77
negotiates Munich post 就慕尼黑的职位交涉, 78
conducts at Bayreuth 在拜罗伊特指挥, 78
engaged to Pauline 与宝琳订婚, 73, 79—83
wedding 结婚, 83
composes Till 创作《梯尔·奥伦施皮格尔的恶作剧》, 84
rift with Bayreuth 与拜罗伊特的摩擦, 85
chief conductor of Munich Opera 任慕尼黑歌剧院首席指挥, 86
first tour of USA 第一次去美国巡演, 89, 90, 138, 139
birth of son 儿子出生, 90, 91
divorce threat 离婚威胁, 95, 96
conductor of Berlin Philharmonic 指挥柏林爱乐, 101, 102
conducting in Munich 在慕尼黑指挥, 103—06
loses Munich Academy post 失去慕尼黑学会的位置, 104
becomes Berlin Opera conductor 成为柏林歌剧院指挥, 106
leaves Munich 离开慕尼黑, 106, 107
work on copyright 为版权做出的努力, 107—110
knowledge of literature 对文学的了解, 111
works on ballets 创作芭蕾舞剧, 125, 126
meets Hofmannsthal 结识霍夫曼施塔尔, 126
moves to Berlin Opera 转任柏林歌剧院, 127, 128
conducting described by Rolland 罗兰对其指挥的描述, 129, 130
repertoire in Berlin 柏林的剧目, 130, 131
composes Feuersnot 创作《火荒》, 132—134

composes Salome 创作《莎乐美》, 135
begins Domestica 开始创作《家庭交响曲》, 137
honorary doctorate 获荣誉博士, 137, 138
French version of Salome《莎乐美》法语版, 141, 142
Salome premières《莎乐美》首演, 142—145
heart trouble 心脏问题, 150
composing Elektra 创作《埃莱克特拉》, 151—153
completes Elektra 完成《埃莱克特拉》, 154—158
composes Rosenkavalier 创作《玫瑰骑士》, 161—186
relationship with Hofmannsthal 与霍夫曼施塔尔的关系, 161, 12
success of Rosenkavalier《玫瑰骑士》的成功, 162, 163, 166, 169, 170
anger over cuts 对删节的愤怒, 170
relationship with Schoenberg 与勋伯格的关系, 172, 173
completes Alpensinfonie 完成《阿尔卑斯交响曲》, 175, 176
composes Ariadne I 创作《阿里阿德涅 I》, 177—181
Ariadne I performed 演出《阿里阿德涅 I》, 181, 182
works on Josephs Legende 创作《约瑟传奇》, 182, 183, 185
uninterested by Ariadne II 对《阿里阿德涅 II》不感兴趣, 184, 185
Josephs Legende performed《约瑟传奇》演出, 186, 187
begins Die Frau ohne Schatten 开始创作《没有影子的女人》, 185, 186
Josephs Legende in London《约瑟传奇》在伦敦, 187
Oxford hon. degree 牛津大学荣誉学位, 187
works on Die Frau 创作《没有影子的女人》, 188, 191, 194, 195, 199, 200
First World War begins 第一次世界大战开始, 188—190
works on Ariadne II 创作《阿里阿德涅 II》, 191—195
Ariadne II first performed《阿里阿德涅 II》首演, 193
first considers Intermezzo 开始构思《间奏曲》, 196
returns to song-writing 回到歌曲创作, 198, 199
works on revision of Bourgeois gentilhomme 修订《资产阶级绅士》, 199, 200
composes Krämerspiegel 创作《店主的镜子》, 201, 202
approached by Vienna Opera 和维也纳歌剧院接触, 205, 206
leaves Berlin Opera 离开柏林歌剧院, 207
riots in Berlin 柏林的暴动, 207, 208
co-founder of Salzburg Festival 萨尔茨堡音乐节共同发起人, 208, 209
position in early 1920s 1920 年代初的地位, 209, 210
accepts Vienna Opera post 接受维也纳歌剧院的邀请, 211, 212
première of Die Frau《没有影子的女人》首演, 212, 213
visit to S. America 访问南美, 215, 216
clashes with Schalk 与沙尔克的摩擦, 216, 217, 219, 220
second USA tour 第二次美国巡演, 218, 219

buys Vienna plot of land 在维也纳购买土地, 221, 222
second tour of S. America 第二次南美巡演, 222
son engaged 儿子订婚, 222
crisis in Vienna 在维也纳的危机, 223
sixtieth birthday 六十大寿, 224
son's marriage and illness 儿子结婚和患病, 224, 225
Schlagobers flop《搅奶油》失败, 226, 227
dismissed from Vienna post 辞去维也纳职位, 227, 228
première of Intermezzo《间奏曲》首演, 229
passion for Skat 对斯卡特牌的热情, 234, 235
'10 Golden Rules' "十条准则", 235, 236
Rosenkavalier film《玫瑰骑士》电影, 238, 239
London visits 伦敦之行, 239, 376—380
reconciliation with France 与法国和解, 239, 240
plan for Greek theatre 希腊剧院计划, 241
'Meistersinger project' "'名歌手'计划", 241, 242
annoyance with Hofmannsthal 与霍夫曼施塔尔争吵, 243
writes left-hand piano works 创作左手钢琴作品, 247
works on Arabella 创作《阿拉贝拉》, 248, 250—252
first grandson born 长孙出生, 248
Hofmannsthal dies 霍夫曼施塔尔去世, 251
grief over Hofmannsthal 哀悼霍夫曼施塔尔, 256, 257
version of Idomeneo《伊多梅尼奥》新版, 257, 258
visit to Paris 巴黎之行, 258, 259
visits to Italy and Switzerland 意大利和瑞士之行, 260, 261
impressed by Zweig libretto 受茨威格的脚本感动, 262
crises over Arabella première《阿拉贝拉》首演危机, 262—265
and anti-Semitism 关于反犹主义, 270—272
takes Walter's place 接替瓦尔特, 272—274
revises Helena 修订《埃及的海伦》, 275
substitutes for Toscanini at Bayreuth 在拜罗伊特接替托斯卡尼尼, 276, 277
'fast' Parsifal "快"版《帕西法尔》, 277, 278
president of Reich Music Chamber 任帝国音乐局长, 281—283, 284, 285
disenchantment 失望, 285, 286
Seventieth birthday 七十大寿, 286
composes Olympic Hymn 创作《奥林匹克颂歌》, 288
Hindemith affair 欣德米特事件, 288, 289
plans secret collaboration with Zweig 计划和茨威格秘密合作, 292—296
unimpressed by Gregor 对格雷戈尔没有感觉, 295—297
anti-Nazi letter confiscated 反纳粹的信被发现, 297, 298

demands reinstatement of Zweig's name 要求重新写上茨威格的名字, 299
dismissed from presidency of Reich Music Chamber 帝国音乐局长职位被免去, 301
writes to Hitler 致信给希特勒, 305
accepts Gregor librettos 接受格雷戈尔的脚本, 306, 307
conducts Jewish composers 指挥犹太作曲家的作品, 307
diplomatic success in Belgium 在比利时的外交胜利, 308, 309
works on Friedenstag and Daphne 创作《和平之日》和《达芙妮》, 309—312
conducts Dresden Opera in London 在伦敦指挥德累斯顿歌剧院乐团, 312, 314
interest in Danae scenario 对《达妮埃》剧情的兴趣, 315
grandsons beaten up 孙子被殴打, 316
Gregor's plea to 格雷戈尔的请求, 317
Friedenstag in Vienna《和平之日》在维也纳, 319
works on Die Liebe der Danae 创作《达妮埃的爱情》, 321—323
composes Munich waltz 创作《慕尼黑圆舞曲》, 323, 324
75th birthday 七十五岁生日, 324
works on Capriccio 创作《随想曲》, 325—328, 329—332
composes Japanische Festmusik 创作《日本庆典音乐》, 328
lives in Vienna 在维也纳居住, 336, 337
Capriccio première《随想曲》首演, 338, 339
calls at Theresienstadt 去特雷津叫门, 339
writes 2nd horn concerto 创作《第二圆号协奏曲》, 340, 341
wartime life in Garmisch 加尔米什的战时生活, 341, 342
in Vienna 在维也纳, 342
awarded Vienna Beethoven Prize 获得维也纳贝多芬奖, 342
writes 1st Sonatina 创作《第一小奏鸣曲》, 342, 344
distress over Munich bombing 因慕尼黑遭轰炸而沮丧, 344, 345
defiance of Garmisch Kreisleiter 与加尔米什区长冲突, 345, 346
refuses evacuees 拒绝接受避难者, 346
returns to Vienna 回到维也纳, 347
obtains family's release 令家人被释放, 350
80th birthday celebrations 八十大寿庆祝, 350—353
Première of Danae《达妮埃》首演, 353—355
re-reads all Goethe 重读歌德全集, 357
begins Metamorphosen 开始创作《变形》, 358
golden wedding 金婚, 358
copies out tonepoems 抄写音诗副本, 358, 359
mourning for Munich 为慕尼黑悲哀, 359, 360
grief over bombing 因轰炸而哀伤, 361
Americans in Garmisch 美军在加尔米什, 363, 364

scurrilous Mann interview 曼的诽谤采访, 364
artistic testament 艺术遗嘱, 366, 367
faces denazification 面对去纳粹化, 368
exile in Switzerland 流亡瑞士, 368—374
sketches Im Abendrot 起草《在日落时》, 371
defence of conduct after 1933 对1933年后行为的辩护, 373
deNazification process 去纳粹化进程, 375, 376
cleared by deNazification tribunal 被去纳粹化法庭宣告无罪, 382, 383
composes Vier letzte Lieder 创作《最后四首歌》, 384, 385
major operation 大手术, 387
returns to Garmisch 回到加尔米什, 387, 378
rebukes Schuh over memoirs 抨击舒赫的回忆录, 388
85th birthday celebrations 八十五岁生日庆祝, 388, 389
honorary citizen of Garmisch 加尔米什荣誉市民, 389
conducts for last time 最后一次指挥, 389
talk with Solti 与索尔蒂谈话, 391
last illness 最后的病痛, 391—394
death 死亡, 394
funeral 葬礼, 394, 395
collaborations with 合作：
　Hofmannsthal on Elektra 霍夫曼施塔尔,《埃莱克特拉》, 151—153, 155—158
　　Der Rosenkavalier《玫瑰骑士》, 161—172
　　Ariadne I《阿里阿德涅I》, 174, 177—182
　　Ariadne II《阿里阿德涅II》, 184—185, 191—195
　　Die Frau ohne Schatten《没有影子的女人》, 174, 175, 188, 189, 190
　　Josephs Legende《约瑟传奇》, 182, 183, 185
　　Le bourgeois gentilhomme (1917)《资产阶级绅士》(1917), 199, 200,
　　Die ägyptische Helena《埃及的海伦》, 221, 222, 223, 240, 241, 242
　　Arabella《阿拉贝拉》, 248, 250—252
　Zweig on Die schweigsame Frau 茨威格:《沉默的女人》, 260, 262, 280, 286
　Gregor on Friedenstag 格雷戈尔:《和平之日》, 307, 308
　　Daphne《达芙妮》, 307, 308, 309—312, 314, 317
　　Die Liebe der Danae《达妮埃的爱情》, 315, 316, 321, 323, 324, 325, 328
　Krauss on Capriccio 克劳斯:《随想曲》, 325—328, 329—332
opinions on 观点
　Alma Mahler 阿尔玛·马勒, 88, 154
　America 美国, 218
　Auber 奥伯, 16, 17
　Beethoven 贝多芬, 15, 16
　Berlin 柏林, 128

Berlioz 柏辽兹, 61, 145
Brahms 勃拉姆斯, 32, 41, 49, 50
Bruckner 布鲁克纳, 420
Bülow 彪罗, 32, 33, 42, 44, 45
Chabrier's Briséis 夏布里埃的《布里塞伊斯》, 62, 63
Clara Schumann 克拉拉·舒曼, 17
Debussy's Pelléas 德彪西的《佩利亚斯》, 145
himself 自己, 70, 102, 103
his father 父亲, 8, 9, 10
Hitler and Nazis 希特勒与纳粹, 259, 274, 275, 286, 361, 369, 371, 372, 373
Lehár 莱哈尔, 283
Liszt 李斯特, 61, 62
Mahler's Fifth Symphony 马勒的《第五交响曲》, 244
Massenet's Hérodiade 马斯内的《埃罗底亚德》, 38
melodic form 旋律形式, 23
modernity 现代主义, 4, 132, 382
Mozart 莫扎特, 16, 105, 365, 381, 382
Pauline 宝琳, 92, 94, 96,97, 100, 259
Pauline's singing 宝琳的歌唱, 89
Puccini 普契尼, 283
religion 宗教, 17, 111, 145, 146, 296
Richter 里希特, 68
Ritter 里特尔, 46
Rossini 罗西尼, 47
Saint-Saëns 圣-桑斯, 16, 145
Salzburg Festival 萨尔茨堡音乐节, 209
Sardou 萨尔杜, 31
Schopenhauer 叔本华, 46
Schuch 舒赫, 170
songwriting 歌曲创作, 118
tempi in Rosenkavalier《玫瑰骑士》的速度, 391
Thuille 图伊勒, 20—2 Tristan《特里斯坦与伊索尔德》, 26, 67, 68
Verdi 威尔第, 47
Wagner 瓦格纳, 16, 17, 26, 302, 303
Weimar years 魏玛岁月, 75, 76
words and music 歌词与音乐, 232, 233
World War I 第一次世界大战, 189,190, 197,198, 200, 205
WORKS 作品
    BALLETS 芭蕾
        Der Kometentanz av 228《彗星之舞》, 125, 126

Die Flöhe oder der Schmerzenstanz (abandoned), av 222《跳蚤或痛苦之舞》(放弃), 125

Die Insel Kythere, av 230《西苔岛》, 126

Die Rache der Aphrodite (abandoned)《阿芙洛狄忒的复仇》(放弃), av 296, 360, 374

Josephs Legende, Op. 63《约瑟传奇》, 126, 208, 227, 351, 352, 366, 397, 406
    composed 创作, 182, 183, 185
    produced and discussed 制作和讨论, 186—188
    Vienna première 维也纳首演, 221

Kythere (Die Insel Kythere), av 230《西苔》(《西苔岛》), 126

Lila (av 221) (ballet sketched for Singspiel)《莉拉》(为歌唱剧起草的芭蕾), 85

Schlagobers, Op. 70《掼奶油》, 228
    begun 开始, 216
    completed 完成, 221
    première 首演, 226, 227

Tanzsuite, o.Op. 107《舞蹈组曲》, 215, 238, 329

Verklungene Feste, o.Op. 128《逝去的节日》, 329

CHAMBER MUSIC 室内乐

Arabian Dance in D minor, piano quartet, av 182, No. 1 钢琴四重奏《D小调阿拉伯舞曲》, 79

Cello Sonata, Op. 6《大提琴奏鸣曲》, 29, 30, 31, 33, 37

Concertante in C, piano, 2 violins, cello, av 157 钢琴、两把小提琴和大提琴协奏乐章, 14

Daphne-Etude, violin, o.Op. 141《达芙妮练习曲》, 小提琴, 348

Etudes, o.Op. 12《练习曲》, 14

Hochzeitmusik, piano, toy instruments, av 163,《婚礼进行曲》, 钢琴、玩具乐器, 19

Hochzeitpräludium, two harmoniums, o.Op. 108,《婚礼进行曲》, 两架簧风琴, 224

Introduktion, Thema und Variationen, horn, piano, o.Op. 52《引子、主题与变奏》, 圆号、钢琴, 20, 410

Introduktion, Thema und Variationen, flute, piano, o.Op. 56《引子、主题与变奏》, 长笛、钢琴, 19, 410

Little Love Song (Liebesliedchen) in G, piano quartet, av 182, No. 2《G小调爱情小曲》, 钢琴四重奏, 79

Piano Quartet in C minor, Op. 13《C小调钢琴四重奏》, 35, 44, 352, 389

Quartettsatz in E flat (string quartet), av 211, 20《降E大调四重奏乐章》(弦乐四重奏), 410

Romanze in F, cello, piano《F大调浪漫曲》, 大提琴、钢琴, o.Op. 75, 28, 29

String Quartet in A, Op. 2《A大调弦乐四重奏》, 23, 34

Suite from Capriccio, harpsichord, o.Op. 138《随想曲》组曲, 羽管键琴, 353

Variationen über 'Das Dirndl is harb auf mi', violin, viola, cello,《啤酒女生我的

气了》小提琴、中提琴、大提琴变奏曲, 19
Violin Sonata in E flat, Op. 18《降E大调小提琴奏鸣曲》, 51, 261, 389
Wedding Music (Hochzeitmusik), piano, toy instruments, av 163《婚礼音乐》, 钢琴、玩具乐器, 19

CHORAL 合唱: An den Baum Daphne, o.Op. 137《致达芙妮树》, 347, 348, 368
 Austria (Wildgans), Op. 78《奥地利》(维尔德甘斯), 257
 Bardengesang (Kleist), av 181《游吟诗人之歌》(克莱斯特), 44
 Bardengesang (Klopstock), Op. 55《游吟诗人之歌》(克洛普斯托克), 44
 Besinnung (abandoned), av 306《反思》(放弃), 391
 Cantate (Hofmannsthal), o.Op. 104《康塔塔》(霍夫曼施塔尔), 185
 Der Abend, Op. 34, No. 1《夜》, 110, 120, 348
 Deutsche Motette, Op. 62《德意志经文歌》, 184, 348
 Die Tageszeiten, Op. 76《一日之时》, 247, 248, 255
 Die Göttin im Putzzimmer, o.Op. 120《闺房中的女神》, 291, 320, 368
 Drei Männerchöre, o.Op. 123《三首男声合唱》, 306
 Durch Einsamkeiten, durch waldwild Gehig, o.Op. 124《通过孤独、通过荒野的森林》, 317
 Electra, o.Op. 74《埃莱克特拉》, 22
 2 Gesänge, Op. 34《两首歌曲》, 109, 110, 120
 Hymne, Op. 34, No. 2《赞美诗》, 100, 120, 348
 Hymne《赞美诗》, 120,121
 Olympische Hymne, o.Op. 119《奥林匹克颂歌》, 288, 312
 Skatkanon, o.Op. 95A《斯卡特卡农》, 235
 Taillefer, Op. 52《泰勒菲尔》, 20, 120, 137,138, 173
 Utan svafvel och fosfor, o.Op. 88《没有硫和磷》, 68
 Wandrers Sturmlied, Op. 14《流浪者风雨歌》, 35, 50

INCIDENTAL MUSIC 戏剧配乐:
 Le bourgeois gentilhomme (Der Bürger als Edelmann) (Ariadne auf Naxos, 1st version), Op. 60《资产阶级绅士》(《阿里阿德涅在纳索斯》第一版), 126, 178, 185, 192
 Le bourgeois gentilhomme (1917 revision), Op. 60 (iii)《资产阶级绅士》(1917年版), 126, 199, 200, 228
  R.S. chooses for 85th birthday 理查·施特劳斯为八十五岁生日选择, 389
 Fanfare, o.Op. 88A (Die Jäger) 鼓号曲 (《猎人》), 69
 Musik zu 'Lebende Bilder', o.Op. 89 为"历史事件生活场景"的配乐, 69, 238

JUVENILIA 年少时的作品
 Etudes, o.Op. 12, Lila (3 songs for Goethe Setting) (av 206/o.Op. 44/5)《练习曲》《莉拉》(三首歌德诗作谱曲), 85
 Mass in D, o.Op. 31《D大调弥撒》, 5
 Panzenburg-Polka, o.Op. 10《大肚子城堡波尔卡》, 13

Schneider-Polka, o.Op. 1《裁缝波尔卡》, 13

Weihnachtslied, o.Op. 2《圣诞颂歌》, 13

LIEDER 歌曲

    Ach, Lieb, ich muss nun scheiden, Op. 21, No. 3《啊, 亲爱的, 我现在要离开了》, 408

    Ach weh mir unglückhaftem Mann, Op. 21, No. 4《啊, 我这不幸的男人》, 408

    Allerseelen, Op. 10, No. 8《万灵节》, 43, 406, 408

    All' mein Gedanken, Op. 21, No. 1, 218,219《我的一切想法》, 407, 408

    Als mir dein Lied erklang, Op. 68, No. 4《当我听到你的歌声》, 199, 328

    Amor, Op. 68, No. 5《爱》, 328

    An die Nacht, Op. 68, No. 1《致夜晚》, 328

    Befreit, Op. 39, No. 4《自由了》, 88, 119, 276

    Begegnung, o.Op. 72《邂逅》, 29

    Beim schlafengehen (Vier letzte Lieder, (No. 3)《入睡》(《最后四首歌》之三), 384, 386

    Blauer Sommer, Op. 31, No. 1《蓝色夏天》, 198

    Blick vom oberen Belvedere, o.Op. 130《在美景宫上眺望》, 336, 337, 368, 408

    Breit über mein Haupt, Op. 19, No. 2《拂过我的头》, 406, 408

    Cäcilie, Op. 27, No. 2《塞西莉》, 83, 404, 407

    Das Bächlein, o.Op. 118《小溪》, 282

    Das Geheimnis, Op. 17, No. 3《秘密》, 406

    Das Lied des Steinklopfers, Op. 49, No. 4《碎石者之歌》, 119, 120, 138

    Das Rosenband, Op. 36, No. 1《玫瑰花环》, 408

    Der Arbeitsmann, Op. 39, No. 3《工匠》, 119, 202

    Der Fischer, o.Op. 33《渔夫》, 23

    Der Stern, Op. 69, No. 1《星星》, 103, 202

    Des Dichters Abendgang, Op. 47, No. 2《诗人的夜间漫步》, 202

    Die Drossel, o.Op. 34《鸫》, 22, 23

    Die erwachte Rose, o.Op. 66《苏醒的玫瑰》, 29

    Die Frauen sind oft fromm und still, Op. 21, No. 5《女人常常虔敬而安静》, 68, 69

    Die Georgine, Op. 10, No. 4《大丽花》, 43

    Die heilige drei Könige, Op. 56, No. 6《来自东方的三王》, 399

    Die Liebe sass als Nachtigal, o.Op. 55《爱情曾像夜莺》, 19, 24, 410

    Die Lilien glühn in Düften, av 160《百合花散发香气》, 19, 24, 410

    Die Nacht, Op. 10, No. 3《夜》, 43, 406, 408

    Die Ulme zu Hirsau, Op. 43, No. 3《希尔绍的榆树》, 138

    Die Verschwiegenen, Op. 10, No. 6《缄默者》, 43

    Die Zeitlose, Op. 10, No. 7《藏红花》, 43

    Drei Hymnen (Hölderlin), Op. 71《三首赞美诗》(荷尔德林), 210, 240

Drei Mutterlieder《三首母亲之歌》, 89
Du meines Herzens Krönelein, Op. 21, No. 2《你，我心中的王冠》, 404, 408
Durch allen Schall und Klang, o.Op. 111《通过一切声音和曲调》, 240
Einerlei, Op. 69, No. 3《都一样》, 202
Einkehr, o.Op. 3《沉思》, 14
Erschaffen und Beleben, o.Op. 106《创造和赋予生气》, 240
Four Last Songs (Vier letzte Lieder), o.Op. 150《最后四首歌》, 384—386
Freundliche Vision, Op. 48, No. 1《友谊的幻象》, 89, 119, 202, 407
Frühling (Vier letzte Lieder, No. 1)《春天》(《最后四首歌》之一）, 384, 386, 387
Frühlingsfeier, Op. 56, No. 5《春之庆典》, 276
Gesang der Apollopriesterin, Op. 33, No. 2《阿波罗祭司之歌》, 120
Gesänge des Orients, Op. 77《东方之歌》, 255
Glückes genug, Op. 37, No. 1《足够幸运》, 408
Heimkehr, Op. 15, No. 5《回家》, 406, 407, 408
Heimliche Aufforderung, Op. 27, No. 3《秘密的召唤》, 83, 404, 406, 408
Hochzeitlich Lied, Op. 37, No. 6《婚礼歌》, 135
Ich liebe dich, Op. 37, No. 2《我爱你》, 345, 406, 408
Ich schwebe, Op. 48, No. 2《我飞翔》, 407
Ich trage meine Minne, Op. 32, No. 1《我负着我的爱》, 120, 408
Ich wollt ein Sträusslein binden, Op. 68, No. 2《我想扎一个花束》, 199, 328
Im Abendrot (Vier letzte Lieder, No. 4)《在日落时》(《最后四首歌》之四）, 385, 386;
 sketched 起草, 371
 completed 完成, 382
In goldener Fülle, Op. 49, No. 2《在金色的丰饶中》, 408
In Vaters Garten, o.Op. 64《父亲的花园里》, 23
Jung Hexenlied, Op. 39, No. 2《年轻女巫之歌》, 119
Kling!《叮！》, Op. 48, No. 3, 120, 407
Krämerspiegel, Op. 66《店主的镜子》, 201, 202, 210, 237
 quoted in Capriccio 在《随想曲》中引用, 331, 332
Lass ruh'n die Toten, o.Op. 35《让死亡停下》, 22
Liebeshymnus, Op. 32, No. 3《爱之赞美诗》, 120
Lied der Frauen wenn die Männer im Krieg sind, Op. 68, No. 6《男人上战场时女人的歌》, 199, 276
8 Lieder (Gilm), Op. 10《八首歌曲》（基尔姆）, 43
5 Lieder, Op. 15《五首歌曲》, 51
6 Lieder (Schack), Op. 17《六首歌曲》, 51
6 Lieder (Schack), Op. 19《六首歌曲》, 51
2 Lieder (Lenau), Op. 26《两首歌曲》, 69

4 Lieder, Op. 27《四首歌曲》, 69, 83, 382
6 Lieder, Op. 67《六首歌曲》, 201
6 Brentano Lieder, Op. 68《六首布伦塔诺歌曲》, 198,199, 255, 328
5 Lieder, Op. 69《五首歌曲》, 202
Mädchenblumen, Op. 22《少女花》, 51
Malven, av 304《锦葵》, 94, 384, 385
Mein Auge, Op. 37, No. 4《我的眼睛》, 119, 276
Meinem Kinde, Op. 37, No. 3《我的孩子》, 89, 407
Morgen!, Op. 27, No. 4《明天！》, 23, 83, 89, 386, 404, 406, 408
Muttertänderlei, Op. 43, No. 2《母亲的游戏》, 89
Nachtgang, Op. 29, No. 3《夜行》, 119, 138
Nebel, o.Op. 47《雾》, 23
Nichts, Op. 10, No. 2《一无所有》, 43
Notturno, Op. 44, No. 1《夜曲》, 119
Ophelia Lieder, Op. 67, Nos. 1—3《奥菲利亚歌曲》, 201
O Schneller mein Ross, av 159《啊，我的马儿快快跑》, 19, 24, 410
Rote Rosen, o.Op. 76《红玫瑰》, 23, 29, 30
Ruhe, meine Seele! Op. 27, No. 1《安息吧，我的灵魂》, 22, 83, 120, 382, 385, 406, 408
Sankt Michael, o.Op. 129《圣米迦勒》, 336, 337, 368
Säusle, Liebe Myrthe! Op. 68, No. 3《颤动吧，亲爱的爱神木！》, 199, 328
Schlagende Herzen, Op. 29, No. 2《跳动的心脏》, 408
Schlechtes Wetter, Op. 69, No. 5《坏天气》, 202, 408
Schlichte Weisen (5 Dahn Lieder), Op. 21《简单的方式》（五首丹恩歌曲）, 68
Sehnsucht, Op. 32, No. 2《思乡》, 408
Seitdem dein Aug' in meines Schaute, Op. 17, No. 1《自此我望着你的眼睛》, 408
September (Vier letzte Lieder, No. 2)《九月》(《最后四首歌》之二), 3, 384
Spielmann und Zither, o.Op. 40《游吟诗人与齐特琴》, 23
Ständchen, Op. 17, No. 2《小夜曲》, 407, 408
Stiller Gang, Op. 31, No. 4《宁静的道路》, 119
Three Hymns (Hölderlin), Op. 71《三首赞美诗》(荷尔德林), 210, 240
Traum durch die Dämmerung, Op. 29, No. 1《黄昏时的梦》, 89, 92, 103, 119, 406, 407
Und dann nicht mehr (Rückert)《不要再这样了》(吕克特), o.Op. 114, 257
Vier letzte Lieder, o.Op. 150《最后四首歌》, 210, 395
    composed, 创作 384
    discussed 讨论, 386
    order of songs 歌曲顺序, 386
    first performed 首演, 386

Vom künftigen Alter (Rückert)《来自未来》（吕克特）, o.Op. 115, 257
Waldgesang, o.Op. 55《森林之歌》, 19, 24, 410
Waldseligkeit, Op. 49, No. 1《林中极乐》, 119, 202, 408
Wenn . . ., Op. 31, No. 2《如果……》, 120
Wer hat's getan? o.Op. 84A《谁这么做？》, 43
Wer tritt herein so fesch und schlank?, o.Op. 136《来的是谁，多么倜傥而潇洒》, 346, 347
Wiegenlied, Op. 41, No. 1《摇篮曲》, 89, 119, 407
Winterliebe, Op. 48, No. 5《冬之爱》, 120, 202, 408
Winterreise, o.Op. 4《冬之旅》, 13
Winterweihe, Op. 48, No. 4《冬祭》, 120, 202
Wozu noch, Mädchen, Op. 19, No. 1《为什么，姑娘》, 408
Xenion, o.Op. 131《警句》, 340
Zueignung, Op. 10, No. 1《献辞》, 43, 406, 407, 408
Zugemessne Rhythmen reizen freilich, o.Op. 122《整齐的节奏激动人心》, 291

MELODRAMA 配乐朗诵
  Enoch Arden, Op. 38《伊诺克·阿登》, 90, 106

OPERAS 歌剧
  Arabella, Op. 79《阿拉贝拉》, 94, 113, 137, 140, 230, 246, 256, 257, 264, 286, 288, 296, 308, 311, 324, 335, 338, 369
    work begins on 开始创作, 248
    libretto constructed 完成脚本, 248, 250, 251
    composition begun 开始作曲, 251, 252, 257
    discussed 讨论, 252—254
    Munich revision 慕尼黑修订版, 253
    Hofmannsthal dies 霍夫曼施塔尔去世, 251
    progress continues 继续创作, 259—261
    crises over première 首演的危机, 262, 263
    rehearsals and première 排练与首演, 264, 265
  Ariadne auf Naxos, Op. 60 (first version)《阿里阿德涅在纳索斯》（第一版）, 104, 126, 174, 187
    composed 作曲, 177—181
    first performed 首演, 181, 182
    discussed 讨论, 182
  Ariadne auf Naxos (second version, with Prologue)《阿里阿德涅在纳索斯》（第二版，带序幕）, 126, 182, 196, 209, 211, 213, 221, 226, 230, 231, 232, 233, 239, 252, 256, 275, 291, 308, 312, 320, 369, 377, 400
    planned 计划, 184, 185
    work on 创作, 191—195
    first performed 首演, 193

  on 80th birthday 在八十大寿演出, 352
  Capriccio, Op. 85《随想曲》, 137, 140, 160, 201, 232, 235, 291, 329, 337, 339, 341
    scenario planned 计划剧情, 325, 326
    libretto fashioned 创作脚本, 329—331
    moonlight music 月光音乐, 332, 333
    sextet composed 创作六重奏, 334
    opera completed 歌剧完成, 334
    première 首演, 338, 339
    sextet première 六重奏首演, 340
    R.S. conducts Moonlight music for last time 理查·施特劳斯最后一次指挥月光音乐, 389
Celestina (abandoned)《塞莱斯蒂娜》(放弃), av 274, 293, 315
Danae, oder die Vernunftheirat, av 256《达那埃，或权宜婚姻》, 216, 315
Daphne, Op. 82《达芙妮》, 232, 291, 306, 335, 337, 338, 402
  libretto drafted 起草脚本, 307
  R.S. dissatisfied 理查·施特劳斯不满, 308
  work begun on 开始创作, 309
  R.S. critical of libretto 理查·施特劳斯批评脚本, 309—312
  music begun 开始作曲, 311
  R.S. involves Krauss 理查·施特劳斯请克劳斯加入, 311, 312
  orchestral ending 管弦乐结尾, 314
  full score completed 总谱完成, 317
  première 首演, 319
  discussed 讨论, 320
Das erhabenes Leid der Könige (abandoned)《国王们崇高的受苦》(放弃), 77
Der Reichstag zu Mainz (abandoned)《美因茨议会》(放弃), 77, 78
Der Rosenkavalier, Op. 59《玫瑰骑士》, 4, 57, 94, 137, 140, 152, 158, 159, 160, 174, 177, 180, 187, 193, 194, 195, 196, 209, 211, 216, 221, 232, 237, 239, 250, 264, 275, 284, 369, 406, 407
  composed 作曲, 162—166
  success of 成功, 166, 170—172
  discussed 讨论, 167—169
  core given to Vienna 总谱赠给维也纳, 221
  Paris première 巴黎首演, 240
  R.S. conducts dress rehearsal 理查·施特劳斯指挥正式彩排, 388, 389
  Trio at R.S. funeral 理查·施特劳斯葬礼上演唱三重唱, 394
  R.S. 'bored' by it 理查·施特劳斯感到"厌烦", 401
  Der Rosenkavalier (film), o.Op. 112《玫瑰骑士》(电影), 238, 239, 407
Des Esels Schatten, av 300《驴子的阴影》, 374

Die ägyptische Helena, Op. 75《埃及的海伦》, 214, 230, 247, 252, 255, 335, 344
   score given to Vienna 总谱赠给维也纳, 221
   Act 1 play-through 试奏第一幕, 240, 241
   completed 完成, 242
   trouble over première 首演的麻烦, 242, 243
   première 首演, 244
   discussed 讨论, 245, 246
   revisions 修订, 275, 276
Die Frau ohne Schatten, Op. 65《没有影子的女人》, 134, 180, 183, 187, 191, 193, 200, 230, 232, 246, 252, 261, 275, 296, 329, 352, 353
   origin of 起源, 174, 175
   begun 开始, 185, 186
   work on 创作, 188, 189, 190, 191, 194, 195, 199, 200
   first performances 首演, 212, 213
   discussed 讨论, 213—215
   revisions 修订, 214, 215
Die Liebe der Danae, Op. 83《达妮埃的爱情》, 306, 334, 344, 393
   Hofmannsthal origin 源起霍夫曼施塔尔, 216, 315
   work begins on 创作开始, 315, 316
   Libretto fashioned 完成脚本, 321—323
   short score Act 2 finished 第二幕缩编谱完成, 324
   full score completed 总谱完成, 328
   Salzburg première 萨尔茨堡首演, 353—355
   R.S. describes 理查·施特劳斯的描述, 355
   discussed 讨论, 355, 356
   official première 正式首演, 356
Die schweigsame Frau, Op. 80《沉默的女人》, 146, 289, 294, 308
   draft synopsis 起草剧情, 262
   work proceeds 创作过程, 280, 286
   completed 完成, 294
   rehearsals and première 排练和首演, 297—299, 301
   banned 被禁, 302
   discussed 讨论, 303, 304
Don Juan (abandoned)《唐璜》(放弃), 69
Ekke und Schnittlein (abandoned)《艾克和施尼特赖因》(放弃), 127
Elektra, Op. 58《埃莱克特拉》, 4, 23, 88, 94, 112, 115, 141, 147, 162, 169, 174, 187, 196, 222, 231, 232, 233, 240, 256, 260, 272, 286, 320, 324, 379
   begun 开始, 151—153
   completed 完成, 154—158
   discussed 讨论, 158—161

Feuersnot, Op. 50《火荒》, 78, 84, 87,88, 126, 152, 172, 187, 241, 296, 406
    composed 创作, 132—134
    first performed 首演, 135
Friedenstag, Op. 81《和平之日》, 306
    Zweig suggests 茨威格提议, 287
    libretto drafted 起草脚本, 307
    R.S. dissatisfied with 理查·施特劳斯不满意, 307, 308
    completed 完成, 308
    première 首演, 318
    discussed 讨论, 318, 319
    Paris première 巴黎首演, 387
Guntram, Op. 25《贡特拉姆》, 55, 56, 64, 67, 69, 78, 80, 84, 85, 86, 101, 105, 109,111, 117, 125, 152, 227
    completed 完成, 70—72
    First performed 首演, 72, 73
    Munich failure 在慕尼黑失败, 73—75
    revised 修订, 286
Intermezzo, Op. 72《间奏曲》, 78, 80, 89, 94, 104, 113, 137, 140, 210, 227, 230, 233, 235, 238, 246, 256, 335, 407
    origin of 起源, 95, 96
    libretto quoted 引用脚本, 97, 98
    First stirrings 最初构思, 196
    R. S. works on 理查·施特劳斯创作, 200, 221
    completed 完成, 222
    first performances 首演, 229
    discussed 讨论, 230—234
Peregrinus Proteus (abandoned)《佩雷格里努斯·普罗特乌斯》(放弃), av 257, 210
Salome, Op. 54《莎乐美》, 63, 104, 112, 115, 147, 150, 152, 154, 158, 159, 169, 187, 193, 207, 222, 232, 233, 240, 280, 369, 401, 406
    French version 法语版, 141,142
    First performances and censorship troubles 首演与审查麻烦, 142—145 discussed 讨论, 147—149
Semiramis (abandoned)《塞米拉米斯》(放弃), av 239, 174, 294, 295, 296, 297, 306, 315
Till Eulenspiegel bei den Schildenbürgen (abandoned), av 219《梯尔·奥伦施皮格尔的恶作剧》, 84
ORCHESTRAL 管弦乐
    Also sprach Zarathustra, Op. 30《查拉图斯特拉如是说》, 85, 100, 104, 105, 133, 138, 152, 177, 218, 312, 352, 408

discussed 讨论, 111—113
Aus Italien, Op. 16《自意大利》, 20, 46, 50, 51, 53
 first performed 首演, 50
 Bildersinfonie, av 233《画作交响曲》, 376
 Brandenburgsche Mars (Der Rosenkavalier film), o.Op. 99《布兰登堡马尔斯》《玫瑰骑士》电影), 238
 Concert Overture in C minor, o.Op. 80《C小调音乐会序曲》, 29, 30, 33
 Der Antichrist (abandoned), av 247《敌基督》(放弃), 175, 176
 Die Donau (abandoned), av 291《多瑙河》(放弃), 336, 340, 341
 Divertimento, Op. 86《嬉游曲》, op. 86, 329
 Don Juan, Op. 20《唐璜》, 3, 55, 59, 69, 105, 110, 112, 139, 352, 359, 381, 401, 406, 407, 408
  first performed 首演, 56
 Don Quixote, Op. 35《堂吉诃德》, 11, 102, 103, 104, 116, 135, 139, 201, 218, 227, 230, 232, 376, 379, 407, 408
  completed 完成, 106
  discussed 讨论, 113, 114
 Ein Heldenleben, Op. 40《英雄生涯》, 78, 89, 92, 94, 103, 104, 109, 129, 135, 138, 230, 352, 353, 377, 401, 406, 407, 408
  completed 完成, 106
  discussed 讨论, 114—118
 Eine Alpensinfonie, Op. 64《阿尔卑斯交响曲》, 112, 127, 184, 187, 190, 239, 336, 368, 407
  composed and discussed 作曲与讨论, 175—177
  First performed 首演, 191
 Einleitung und Walzer aus Der Rosenkavalier, I. und II. Akt, o.Op. 139《玫瑰骑士第一幕与第二幕引子与圆舞曲》, 359, 368, 372
 Fanfare (Wiener Philharmoniker), o.Op. 109《鼓号曲》(维也纳爱乐), 226
 Festliches Präludium, Op. 61《节日前奏曲》, 183, 184, 281, 336, 408
 Festmarsch in D, o.Op. 84《D大调节日进行曲》, 35
 Festmarsch in E, Op. 1《E大调节日进行曲》, 18, 24
 Festmusik der Stadt Wien, o.Op. 133《维也纳市庆典音乐》, 342
 Japanische Festmusik, Op. 84《日本庆典音乐》, 328, 397, 407
 Kampf und Sieg, o.Op. 89, No. 3《战斗与胜利》, 69
 Künstler-Tragödie (abandoned), av 231《艺术家的悲剧》(放弃), 127, 175
 Macbeth, Op. 23《麦克白》, 51, 55, 69, 79, 110, 112, 376
  first performed 首演, 56
 Metamorphosen, o.Op. 142《变形》, 365, 366, 369, 375
  begun 开始, 358
  completed 完成, 360, 361, Septet version 七重奏版, 360, 361

discussed 讨论, 361, 362
controversy over 争议, 380
Military March in F (Der Rosenkavalier film), o.Op. 112《F大调军队进行曲》（《玫瑰骑士》电影）, 238
München (Gedächtniswalzer), o.Op. 140《慕尼黑（纪念圆舞曲）》, 359, 360
München (Gelegenheitswalzer), o.Op. 125《慕尼黑（应景圆舞曲）》, 323, 324
MS given to Bavarian State Library 手稿赠给巴伐利亚国家图书馆, 389
Overture in A minor, o.Op. 62《A小调序曲》, 19, 20, 410
Serenade in E flat, Op. 7《降E大调小夜曲》, 27, 33, 34, 342, 344, 374, 408
Serenade in G, o.Op. 32《G大调小夜曲》, 14
Sextet from Capriccio《随想曲》六重奏, 334, 340
Sonatina No. 1 in F, o.Op. 135《F大调第一小奏鸣曲》, 342, 344, 368
Sonatina No. 2 in E, o.Op. 143《E大调第二小奏鸣曲》, 349, 365, 36, 368, 369, 370
'Spring Symphony' (abandoned)《春天交响曲》（放弃）, 127
Suite in B flat, Op. 4《降B大调组曲》, 34, 35, 342
Suite, Le bourgeois gentilhomme, Op. 60 (IIIA)《资产阶级绅士》组曲, 200, 352, 374, 406, 407, 408
Suite, Schlagobers, Op. 70《掼奶油》组曲, 262, 408
Symphonia Domestica, Op. 53《家庭交响曲》, 4, 15, 78, 94, 113, 129, 152, 218, 227, 230, 352, 378, 408
first performed 首演, 139, 140
discussed 讨论, 139, 140
R.S. conducts on 75th birthday 理查·施特劳斯在七十五岁生日时指挥, 324
Symphonic Fantasy on Die Frau ohne Schatten, o.Op. 146《没有影子的女人》交响幻想曲, 372, 376
Symphonic Fantasy on Josephs Legende, o.Op. 148《约瑟传奇》交响幻想曲, 372
Symphony No. 1 in D minor, o.Op. 69《D小调第一交响曲》, 18, 24, 25
Symphony No. 2 in F minor, Op. 12《F小调第二交响曲》, 28, 30, 33, 40, 41, 49, 50, 408
First performed 首演, 35, 36
Till Eulenspiegels lustige Streiche, Op. 28《梯尔·奥伦施皮格尔的恶作剧》, 85, 100, 110, 111, 112, 139, 152, 331, 352, 358, 381, 401, 406, 407, 408
composed 创作, 84, 85
Tod und Verklärung, Op. 24《死与净化》, 55, 64, 69, 75, 104, 105, 110, 116, 139, 140, 291, 252, 359, 379, 381, 407, 408
first performed 首演, 56

quoted in Im Abendrot 引用《在日落时》, 386
reference on deathbed 临死时提到, 391

PIANOFORTE 钢琴作品：
Aus alter Zeit (Little Gavotte), o.Op. 57《来自过去》(小加沃特舞曲), 18, 410
De Brandenburgsche Mars, o.Op. 99《布兰登堡马尔斯》, 238
Five Pieces, Op. 3《五首小品》, 34
14 Improvisationen und Fuge über ein Originalthema (2 hands), o.Op. 81/av 177 原创主题14段即兴与赋格（双手）, 31, 38
Little Gavotte (Aus alter Zeit) 小加沃特（《来自过去》), o.Op. 57, 18, 410
Skizzen, o.Op. 59《素描》, 19, 20, 410
Sonata No. 1 in E, o.Op. 38《E大调第一奏鸣曲》, 20
Sonata No. 2 in C minor, o.Op. 60《C小调第一奏鸣曲》, 19, 410
Stimmungsbilder, Op. 9《氛围音画》, 26, 33, 406
Waltz in G minor (Kupelwieser Walzer by Schubert), av 192 G小调圆舞曲（舒伯特的《库佩尔韦瑟圆舞曲》), 342

SOLO INSTRUMENT & ORCHESTRA 独奏乐器与乐队
Burleske in D minor, piano D小调钢琴《滑稽曲》, o.Op. 85, 44, 50, 378, 397, 408
   first performed 首演, 56
Duett Concertino in F, clarinet, bassoon, o.Op. 147《单簧管与大管二重小协奏曲》, 381
   begun 开始创作, 372
Horn Concerto No. 1 in E flat, Op. 11《降E大调第一圆号协奏曲》, 26, 36
   first performed 首演, 28
Horn Concerto No. 2 in E flat, o. Op. 132《降E大调第二圆号协奏曲》, 340, 341, 344, 368
Oboe Concerto in D, o.Op. 144《D大调双簧管协奏曲》, 366, 368, 375
   suggested 提议, 364
   discussed 讨论, 369, 370
Panathenäenzug, piano left-hand, Op. 74,《泛雅典娜节》, 钢琴左手, 247
Parergon zur Symphonia Domestica, piano left-hand, Op. 73 (I)《家庭交响曲补遗》, 钢琴左手, 247
Rhapsody in C minor, piano, av 213《C小调钢琴狂想曲》, 44
Romanze in E flat, clarinet, o.Op. 61,《降E大调单簧管浪漫曲》, 20, 410
Romanze in F, cello, o.Op.《F大调大提琴浪漫曲》, 75, 28, 29
Violin Concerto, Op. 8《小提琴协奏曲》, 26
   first performed 首演, 27, 28
Violin Concerto No. 2 (sketches)《第二小提琴协奏曲》（草稿）, av 299, 374

VERSIONS OF OTHER COMPOSERS' WORKS 重新演绎其他作曲家的作品：

BEETHOVEN: Die Ruinen von Athen, av 190 贝多芬:《雅典的废墟》, 228
GLUCK: Iphigénie en Tauride, av 186 格鲁克:《伊菲姬尼在陶里德》, 64, 69
MOZART: Idomeneo, av 191 莫扎特:《伊多梅尼奥》, 257, 258, 259, 336
Stravinsky, Igor 伊戈尔·斯特拉文斯基, 148, 174, 187, 210, 224, 395, 399
 on R.S. at rehearsal 谈理查·施特劳斯的排练, 186
Streicher, Julius 尤利乌斯·施特莱歇尔, 274, 285
Strindberg, August 奥古斯特·斯特林堡, 119, 224
Suitner, Otmar 奥特玛尔·绥特纳, 320
Sutermeister, Heinrich 海因里希·苏特迈斯特, 369
Swarowsky, Hans 汉斯·斯瓦洛夫斯基, 330
Szell, Georg 乔治·塞尔, 211, 229, 381
Tauber, Richard 理夏德·陶贝尔, 209, 242
Taubmann, Horst 霍尔斯特·陶布曼, 338
Tchaikovsky, Pyotr 彼得·柴科夫斯基, 43, 101
te Kanawa, Dame Kiri 吉莉·蒂·卡纳瓦, 384
Tenschert, Roland 罗兰·滕歇尔特, 139, 211, 350, 351, 353, 366
Ternina, Milka 米尔卡·特尔尼纳, 73
Terrasse, Claude 克劳德·特拉斯, 163
Teschemacher, Margarete 玛格丽特·特歇马赫尔, creates Daphne 扮演达芙妮, 320
Teschendorff, Emil 埃米尔·特申多夫, 33
Tetrazzini, Luisa 路易莎·泰特拉奇尼, 177
Theodor, Karl 卡尔·提奥多, 241
Thode, Daniela (née Bülow) 达妮拉·托德（原姓彪罗）, 79, 278
Thomas, Ambroise 安布鲁瓦·托马, 66
Thomas, Theodor 提奥多·托马斯, 35, 36
Thuille, Ludwig 路德维希·图伊勒, 23, 26, 32, 34, 40, 46, 48, 61, 62, 70, 105, 132, 235
 boyhood letters to R.S. 儿时与理查·施特劳斯的通信, 15—22
 R.S.'s opinion of 理查·施特劳斯的看法, 20—22
Thumann, Paul 保罗·图曼, 33
Tietjen, Heinz 海因兹·蒂津, 235, 262, 276, 278, 355
R.S. letter to 理查·施特劳斯的信, 359
Toller, Georg 格奥尔格·托勒尔, 166
Tombo, August 奥古斯特·汤博, 13
Tortelier, Paul 保罗·托特利埃, 376
Toscanini, Arturo 阿图罗·托斯卡尼尼, 143, 278, 287, 288, 298;
 R.S. substitutes for at Bayreuth 接替理查·施特劳斯在拜罗伊特指挥, 276, 277
Treitschke, Heinrich von 海因里希·冯·特莱奇克, 86
Tröber, Arthur 阿图尔·特罗贝尔, 214, 344;
on R.S. conducting 指挥, 402, 403

Tuchman, Barbara W. 芭芭拉·W. 图赫曼, 115, 127
Turecek, Emilie 埃米尔·图雷切克, 250
Turgenev, Ivan 伊凡·屠格涅夫, 241
Uhl, Oswald 奥斯瓦尔德·乌尔, 407
Uhland, Ludwig 路德维希·乌兰德, 22, 120, 137
Ursuleac, Viorica 维奥里卡·乌尔苏利克, 94, 95, 263, 265, 275, 276, 282, 283, 312, 314, 316, 323, 334, 336, 340, 375
 creates Arabella 扮演阿拉贝拉, 264
 creates Maria 扮演玛丽亚, 318
 creates Countess Madeleine 扮演马德莱娜女伯爵, 338
Vaughan Williams, Ralph 拉尔夫·沃恩·威廉斯, 111, 137, 174, 284
Verdi, Giuseppe 朱塞佩·威尔第, 6, 47, 48, 101, 134, 148, 161, 283, 303, 331, 366, 367, 369
 on Guntram 论《贡特拉姆》, 75
 Falstaff《法斯塔夫》, 75, 128, 303, 325
Veress, Sándor 桑多尔·韦雷斯, 328
Vermeulen, Matthijs 马蒂斯·维尔穆伦, 380
Vienna 维也纳, 27, 32, 64, 89, 99, 152, 170, 172, 173, 183, 191, 193, 199, 200
 R.S. house in 理查·施特劳斯的住宅, 221, 222
 R.S. 75th birthday in 理查·施特劳斯的七十五岁生日, 319
 R.S. wartime refuge in 理查·施特劳斯战时避难, 336, 337, 342, 347, 348
 R.S. 80th birthday in 理查·施特劳斯的八十大寿, 350—353
 Opera House destroyed 歌剧院被炸毁, 361
 Wiener Allgemeine Zeitung《维也纳大众报》, 27
 Philharmonic Orchestra 爱乐乐团, 27, 80, 222, 226, 324, 336, 338, 341, 352, 372, 402, 408
 R.S. centenary tribute 理查·施特劳斯百年纪念, 336
 Vienna Opera 维也纳歌剧院, 27, 76, 88, 125, 135, 139, 142, 143, 166, 229, 255, 262, 263, 307, 339, 372
 R.S. début at 理查·施特劳斯首次登台, 164
 approach to R.S. 接触理查·施特劳斯, 205, 206
 R.S. accepts post 理查·施特劳斯同意任职, 211, 212
 tour to raise money for 巡演筹集资金, 215, 216
 R.S. controversies 理查·施特劳斯的争议, 219—221
 R.S. dismissed 理查·施特劳斯离职, 227, 228
 Helena première《埃及的海伦》首演, 244, 245
 Krauss appointed 克劳斯上任, 256
 Vogl, Heinrich 海因里希·沃格尔, 47, 73
Wagner, Cosima 科西玛·瓦格纳, 54, 66, 67, 68, 79, 85, 133, 196, 276
 R.S. meets 结识理查·施特劳斯, 55

friendship with R.S. 与理查·施特劳斯的友谊, 58—60
Wagner, Eva 爱娃·瓦格纳, 85, 278
Wagner, Richard 理夏德·瓦格纳, 4, 7, 16, 17, 19, 22, 26, 35, 45, 46, 49, 62, 67, 71, 79, 84, 88, 101, 105, 130, 133, 138, 149, 168, 172, 175, 270, 276, 284, 302, 303, 366, 369
    Das Rheingold《莱茵的黄金》, 27
    Der fliegende Holländer《漂泊的荷兰人》, 41, 42
    Der Ring des Nibelungen《尼伯龙根的指环》, 19, 67
    Die Feen《仙女》, R.S. rehearses 理查·施特劳斯排练, 52
    Die Meistersinger von Nürnberg《纽伦堡的名歌手》, 7, 55, 66, 68, 78, 79, 101, 133, 150, 285, 291, 331, 345, 408
    Die Walküre《女武神》, 17, 27, 38, 66, 393
    Götterdämmerung《众神的黄昏》, 352, 366
    Lohengrin《罗恩格林》, 7, 55, 58, 66, 67, 158, 253, 300
      R.S. conducts 理查·施特劳斯指挥, 58, 59
    Parsifal《帕西法尔》, 5, 8, 26, 47, 55, 68, 71, 133, 207, 215, 278, 282,
      R.S. conducts at Bayreuth 理查·施特劳斯在拜罗伊特指挥, 276, 277
    Rienzi《黎恩济》, 101, 366 Siegfried《齐格弗里德》, 16, 393
    Tannhäuser《汤豪舍》, 7, 26, 55, 59, 66, 71, 78, 100, 101, 158
    Tristan und Isolde《特里斯坦与伊索尔德》, 7, 26, 47, 52, 55, 59, 68, 78, 79, 101, 127, 133, 168, 211, 331, 345, 387, 394, 401, 402, 403
      R.S. conducts 理查·施特劳斯指挥, 67
Wagner, Siegfried 齐格弗里德·瓦格纳, 61, 270, 276
  rift with R.S. 与理查·施特劳斯摩擦, 75, 85
Wagner, Winifred 维妮弗里德·瓦格纳, 276, 277, 278
Wallerstein, Lothar 洛塔尔·瓦勒施泰因, 256, 257, 275, 311
Walter, Benno 本诺·瓦尔特, 13, 23, 28, 73
Walter, Bruno 布鲁诺·瓦尔特, 185, 191, 247, 276, 286, 298, 380
  S.S. substitutes for 被理查·施特劳斯接替, 272—274
Walter, Maria Kunigunda 玛丽亚·库尼根达·瓦尔特, 6
Wanamaker's department store, NY 沃纳梅克百货商店, 纽约, 139
Wassermann, Jakob 雅各布·瓦瑟尔曼, 211
Weber, Carl Maria von 卡尔·玛丽亚·冯·韦伯, 7, 13, 14, 24, 48, 49, 52, 66, 101, 130, 184, 303, 366, 407
Weber, Ludwig 路德维希·韦伯, 316, 318
Webern, Anton von 安东·冯·韦伯恩, 173, 210, 233, 399 on Rosenkavalier 谈《玫瑰骑士》, 172
Wedekind, Frank 弗兰克·魏德金德, 125, 147
Weidt, Lucie 露西·怀特, 212
Weill, Kurt 库特·魏尔, 210, 355

Weimar 魏玛, 35, 46, 54, 62, 64, 67, 71, 74, 79, 82, 83, 84, 106, 108, 271, 402
    Weimar Opera 魏玛歌剧院,
        R.S. appointed conductor 理查·施特劳斯被任命为指挥, 53
        conducts Lohengrin 指挥《罗恩格林》, 58, 59
        Guntram première 首演《贡特拉姆》, 72, 73
Weingartner, Felix von 菲利克斯·冯·魏因加特纳, 72, 106, 256
Weinheber, Josef 约瑟夫·魏因赫贝尔, 337, 341
Weis family 魏斯一家, 30
Weiss, Milton 米尔顿·魏斯, 363
Welitsch, Ljuba 柳芭·维利奇, 146
Wellesz, Egon 埃贡·韦勒兹, 211
Welte Company 威尔特公司, 406
Welti, Emil 埃米尔·维尔蒂, 127
Welti, Lydia 莉迪亚·维尔蒂, 127
Werner, Anton von 安东·冯·维尔纳, 33
Wetzler, Hermann Hans 赫尔曼·汉斯·魏茨勒, 138, 139
Wiborg, Elisa 艾丽莎·韦伯格, 66, 68
Wieland, Christoph Martin 克里斯托弗·马丁·维兰德, 341, 374
Wiene, Robert 罗伯特·维纳, 238
Wihan, Dora 多拉·维汉, 42, 43, 47
    romance with R.S. 与理查·施特劳斯的恋情, 37, 38, 54, 55, 56—58
Wihan, Hanuš 哈努什·维汉, 23, 28, 29, 30, 37, 38
Wilde, Oscar 奥斯卡·王尔德, 135, 136, 147, 148, 151, 397
Wildgans, Anton 安东·维尔德甘斯, 257, 317
Wilhelm II, Kaiser 威廉二世皇帝, 115, 117, 127, 128, 150, 170, 175, 189, 190, 216, 269, 271, 293
Wilhelm, Kurt 库特·威尔海姆, 31, 371
Williamson, John 约翰·威廉森, 111
Wittgenstein, Paul 保罗·维特根斯坦, 247
Wittich, Marie 玛丽·维迪希, 142, 243
Wolf-Ferrari, Ermanno 埃尔曼诺·沃尔夫-费拉里, 185
Wolfes, Felix 菲利克斯·沃尔菲斯, 298
Wolff, Louise 露易丝·沃尔夫, 272, 274
Wolzogen, Ernst von 恩斯特·冯·沃尔佐根, 132, 133, 135, 172
Wöpke, Peter 彼得·沃普科, 28
Wüllner, Franz 弗朗兹·乌尔纳, 27, 28, 31, 36, 41, 84
Wüllner, Ludwig 路德维希·乌尔纳, 88
Wurmser, Leo 莱奥·乌尔姆塞尔, 244
Zeller, Heinrich 海因里希·泽勒, 60, 67, 68, 69, 73, 79, 80
Zincke, H. F. A. (Hans Sommer) H. F. A. 金克（汉斯·索默尔）, 108, 130

Zola, Émile 埃米尔·左拉, 148
Zöllner, Heinrich 海因里希·祖尔纳, 52, 105
Zweig, Stefan 斯蒂芬·茨威格, 145, 146, 210, 211, 264, 276, 280, 286, 288, 289, 297, 300, 301, 305, 306, 307, 310, 314, 318, 397, 398
    First meets R.S. 初遇理查·施特劳斯, 260
    impressions of R.S. 对理查·施特劳斯的印象, 260, 302, 303
    draft synopsis of Die schweigsame Frau 起草《沉默的女人》大纲, 262
    Friedenstag planned 计划《和平之日》, 287
    denies Toscanini anecdote 否认托斯卡尼尼传闻, 287, 288
    R.S. plans secret collaboration 理查·施特劳斯计划的秘密合作, 292—296
    Nazis and Die schweigsame Frau 纳粹与《沉默的女人》, 285, 298
    R.S. demands reinstatement of S.Z.'s name 理查·施特劳斯要求重新写上斯蒂芬·茨威格的名字, 299
    critical of opera 对歌剧的批评, 302
    suicide 自杀, 304
    origin of Capriccio《随想曲》的起源, 325

图字：09-2023-1026 号
图书在版编目（CIP）数据

理查·施特劳斯传 /[英]迈克尔·肯尼迪著；韩应潮译. --3 版. -上海：
上海音乐出版社，2024.8
（古典音乐大师传记译丛）
ISBN 978-7-5523-2789-2

Ⅰ. 理…　Ⅱ. ①迈…②韩…　Ⅲ. 施特劳斯（Strauss, Johann1825-1899）
－传记　Ⅳ. K835.215.76

中国国家版本馆 CIP 数据核字（2024）第 055605 号

© Cambridge University Press 1999

This publication is in copyright. Subject to statutory exception
and to the provisions of relevant collective licensing agreements,
no reproduction of any part may take place without
the written permission of Cambridge University Press.

书　　名：理查·施特劳斯传
著　　者：[英]迈克尔·肯尼迪
译　　者：韩应潮

责任编辑：萧　潇
责任校对：顾韫玉
封面设计：翟晓峰

出版：上海世纪出版集团　上海市闵行区号景路 159 弄　201101
　　　上海音乐出版社　上海市闵行区号景路 159 弄 A 座 6F　201101
网址：www.ewen.co
　　　www.smph.cn
发行：上海音乐出版社
印订：上海盛通时代印刷有限公司
开本：640×935　1/16　印张：33.25　字数：402 千字
2024 年 8 月第 1 版　2024 年 8 月第 1 次印刷
ISBN 978-7-5523-2789-2/J · 2579
定价：138.00 元

读者服务热线：(021) 53201888　印装质量热线：(021) 64510542
反盗版热线：(021) 64734302　(021) 53203663
郑重声明：版权所有　翻印必究